浴日御日与
铸鼎象物研究

赵世超◎著

科学出版社
北京

内 容 简 介

本书分为六编,由作者长期积累的四十六篇学术性文章汇集而成。内容涉及先秦时期的礼制、文化、人物、军事、思想与作者在一些重要学术会议上的发言,以及作者为他人作品所写的序和师友追忆等。此外,本书在论述史实的基础上,提出了一些创新性的学术观点,对深化先秦时期的学术研究具有明显的推动作用。

本书可供中国史、考古学及古代文化研究等领域的师生阅读和参考。

图书在版编目(CIP)数据

浴日御日与铸鼎象物研究 / 赵世超著. —北京:科学出版社,2023.6
ISBN 978-7-03-075313-7

Ⅰ. ①浴… Ⅱ. ①赵… Ⅲ. ①中国历史－研究－先秦时代 Ⅳ. ①K220.7

中国国家版本馆 CIP 数据核字(2023)第 054999 号

责任编辑:任晓刚 / 责任校对:姜丽策
责任印制:张 伟 / 封面设计:润一文化

科 学 出 版 社 出版
北京东黄城根北街 16 号
邮政编码:100717
http://www.sciencep.com
北京虎彩文化传播有限公司 印刷
科学出版社发行 各地新华书店经销
*
2023 年 6 月第 一 版 开本:720 × 1000 1/16
2023 年 6 月第一次印刷 印张:20 1/2
字数:400 000
定价:108.00 元
(如有印装质量问题,我社负责调换)

目　　录

第　一　编

浴日和御日 …………………………………………………………… 3

铸鼎象物说 ………………………………………………………… 31

浅谈清明节庆活动的原理 ………………………………………… 48

昆仑文化与天人合一观念在秦始皇陵营造中的体现 …………… 51

第　二　编

黄帝陵所在地之我见 ……………………………………………… 61

黄帝与黄帝文化的南迁 …………………………………………… 70

炎帝和炎帝文化的南迁 …………………………………………… 79

怎样把黄帝研究引向深入
　　——在黄帝文化研究院成立大会上的发言 ………………… 93

阳城祭汤祷雨文化浅说 …………………………………………… 96

防风氏散论 ………………………………………………………… 103

第　三　编

何炳棣先生与先秦思想史上一个关键性问题 …………………… 111

纪念恩师孙作云先生 ……………………………………………… 117

恭祝朱绍侯教授九秩华诞 ………………………………………… 125

记张广志教授 ……………………………………………………… 134

沉痛悼念刘宝才教授 ……………………………………………… 142

致敬刘家和教授……………………………………………………… 151

名校 名师 名文 名人

　　——恭贺胡戟教授八十华诞……………………………………… 155

第 四 编

臧振教授《戈辰随笔》序……………………………………………… 163

李健胜《〈论语〉与现代中国——阐释及建构》序………………… 170

沈斌《唯物史观"坐标系"中的俄国公社：

　　马克思给查苏利奇〈复信草稿〉及〈复信〉研究》序………… 175

卢中阳《指定服役制度与早期国家》序……………………………… 180

《周代国野制度研究》修订版后记…………………………………… 190

李秉谦《中国私立大学史鉴》序……………………………………… 199

李甫运《秦隶书法集》序……………………………………………… 202

杨文极哲学论文集序言………………………………………………… 205

文溪《穿越历史看孔子》序…………………………………………… 208

祝贺《陕西社科名家风采》一书正式出版…………………………… 210

第 五 编

在"开创'精神丝绸之路'的新纪元暨第八届池田大作思想

　　国际学术研讨会"上的讲话………………………………………… 215

在"中国莒文化高层论坛暨纪念陵阳河遗址考古发掘三十周年学术研讨会"

　　上的发言…………………………………………………………… 220

在"辉煌雍城——全国（凤翔）秦文化学术研讨会"上的发言…… 223

首届"丝绸之路·太湖文明"全国学术研讨会开幕式发言………… 225

在徐中舒教授诞辰 120 周年纪念大会上的发言…………………… 227

在常金仓教授安葬仪式上的讲话……………………………………… 230

中西史学比较的实践与思考

　　——在"2018 年史学理论与史学史学术研讨会"上的发言……… 232

要建设新道德，不要恢复旧道德

　　——在"周秦伦理文化与现代道德价值国际学术研讨会"上的发言……… 235

如何树立文化自信

　　——在"'黄帝陵·文化自信'清明学术交流会"上的发言⋯⋯⋯⋯238

要用理性的态度正确对待传统文化

　　——在"中国思想文化史研究：理论与方法学术研讨会"上的发言⋯⋯245

如何重建民族精神家园

　　——浅谈对中华传统文化的继承问题⋯⋯⋯⋯⋯⋯⋯⋯⋯⋯⋯⋯248

浅谈社会主义核心价值观的培育问题⋯⋯⋯⋯⋯⋯⋯⋯⋯⋯254

谈谈我对孔子"以仁释礼"的看法⋯⋯⋯⋯⋯⋯⋯⋯⋯⋯⋯257

辛亥革命与"顺天地之纪"⋯⋯⋯⋯⋯⋯⋯⋯⋯⋯⋯⋯⋯276

第　六　编

从先秦史研究到陕西社科管理

　　——《陕西地方志》副主编采访赵世超教授⋯⋯⋯⋯⋯⋯⋯⋯⋯283

守正与创新：先秦秦汉史研究中的几点体会

　　——《中国史研究动态》访赵世超先生⋯⋯⋯⋯⋯⋯⋯⋯⋯⋯293

靖边访古⋯⋯⋯⋯⋯⋯⋯⋯⋯⋯⋯⋯⋯⋯⋯⋯⋯⋯⋯⋯⋯311

重游乾陵⋯⋯⋯⋯⋯⋯⋯⋯⋯⋯⋯⋯⋯⋯⋯⋯⋯⋯⋯⋯⋯315

眉县行⋯⋯⋯⋯⋯⋯⋯⋯⋯⋯⋯⋯⋯⋯⋯⋯⋯⋯⋯⋯⋯⋯318

第 一 编

浴日和御日①

关于太阳崇拜，先贤时彦，多论及之，读后颇觉受益匪浅，但在某些细微之处，似仍有进一步讨论的必要。故不揣孤陋，以"浴日和御日"为题，再作老生常谈。

一

太阳以其勃勃生机和普照的光很自然地引起了古人的高度关注。他们很快也便知道，日夜之分、冷暖之度乃至万物的生长无不取决于太阳，进而不免又会对日食、星坠怪而畏之，常常担心红日会不会按时出现在东方天际，能否顺利走完一天的行程，并在隐入西山后折返。于是，如何保证太阳升起和行走，就成为摆在古人面前的重大课题。

古时候，最早流行的是巫术文化。巫术活动的思想原则，一是同类相生或果必同因，二是物体一经互相接触，在中断实体的接触后还会继续远距离地相互作用。从前一原则出发，古代的巫师坚持说，通过模拟便能够实现想要做的事；从后一原则出发，古代的巫师又坚持说，通过曾经与某人或某物接触过的东西（如发、须、爪、衣服、皮、角等），便可对其本身施加影响。建立在上述两大原则基础上的巫术分别叫"模拟巫术"和"接触巫术"。但两种巫术不仅常常合用，而且都承认物体之间能够产生某种神秘的交互感应，因此，也可以通称为交感巫术②。古人帮助太阳升起和行走的办法在形式上看就是模拟，它所凭依的理论则是感应。专司其事的巫师宣称，正是他表演的法术把一种无比强大的灵力传导过去，才支撑住了太阳初升时不稳的脚步，并走完了一天之中从东到西的漫漫长途。他的这套把戏既与人们的原始心理状态相一致，又有频繁的成功率。因为太阳的确几乎总是每天早晨都在东方点燃起金色的明灯。芸芸众生对巫师的大言只会疯狂地信从，绝不会产生丝毫的怀疑。

---

① 本文系著者口述，郭妍利配图，陈典平整理。

② 〔英〕詹姆斯·乔治·弗雷泽著，徐育新、汪培基、张泽石译：《金枝》，北京：大众文艺出版社，1998年，第19—21页。

对于早晨呼唤日出的仪式，人类学家早有报道和研究。他们写道：印第安人对日出的迎祭从夜间开始，一直进行到黎明，在一块围着松枝的空地上，点燃架起的巨大木柱，人们用白黏土将脸和全身涂成象征太阳的白色，围着火堆跳舞，从东到西移动脚步，表演太阳的运行；拂晓时分，则由十六个男子抬着一个太阳的画像，让它随着歌声缓慢地升起①；新喀里多尼亚的巫师则一手持着带孔的圆盘状的石头，一手把燃烧着的木片反复穿过洞孔，借此帮助太阳的初升，并让这团巨大的火球也尽快变得炽热；而在班克斯列岛上，居民们每天都用一个仿制的太阳来求得阳光，他们拿来一个很圆的名叫"瓦特·洛阿"或"太阳石"的石头，缠上红色的穗带，再粘上猫头鹰的羽毛以代表光线，低吟着祝颂的祷词，将它高悬在圣地中大榕树或木麻黄树顶上②。在这些实例中，我们不仅看到了形象逼真的模拟，而且看到了仪式中所用的道具——太阳的模型。

那么，中国是怎么做的呢？原始文化相对来说都是简单的，人类在遇到同样的简单问题时，采取的破解之道往往趋同，所以，在我国的典籍中，同样保留有与上述实例极其类似的记载。最重要的就是关于"羲和生日"的神话。

"羲和"一名屡见于《尚书》《山海经》《楚辞》《淮南子》等书，非常值得关注。可惜这些书都是较晚的时候根据传说记录整理编成的，而历代注家又按自己那个时代的文化习惯去理解从前的事物，时而把"羲和"视作一个具体的人名，时而又说是历代执掌天文之官的官名，抑或将其说成是太阳之母、太阳本身或太阳所乘车子的驭手，"羲和生日"神话的真实历史内核反而被弄得模糊不清了。

《说文解字》曰："羲，气也。"其实，"羲"之本义就是指早晨如气一般蒸腾的日光，因与日相关，故常加日旁写作曦，进而又把阳光称作曦光，把太阳称作曦轮，或者干脆以一个曦字指代太阳，如文献中有"曦月"一词，"曦月"就是"日月"③。"和"的本义是调，如《周礼·食医》"掌和王之六食、六饮、六膳、百羞、百酱、八珍之齐"句下，郑玄注即曰："和，调也。"高诱注《吕氏春秋·察传》"夔能和之"一句，注《淮南子·原道训》"其德优天地而和阴阳"一句，也都说："和，调也。"调的目的是要达到可否相济，发而皆中节，物无乖争或刚柔得宜，故古代的注释家又说："和，谐也"④，"和，睦也"⑤，

---

① 何新：《诸神的起源》，北京：北京工业大学出版社，2007年，第20—21页。

② 〔英〕詹姆斯·乔治·弗雷泽著，徐育新、汪培基、张泽石译：《金枝》，北京：大众文艺出版社，1998年，第119页。

③ 《水经注·江水二》："自三峡七百里中，两岸连山，略无阙处。……自非亭午夜分，不见曦月。"文中的曦月就是指日月。

④ （清）王念孙：《广雅疏证·释诂》，北京：中华书局，2004年。

⑤ 上海师范大学古籍整理组校点：《国语·周语》韦昭注，上海：上海古籍出版社，1978年。

"和,适也"①。今人杨树达在注《论语·学而》"礼之用,和为贵"一语时,更清楚地说:"和今言适合,言恰当,言恰到好处。"②以字义求之,羲和即和羲,实指调节曦光、使太阳的出升及明暗皆能适当有度的人,他应包括古代负责主持迎日活动的所有巫师,不能理解为一个具体的人名,也不是主管天文的官。直到王莽建立新朝,出于标榜复古的需要,才设过羲和这个官职。

欲知上古这些被统称为羲和的"调羲"之人如何迎日,还得看《山海经》原文。《大荒南经》曰:"东南海之外,甘水之间,有羲和之国。有女子名曰羲和,方日浴于甘渊。"此节袁珂先生以为当在《大荒东经》"有甘山者,甘水出焉,生甘渊"之后。郝懿行《山海经》笺疏指出:"《北堂书钞》一百四十九卷引此经无'南'字。"可知文中的"东南海"实为"东海","甘渊"在东,不在南,今本系之《大荒南经》或确为错简。"日浴",诸家皆以为当作"浴日",可从。更有意思的是郭璞的注。他说:"羲和,盖天地始生主日月者也……作日月之象而掌之,沐浴运转于甘水中,以效其出入旸谷、虞渊也。"象即物的形象。《周礼·冢人》提到过"鸾车象人",《孟子·梁惠王上》记仲尼之言曰:"始作俑者,其无后乎!为其象人而用之也。"焦循正义云:"俑则能转动象生人,以其象生人,即名象人。《冢人》之象人,即俑之名也。"以俑人、偶人习称象人例之,则郭璞所谓的"日月之象",应该就是太阳的偶像,即仿制的太阳。浴的本义是洒,是洗,但《大戴礼记·夏小正》却说:"浴也者,飞乍高乍下也。"可见凡频繁上下升降或旋转的动作都叫浴。对关键性的词语有了正确认识之后,便不难窥破故事的真相。原来,所谓的"羲和生日",既不是如母亲生子一般的"生日",也不是给太阳洗澡,而是由专职调羲的巫师把一个日的模型——"日月之象"从水中托起来,沉下去,沉下去,再托起来,乍高乍下,循环往复,用逼真的模拟来效仿太阳的升起。这种模拟与国外人类学家报道过的迎日仪式上的做法只有细节的区别,没有本质的差异,同属于巫术活动。郭璞在注中还引《启筮》一书的话说:"空桑之苍苍,八极之既张,乃有夫羲和,是主日月,职出入,以为晦明。"此语进一步佐证,羲和确为上古负责控制羲光的明暗、帮助太阳顺利升起的人,我们将"羲和"理解为"调羲"者的共名,似乎并无不妥。郭璞不仅是一位大学问家,而且是晋朝有名的术士,他的神机妙算在《晋书》本传里有生动的记载,应该相信,他对远古文化的理解要比普通儒生的看法更加准确。

另外一篇记有羲和事迹的重要文献是《尚书·尧典》。文中说:"乃命羲和,钦若昊天,历象日月星辰,敬授人时""分命羲仲,宅嵎夷,曰旸谷,寅宾出日,平秩东作""申命羲叔,宅南交,平秩南讹,敬致""分命和仲,宅西,曰昧谷,

---

① 何宁:《淮南子集释·俶真训》"不足以滑其和"高诱注,北京:中华书局,1998 年。
② 杨树达:《论语疏证》,上海:上海古籍出版社,2006 年,第 28 页。

寅饯纳日""申命和叔，宅朔方，曰幽都，平在朔易"。羲仲、羲叔、和仲、和叔乃四方观念产生后由羲和一名分化而来，也可视作古代迎日巫师们的别称。他们"历象日月星辰"的重点在于一早一晚的"出日"和"纳日"。寅，敬也；宾，导也；饯，送也；作，起也。为了保证太阳按时起落，巫师们要肃穆地用导与送的动作进行表演，这种表演归根结底仍不过是对日轮出入的仿效和模拟。而表演中所用的道具则可能就是《尧典》下文提到的璇玑玉衡。

依《尧典》所记，舜受禅后，"在璇玑玉衡，以齐七政"。"璇"通"璿"，故"璇玑"又叫"璿玑"。《说文解字》曰："璿，美玉也""玑，珠不圆也。"据此，璇玑不过是一种外轮不圆的玉器。清人吴大澂在《古玉图考》中却说它可以与玉琮配合，组成能够旋转的窥管，用以观测星宿，因而应叫浑天仪。1984年，夏鼐先生发表《所谓玉璿玑不会是天文仪器》一文，对旧说做了否定性澄清，并对璇玑的形制加以描述，认为考古发现中的璇玑是"外缘有三处作牙状突起的玉璧。三牙的尖部都朝向一个方向，犹如儿童玩具中的风车"[1]（图一）。近年，已有专家明确指出，璇玑的造型源于日晕[2]，圆璧或环形的主体代表太阳，三组锯齿状凸起用绘画表示就是芒刺纹，代表光芒[3]。在我看来，璇玑实为经过较好加工的"日月之象"。如果《尧典》所记尧舜事迹可以依信，则舜"在璇玑玉衡，以齐七政"就可以理解为舜运转太阳的模型——玉璇玑，用模拟巫术保证了太阳的正常升起，从而迎来了风调雨顺，天下太平，他也因此受到了百姓的衷心拥护。石峁文化韩家圪旦出土的璇玑套在死者的上肢骨上（图二），反映此地存在巫师靠抖动手臂以旋转"日月之象"的情况，这种做法与《山海经》所记似略有不同。夏鼐先生说，璇玑出现于龙山文化晚期，在商代仍有保留，到西周则退化为璧形或环形玉饰。后来，栾丰实先生在进一步研究的基础上指出，璇玑始于距今5500年前的大汶口文化中期，以距今5000—4300年的大汶口文化晚期和龙山文化前期数量最多，且集中分布在山东和辽东。至夏、商、周三代，上述两地璇玑的数量骤然减少，但分布范围却有较大的扩散。东周以后，璇玑基本退出了历史舞台[4]。璇玑既起源于容易看到日出之景的东部濒海地区，其盛衰变化过程又与中国古代巫术文化向祭司文化的过渡相一致，据此，我们大致即可推定，处于前国家阶段或文明初曙期的尧舜，可能仍是一个负有调羲迎日责任的部落联盟首领兼巫师，即古羲和群体中的重要一员。

① 夏鼐：《所谓玉璿玑不会是天文仪器》，《考古学报》1984年第4期。

② 尤仁德：《古代玉器通论》，北京：紫禁城出版社，2002年，第55—56页。

③ 陆思贤、李迪：《天文考古通论》，北京：紫禁城出版社，2000年，第92页。

④ 栾丰实：《牙璧研究》，《文物》2005年第7期，第76页。

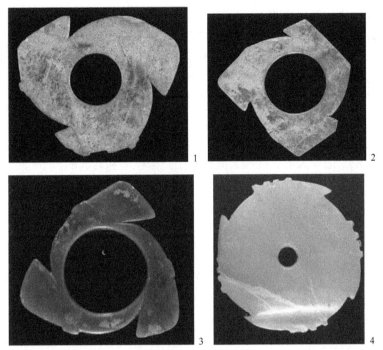

图一 玉璇玑（1-3. 龙山文化五莲丹土遗址出土[1]；4. 前掌大商周墓葬出土）

图二 石峁文化韩家圪旦贵族墓出土璇玑[2]

《尧典》究竟成于何时，一直存在争议。顾颉刚先生说此篇始作于战国，而

① 周婀娜：《山东大汶口—龙山时期出土的几件玉器小论》，河南博物院：《河南博物院院刊》第 3 辑，郑州：大象出版社，2021 年，第 14 页图 2。

② Zhouyong Sun，et al. The First Neolithic Urban Center on China's North Loess Plateau：The Rise and Fall of Shimao. *Archaeological Research in Asia*，14（2018）：33-45.

今天的传本则修订于汉武帝之世①。因为多数学者都认为殷人才有"风雨或来自四方，四方者必亦有神主之"的观念②，所以，我也感到已将羲和一分为四的《尧典》出现必定较晚。但在晚出的作品中带上了作者所处时代的文化因素是一回事，其中保留有较古的传说和习俗则是另一回事，两者并不冲突，反而往往相互混杂。研究者的任务是如何仔细地将新旧不同的文化因素区分开。我当前的看法是，《尧典》中的"寅宾出日""寅饯纳日"同于《山海经》中的"羲和生日"，反映了人类早期迎日活动的实质和真相，而由羲仲、羲叔、和仲、和叔分宅四方，以及观测日月星辰、记录天象、敬授人时等，则是派生的和后起的。

二

　　一些学者曾把中国的太阳神话分为日出、运行、日没三要素。其实，三者之间既有区别，又有联系，都出于对自然现象转换原因的错误判断和幻想。古人既然认定太阳要靠人的帮助才会升起，同样也就必然认定太阳自己不会行走，要靠某种外力才能完成每天横跨苍穹的漫漫征途。在太阳运行的神话中，出现较早的是"金乌负日"说。《山海经·大荒东经》曰："汤谷上有扶木。一日方至，一日方出，皆载于乌。"近年，在河姆渡、大汶口及良渚文化的玉器、骨器或陶器上，都发现了鸟负日、双鸟负日或双鸟夹日而飞的图案。被认为是最典型的"金乌负日"图，则见于仰韶文化庙底沟类型的陶器上（图三，1），除太阳恰巧置于鸟的背部外，又在更靠上的地方划出一道简单的弧线表示天穹，鸟翅、双腿十分飘逸地向后伸，惟妙惟肖地展现了太阳靠金乌驮载巡行于太空的动态形象③。在河南南阳、成都等地发现的汉代画像石中，则有两只乌鸦驮着太阳相向而飞和乌鸦背负日轮、周围环以点点繁星的画面④（图三，2-5）。这些由考古所得的珍贵资料为《山海经》的说法提供了实物证据，表明古人最早确曾把大鸟或金乌当作太阳的运载工具。

1

① 顾颉刚：《顾颉刚全集》第八册《顾颉刚古史论文集》卷八，北京：中华书局，2010年，第153页。
② 胡厚宣：《殷代之天神崇拜》，《甲骨学商史论丛初集（外一种）》，石家庄：河北教育出版社，2002年，第240页。
③ 苏秉琦：《苏秉琦考古学论述选集》，北京：文物出版社，1984年，第166页图八。
④ 南阳汉代画像石编辑委员会：《南阳汉代画像石》，北京：文物出版社，1985年，图版141、518、519。

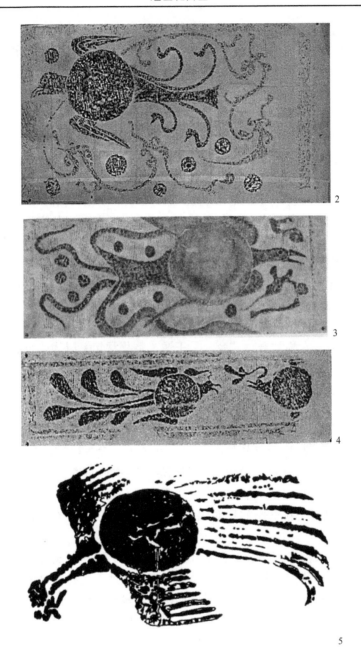

图三　金乌负日图（1. 泉护村 H165 出土；2-4. 南阳汉代画像石；5. 成都汉代画像石①）

① 引自袁广阔：《仰韶文化的一幅"金乌负日"图赏析》，《中原文物》2001 年第 6 期，第 71 页图三，2。

　　后来，随着天文学的发展，以车的广泛使用为现实基础，星象家开始把北斗七星视为帝车。于是，太阳的运行又被认为要靠羲和驾车拉动才能完成。《楚辞·离骚》曰："吾令羲和弭节兮，望崦嵫而勿迫。"弭为停止，节指马鞭，弭节即停车不进，崦嵫乃日入之处的神山。王逸注曰："羲和，日御也。"洪兴祖《补注》："日乘车驾以六龙，羲和御之。"《初学记》卷一引《淮南子》则云："日出于旸谷，浴于咸池，拂于扶桑，是谓晨明……爰止羲和，爰息六螭，是谓悬车；薄于虞泉，是谓黄昏……"高诱注也曰："日乘车驾以六龙，羲和御之，日至此而薄于虞泉，羲和至此而回六螭。"羲和本为手持"日月之象"，用模拟巫术帮助太阳升起的人，只因这种人与太阳的关系最为密切，所以又被想象成了"日御"，即太阳车的驾驶者。他御日而行，驰骋天空，起于旸谷，晨往夜返，已是一位天神，而不再是半人半神的巫师。

　　那么，人们已放弃把自己强大无比的力传导给太阳的幻想了吗？显然没有，我们不妨再看看《楚辞·九歌·东君》。这是一首弥足珍贵的迎日乐歌，虽可能已经过屈原那样的士大夫修润、加工，但还可以再现楚国祭祀太阳神的真实场面。

　　乐歌首节曰："暾将出兮东方，照吾槛兮扶桑。抚余马兮安驱，夜皎皎兮既明。"其中的第一人称"吾""余"，王逸《楚辞章句》以为指日，朱熹却斥之为谬说，认为应是指"主祭迎日之人"[1]。因为在他看来，只有这样理解，才能与下文的"长太息兮将上，心低徊兮顾怀"相应，而那高悬于天上的太阳，是不会看见下方所陈之乐，并因声色极盛而恋恋不舍的。据此，聂石樵作《楚辞新注》时即判定首节与"青云衣兮白霓裳，举长矢兮射天狼"一节均为扮太阳神的巫师所唱，其余则为迎神女巫与他的对唱。林河《九歌与沅湘民俗》一书则举出许多实地调查所得的材料，说明朱熹所谓的"主祭迎日之人"，就是由巫师扮演的太阳神，他一边"抚余马兮安驱""撰余辔兮高驰翔"，一边与被称作"灵保""贤姱"的漂亮女巫们歌舞对唱，唱词在一定程度上受到了楚地民间情歌的影响[2]。

　　如此说来，人们在幻想着羲和御日、横越苍穹的同时，实际上，还要由自己装作太阳神，乘车载旗，安驱委蛇，煞有介事地在地上进行逼真的表演。这种表演也许使用了真正的车和马，也许只以形体语言呈现，但就本质而言，却都是模拟，仍是希望通过神秘的感应，用模拟来帮助太阳准确无误地周巡天际，乃是因为对事物的起因缺乏认识，就妄想用仿造的办法来生成他们生命所依存的重要自然现象。可见在"其俗信鬼而好祀"[3]的南郢之邑、沅湘之间，祭神活动只不过是

---

① 朱熹：《楚辞集注》，上海：上海古籍出版社，1979 年，第 188 页。

② 林河：《〈九歌〉与沅湘民俗》，上海：上海三联书店，1990 年，第 208 页。

③ （汉）王逸撰，黄灵庚点校：《楚辞章句》卷 2《九歌章句》，上海：上海古籍出版社，2017 年，第 42 页。

巫术仪式的一种变相而已。

前一节我们已经说过，人类早期的文化不可避免地具有趋同性，所以，与《楚辞》记录下来的歌舞相类似的巫术性的表演也普遍见于世界各地。古埃及作为太阳代表的国王常肃穆地绕着一个庙宇的围墙转圈，为的是保证太阳完成它每天的行程，不至于因日食或其他意外而停顿；奇尔科廷印第安人在祭日仪式中不停地绕着圆圈走，他们撩起长袍，拄着棍子，做出很用力的姿态，想这样去支持太阳环绕天空时的已经疲倦的脚步；伊格卢利克的因纽特人在春天太阳向北移动时，开始玩那种"木棒接球"的游戏去加快它的运转[①]；古代欧洲的农民在仲夏节之夜点燃篝火，进行火炬游行，滚火轮子，把做成太阳形状的火饼抛向天空[②]，等等，其用意都是期望利用模拟产生感应，以便给天上的太阳补充力量。这些例子对我们正确理解《九歌·东君》和中国的太阳神话很有帮助。同时也表明，在古代社会里已行之久远、根深蒂固的巫术文化，是不会轻易退出历史舞台的，有时候它只不过是被别的文化现象包裹起来了。

三

巫术赖以建立的基础毕竟是错误的和虚妄的，所以，人类社会越往前发展，巫术的荒诞和无能就会为更多智力发达的人看破。于是，社会渐渐开始倾向于承认超人力量的存在，由试图通过模拟和感应，靠自己去控制自然力，变为通过迎合和抚慰来祈求神灵的佑助，让神去完成已不再幻想可以由人来完成的事情。于是，宗教逐步取巫术而代之，巫师逐步为祭司所排斥。《礼记·表记》曰："夏道遵命……近人而忠焉……殷人尊神，率民以事神。"说明在中国，可能直到夏商之际，才真正实现了从巫术文化向祭司文化的过渡。后来，周公制礼作乐，使诸神"各有典礼，而淫祀有禁"[③]，孔子论六经时，又把"国殊窟穴，家占物怪，以合时应"的巫术活动记录均视为"禨祥不法"的文字和图籍，采取"记异而说不书"的办法处理，致使"至天道命，不传"[④]，则可视为两次较大的净化运动。尽管如此，巫术的根子却还深深扎在社会的沃土里。巫师不仅因审于生死、能去苛病等，受到民众乃至部分贵族的信任，而且因可以承担驱除恶鬼、被除不祥等辅助性的责任，还在各类祀典中被保留了一席之地，故司巫、男巫、女巫等职便与

---

① 〔英〕詹姆斯·乔治·弗雷泽著，徐育新、汪培基、张泽石译：《金枝》，北京：大众文艺出版社，1998年，第119—121页。

② 〔英〕詹姆斯·乔治·弗雷泽著，徐育新、汪培基、张泽石译：《金枝》，北京：大众文艺出版社，1998年，第875—877页。

③ 《汉书·郊祀志》，北京：中华书局，1962年，第1194页。

④ 《史记·天官书》，北京：中华书局，1959年，第1343页。

大祝、小祝一起被《周礼》同列于春官，甚至不少祭司原本就是由巫师转化而来的。而在经过统治阶级一再整理的祭礼中，也仍能看到模拟巫术的影子。其中，祭日礼便是一个典型。

周人举行祭日之礼十分频繁。孙诒让"综校诸说"后指出："盖天子朝日之礼，每岁凡十有四举：一立春日，二春分日，并十二月每月朔日为十四。……十四者之中，唯春分之朝为特祭，其礼尤重。"[①]他的结论大致不差。但《仪礼·觐礼》说"诸侯觐于天子"时，天子要率诸侯"出拜日于东门之外"，《左传·昭公元年》记子产之语云："日月星辰之神，则雪霜风雨之不时，于是乎禜之。"两者虽祭无定时，却也属于大祭，加起来已不以十四为限。

更值得我们关注的是，杨希枚在《中国古代太阳崇拜研究（语文篇）》中，从语言文字和社会生活等不同角度反复论证，认为"商周以来至于汉代，古所谓神帝、天或天神、上帝、昊天、皇天、旻天都主要指称太阳神"[②]。这样一来，典籍中的祭天、祭帝也便具有祭日的性质。《太平御览·礼仪部》引《五经异义》曰："王者一岁七祭天地"，《礼记·郊特牲》孔疏引皇氏云："天有六天，岁有八祭。冬至圜丘，一也。夏正郊天，二也。五时迎气，五也。通前为七也。九月大飨，八也。""夏正郊天"，《礼记·郊特牲》正文已明谓"迎长日之至也，大报天而主日也"，连五时迎气，据杨希枚说，所祭的五帝也不过是"因季节之不同而自同一上帝太阳神分化之五个化身而已"[③]。

那么，到底怎样祭呢？我们可以看一看下边的有关细节。

《礼记·郊特牲》曰："祭之日，王被衮以象天。"《玉藻》篇曰："天子玉藻，十有二旒，前后邃延，龙卷以祭，玄端而朝日于东门之外。"郑玄注："端当作冕，字之误也。玄冕，玄衣而冕也。"孙希旦《礼记集解》指出，此即《国语》所谓的"大采朝日"，并认为"孔晁以大采为衮冕是也"。以上说明，无论是祭天还是祭日，作为主祭人的天子，所服必为衮冕。冕饰"十有二旒"，《玉藻》已有明文，暂且按下不表。关于衮的样式，旧注则有九章和十二章两说。前者认为上面应画有山、龙、华虫、宗彝、藻、火、粉米、黼、黻九种图案，后者认为除此九种之外，还有日、月、星辰，加起来共十二种。清儒戴震说："周之祭服，宗庙所用，九文而止耳。至于郊祀，何必废古之十二章不用也？"金鹗也说："盖天子有十二章之衮衣，有九章之衮衣。享先王衮冕，九章之衮也；祭昊天服大裘而冕，十二章之衮也。"孙诒让在引述两家意见后进而判定："戴震、金鹗同谓

① （清）孙诒让撰，王文锦、陈玉霞点校：《周礼正义》，北京：中华书局，1987年，第1578页。

② 杨希枚：《中国古代太阳崇拜研究（语文篇）》，《先秦文化史论集》，北京：中国社会科学出版社，1995年，第749页。

③ 杨希枚：《中国古代太阳崇拜研究（语文篇）》，《先秦文化史论集》，北京：中国社会科学出版社，1995年，第751页。

天子有十二章及九章之衮，说尤精核矣！"①这就告诉我们，祭日时周王所服为十二章之衮，衣服上不仅有太阳图案，而且太阳才是整个构图的中心。

《大戴礼记·朝事》篇曰：天子"乘大辂，建大常十有二旒……率诸侯而朝日东郊"。《仪礼·觐礼》曰："天子乘龙，载大斾，象日月，升龙，降龙，出拜日于东门外。"郑玄注："大斾，大常也。"《周礼·节服氏》之职曰："掌祭祀朝觐衮冕，六人维王之大常。"由此可知，周王祭日、祭天时所打的旗子叫大常，它插在车上，需要六个人从旁护持。《周礼·司常》职曰："日月为常。"《礼记·效特牲》曰："龙章而设日月，以象天也。"足见大常的图案也以太阳为主，那一条头向上，一条头向下，似在空中翻腾着的"升龙降龙"，只不过是用来衬托太阳的背景。

天子大祭时所乘的车叫玉路。《周礼·巾车》职曰："王之五路，一曰玉路，锡，樊缨，十有再就，建大常，十有二旒，以祀……""以祀"当首先指的是祭天、祭日。驾驶玉路的马均极大，起码应在七八尺以上。《周礼·庾人》职曰："马八尺以上为龙。"《吕氏春秋·本味》篇高诱注引《周礼》则曰："马七尺以上为龙。"这样雄健的天驷当然只能用龙来形容，故《仪礼·觐礼》记天子率诸侯朝日时，便直接说："天子乘龙。"王的车上还装有鸾铃，因而又叫鸾车。《左传·桓公二年》曰："锡鸾和铃，昭其声也。"鸾为凤属，鸾铃发出的声音当似凤鸣。杨希枚说：苍龙为东方太阳神的象征物，凤凰为南方太阳神的象征物②。根据杨先生的意见，王所乘的车子龙、凤两种符号具备，其意思在于表示这是一辆太阳车。

《周礼·典瑞》曰："四圭有邸以祀天、旅上帝。"郑玄注认为这里的"祀天"系指"夏正郊天"，并引郑司农之语云："于中央为璧，圭著其四面，一玉俱成"，所谓"四圭有邸"者，"圭末四出故也"。孙诒让《周礼正义》进一步解释道："圭上剡者为末，下连璧为本，四圭共著一璧为柢，故四末纵横歧出矣。"③《周礼·大宗伯》职曰："礼神者必象其类，璧圆，象天。"如前所言，祭天实为祭日，因此，与其说所用瑞玉是以圆璧象天，不如说是以圭璧象日。请看，那用一玉通体琢成、四边都有歧出圭末的圭璧，不正酷似光芒四射的太阳吗？如果这样理解不错，那就等于说，虽然已经到了西周，而天子祭日时手中所持仍不过是一个玉制的"日月之象"。它同羲和运转于甘渊的太阳模型和国外其他民族的太阳石相比，只有精粗之分，却没有本质上的差异。或者也不妨说它更像"舜在璇玑

① （清）孙诒让撰，王文锦、陈玉霞点校：《周礼正义》，北京：中华书局，1987年，第1631页。

② 杨希枚：《中国古代太阳崇拜研究（生活篇）》，《先秦文化史论集》，北京：中国社会科学出版社，1995年，第780页。

③ （清）孙诒让撰，王文锦、陈玉霞点校：《周礼正义》，北京：中华书局，1987年，第1584页。

玉衡"的玉璇玑，一个以三组齿形代表光芒，一个以"圭末四出"代表光芒，都是要仿制得更像天上的太阳。

天子在祭日之时，乘着太阳车，穿着绘有太阳图案的衮衣，高张起"龙章而设日月"的大旗，手拿着用玉精制而成的"日月之象"，前往祭祀的现场，与"南郢之邑，沅湘之间"的巫师扮作太阳神，在地上表演驾车驱驰，用意完全一样，都是要通过仿造帮助天上的太阳正常运行。但西周的主流文化已经是祭司文化，这种文化的物化表现形式是礼仪制度，人们已把绘有日月星辰的祭服叫作衮冕或大裘，把"龙章而设日月"的旌旗叫作"大常"，把饰有玉质鸾鸟的太阳车叫作玉路，把酷似太阳的圭璧叫作瑞玉，并将其统视为天子至高无上身份的体现，没有人记得所有这些都曾与巫术活动的装配有关，有的甚至是巫师模拟太阳升起和行走的最必不可少的道具。祭司文化取代了巫术文化，却又是从巫术文化发展而来的，两者之间难免存在千丝万缕的联系。把祭日、祭天当作"国之典祀"，固然是为了把周天子的行为说成是奉天行事，借以证明周人"奄甸万姓"合理合法，但从中我们还是窥见了模拟和感应的遗意。可见礼制的内容是复杂的，它新旧含融，玄妙深微，不可只用单线思维去进行观察。

四

商周时期，巫术的感应理论和模拟式的表演融进了礼仪，巫师手中的道具变成了礼器，那个使用最为广泛的"日月之象"，即太阳的模型，更成为各类器物花纹构图时的艺术母题。巫术文化与祭司文化的关系真是扯不断、理还乱。

太阳的模型自然是圆的。能够存留下来的，当以不易腐朽的石、陶制品为多。但因器形简单，朴素无华，用途不易判断，故向来不为考古界所重。报道时，所使用的名字极不统一，更鲜有人将其与太阳或仿制的太阳联系起来。甘肃武威皇娘娘台齐家文化墓葬出土的被称作石璧，湖北京山屈家岭遗址出土的被称作陶球[1]，新疆塔城卫校新石器时代遗址出土的被称作石球，四川通江擂鼓寨遗址和湖南澧县彭头山遗址出土的被称作盘状器[2]，二里头遗址及早商期墓葬中出土的被称作圆形陶片或涂朱圆陶片[3]，海南新石器时代遗址出土的被称作陶饼，台湾东部海岸麒麟文化遗址出土的被称作中孔石盘[4]，等等，不一而足。而且，很可能还

---

① 中国社会科学院考古研究所：《新中国的考古发现和研究》，北京：文物出版社，1984 年，第 121、131 页。

② 文物出版社：《新中国考古五十年》，北京：文物出版社，1999 年，第 297、377、482 页。

③ 杨锡璋、高炜主编：《中国考古学·夏商卷》，北京：中国社会科学出版社，2003 年，第 242、245、280、281 页。

④ 文物出版社：《新中国考古五十年》，北京：文物出版社，1999 年，第 350、530 页。

有一些已被归入了纺轮，如屈家岭文化的陶、石纺轮，有的"个体较大偏重"，开始认为是纺粗线的工具，后来研究者才意识到，它们"可能不全是有实用功能的器类"[①]。发现了圆形陶片的早商墓葬不仅随葬有青铜礼器，而且还有伴随出土卜骨及玉柄器形的情况，墓底常常铺有朱砂，宗教意味十分明显，甚至可以推定墓主人属于祭司阶层。诸种文化信息提示我们，这些非实用的圆球或圆饼状物，都有可能是迎日巫师们手中所持的太阳模型，或是后来祭日礼仪中祭司所用的仿日礼器。

"1975 年，在二里头遗址出土了 4 件圆牌状铜器，均镶嵌着绿松石，其中编号为 K4 : 2 的一件，正面周缘镶嵌着 61 块长方形绿松石片，形成似钟表刻度。中间用绿松石片镶嵌成两周共 26 个十字形图案"[②]（图四）。考虑到十字纹原是发光体的符号，我们认为这种圆牌应是太阳模型中的精品。如果说涂朱圆陶片的使用者只是不同族氏的低级祭司，华丽"日月之象"的拥有者则非王者或最高祭司莫属。可以与之媲美的高档"太阳石"还有玉璇玑和《周礼·典瑞》所说的圭璧。璇玑出现于大汶口文化，盛行于龙山时期，商代仍然流行，到西周，则退化为圆形的环和璧。这是因为用模拟式的表演帮助太阳升起的巫术活动已经逐步衰落，"出日入日"演变成了郊外祭日礼，用三组齿状突起或四出的圭末表示光芒，以便使道具更像太阳的必要性降低了。

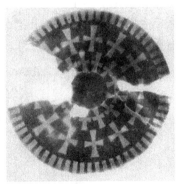

图四　二里头 K4 : 2 圆牌状铜器及 X 光片（赵海涛提供）

在近年不断引起轰动的三星堆文化中，太阳模型的遗存也十分丰富。早在 20 世纪 30 年代初，人们就于广汉月亮湾遗址发现了许多石璧[③]。三星堆两座祭祀坑发掘清理时，不仅出土有璧，更出土了青铜神树和颇似方向盘的太阳形器[④]（图

---

① 文物出版社：《新中国考古五十年》，北京：文物出版社，1999 年，第 279 页。
② 杨锡璋、高炜主编：《中国考古学·夏商卷》，北京：中国社会科学出版社，2003 年，第 117 页。
③ 中国社会科学院考古研究所：《新中国的考古发现与研究》，北京：文物出版社，1984 年，第 356 页。
④ 文物出版社：《新中国考古五十年》，北京：文物出版社，1999 年，第 379 页。

五）。在三星堆城址之外，真武仓包包出有石璧和镶嵌绿松石的铜牌饰，仁胜村墓葬出有玉璇玑形器和石球①。而时代较晚的成都金沙遗址则以四鸟绕日金饰而举世闻名（图六，1、2）。同一地点出土的还有铜璧形器（图六，3、4）和铜人（图六，5）。璧形器一侧有柄，以便于握持，其图案依然是"金乌绕日"，但鸟儿却只有三只。铜人头戴羽冠，冠帽的俯视图恰似光芒四射的太阳，举在胸前的双手作持物状，这不免会使人想到，他手中所持，正是那被加工成璧形的铜制的"日月之象"，而更加精美的四鸟绕日金箔可能附着在一件特别重要的神器上②。在中国古代，北方黄河流域较早进入文明，却面临着生产工具落后，环境险恶，灾害频发和竞争激烈的压力，不得不依靠家族集体去战胜困境，谋求发展，故祖先崇拜、宗庙祭祀和礼乐制度发达。南方气候湿热，雨量丰沛，有各类自然物可供利用，所以，生活在这里的人们首先考虑的是如何处理好自己与自然的关系。他们举行盛大祭典的地方是野外、坛上或河畔，而不是在庙里，他们祭祀的主要对象是天，是太阳，而不是祖宗。日本学者林巳奈夫把三星堆发现的青铜树视为太阳顺之而升、顺之而落的扶木、若木，把围着铜树进行的祭祀活动视为太阳祭③，我们认为这很符合三千年前成都平原的自然条件和古蜀文化的发展水平，要比把三星堆祭祀坑的性质定为拜山、封禅或宗庙之祭好得多。既然当年蜀地盛行太阳崇拜，在接受林巳奈夫意见的基础上，进而把各处出土的石璧、金沙遗址出土的铜璧形器和三星堆祭祀坑出土的太阳形器都看作主祭者用以模拟太阳的道具，便似乎没有什么不妥的了。透过神树和这么多仿日的实物，我们甚至能够想象出众人手捧各种材质的"太阳石"且歌且舞，欢呼太阳升起的热烈场面。

图五　三星堆太阳形器（K2出）

①　文物出版社：《新中国考古五十年》，北京：文物出版社，1999年，第379—380页。

②　张长寿、殷玮璋主编：《中国考古学·两周卷》，北京：中国社会科学出版社，2004年，第549页。

③　〔日〕林巳奈夫：《中国古代的日晕与神话图像》，〔日〕西江清高等著，徐天进等译：《扶桑与若木——日本学者对三星堆文明的新认识》，成都：巴蜀书社，2002年，第185页。

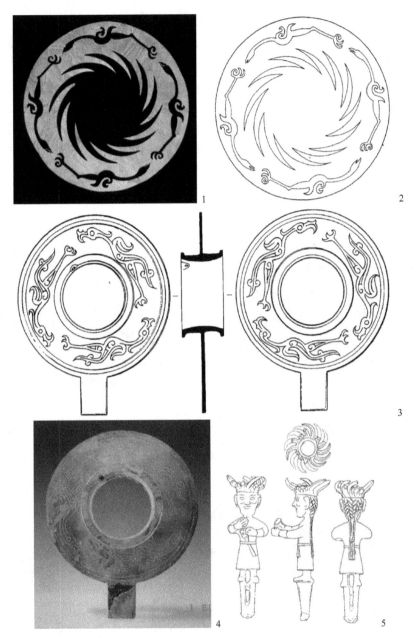

图六　金沙出土金器和铜器（1、2. 金沙 2001CQJC：477；3、4. 2001CQJC：588；
5. 2001CQJC：17[①]）

① 成都市文物考古研究所：《成都金沙遗址 I 区"梅苑"东北部地点发掘一期简报》，《成都考古发现（2002）》，北京：科学出版社，2004 年，第 101 页图五、第 110 页图一四、第 116 页图一九。

　　太阳的图像最早出现在新石器时代的陶器和玉器上。郑州大河村、杭州萧山跨湖桥、湖南通江县高庙、河南汝州市洪山庙、甘肃永靖莲花台瓦渣咀等遗址，都出有彩绘太阳纹的陶片[①]（图七）。这些纹饰无论是出现于器壁上，还是出现于圈足的外底部，都是在圆圈内涂出色调浓重的圆点，在圆圈外加绘多条射线代表光芒，给人的视觉效果是朴素、生动和逼真，绘画的手法应属于写实。以此为标本，经仔细比对，使我清楚地感觉到，广泛出现于青海、甘肃、陕西、河南、山东各省新石器时代陶器上的同心圆纹、圆圈纹、中间带十字的圆圈纹、内填网纹的圆圈纹、连续圆圈纹，以及六角星纹、漩涡形纹等（图八），实际上都是太阳纹，只是为了增加美感，古代的画师经过重新构思，已将其变成了以太阳为中心的抽象化图案。

1　　　　　　　　2

3

① 中国社会科学院考古研究所：《新中国的考古发现和研究》，北京：文物出版社，1984 年，第 47—49 页。

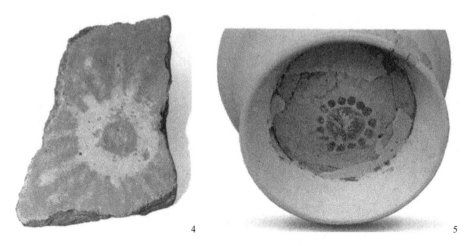

图七　彩陶片（1-3. 大河村遗址出①；4. 跨湖桥文化出；5. 高庙遗址出）

图八　马家窑彩陶（1. 彩陶瓶；2. 陶碗；3. 陶盆，均藏于青海省博物馆）

---

① 郑州市博物馆：《郑州大河村遗址发掘报告》，《考古学报》1979 年第 3 期，第 325 页图一九，1—11。

　　安徽含山凌家滩出土的刻纹玉版以刻有八角星纹的小圆圈为内心，向外辐射出八条排列有序的羽状纹，再围绕以较大圆圈，并于大圆圈外刻出四条羽毛，分别指向玉版四角（图九，1、2）。古人把太阳光叫"阳羽"，毫无疑问，玉版所刻画的正是一轮光芒四射的太阳。同一遗址出土的还有所谓的"玉鹰"（图九，3、4），双翅虽刻成动物嘴部之形，但作为构图中心的圆片状鸟腹却也刻有八角星纹，让人不免会联想到"羲和生日""皆载于鸟"的神话[①]。如果这样的分析能够成立，则河姆渡遗址所出骨器上的雕刻图案（图十）便应理解为鸟负日或双鸟御日，而不应再称为双鸟朝阳[②]。

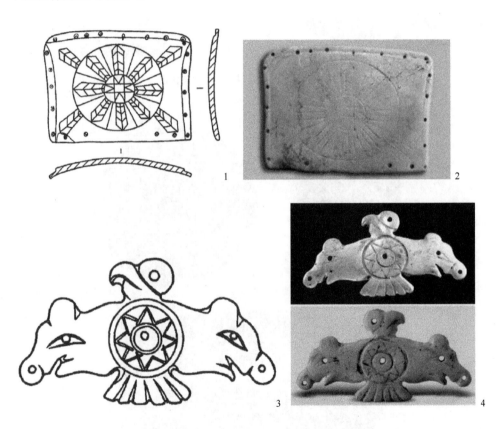

图九　凌家滩玉器（1、2. 玉版 87M4：30；3、4. 玉鹰 98M29：6）

---

　　① 文物出版社：《新中国考古五十年》，北京：文物出版社，1999 年，第 185 页；尤德仁：《古代玉器通论》，北京：紫禁城出版社，2002 年，第 37—38 页。

　　② 中国社会科学院考古研究所：《新中国的考古发现和研究》，北京：文物出版社，1984 年，第 148 页。

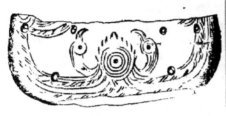
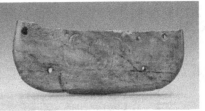

图十　河姆渡双鸟朝阳象牙雕刻 T226③：79[①]

大汶口陶尊上的符号习惯地被说成是由日、月或日、月、山组成（图十一），古文字学者望文生义，做出过各种不同的隶定，长期陷在无谓的争论中不能自拔。实际上这是图，不是文字，是东海之滨古代先民对日出景象的记录和描绘。那处在圆球状物体下方的图形似月而非月，因为只要认真观察，就会发现，在月牙内弦的中间，还有一个乳状突起，与圆球紧密相接。鉴于此，何新在《诸神的起源》一书中将有乳突的月牙形视作"日出于大海中时，从海水到天空映照烘托着太阳的云华"[②]。而林巳奈夫则称作日晕，并用计算机模拟太阳的弧晕图式，认为日出时左右延伸的两条晕线会在太阳处交织，随着太阳一起升高，形成乳突[③]。如果你目睹过红日跃出水面时的壮丽景观，你便不能不承认，他们的意见要比看图识字所得的结论更加可信。既然带乳突的月牙只是日晕或太阳与大海之间的云华，那么，画在最下边的齿状纹饰也应该代表起伏的波涛，而不会是山峦。用刻有"日出图"的器物举行祭日活动，显然是希望图中的景象会在自然界中顺利呈现。因此，大口尊不仅是用于祭祀的神器，也是巫师们"出日"时必不可少的道具。

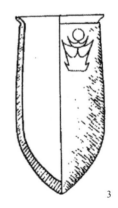

1　　　　　　　　　　2　　　　　　　　　3

①　河姆渡遗址考古队：《浙江河姆渡遗址第二期发掘的主要收获》，《文物》1980 年第 5 期，第 10 页图七，1、图版叁，7。

②　何新：《诸神的起源》，北京：北京工业大学出版社，2007 年，第 103 页。

③　〔日〕林巳奈夫：《中国古代的日晕与神话图像》，〔日〕西江清高等著，徐天进等译：《扶桑与若木——日本学者对三星堆文明的新认识》，成都：巴蜀书社，2002 年，第 191 页。

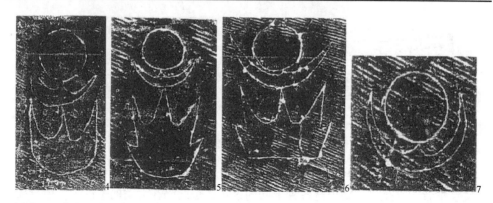

图十一　大汶口文化陶大口尊上及刻画符号（1. 陵阳河采集；2、3. 尉迟寺第一阶段 M96：
　　2、JS4：1；4-7. 尉迟寺第二阶段 T2512⑥：2、M321：2、M289：1、JS10：4①）

　　良渚文化的玉璧或玉琮上也常见表现日出景象的图形符号。根据尤德仁《古代玉器通论》收集到的材料，这些符号大致可分为四类②。第一类比较简单（图十二，1），分别见于美国弗利尔美术馆所藏玉镯及中国历史博物馆、上海博物馆所藏的玉琮上。其中两件用阴线刻出月状云华承托日轮之形，另一件则只勾勒出一弯明显带乳突的月牙，从构图手法和所蕴含的意境来看，与大汶口文化陶尊上的刻画符号可谓异曲同工。第二类共两件（图十二，2），分别见于浙江余杭安溪出土的玉璧和法国吉斯所藏的玉琮上。共同之处是都在顶部呈阶梯状的方框内刻出背部浑圆的飞鸟，差别是法国所藏的一件又于顶端正中刻了由月牙状云华承托的连珠纹，并在三颗连珠的周围及上方，用短线刻出四射的光芒。很显然，所谓连珠，实为逐步高升的太阳。这类图形与第一类既有一脉相承的地方，又增加了鸟的元素，说明人类对太阳起落运行的原动力有了新的思考。第三类分别见于美国弗利尔美术馆所藏玉璧和首都博物馆所藏的玉琮上（图十二，3）。除在顶部呈阶梯状的方框内刻有飞鸟、在顶端正中刻有三至四颗连珠纹外，又于连珠纹之上，刻出虽然站立却昂首振翅、跃跃欲飞的鸟纹。第四类分别见于美国弗利尔美术馆所藏的两件玉璧上（图十二，4），均刻有顶端呈阶梯状的方框、连珠纹和连珠纹上方的立鸟，但与第二、第三类相比，方框内的飞鸟却换成了代表太阳的圆圈，圆圈内又刻出七组曲卷的阴线以象征云气。对出现在后三类图形中的顶部呈阶梯状的方框，有人称之为五峰山，并因山上有鸟而释作岛字，有人看作良渚人的鸟形图腾柱，有人则说是祭坛。但从它是太

　　① 王树明、刘红英：《蒙城尉迟寺发现图像文字及其相关问题研究》，《华夏考古》2012 年第 4 期，第 39 页图六，2、3、5、4。
　　② 尤德仁：《古代玉器通论》，北京：紫禁城出版社，2002 年，第 30—31 页。引用时依照由简到繁的原则对尤先生所作分类顺序做了调整。

阳或太阳鸟步步高升之处考量，我认为它仍代表波涛起伏不平的海，等同于大汶口陶器图形符号最下边的齿状纹。目前来看，在中国的新石器文化中，只有大汶口文化和良渚文化才把太阳脱离海面的景象描绘得如此细腻，这显然与他们的居住地距海较近有关。而在甘青陕豫地区的马家窑文化、齐家文化及仰韶文化中，太阳只被表现为光芒四射的日轮，没有云华，没有海波，更不会想到用连珠纹刻画旭日步步高升的动态过程。

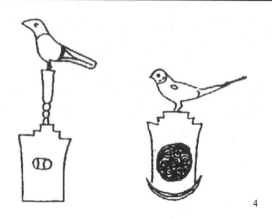

4

图十二　良渚文化玉器上的刻画符号①

随着文明的演进，用为祭日、出日道具的"日月之象"消失了，用白描的手法来绘制太阳或日出之景也不再流行，但以太阳或太阳的模型为原型而产生出来的纹饰却大量见于各类器物上。

最简单的是十字纹。它曾是新石器时代陶器的重要装饰花纹，后来又常常出现在商周青铜礼器、铜镜及战国秦汉的瓦当上。何新在《诸神的起源》一书中指出，十字纹可分为卍形和十形两大类，"大体都是太阳图案的各种简化和变形形式"。并引用《符号的传播》作者德尔维拉的话说："十字在开始时只是表示太阳照射的四个主要方位，后来变成了发光体的符号。"②我对何新和德尔维拉的看法深表赞同，进而建议应把所谓的四蒂纹、柿蒂纹、四叶纹等等，也都归入十字纹这一类别中，多从"向四方射出光芒"切入来理解其深层含义。

青铜器上多见囧纹，也有人称之为涡纹或圆涡纹，认为它表现的是水或风的漩涡。马承源《中国青铜器》一书定名为火纹，说它的主要特征是圆形，中间略有突起，沿边有四至八道旋转的弧线，表示光焰的流动，实为"太阳的标志"③。此论显然更有道理。不过，在我看来，这种突起的图形更可能直接源自太阳的模型——日月之象。因为火纹最早出现在新石器时代的陶纺轮上，而纺轮又与模仿太阳的圆饼状物难以区分，可以推测火纹是由圆饼状物扩及纺轮，又在青铜时代到来时，转移到了铜器的肩部或腹部（图十三）。

① 引自尤仁德：《古代玉器通论》，北京：紫禁城出版社，2004年，第31页图一九，8—10、6—7、4—5、1—2。

② 何新：《诸神的起源》，北京：北京工业大学出版社，2007年，第2—3页。

③ 马承源主编：《中国青铜器》，上海：上海古籍出版社，1988年，第338页。

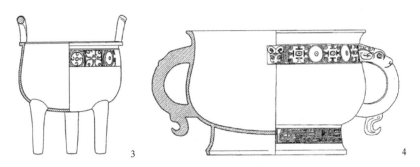

图十三　青铜器上的涡纹（1. 盘龙城 PLZM1：10[1]；2. 郭家庄 M160：79；
3. 长安沣河铁路桥西 M5：1；4[2]. 前掌大 M18 出土[3]）

　　铜镜一般呈圆形，正面磨砺光洁，用以照人，背面有纽可供穿系，其形状特
别接近于圆饼状的太阳模型——"日月之象"。故汉代流行的日光镜镜铭为"见
日之光，天下大明"（图十四，1），昭明镜也多铸有"内清质以昭明，光而象夫
日月"等字样（图十四，2），都公然以太阳自命。其他如星云纹镜、卷云纹镜、
云雷纹镜等，都没有远离太阳这个艺术母题。铸上此类纹饰固然有追求装饰效果

　　① 湖北省文物考古研究所：《盘龙城——1963—1994 年考古发掘报告》，北京：文物出版社，2001 年，彩
版二二，2。

　　② 中国社会科学院考古研究所丰镐工作队：《1984—1985 年沣西西周遗址、墓葬发掘报告》，《考古》1987 年
第 1 期，第 22 页图一○，2。

　　③ 中国社会科学院考古研究所：《滕州前掌大墓地》，北京：文物出版社，2005 年，第 223 页。

的目的，同时更是要表现日出时表面云气的多姿与缤纷。

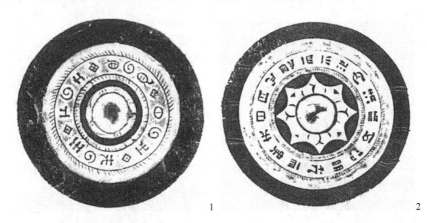

图十四　长安铜镜（1. 日光镜 2001XGS M13：8；2. 昭明镜 1997TKF M13：9[①]）

　　石璧是出现最早的"日月之象"，璇玑和圭璧是供上层人物使用的精致的"日月之象"，玉璧源自石璧，同时也与璇玑与圭璧的退化有关。用以表现光芒的三组齿形或四出的圭末被省掉了，璇玑和圭璧就变成了边大孔小的璧和边孔相等的环。过去为了配合"劳动创造一切"理论，说玉璧出于环状石斧，实在有些牵强。现在，多数人秉持"璧圆象天"说，严格说来，也是误解。因为天圆地方是盖天说发展起来以后才有的观念，早期先民见不及此，只将太阳视为自然的主宰，名曰祭天，实为祭日，所用的道具或法器也是"象日"，而不是"象天"。基于这样的认识，我坚定地认为玉璧的原型是太阳或仿制的太阳——"日月之象"，它上边的刻纹，如云纹、卷云纹和所谓的谷纹等（图十五），都有表现日出之景的意蕴。

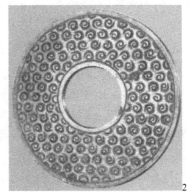

---

　　① 程林泉、韩国河：《长安汉镜》，西安：陕西人民出版社，2002 年，第 95 页图二十三，5、第 108 页图二十七，4。

图十五　玉璧（1. 长沙浏城桥 M1 出土[①]; 2. 旬邑转角村出土[②]; 3. 曾侯乙墓出土[③]；
4. 长沙陈家大山出土[④]; 5、6. 上海博物馆藏[⑤]）

　　瓦当既有庇护屋檐，防止风雨侵蚀的实用价值，又极富装饰效果。有人将其比为大型建筑物上的项链，在我眼中，它们则是被整齐排列起来的"小太阳"。鸟纹、凤纹、夔凤纹瓦当画的都是日中阳鸟，即所谓的"金乌"（图十六，1）。四神瓦当则不过是四方、四季观念影响下想象出来的太阳的四个化身。太阳纹瓦当以一圆点为中心，绘出多条向外辐射的曲线，极具动感地表现出一个流光溢彩的日轮。过去被命名为葵纹瓦当、涡纹瓦当、炯纹瓦当者，都应归于此类（图十六，2-4）。而四叶纹瓦当、花瓣纹瓦当、星光纹瓦当、云纹瓦当等，可看作被附加了新鲜因素的太阳纹（图十六，5-8）。即便是文字瓦当，也均以乳

①　湖南省博物馆：《长沙浏城桥一号墓》，《考古学报》1972 年第 1 期，图版十二，2；丁哲：《东周玉璧简析》，《文物鉴定与鉴赏》2014 年第 3 期，第 55 页图 2。
②　丁哲：《东周玉璧简析》，《文物鉴定与鉴赏》2014 年第 3 期，第 55 页图 4。
③　丁哲：《东周玉璧简析》，《文物鉴定与鉴赏》2014 年第 3 期，第 57 页图 12。
④　引自湖南省博物馆官网。
⑤　引自上海博物馆藏官网。

钉状的圆心和十字纹强烈地显示着自己的发光体性质，而将文字填写在由十字隔开的空隙中（图十六，9-10）。

1

2

3

4

5

6

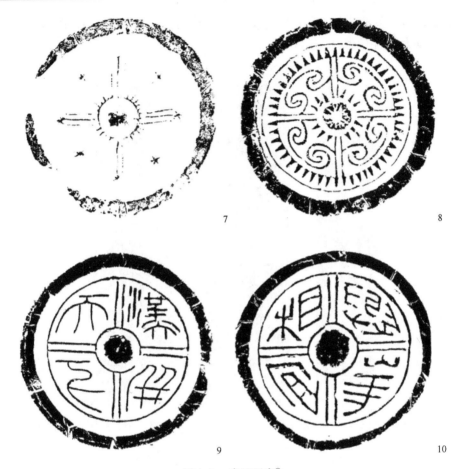

图十六　秦汉瓦当[①]

汉画像石中有十分生动的金乌负日图。随着天文学的发展，在墓的穹顶上，又出现了星座与金乌或蟾蜍相互搭配的天象图。而在部分墓门立石或门楣上，则可见到女神单手或双手托一圆饼状物的图像（图十七，1）。从女神非动似动的手形可以判定，此图所绘正是迎日巫师"作日月之象而掌之""沐浴运转"，以效仿太阳的升起。可惜汉代去古已远，人们既对古代巫术一知半解，又受到战国以来勃兴于各地的神话的影响，遂将"羲和生日"和"伏羲女娲人首蛇身"传说相嫁接，把女神的下体画作蛇形。现代考古学者或称之为"羲和主日图"，或称之为"羲和持日图"（图十七，2、3），或称之为日神，莫衷一是。其实，图中女神

---

① 傅嘉仪：《秦汉瓦当》，西安：陕西旅游出版社，1999 年，第 333 页图六五九、54 页图一〇八、120 页图二三九、81 页图一六一、58 页图一一六、223 页图四四三、220 页图四三七、209 页图四一五、492 页图九七四、498 页图九八五。

只是古巫群体的抽象，不必指实为羲和、女娲或常羲，她所持的圆饼状物也不是日，而是太阳的模型——日月之象。

图十七　南阳汉画像石（1."女娲捧璧"；2."羲和主日"；3."羲和主日与常曦主月"①）

我已衰迈，且患眼疾。本文仅依第二、三手的材料形成一种假说，目的在于为古器物研究提供参考。不妥之处，诚望方家正之。

2022 年 4 月 23 日

---

① 南阳汉代画像石编辑委员会：《南阳汉代画像石》，北京：文物出版社，1985 年，图版 323、328、331。

铸鼎象物说

夏人"铸鼎象物"是从野蛮向文明过渡中的重大事件，这一传说作为艺术母题又对商周青铜鼎的花纹产生了深刻影响。从历史学和考古学两个方面考量，我们都应该对"铸鼎象物"作进一步的研究，以便更好地把握它的实质和意义。

一

鼎的出现可以追溯到新石器时代，最初用陶土烧制而成，不过是日常生活中的炊具。但随着金属时代的到来和早期国家的出现，它却发生了许多显著的变化。一是由陶鼎发展成青铜鼎；二是因祭祀时被用作盛牲之器而带上了神性，逐渐从日用器皿中分化出来；三是器类更加复杂，从用途看，可分镬鼎、升鼎、羞鼎三大类；在形制上，则有圆鼎、方鼎、鬲鼎、扁足鼎之别。镬鼎在祭祀和宴飨时用于烹煮牲肉及鱼、腊，羞鼎盛放调味的庶羞，只有满载牲肉的升鼎才献于神主之前。所以，一般认为，升鼎是用鼎制度的中心，可以称为正鼎[①]。

不仅如此，由于鼎已被赋予了神圣意义，它最终竟成了国家权力的象征，于是乃有迁鼎、定鼎、问鼎、求鼎之说。《墨子·耕柱》篇曰："（夏铸）九鼎既成，迁于三国。夏后氏失之，殷人受之，殷失之，周人受之。"《左传·宣公三年》记臧哀伯之语曰："武王克商，迁九鼎于洛邑。"据《左传·桓公二年》，楚庄王"伐陆浑之戎，遂至雒，观兵于周疆"，曾"问鼎之大小、轻重焉"，王孙满对曰："桀有昏德，鼎迁于商，载祀六百；商纣暴虐，鼎迁于周……成王定鼎于郏鄏，卜世三十，卜年七百，天所命也。周德虽衰，天命未改，鼎之轻重，未可问也。"他劝告楚人趁早打消念头，莫作非分之想。战国时期，秦、楚、齐皆欲"兴兵临周以求九鼎"，为解周君之急，策士们居然吹出了"昔周之伐殷，得九鼎，凡一鼎而九万人挽之"的大话[②]，意在使觊觎者知难而退，却增加了九鼎的神秘感。直到秦昭王五十一年（前256年），"秦使将军摎攻西周，西周君走来自归（指战国时分为东西二周的西周君），顿首受罪，尽献其邑三十六城，口三万"，

---

① 俞伟超：《周代用鼎制度研究》，《先秦两汉考古学论集》，北京：文物出版社，1985年，第67页。

② （西汉）刘向集录：《战国策》，上海：上海古籍出版社，1978年，第3页。

次年，"周民东亡，其器九鼎入秦"①。此事在《史记·周本纪》《史记·秦本纪》中的记载大略相同，但在《封禅书》中，作者又记"或说"曰："宋太丘社亡，而鼎没于泗水彭城下。"史公意在增广异闻，秦始皇过彭城，居然煞有介事地沐浴斋戒，"欲出周鼎泗水，使千人没水求之，弗得"②。其行为已经有些荒唐可笑了。鼎既被视为"王者所传宝"和"宗庙之宝器"，得之则兴，失之则亡，故而国运便叫鼎祚，国灭便叫鼎迁，改朝换代便叫鼎革，问鼎者被视为篡弑。此皆成为习惯，沿袭至今，显示着鼎文化的巨大影响力。

然而，九鼎何以会成为立国重器，实际上仍属未解之谜。最常见的说法是，古代"国之大事，在祀与戎"。谁掌握了祭器，谁就掌握了主祭权，同时也拥有了王权。此论貌似有理，细思却经不起推敲。商人祭帝的办法主要是燎，即点燃束柴以祭，加于其上的牺牲有牛、羊、豕、犬和壳③；周人祭天叫柴，"祭时积柴"，也"加牲其上而燔之"④；此都与祭器无涉。祭祖活动虽用盛牲之器，但陈列于庙堂的宝尊彝却器类繁多，为什么偏偏只有九鼎会超越其他器类，变成一种特殊的符号，由它来代表国家最高权力呢？很显然，若刨根究底，需要进一步研究的地方还不少。

二

欲知九鼎无与伦比的神力究竟来自何方，必须回到关于"夏铸九鼎"的传说上来寻找答案。根据《左传·宣公三年》的记载，面对前来问鼎的楚庄王，王孙满代表周王室，曾对九鼎的来历做过十分清楚的介绍。他说："昔夏之方有德也，远方图物，贡金九牧，铸鼎象物，百物而为之备，使民知神、奸。故民入川泽、山林，不逢不若。魑魅罔两，莫能逢之。用能协于上下，以承天休。桀有昏德，鼎迁于商"，"商纣暴虐，鼎迁于周"。由此可知，九鼎的神性源自铸鼎的目的和动机。对于这一点，夏、商、周一脉相承，已经形成共识。

《广雅·释诂》曰："图，画也""远方图物"，即图画远方各种奇怪之物。九乃总言其多，"贡金九牧"，可以理解为"使九州之牧贡金"，实犹言让天下贡金也。古所谓金，专指铜或青铜。"铸鼎象物"，则是说用各地所贡之铜铸成九鼎，并将从远方图画来的各种图像铸到鼎上。若，顺也，不若，指各种不顺之

---

①《史记·秦本纪》，北京：中华书局，1959年，第218页。

② 《史记·秦始皇本纪》，北京：中华书局，1959年，第248页。

③ 陈梦家：《殷墟卜辞综述》，北京：中华书局，1988年，第577—578页。

④ 《尚书·舜典》孔颖达正义引马融说，参见阮元校刻：《十三经注疏》上册，北京：中华书局，1980年，第126页。

事。通过初步的疏解即可知道，铸鼎的动机是为了让民众周知何物为神、何物为奸，其最终的功效是可以让人们在出入川泽山林时，不再遇到于己不利之物，即使最可怕的魑魅魍魉，也不能前来为害。换言之，夏王是用铸鼎象物的办法解除了人类生存和发展中所面临的危险与灾难，使大家不再恐惧，可以安心地生产和生活。这在当时，可算是一件了不起的大事，故而人、神欣慰，同意把统治天下的权力交付给夏，夏王也就成了能够"协于上下，以承天休"的圣王。至于铸鼎的夏王是谁，历来却有两说。一谓应是夏禹，见《后汉书·明帝纪》永平六年（63年）诏书，文中明言"昔禹收九牧之金，铸鼎以象物"。一谓应是夏后启，见前引《墨子·耕柱》篇等。因年代久远，是与非已无从确考。但不管铸者为谁，似都不妨碍我们得出一个初步的意见，即九鼎的神奇之处并不在于它是祭器，而在于它上边铸有从各地图画来的奇异的物。

三

物是什么？铸到夏鼎上的物主要有哪些？我们先从解释物字入手，略作一点推测。

《说文解字》曰："物，万物也。牛为大物。天地之数起于牵牛，故从牛，勿声。"王国维《释物》一文指出："许君说甚迂曲。古者谓杂帛为物，盖由物本杂色牛之名，后推之以名杂帛……更因以名万有不齐之庶物，斯文字引申之通例矣。"[①]据此，物的本义是杂色牛，但使用最广的引申义却是用它来泛指万物。

不过，铸到鼎上的物却又不可能包罗万象。古人本能地将身边的物分为两大类：于己有利的和不利的。有利者为神，不利者为奸。因为当时战胜困难和灾害的能力很低，所以恶物留给人们的印象更为刻骨铭心。从铸鼎以后"民入川泽、山林，不逢不若，魑魅罔两，莫能逢之"等语度之，被画了像铸在鼎上的可能主要是奸，属于华夏民族的敌对者。这一推测可以用名家的注释加以佐证。对王孙满答词中的"不逢不若"一语，惠栋《左传补注》认为当从张衡《东京赋》及郭璞《尔雅·释诂》注所引，作"禁御不若"。杨伯峻肯定"其言有理"。"禁御"有控制、压制之意。若从惠栋说重读传文，则不仅"铸鼎象物"、"禁御不若"和"魑魅罔两，莫能逢之"之间的逻辑关系更加清晰，而且完全可以肯定，被铸在鼎上的是需要"禁御"的对象，即害人的物。而"铸鼎象物"的意义也便由知神奸、别善恶变成了"禁不若"，即通过掌握敌对者的图像来控制敌人。

---

① 王国维：《观堂集林》，北京：中华书局，1959年，第287页。

四

　　若粗略划分，上古害人的物无非三类，即动物、鬼物和人物。兹分述之。

　　（1）动物。今日的北方，天然植被很少见于平原，所谓山区也大多是濯濯童山。但这只是晚近才有的现象，若依较早的文献仔细复原，则上古时期的黄、淮流域，却是一幅草木畅茂的自然景观。植被的繁盛会给野生动物的生存提供条件。在密林茂草和广漠旷野之间，到处都有野兽的栖息地。单是出现在《诗经》中的猛兽就有兕、象、虎、豹、狼、貙、熊、罴等。《孟子·滕文公上》曰："周公相武王诛纣伐奄……驱虎豹犀象而远之。"《左传·宣公二年》，华元使骖乘谓役人曰："犀兕尚多，弃甲则那。"《左传·定公四年》，楚昭王"使执燧象，以奔吴师"。《国语·晋语八》，叔向曰："昔我先君唐叔，射兕于徒林。"《古本竹书纪年》记周夷王"猎于桂林，得一犀牛"[①]；《诗经·召南·驺虞》曰："彼茁者葭，一发五豝。"《豳风·狼跋》曰："狼跋其胡，载疐其尾。"这些记载提到的虎豹、犀兕、野猪、豺狼等均对人类危害较甚，但直到周代，它们似乎都还在平野上自由往来，狼奔豕突。据此推想周以前，则孟子说"当尧之时……禽兽逼人，兽蹄鸟迹之道交于中国"[②]，洵非虚语。孟子言及的"禽"是指猛禽，如《诗经》中的鸱鸮、流离、鸤鸠、游隼等，时常会从空中俯冲下来，突袭人畜。而由于曾经"洪水横流，泛滥于天下"，水去后留下的湖泽洼地里，更有蛇蝎毒虫滋生，令人不堪其扰。它即古文蛇字，恙乃噬虫，古人以为此物能食人心，因二者无处不在，无孔不入，故见面必问："无它乎？""无恙乎？"足见古之草居泽处之民深被其毒[③]。至于《楚辞》所谓的"雄虺九首""赤蟻若象""玄蜂若壶"等，依注释，它们分别是指凶恶的毒蛇、体大如象的红蚂蚁及形如葫芦的黑毒蜂[④]。这些我们都没有见过，故而听来便有些心惊，学者也多认为应属诗人或巫师的夸诞之辞。然而，在晋人干宝的《搜神记》和刘宋陶潜的《搜神后记》中，却明确记载有当时人还能亲见的"长六、七丈，形如百斛船"的蛇，"大如琵琶，毒长数尺"的蝎，"其大如箕"的蝉，以及"长尺余"的蜈蚣[⑤]。由此可知，今日看不到了，并不等于古时也不存在。至少，先民受野生动物的威胁更大，这

　　① 范祥雍：《古本竹书纪年辑校订补》，上海：上海古籍出版社，2011年，第35页曰："此文桂字疑当作杜。"

　　② 杨伯峻：《孟子译注·滕文公上》，北京：中华书局，1960年，第124页。

　　③ （汉）许慎：《说文解字》，北京：中华书局，1963年，第285页；（汉）应劭撰，王利器校注：《风俗通义校注》下册，北京：中华书局，1981年，第601页。

　　④ 聂石樵：《楚辞新注》，上海：上海古籍出版社，1980年，第143页。

　　⑤ （晋）干宝撰，李剑国辑校：《新辑搜神记》，北京：中华书局，2007年，第162、323、329页；（宋）陶潜撰，李剑国辑校：《新辑搜神后记》，北京：中华书局，2007年，第494页。

一点是应该肯定的。

另外，在与猛禽、恶兽、蛇蝎、毒虫的长期搏击中，古人经过观察和总结，还产生了以某种动物的出现为信号来预测灾害的习惯。在《山海经》中就有诸如太华之山"有蛇焉，名曰肥螖，六足四翼，见则天下大旱"，崇吾之山"有鸟焉""一翼一目""名曰蛮蛮，见则天下大水"，太山"有兽焉，其状如牛而白首，一目而蛇尾，其名曰蜚""见则天下大疫"之类的记录①。古人的经验未必正确，但通过讹传，却增加了恐怖气氛和人们的恐惧心理。

（2）鬼物。《说文解字》曰："魃，老精物也。"《史记·扁鹊仓公列传》：长桑君"乃出其怀中药予扁鹊"，曰："饮是以上池之水，三十日当知物矣。"司马贞《索隐》曰："服之三十日，当见鬼物。"由此可见，鬼就是物，物就是鬼，古籍所谓物，多指鬼怪。例如，《史记·齐悼惠王世家》曾言："魏勃少时，欲见齐相曹参，家贫无以自通，乃常独早夜扫齐相舍人门外。相舍人怪之，以为物而伺之，得勃。"《索隐》引姚氏说云："物，怪物。"而在《风俗通义·神怪篇》中，鲁相臧仲英家异端并出，屡被骚扰，"素善卜卦"的许季山便断定其家"当有老青狗物"。王利器作校注时先引孙诒让《札迻》曰："案古书多谓鬼魅为物"，接着又自下断语道："孙说是，物训鬼魅。"②这种直接以物为鬼的行文方式屡屡出现，起码可以说明鬼物对人的社会生活影响很大，是"万有不齐之庶物"中最厉害的一种物。

鬼是想象中的害人的物，王孙满对楚庄王答辞中的"魑魅罔两"即其常见的称谓。王充《论衡·订鬼》篇曰："鬼者，物也……或谓之鬼，或谓之凶，或谓之魑，或谓之魅。"据此，魑魅不过是鬼怪的别名。《左传·文公十八年》太史克说舜曾将"四凶族""投诸四裔，以御魑魅"，就是流放罪人于边裔之地，让恶鬼随意加以吞食。至于罔两，应该也是鬼怪的另一种叫法，只是含义稍显隐晦而已。江绍原先生曾说："罔是无，两由形象分为两个而来。"③可谓一语破的。古人坚信万物有灵，并认为灵魂可以随时离开，寄附在别的物体身上，而发挥或善或恶的作用和影响。干宝在《搜神记》中说："妖怪者，盖是精气之依物者也。"④这里的精气即指代灵魂，精气依附于物，即灵魂转移于别的物中，妖怪的形与神、表与里并不一致，岂不就是两？而灵魂来无影，去无踪，飘忽不定，难以捉摸，当然可称为无。事实上，正是"罔两"一词较好地体现了古代人的

---

① （晋）郭璞注，（清）郝懿行笺疏，沈海波校点：《山海经》，上海：上海古籍出版社，2015年，第25、48、145页。

② （汉）应劭撰，王利器校注：《风俗通义校注》下册，北京：中华书局，1981年，第424页。

③ 转引自梁钊韬：《中国古代巫术——宗教的起源和发展》，广州：中山大学出版社，1999年，第194页。

④ 李剑国认为，此语当出自干宝为《搜神记·妖怪篇》所作的序，反映的是干宝自己对妖怪的看法。（晋）干宝撰，李剑国辑校：《新辑搜神记》，北京：中华书局，2007年，第165页。

鬼观念。而典籍中用以指称鬼物的方良、罔浪、蝄蜽、魍魉、罔象等，则都是罔两的异读或异写。

古人都曾经是他们自己想象的奴隶。在他们的意识中，林间尖啸的风就是鬼物的嘶嚎；摇曳的树枝拂过肩头，他会以为已被妖怪抓住；明明是自己的脚步发出了吧嗒吧嗒的声音，他立刻感到恶魔正在身后紧追；病者因困剧而身体疼痛，更要说是鬼持棰杖殴击所致；精灵聚处的深山广泽成了他们不敢轻易涉足的禁地；由于相信恶灵喜欢在黑暗中发起攻击，日落之后，如果没有必要，他们就不再离开屋子；不得已必须上路，则一定要带上火把，此举的目的与其说是为了照明，不如说是为了辟邪。既然人们认为鬼魅要比猛兽更加可怕，那些自以为对天下安宁负有全责的古王，便不仅需要设法让臣民免受动物的侵害，更得采取有力措施，以斩断鬼魅从四方伸来的魔爪。只有这样，他才能受到各部落的拥戴。

（3）人物。人也是物，因此，人死便叫"物故"。如《汉书·苏武传》述及苏武的随员有"物故"者时，颜师古注便曰："物故，谓死也，言其同于鬼物而故也。"所谓"人最为天下贵"，人为万物之灵等，都是战国人文主义思潮兴起之后的新认识。若以上古先民的眼光审视，则人不仅是物，而且是与禽兽、鬼怪同样可怕的物。

据《左传·昭公十五年》，籍谈曾说晋始封时居于深山，"戎狄之与邻，而远于王室，王灵不及，拜戎不暇。"而《国语·晋语二》记周大夫宰孔之语也曰：晋国"景霍以为城，而汾、河、涑、浍以为渠，戎、狄之民实环之"。正因为如此，晋文公欲出兵郑地勤王，就必须"行赂于草中之戎与丽土之狄，以启东道"[①]。由晋国的情况可以推知，自春秋以前，蛮夷戎狄实多在中土，介居于诸夏侯国之间，而城居农耕诸族与狩猎部落间的冲突乃是上古历史发展的一条主线。三代之王一边"阻兵而保威"，一边推行会盟政治，试图在不同势力之上建立统治中心。典籍虽盛称"禹合诸侯于涂山，执玉帛者万国"[②]，同时更有"夏桀为仍之会，有缗叛之；商纣为黎之蒐，东夷叛之；周幽为太室之盟，戎狄叛之"的记录[③]，足见盟约缺乏约束力，敌对者不断"逼我诸姬，入我郊甸"乃为常态[④]，而关于战争的描绘也成了青铜器铭文的重要内容。"非我族类，其心必异"本来就是血缘宗法社会的固有观念，残酷的部族冲突又使不同人群间的敌对情绪大大增加了。

先进的农耕之族居于国，自认为这是光明的地方，称为华或华夏，异族的活动区在诸华、诸夏之外，到处仍然是一片黑暗，故贬称四晦，后来才演变为四海。

---

① 上海师范大学古籍整理组校点：《国语·晋语四》，上海：上海古籍出版社，1978年，第373页。

② 杨伯峻：《春秋左传注·哀公七年》修订本，北京：中华书局，2016年。

③ 杨伯峻：《春秋左传注·昭公四年》修订本，北京：中华书局，2016年。

④ 杨伯峻：《春秋左传注·昭公九年》修订本，北京：中华书局，2016年。

"四晦"中不仅有敌方的酋长和武士是害人的物，更有巫师使用神秘的法术致人死命，让人防不胜防。经过统治者渲染，在普通国人的心目中，野人就变得非常狰狞可怖。《楚辞·招魂》曰："魂兮归来！东方不可以托些。长人千仞，唯魂是索些。""南方不可以止些，雕题黑齿，得人肉以祀，以其骨为醢些。"这虽是对灵魂的恐骇劝诱之词，却能反映当时人对外族普遍抱有极端恐惧的心态。

五

害人之物虽有三类，若绘成图画，却可以用一种来代表。因为在古人看来，鬼物也罢，人物也罢，无非都是兽，其形象与兽无异。

先说鬼物。据《韩非子·外储说左上》："客有为齐王画者，齐王问曰：'画孰最难者？'曰：'犬马最难。'孰易者？'曰：'鬼魅最易'。"韩非评论说："夫犬马，人所知也，旦暮罄于前，不可类之，故难。鬼魅无形者，不罄于前，故易之也。"罄与见同义，旦暮罄于前即朝夕见之于眼前也。对实有的习见之物画出来时很难做到绝对类似，鬼是想象中的害人之物，谁也没有见过，不妨随意涂抹，无所谓像，也无所谓不像。今天我们仍在使用"画鬼容易画人难"这句俗语，意思与《韩非子》所言完全一致。

不过，即使想象，也要以现实生活为蓝本，不可能完全凭空虚构。恩格斯说："神圣的东西最初是我们从动物界取来的。"[①]鬼魅与野兽同为吃人的物，所以古人很自然会取兽的样貌去想象鬼。《左传·庄公八年》，齐襄公"田于贝丘""见大豕""人立而啼"，从者皆曰，此乃屈死鬼"公子彭生也"。昭公七年（前535年），晋韩宣子问于子产曰："寡君寝疾，于今三月矣，并走群望，有加而无瘳，今梦黄熊入于寝门，其何厉鬼也？"《国语·晋语二》："虢公梦在庙，有神人面白毛虎爪，执钺立于西阿，公惧而走。"由此可知，无论是白日的幻觉，还是夜间做梦，人于恍惚中所见之鬼，无非就是日常习见的熊、虎或野猪。《楚辞·招魂》曰："魂兮归来！君无上天些，虎豹九关，啄害下人些……豺狼纵目，往来侁侁些。""魂兮归来！君无下此幽都些。土伯九约，其角觺觺些，敦脄血拇，逐人駓駓些。参目虎首，其身若牛些。"人们想象出来的天堂和地狱竟然也是一个虎狼盘踞的世界，以此更能证明猛兽是塑造鬼怪的基本素材。其中，那幽都中的土伯虎首牛身，角如利刃，三目倒竖，指爪染满鲜血，显然综合了不同兽类的特征，尤其令人感到狰狞可怖。

再说人物。牧猎社会，民智未开，不知自己何所从来，乃妄自揣测。因日与

---

① 中共中央马克思恩格斯列宁斯大林著作编译局：《马克思格格斯全集》第35卷，北京：人民出版社，1971年，第121页。

禽兽为伍，遂以为他们是由高大的野兽、飞翔的猛禽、浮游的龙蛇所生，于是乃有动物图腾和图腾崇拜。此种心理的形成，还有一个原因，即流行万物有灵观，普遍相信万物如人一样，皆有知觉，人生动物和动物生人均被认为是正常现象。以植物或无生物为图腾的情况相对较少，而且出现较晚，在图腾制度中不占主流。进到农业社会以后，父系家族确立，祖宗神代替图腾神，图腾制就没有了，但其影响仍然很大[①]。

由于流行图腾崇拜，不仅氏族以特定的动物命名，如黄帝"号有熊""少昊氏鸟名官"等[②]，而且同氏族之人皆认图腾动物为祖先，将其奉为神物，禁止杀害或损伤。在特定的节日和重大活动中，还要举行盛大舞会，既温习氏族的历史，又表达对图腾的尊敬。为了显示自己与图腾之间神圣的血缘联系，舞时一般都要进行照样学样式的假形装扮，包括穿戴用图腾动物的皮、羽、角、齿制作，形貌酷似图腾的面具、冠帽、衣服，用舞步模拟图腾行走、跳跃、追逐、飞翔的姿态等。这种舞蹈大多以群舞的形式出现，但也有只用少数演员依次表演。若是后一种情况，演员跳时，全体观者都会在不知不觉间用较小幅度的动作随着节拍舞动。世界上著名的图腾舞蹈有大洋洲土著民族的袋鼠舞、鸸鹋舞，北美印第安人的野牛舞、熊舞，火地岛雅甘人的海豹舞，非洲原始部落的鳄鱼舞、羚羊舞，等等[③]。中国上古关于图腾舞蹈的记载也不绝于书。如《吕氏春秋·古乐篇》述"昔葛天氏之乐"，谓舞时由"三人操牛尾投足以歌八阙"，其第二阙叫《玄鸟》，第八阙叫《总禽兽之极》，牛尾、鸟、禽兽都能让人想象出舞者对图腾动物动作的模仿。另外，《拾遗记》说神农氏"奏九天之和乐，百兽率舞"，《吕氏春秋·仲夏纪》说"帝尧立，乃命质为乐"，"以致舞百兽"，等等，都应与"葛天氏之乐"性质相同。而最生动的图腾舞会则见于《尚书·皋陶谟》，舜命夔指挥乐队吹管、摇鼗、击鼓、吹笙、撞钟，于是，"百兽率舞""鸟兽跄跄，《箫韶》九成，凤凰来仪"，即先由扮演飞禽走兽的舞者跄然起舞，待《箫韶》之乐奏到九章，扮演凤凰的舞队才展翅亮相，使整个舞会达到最高潮。帝舜时，各氏族部落已出现相互联合、逐步统一的趋势，故《皋陶谟》所描绘的或是部落联盟的庆典，与各氏族独立举行的图腾舞会已略有区别，但文中的"鸟兽""凤凰"都是将自己装扮成图腾祖先的样子，并非真正的"鸟兽"。儒家将这段文字解释为圣人出世、德化可以及于鸟兽，抹杀了庆典中的舞蹈仍属图腾舞的本质，纯系迂腐之谈。

其实，模仿图腾动物进行假形装扮的场合还有很多。譬如打仗，古人相信，

[①] 孙作云：《孙作云文集》第四卷《美术考古与民俗研究》，开封：河南大学出版社，2003 年，第 480—481 页。

[②] 《史记·五帝本纪》集解徐广曰："号有熊"，北京：中华书局，1959 年；杨伯峻：《春秋左传注·昭公十七年》修订本，北京：中华书局，2016 年。

[③] 顾朴光：《中国面具史》，贵阳：贵州民族出版社，2002 年，第 25—26 页。

只要将自己扮成图腾物，图腾祖先就会从高处降下，赶来保护，使自己能在战争中逢凶化吉，并能从祖先那里获得神奇的力量和勇气。所以，古帝每次出兵，无异于诸种猛兽的巡行。《史记·五帝本纪》曰："（黄帝）教熊罴貔貅貙虎，以与炎帝战于阪泉之野。"六兽不仅是氏族部落名号，同时更显示战士们因氏族不同而有各不相同的扮相。至于氏族部落中的特殊人物，如酋长、巫师等，即使是在平时，也往往不肯脱下整套的图腾服装。他们觉得，这样做更便于同祖先对话，有助于垄断沟通神人的权力。据《山海经》记载，"戎，其为人人首三角"；讙头国"其为人人面有翼、鸟喙""西王母其状如人，豹尾虎齿而善啸，蓬发戴胜""北方禺强，人面鸟身，珥两青蛇，践两青蛇"[①]。文中的人与西王母，都是指部落首领，角、翼、豹尾、虎齿、鸟喙等则为图腾装饰的要件，均取自本族的图腾动物。珥两青蛇可能是在头部两耳旁垂挂蛇的造型。巫师扮作动物形状的例子也随处可见。欧洲奥瑞纳文化期史前人类所绘岩画上的巫师头戴鹿角，身披兽皮，手和脚套着兽蹄，颔下留有长须，臀部装有长长的尾巴，俗称鹿角巫师[②]，早已闻名于世。在中国，信阳楚墓出土的地锦上的巫师披着象征鸟翼的斗篷，伸着两只利爪，头上矗着三只角[③]，而《山海经》中记录的"蛊雕"恰恰也是"其状如雕而有角"[④]，说明至少有一部分巫师常以雕的形象出现。东北鄂伦春、鄂温克、达斡尔和赫哲族的萨满在神帽、衣、裙、披肩上，都缀有鹰的图案，跳神时也仿照鹰的动作，频作飞翔、扑食之状[⑤]，不免让人对巫术影响的广泛性和持久性产生遐想。

既然氏族成员都认为自己是图腾动物的亲属或后代，并极力对图腾动物进行模仿，那么，外来的观察者直接视之为兽，也就再自然不过了。正因为这样，我们才得出结论说，夏王令九牧图画的"百物"虽然很多，粗略可分三类，但铸到鼎上的图像却只有一种，就是怪兽，经过抽象化和典范化，怪兽自然而然地成了动物、鬼物、人物的总代表。

六

为什么将害人之物的图像铸到鼎上，就能使"民入川泽、山林，不逢不若，魑魅罔两，莫能逢之"呢？我们想从巫术的原理入手，略加说明。

---

① （晋）郭璞注，（清）郝懿行笺疏，沈海波校点：《山海经》，上海：上海古籍出版社，2015年，第62、269、241、304页。

② 顾朴光：《中国面具史》，贵阳：贵州民族出版社，2002年，第13页。

③ 高国藩：《中国民俗探微——敦煌巫术与巫术流变》，南京：河海大学出版社，1993年，第55—56页。

④ （晋）郭璞注，（清）郝懿行笺疏，沈海波校点：《山海经》，上海：上海古籍出版社，2015年，第16页。

⑤ 蔡家琪：《中国北方民族的萨满教》，宋恩常：《中国少数民族宗教初编》，昆明：云南人民出版社，1985年，第20页。

　　各民族都有自己的巫术文化，并有过巫术文化占统治地位的初级发展阶段，中国也不例外。据人类学大师詹·乔·弗雷泽总结，巫术赖以建立的思想原则一是"同类相生"或"果必同因"；二是"物体一经互相接触，在中断实体的接触后还会远距离地相互作用"。从前一原则出发，古代的巫师坚持说，通过模拟便能够实现他想要做的事。这样的模拟活动叫作"顺势巫术"或"模拟巫术"。从后一原则出发，古代的巫师又坚持说，通过曾经与某人接触过的物体，便可对其本人施加影响。这一类的巫术活动叫作"接触巫术"。两种巫术不仅在实践中常常合用，而且都承认物体间能够远距离地产生神秘的感应，因此，也可以统称为"交感巫术"[①]。

　　图画或仿造敌对者的像，并对其施以巫法，是古人最容易想到的模拟，是"同类相生"原则最常见的应用。巫师相信，通过掌握或打击敌人的偶像，就能镇压、伤害或消灭其本人。偶像被占有，本人便被控制；偶像受创伤，本人也受创伤；偶像被毁掉，本人立刻会随之死去。

　　前文已经述及，对王孙满答词中的"不逢不若"，惠栋认为当从张衡《东京赋》及郭璞《尔雅·释诂》注所引作"禁御不若"。即将各种害人恶物的图像铸到鼎上以后，它们的活动就被夏王全部禁住了。从此，人们进入川泽、山林，再也不用担心遭遇不顺。正是基于这样的理解，我们推断，"铸鼎象物"的神奇作用不仅是知神奸、别善恶，更主要的应是"禁不若"，其性质是用模拟巫术的办法，通过控制敌人的图像来控制敌人。

　　这一推断可以从大量的实例中得到佐证。在詹姆斯·乔·弗雷泽的经典名著《金枝》一书里，就有许多很典型的记录。如北美的印第安人"把某个人的像画在沙上、灰烬上、泥土上，或任何其他被认为可以代替其真身的东西上，然后用尖棍刺它或给予其他形式的损伤。他们相信，这样一来，画像所代表的那个人就会受到相应的伤害"。而其中的奥吉布威人在想加害于敌人时，就按照敌人的模样，制作一个小木偶，然后将一根针刺入其头部或心部，或将箭头射进去。在韦塔岛上，巫师则用刺伤或砍伤人影的办法使人致病。总之，那里的人们普遍认定灵魂就在图像或影子里，所以，一直拒绝别人为自己画像或摄影。"墨西哥台佩璜人站在照相机前总是惊恐万分"，"他们以为摄影师给人照相，会带走人的灵魂，回去慢慢吞食。还说等相片到达他的国家时，他们就得死亡或者有其他凶事落在他们身上"[②]。类似的做法和想法在另外的人类学著作中也有报道。如乔治·彼

---

　　① 〔英〕詹姆斯·乔治·弗雷泽著，徐育新、汪培基、张泽石译：《金枝》第三章，北京：大众文艺出版社，1998年。

　　② 〔英〕詹姆斯·乔治·弗雷泽著，徐育新、汪培基、张泽石译：《金枝》，北京：大众文艺出版社，1998年，第21—22、288、294页。

得·穆达克在其所著的《我们当代的原始民族》中说，日本虾夷人"用艾扎成仇人的像，一面诅咒着一面将之颠倒着埋起来"，他们相信，"当草人腐烂时，仇人也会憔悴而死"。有时，"他也可以将仇人的像钉在树上，用钉穿过他的心和头"，以加速其死亡。而美国西部草原的喀罗人则由巫师"把仇人的画像画在河岸上"，巫师声称："当河水上涨冲刷掉这个像时，仇人便死了。""如果要叫对方瞎眼，他就放一块炭在画像的眼里。"[1]上述情况反映，通过控制图像以控制对手的法术曾经广为流行，很可能在全世界具有普遍性，对其影响的持久性也绝不可以低估。

在同样的社会发展阶段和同样的自然环境中，往往会产生同样的观念和行为模式。中国上古时期就有通过控制图像来控制敌人的做法。《史记·五帝本纪·正义》引《龙鱼河图》曰："蚩尤没后，天下复扰乱，黄帝画蚩尤形象以威天下"，结果是"八方万邦皆为弭服"。长沙马王堆帛书《十六经·正乱》篇曰："黄帝身禺（遇）之（蚩）尤，因而禽（擒）之。劙（剥）其□革以为干侯，使人射之，多中者赏，翦（翦）其发而建之天，曰之（蚩）尤之旌。充其胃以为鞫（鞠），使人执之，多中者赏。"[2]鞠是古代的一种皮球。画其形象，著其发于旌，以其胃为球，执之，射之，踢之，都是为了"禁御"，只要镇住了蚩尤的恶灵，追随者便不能继续为乱了，可见夏以前的古帝早就懂得此类巫法的妙用。《山海经·南山经》郭璞注引《尸子》曰："徐偃王好怪，没深水而得怪鱼，入深山而得怪兽者，多列于庭。""列于庭"既不是为了陈列展览，也不是要显示勇力，其主要目的仍是要通过控制山水之怪的尸体和形象来控制其同类。春秋时，"苌弘以方事周灵王，诸侯莫朝周，周力少，苌弘乃明鬼神事，设射《狸首》，《狸首》者，诸侯之不来者"[3]。大约苌弘是用叛离者的像为箭侯，射以利箭，以图咒杀之。进入战国，列国争于攻取，巫术竟然用来服务于兼并战争。宋王偃国小志大，"灭滕伐薛，取淮北之地"，稍有斩获即"欲霸之亟成"，乃"为木人以写"秦王之像而"射其面"，又"铸诸侯之像"，立在"路厕"，每日"展其臂，弹其鼻"，咒其早亡，指望借此助其成功，以弥补兵力之不足[4]。在西汉，统治阶级的内斗更造成了"女巫往来宫中""每屋辄埋木人"的情况。仅据《史记》《汉书》所记，作偶像、为巫蛊以祝诅皇帝或他人的就有景帝妃栗姬、孝武陈皇后、孝成许皇后姊平安刚侯夫人谒、丞相公孙贺、刘屈牦，以及公孙贺之子公孙敬声等，被怀疑进行了巫蛊活动的又有戾太子、阳石公主、诸邑公主、长平侯卫伉、孝成许皇后、班婕妤及

① 〔美〕乔治·彼得·穆达克著，童恩正译：《我们当代的原始民族》，成都：四川省民族研究所，1980年，第119、180页。

② 国家文物局古文献研究室：《马王堆汉墓帛书〔一〕》，北京：文物出版社，1980年，第67页。

③ 《史记·封禅书》，北京：中华书局，1959年，第1364页。

④ （西汉）刘向集录：《战国策》，上海：上海古籍出版社，1978年，第1080、1114、1157页。

中山国冯太后等，而由于楚越之俗多"信巫鬼"，当时位于南方的几个诸侯国的宫廷，也俨然成了巫师荟萃的另一中心①。汉之所谓巫蛊，其基本办法就是将偶像埋于土中或用针刺来咒杀仇家，这种蛊道实际上还与整个古代社会相始终。所以，一些文学名著便常以之为素材，用来表现故事人物间的矛盾与冲突。像赵姨娘剪纸人诅咒贾宝玉，猪八戒将自己"没精神"的原因归于金角大王画了他的像，摄走了他的"影神"等，《红楼梦》和《西游记》都有生动的描绘。甚至到了现代，类似的情节也仍不断出现在文艺作品里。如在刘庆邦的短篇小说《遍地白花》里，小扣子的母亲认为家里的黄狗突然变得"蔫蔫的"，是因为女画家画了这条狗，"把它的魂抽走了"②；在张平的长篇小说《国家干部》里，夏中民痛心疾首地告诉彭书记，那些恨他的人"做成许多假人"，刻上他的名字，"埋在路上，让千人踩，万人踏"③。而在陈忠实的名著《白鹿原》里，村民们则用煮熟的鸡蛋画成总保长田福贤的模样，从眼睛、鼻子、嘴巴和耳朵里都扎入钢针，以促其早死④。巫术文化居然如此源远流长，足以令人对它生命力的顽强表示惊异。

我们对巫术理论的介绍未免过于简单，所举的实例更是挂一漏万，但认真比较之后对铸鼎象物就是通过控制图像来控制敌人的说法却自信弥坚。

七

夏代已有青铜器，但夏鼎尚未见到过。目前所知的青铜鼎数量可观，却都属于殷周之物。尽管如此，仍不能排除夏代曾经铸鼎的可能性。我们对夏鼎的出现满怀期待。

青铜器花纹可笼统地分为几何形纹样和动物纹样两大类。动物纹样中，最具代表性的是兽面纹，通常是一个正面的兽头，有对称的双角、双眉、双耳及鼻、口、颔等，大多还有躯干、肢、爪和尾，只是为了突出向前正视的面孔，而把躯干抽象化或变为长条状压缩到两边去了⑤。1956 年，在山东日照两城镇龙山文化层出土的玉斧上即有兽面纹；良渚文化的玉琮上，兽面纹更加流行；在二里头三期和四期的陶盉上，顶部流管的两侧各有一个圆形泥饼，所代表的可能正是兽面的

①《史记·外戚列传》，北京：中华书局，1959 年；《史记·五宗世家》，北京：中华书局，1959 年；《汉书·外戚传》，北京：中华书局，1962 年；《汉书·淮南王传》，北京：中华书局，1962 年；《汉书·武五子传》，北京：中华书局，1962 年；《汉书·公孙贺传》，北京：中华书局，1962 年；《汉书·江充传》，北京：中华书局，1962 年；《汉书·刘屈牦传》，北京：中华书局，1962 年；等等。

②刘庆邦：《遍地白花》，《钟山》2001 年第 2 期。

③张平：《国家干部》，北京：作家出版社，2004 年，第 385 页。

④陈忠实：《陈忠实文集》第四卷，西安：太白文艺出版社，1996 年，第 631 页。

⑤马承源主编：《中国青铜器》，上海：上海古籍出版社，1988 年，第 324 页。

双目。而该遗址墓葬中发现的两件用绿松石拼成兽面的铜牌饰，应是目前所知有兽面纹的最早铜器。据此，一些学者推断，商周青铜容器上的兽面纹很可能出自二里头文化①。经过二里岗下层的发展，到二里岗上层期，青铜容器采用兽面纹进行装饰已比较普遍。单就青铜鼎而言，兽面纹后来几乎成了它的主纹。

以鼎为代表的青铜容器上的兽面纹虽多数有身，但毕竟经过了抽象或压缩，其身不易辨识，乍看恰似无身，故《吕氏春秋·先识览》曰："周鼎著饕餮，有首无身，食人未咽，害及其身，以言报更也。为不善也然。"作者是想用解释图像的方式来告诫世人，凡贪残害人者，其报偿必然立见，一如饕餮食人，尚未及咽，而其身已残亡矣。原本这不过是因图说理，宣传自己的政治主张，结果却给图形注入了新内涵，将铸鼎的目的转移到了戒贪，从而形成了戒贪说。而自从宋代的王黼编撰《宣和博古图》开始，即采用饕餮纹指称铜鼎上的兽面，一直沿用至今。

现代学者从能否正确反映构图形式考量，多主张用兽面纹取代饕餮纹。因为饕餮一词太容易使人想到"有首无身"和戒贪说，这不仅与多数兽面的纹样不符，而且很容易将对"铸鼎象物"的理解导向道德警示，却将它更加重要的原始意义掩盖起来。我们认为，这些学者的意见是科学的，应该支持和采纳。但对饕餮的原义，还得稍作一点辨析。《左传·文公十八年》曰："缙云氏有不才子……谓之饕餮。"贾逵、服虔及杜预注并云："贪财为饕，贪食为餮。"而王引之《经义述闻》卷十七却转述王念孙的意见说："贪财贪食总谓之饕餮。饕餮一声之转，不得分贪财为饕、贪食为餮也……盖饕餮本贪者之名，故其字从食，因谓贪得无厌者为饕餮耳。"据此，则饕餮所指，应笼统地包括一切贪婪的吞食者，即古人心目中的害人的物。如果能够排除《吕氏春秋》道德说教的影响，也不把饕餮具体化为缙云氏之子，而只在"贪得无厌者"的意义上使用饕餮纹这一叫法，似也未尝不可。

一方面，我们并没有见过夏鼎；另一方面，王孙满却对它的存在言之凿凿。这位贵族不仅是王室子孙，而且是当时有名的博物君子，他对着武力强大的楚庄王当面说的话，不会是无根游谈，所以，至今没有任何证据可以将其证伪，也没有学者在研究中质疑。最大的可能是夏王铸鼎象物一事不仅是真实的，而且影响巨大，竟至凝练为模式化的图案，成了商周青铜鼎的主纹，并波及其他青铜容器。既然商周铜鼎的装饰不过是夏鼎艺术母题的延续，那么，依据商周之鼎便可想象夏鼎，推定其主纹也是兽面纹，或称饕餮纹。《山海经·北山经》曰："钩吾之山，其上多玉，其下多铜，有兽焉，其状如羊身人面，其目在腋下，虎齿人爪，其音如婴儿，名曰狍鸮，是食人。"郭璞注指出：此物"贪惏""像在夏鼎"，也是

① 王世民、陈公柔、张长寿：《西周青铜器分期断代研究》，北京：文物出版社，1999年，第241—242页。

说夏鼎所铸为怪兽，因贪婪和"食人"而尤需加以控制和镇压。此注印证了我们对夏鼎纹样的推断，但把夏鼎所像之物确定为狍鸮，却未免因过于具体而显得武断。事实上，兽面纹是从各种害人之物中抽象出来的，它代表的既有真实的兽，也有似兽非兽的鬼和人，因此之故，它的形象既是神秘的、夸张的，又是随意的和不确定的。虽然一些专家通过对"较具体的兽面纹"进行分辨，已认出有牛角、羊角、鹿角，虎头、熊头、蛇头和人面，但对外卷形角、内卷形角、曲折形角等，就很难对号入座了，而有的兽头上居然长着三只角。种种迹象表明，兽面纹或饕餮纹是以兽为原型想象出来的符号化图形，它既像牛、羊、鹿、虎、熊、蛇，又不等同于牛、羊、鹿、虎、熊、蛇，任何试图将其指实为某一动物的做法都是徒劳的。

混沌初开，人类不免因受到各种"物"的侵害而心惊。如果不打破恐怖，社会就无法进步。于是，有圣人出，公然宣布，他的灵具有无比强大的力，可以左右众灵，压制邪魔。这些最早出现的圣人就是巫师，他们用以战胜别的灵物的法术就是巫术，而最常见的巫术表演则是模拟。芸芸众生为肃穆神秘的仪式所吸引，真的相信正是巫师伸开有力的手臂，才支撑住了太阳初升时不稳的脚步，并顺利走完了一天之中由东到西的漫漫长途；每当春风乍起，又是巫师先穿上绿色的法袍，才使远近的原野和山峦都陆续披上了青翠的罩衫。少数先知先觉者的胆大妄为满足了人们渴望克服恐惧的愿望，帮助大家树立了改变环境和现状的信心，因而被视为足以依赖的"主心骨"，而强大氏族的酋长兼巫师更容易因此而上升为部落的领袖。普通族众害怕失去正常的生活而对其不离不弃，并开始向他们提供服务和馈赠，希冀通过丰厚优越的供养使其拥有健康的体魄，能将蕴藏在他们体内的强大的灵力始终保持下去，以便支配自然继续按照对人有利的方式运转。于是，就有了最早的剥削——役和贡。

自从巫术活动变得有利可图，巫师之间的竞争也就开始了。由于认定战争的胜负也取决于双方巫师灵力的大小，故而部族战争便与巫法比拼相交织，愈演愈烈。"五帝固相与争矣。递兴废，胜者用事"[1]，走马灯似的都在"八方万邦皆为弭服"的共主位子上坐了一遍，夏部族的禹成为五帝时代最后一位获胜者。他把从远方图画来的各类恶物的图像抽象为一个兽面铸到鼎上，公然昭告世人，敌对者和害人者的灵魂已被收摄，全部镇压住了，从此即可随意地进入川泽、山林，用不着再为魑魅魍魉的袭扰而提心吊胆了。一直沉迷在巫术思维中的民众当然也对此坚信不疑。这一举措一下子便解除了古代人类在生存和发展中所背负的精神压力，所以夏王便成了能"协于上下、以承天休"的贤王，受到人神的一致拥护，其统治地位变得更加牢固。正是凭借施巫权的集中和酋长兼巫师的地位的抬升，

---

① 陈奇猷：《吕氏春秋校释·荡兵》，上海：学林出版社，1984年，第383页。

统一的公共权力机关开始出现,人类告别了野蛮,迎来了文明的曙光。从原始文化的本质和早期文明的产生考量,我们大胆地说:九鼎的神奇之处并不在于它是否被用作祭器,而在于它上边铸有代表恶物的兽面。

八

铸鼎象物既关乎古人的思维方式和原始文化的特征,又关乎早期文明产生的路径,意义十分重大,故试图解说者也多。可惜本人闻见不广,只能就其所知略加评说。

首先应该提到的是日本学者林巳奈夫先生。他的《神与兽的纹样学——中国古代诸神》一书对兽面纹的发展和变化做了系统梳理,不仅资料丰富,而且图文并茂。他指出:"兽面纹在自然界中本不存在",而是把"动物身上的某一部位""拿出来单独使用",经过"组合定型"的纹样。此乃不易之论,可使相关研究者从中受到重要启迪。但他认为"兽面纹、人面纹,肩负着保佑一个家族幸福之使命,仿佛电视中立于重要人物身后的警卫一样——一脸凶相,环视四方",则显然是缺乏深度的理解。他还说:"供奉给神灵的饮品及其食物中绝不容许有奇怪的虫类出现",似乎那睥睨一切、令人恐惧的兽面和人面仅仅是个祭品的监督者[1]。对林巳奈夫将画面意义作窄化处理的做法我们实难认同。

其次,我想介绍一下我的恩师孙作云先生的看法。作为图腾学专家,孙先生认为,古代中原地区有以蛇为图腾的蚩尤族,西北黄土高原有以熊为图腾的黄帝族,而东方各族则以鸟为图腾[2]。从图腾徽示和部落冲突入手进行分析,他提出了饕餮就是蚩尤、兽头就是龙头的观点[3]。因为在先生的眼中,"蚩字即蛇字",而蛇图腾经过子孙们的想象和夸张,不仅有了角、爪、翼、麟,而且能潜渊登天,变幻莫测,早已成了面部与兽相似的龙。先生的意见与上古渔猎农畜部族间通过不断征战走向融合的背景相吻合,但将饕餮确定为蚩尤,便只有一"物",又与王孙满所谓的"百物而为之备"严重不符。故我在起草此文时,犹豫再三,仍决定不予采纳。至于为什么要铸蚩尤之像于鼎,先生发表过几种意见。一是"用饕餮作畏图,作辟邪之用";二是夏人为崇拜其祖先蚩尤而作;三是"画图于鼎,也为加以控制",有实施"镇压之义",等等[4]。诸说并存于他的书中,记录了先

① 〔日〕林巳奈夫著,常耀华、邓晓燕、李环译:《神与兽的纹样学——中国古代诸神》,北京:生活·读书·新知三联书店,2009年,第4、240页。

② 孙作云:《孙作云文集》第四卷《美术考古与民俗研究》,开封:河南大学出版社,2003年,第358—360页。

③ 孙作云:《孙作云文集》第四卷《美术考古与民俗研究》,开封:河南大学出版社,2003年,第59页。

④ 孙作云:《孙作云文集》第四卷《美术考古与民俗研究》,开封:河南大学出版社,2003年,第68、72、92、337页。

生上下求索、不断探究的心路历程，也反映了老一辈学者在重要问题上不肯轻下断语的治学态度。

　　1995年，巫鸿先生撰有《九鼎传说与中国古代美术中的"纪念碑性"》一文，指出"九鼎的主要作用是纪念中国古代最重要的政治事件——夏代的确立"，并凭借这一纪念，使"事件后果"得以"巩固和合法化"。对此我深表赞同。铸鼎象物标志着中央权力的实现，其政治作用和历史意义的确十分深远，绝不会像林巳奈夫所理解的那样简单。但巫先生说：与夏联盟敌对的部落或方国"被认为是奸""它们的物不见于九鼎之上"，而同盟各族"被看成是神"，只有这些族的物，才有被铸上去的资格。进而，巫先生还把物解释成族徽①，意谓人们根据鼎上的徽示就能知道谁是神，谁是朋友，除此而外，便都是需要严加防范的敌对者了。乍看起来，此解与王孙满"使民知神奸"一语也能相合，但仅仅分清敌友，恐怕还不能带来"魑魅罔两，莫能逢之"的理想效果。若按张衡《东京赋》及郭璞《尔雅·释诂注》所引，将"不逢不若"改为"禁御不若"，巫先生的意见就更讲不通了。因为只有害人的物才应该禁御，同盟者不能被禁御。所以，我们判定鼎上兽面所代表的是奸，是害人的物，而不是神。在这一点上，我们与巫先生的看法正好相反。

　　最后介绍一下张光直先生创立的新说。他认为青铜器上的动物纹样都是"通天的工具"，是古代"巫的助手"。于是，在张先生的笔下，兽面纹或称饕餮纹也变得"神奇""生动""有力""感人"②，而不再是狰狞可怖的了。为了证明自己的观点，张先生在引用《左传·宣公三年》记录的王孙满的那段话时，保留了"昔夏之方有德也，远方图物，贡金九牧，铸鼎象物"，省略了"百物而为之备，使民知神奸，故民入川泽、山林，不逢不若，魑魅罔两，莫能逢之"等相当关键的几句③。如此处理的结果就使"铸鼎象物"与后边的"用能协于上下，以承天休"紧紧相连，发生了直接的因果关系，让人感到鼎上物象的作用就是"协于上下"，就是"通天地"，却将夏鼎原本所具有的别善恶、禁不若、御罔两的功能全部抹杀。从在书中屡次引用王孙满的话即可看出，张先生也把夏人"铸鼎象物"看作青铜容器上兽面纹的源头。那么，我们不禁要问，在夏王朝初立时，是否已有天命神学和上帝观念？假如人们在心目中尚未把天或帝视作主宰一切的最高神，巫师有什么必要去沟通天地、领受天的旨意呢？马林诺夫斯基曾说："分别宗教与巫术的方法"就是"看其自己直接去作呢，还是乞灵于神物，间接去

---

　　① 〔美〕巫鸿著，郑岩等译：《九鼎传说与中国古代美术中的"纪念碑性"》，《礼仪中的美术——巫鸿中国古代美术史文编》，北京：生活·读书·新知三联书店，2005年，第50—51、59页。

　　② 张光直：《中国青铜时代》，北京：生活·读书·新知三联书店，1999年，第401、478页。

　　③ 张光直：《中国青铜时代》，北京：生活·读书·新知三联书店，1999年，第295、319页。

作"①。据此，我疑心张先生是把巫术与宗教混淆了。因为巫师对体内蕴含的灵力充满自信，认为他通过模拟就可以得到想要的结果，或通过控制曾与敌方接触过的物就可以控制其本身，只想用法术支配一切，根本不想去沟通天地。只有宗教才"转而乞灵于较高的能力"，即乞灵于超人的"最高神祇"——天。而在原始宗教形成之后，负责与天沟通的已是祭司，不是巫师；沟通的渠道主要是献祭、祷告和卜筮，也用不着以铜器上的动物纹样为辅助。在中国，原始宗教取代巫术的过程可能开始于夏商之际。

张先生还用后世《三矫经》中提到的道士以龙、虎、鹿为交通工具，云游各地，拜见神明，来比附古代巫师与青铜器上动物纹样的关系。殊不知青铜器上的动物纹样是上古神话的艺术再现，《三矫经》讲的却是仙话，而神话与仙话又有着本质的区别。简单说来，前者以反映人与自然的关系为主，后者则是封建社会的产物。封建帝王及上层剥削阶级贪图优越的享乐生活，方士们便以长生不死之术取悦他们，于是就有了寻访仙药、炼丹和飞升求仙。中国的仙话出现于春秋战国，至两汉魏晋南北朝发展到高峰，唐宋时臻于完成②。夏代却刚由野蛮进入文明，其思维方式仍未脱离神话和巫术的窠臼。用晚出的神仙道教思想解释上古的神话、方术和艺术，事实上又把神话与仙话混为一谈，所得的结论很难有说服力。另外，说占卜就是借动物的骨质与死者通达消息，张开的兽口就是把两个世界分开的象征，等等，虽妙趣横生，却证据不足，只能存而不论。

我十分明白，我的铸鼎象物说也只是一种假说，很可能同样是"蔽于一曲而暗于大理"，但又觉得，既然弄清这一问题意义重大，就应不揣简陋，追随诸大家之脚步，直陈所见，为繁荣学术，略尽绵薄。不妥之处，诚望读者朋友批评指正。

2022 年 7 月 23 日

---

① 〔英〕马林诺夫斯基著，李安宅编译：《巫术科学宗教与神话》，上海：上海文艺出版社，1987 年，第 4 页。

② 郑土有：《中国古代神话仙话化的演变轨迹》，苑利主编：《二十世纪中国民俗学经典·神话卷》，北京：社会科学文献出版社，2002 年，第 326 页。

浅谈清明节庆活动的原理

清明是节令名。清明这个节令的第一天是清明节。但是，在商代和西周早期，很可能只分春、秋两季；到成书于战国的《左传》中，才有了二分二至的说法，即春分、秋分、夏至、冬至；编于战国末的《吕氏春秋》明确提到的节令是立春、立夏、立秋、立冬；与后世完全相同的二十四节气的名称最早见于《淮南子·天文训》。没有清明这个节令就不可能有清明节。因此，我认为清明节是到汉代才开始逐步形成的。而且，汉代的惊蛰在雨水前，清明在谷雨后[①]，反映那时二十四节令尚未完全定型。

清明节的节令活动主要有踏青、折柳；扫墓、祭祖；改火、修禊；荡秋千、放风筝等。在背后支配这些活动的原理是什么呢？我想简单谈一点极不成熟的看法。

先谈踏青和折柳。一般认为这是为了迎接春天的到来。可是，清明所在的农历三月是季春之月，而不是春天开始的孟春之月。所以，我认为踏青和折柳的本义是送春，并不是迎春。我们不妨拿作为季冬之月的十二月作一个比照。据《礼记·月令》和《唐月令注》，该月的民俗活动一是"出土牛以送寒气"，一是"磔犬于门"。既把代表十二月的丑牛送走，又杀死属于金畜的狗，通过压制金气来扶助木气。这两项活动相辅相成，都是希望顺利地实现冬尽春兴。同样地，在季春之月踏青、折柳，其内在的目的也是要"以毕春气"，通过进一步"舒阳"，让节令及时过渡到夏天。踏青、折柳的关键词是"踏"和"折"，人们相信，借助这些模拟和象征性的动作，就能使春天的木气成为过去，使夏天的火气旺起来。

季春之月，生气方盛，阳气发泄，勾首曲颈、缩于地下的幼苗一齐破土而出，新萌发的枝芽使劲地伸着脖子往上长。故而，这个月只能发泄布散，不能闭塞收纳。顺发宣之气而动，才能让草木和农作物生得快、生得好。荡和放都是布散的动作。荡秋千时，秋千上坐的是象征春天的少女，女子头上又簪柳插花；放风筝时，风筝往往做成春燕，或画上艳丽的彩绘；荡开放掉的皆为春气。这样做既为了使自然界生气充盈，又为了帮助春天在进入夏天时不出差错。可知荡秋千、放风筝与踏青、折柳竟有异曲同工之效。

再谈扫墓和祭祖。清明所在的农历三月是辰月，卦象是泽天夬，即一阴五阳，阴在上。下一个月即四月，卦象已是乾为天，一阴也没有了，六爻全是阳，即盛

---

① 《汉书·律历志》，北京：中华书局，1962年。

阳所在之月。阳气太盛，灵魂是无法留在人间生活的，因此，在四月到来之前的清明这一天祭祖、扫墓，实带有送祖先暂回冥界的意蕴。不过，一切宗教活动都会照顾到现实的需要，除了意识形态的原因外，我更相信清明后农忙就要开始了，辛苦劳作中的农夫，可能已无暇照顾家族中的亡灵，所以才借清明之际奉上供品，不仅要让自己的先人饱餐一顿，还要带足上路的盘缠。唐开元二十二年（734年）玄宗皇帝敕曰："清明上墓，礼经无文，近代相传，浸以成俗。士庶有不合庙享者，何以表其孝思？宜许上墓，编入五礼。"据此，清明扫墓、祭祖似乎是从唐朝开始的，实则来源更早。《孟子》书中，即有一女子的丈夫到东郭墦间向祭墓者求食，蔡邕《独断》记有"秦始皇出，寝起居于墓侧"，《后汉书·光武记》说：刘秀于"建武十年八月幸长安，有事十一陵，盖躬祭也"。很可能《周礼》及汉、唐礼经的规定是"墓藏而庙祭"，皇家及士大夫家族的正规祭礼也在庙中进行，但普通人家的墓祭和皇室临时性的拜墓也一直与庙祭并存。到唐代，清明墓祭愈加流行，便由皇帝颁诏，正式编入五礼。从此，墓祭不仅取得了合法地位，而且，随着宗族的解体和宗庙的毁弃，到今天实已几乎完全取代庙祭了。

改火和修禊本是寒食和上巳节的民俗活动，寒食在清明前二日，上巳原定为三月上旬的第一个巳日，自曹魏后，固定为三月三日，因都与清明很近，所以便由混淆、交叉逐渐走向合并。寒食流行禁食与改火，太原、上党等北方地区为甚。据范晔《后汉书》记载："（周举）迁并州刺史。太原一郡，旧俗以介子推焚骸，有龙忌之禁，至其亡月，咸言神灵不乐举火"，竟终月寒食。周举乃移书于子推庙中曰："寒食一月，老少不堪。今则三日而已。"从此，禁火的时间大大缩短。其后魏武帝又下令废除，然终不能尽改。民间以为此俗起于纪念介之推，至今人多信之，细究其实，则应源自《周礼·夏官·司爟》的"四时变国火，以救时疾"，根子还可追溯到原始社会的钻燧取火及火种的保存，所用的原理则仍是抑阴而助阳。季春之月虽已远离冬天，但代表冬的一阴仍然存在，且居阳之上，对阳有压制作用，吃掉冷食就是要最终消灭冬天潜伏的力量，点燃新火则含有让夏天尽快兴盛之意。在欧洲，也有春天燃放篝火的习惯，常于复活节的头一天或五朔节当天举行。届时，村庄的全体居民都拿了火把分散在整个田野里。远远望去，到处是移动的火光，彼此追逐着，横过平原，绕过山腰，走下山谷。此类活动后世已被完全宗教化，《金枝》的作者詹姆斯·乔治·弗雷泽却认为它们必定有着更加古老的非宗教起源。这同中国把内涵丰富的寒食改火硬说成害怕介之推发怒，道理完全一样。寒食与清明合并后，每年点燃的新火又被称为清明火。唐、宋时期，皇帝皆取榆柳之火，赏赐近臣、贵戚，故前蜀韦庄《长安清明》诗有"内官初赐清明火，上相闲分白打钱"之句。至于修禊，用现在的话说，就是在流水边洗涤尘垢，一般都说意在被除不祥，其实，个中的奥秘也是希图用除旧布新的动作，通过天与人的交互感应以促进季节的转换，顺利地实现由春入夏。

　　我们这次会议的主题是清明·民族感恩·传承民族精神·弘扬民族文化·迎接民族复兴。我讲的节庆活动原理似乎过于学术化，离题很远。实则只有厘清学术原理，才能使研究变得科学和深入，以便更好地为现实服务。我觉得，我国是个农业历史十分悠久的国家，所有的节庆活动都是在农业发展过程中逐步相沿成俗的。这些活动尽管内涵不一，但都是在阳气生长的季节，多做助阳抑阴之事，在阴气生长的季节，多做助阴抑阳之事，以便促进阴阳正常消息。古人认为，这样做了，就能使人与自然达成高度的和谐，四季可以顺利地转换，风调而雨顺，霜雪应时而降，万物可以按节气生长收藏，从而带来五谷丰登，国泰民安。单是注重顺乎自然这一点，就非常值得我们反思、学习和弘扬。我希望，在不断地反思当中，人与自然、人与人能够真正地和谐起来。

2011 年 11 月 3 日

昆仑文化与天人合一观念在秦始皇陵营造中的体现

刘九生教授 2009 年发表《兵马俑证谬》，2011 年发表《秦政原始》，先后提出兵马俑应为郎官俑、铜车马坑应为祭祀坑、铜车马应是秦人献给皇天上帝的礼品等见解，在海内外引起轰动。现在，时间过去了两年，九生新的力作《秦始皇帝陵总体营造与中国古代文明》又要和大家见面了。如果说此前所作均属专题重点研究的话，这篇文章则是对陵园从结构上作总体研究，当然应该算是九生在该领域内的"收官巨献"。

我与九生相交莫逆，常常聚首，切磋学问，即便是他去了美国，交流也未曾中断。故而，三篇大作，我都得以先睹为快。以我浅见，九生新作的要点可概括如下。

（1）"树草木以象山"，即刻意仿效昆仑山。由于历年秦始皇帝陵区所出器物在自铭中皆冠以"丽山"二字，故九生首先肯定，此丽山与由造山运动而形成的天然骊山完全不同，系专指由人工夯筑而成的秦始皇帝陵封土。它外形呈覆斗状。但据发掘清理者报道，其中腰实有"两个缓坡状台阶，形成三层阶梯"。而法国人维克陶·萨加林在 1917 年做实地考察时更说："它有 150 英尺高，底座四边每边有 1000 英尺长，外形有高低三层，设计良好，整座坟像是三座小山重叠在一起。"设计良好的"三叠山"变成了"缓坡"，当是历年风雨剥蚀所致。经细心复原，九生推断，当年穿治陵墓时"树草木以象山"，事实上就是完全由人工造出一座丽山，来仿效昆仑山。一级台阶即昆仑，为帝之下都；二级台阶仿效凉风之山；三级台阶仿效悬圃之山；而最顶部的平台则仿效樊桐之山；所树的草木仿效昆仑山上的谷类及珠树、玉树、不死树、沙棠、琅玕、绛树、碧树、瑶树等。

（2）自墓底直筑到封土顶部的"方城"，实有"地天通"的功能，仿效昆仑的"增城九重"。自 2002 年开始，在科技部"863"项目的支持下，中国地质调查局与陕西省考古研究院合作，采用 8 大类 22 项物探手段对秦始皇帝陵区进行了物理探测研究，确定墓圹当初开挖的主体东西长 170 米，南北宽 145 米。就在这一开挖范围内，沿墓室四周，有一经过精细夯筑的宫墙，东西长 145 米，南北宽 125 米，墙体基宽达 48 米，高出地面的部分起码在 30 米以上，且自下而上，逐渐收分，呈九级台阶状，从外侧计算，阶高 3 米有余，宽约 2 米。由宫墙围成的"方城"被封土拥埋其中，墙顶直达封土之巅，离封土表层最低处不过 1 米。九生认为，这座直通上下的"方城"实为"地天通"，即由地下升入天堂的路，而九级台阶象征着昆仑的"增城九重"，"方城"顶部的开口仿效的则是昆仑阊阖。

（3）秦始皇帝陵区的地下埋藏与地表建筑上应天象。丽山陵区总面积约 60 平方千米，据《秦始皇帝陵园考古研究》一书列举，当前已发现建筑遗址 8 目，陪葬坑 15 目，墓葬 7 目，其他遗存 4 目，共 34 目，面积有数百万平方米，尽管这仅是冰山一角，但地下埋藏和地上建筑的规律却已初露端倪。经仔细比照，九生指出，34 目中，除修陵人墓地、陶窑遗址、石料加工场等 7 目尚难确指外，其他多可与四象五宫二十八宿对应，所以，丽山园自修建之始，即具有上应天象的意图。按照九生的分析，现被考古工作者称为内城、紧紧围绕着封土而在东北隅形成的曲尺形，实际是仿效天上的北斗七星，曲尺形的六个角共代表六颗星，而它最细窄的地方则象征勺柄上的第七颗星——摇光星。除此而外，如：地宫仿效紫宫里的中宫；由人鱼膏制成的烛火久久不熄，仿效天极星；上焦村的马厩坑仿效东宫苍龙之象；丽山园北门外发现的秦鱼池水及青铜水禽坑、动物陪葬坑仿效北宫玄武之象；紧挨始皇帝陵封土西北角的"公子高墓"与被称为"贵人之牢"的天理星相应，斗城对面发现过 33 座中小型墓葬的墓区与被称作"贱人之牢"的贯索星相应，曾被视为兵马俑指挥部而实为秦宗庙的 3 号俑坑与苍龙七星中的亢宿相应，百戏俑陪葬坑与被称作"天乐府"的翼宿相应，石铠甲陪葬坑与被称作"天库楼"的轸南众星相应，铜车马坑与被称作"五帝车舍"的西宫咸池相应，踞坐俑坑、珍禽异兽坑、曲尺形马厩坑、双门道马厩坑与被称作"天苑"的西宫娄宿三星相应，丽山园通向北方的大道与阁道六星相应，等等，既经九生逐一指证后，您再对照考古报告按图索骥，就会觉得处处若合符节。特别是所谓的兵马俑 1 号、2 号坑，九生说它们对应的是被称作"羽林天军"的虚宿之南的一群星，这又让我们再次感触到，一见拿有武器的俑就命名为兵马俑，确实是太过于表象化和简单化了。

（4）营造丽山园的主导思想是以比类取象为核心的天人合一整体观。在对丽山园主要构成部分的意象作初步推定之后，九生进一步概括说：那下彻三泉、深极不可入、烧之不燃、叩之空空、"如下天之状"的地宫，就是帝之下都；"以水银为百川江河大海，机相灌输"，就是"下具地理"；由丽山园门阙和两重围墙形成的中间地带，包括内围墙以里的阁道、廊房，就是"中成观游"；以高大封土象征昆仑之山，就是"上成山林"；以地下埋藏和地上建筑仿效星宿，就是"上具天文"；将封土夯筑成三山相叠之状，就是要以始皇帝陵的颠顶代表天帝所居的樊桐之山；而自墓圹底部开始，筑起一座可分九重的方城，直达封土顶部，则是为了沟通天地，即文献所谓的"地天通"。依照九生的看法，"始皇初即位"，就"穿治丽山"，必然早有一套设计理念，犹如成竹在胸。目前虽材料尚少，但起码可以肯定，丽山园包含了天、地、人或上、中、下三层。他设想死后既可在

"帝之下都"常居，又可自由往来，通于上下，既反映这位千古一帝对长生和升天极为向往，也反映他对自己所肩负的感天地、理阴阳、体道行德的巨大权力和责任一刻也不愿意放弃。他期望，他的神奇的力量能在冥世延续，以至永存不朽，这样一来，经由神秘的感应，就可使五行顺利运转，阴阳正常消息，天人完美合一，江山垂于万世。所以，九生下结论说，丽山园所寄托的就是秦始皇的这一期望，设计中贯穿了以比类取象为核心的天人合一整体观。

九生上述的观点对不对呢？我的看法是，不仅自成体系，能自圆其说，而且很有道理，完全符合当时人的思想水平和思维逻辑，必将对秦陵研究产生革命性的影响。事实上，九生在写作过程中，已经征询过校内外多位专家的意见，得到了大家一致的赞许和推崇。下边，我想结合顾颉刚等前辈的学术著作，谈一点自己的读后感，或许能对大家理解九生的新说起一点辅助作用。

（1）昆仑山为想象中的西方神山，昆仑神话原属羌戎神话。作为中国文明发祥地的黄河中下游地区，较早开始营定居农业生活，却灾害频发，生产力低下，因而，正如梁启超所言："其人无余裕以驰心广远，游志幽微。专就寻常日用之问题，悉心研究，是以思想独倚于实际。"但也同样存在巫术文化阶段。经过夏、商的过渡，后来，周公制礼作乐使"淫祀有禁"；孔子论六经，把"国殊窟穴、家占物怪、以合时应"的巫术活动记录，视作"機祥不法"的文字和图籍，采取"记异而说不书"的办法处理，致使"天道命不传"，不啻进行过两次大的文化净化运动。儒家的做法超越了大众的认识水平，造成神话真空。及至中原礼坏乐崩，羌戎传说汹涌而入便不可避免了。秦人久处西垂，又在羌中拓土，"灭国十二，开地千里，遂霸西戎"，却被以"夷翟遇之"，显然曾受羌戎文化的深度熏染。正是随着秦的东扩和攻灭六国，羌文化中由西北民族的想象力所构建起来的昆仑神话开始大肆传播，很快风靡于整个思想界。而偏南的楚国，由于疆域已推进到四川地区，与羌戎的接触也日益频繁，自楚雄、荥经向郢都运送黄金的道路遂成为昆仑神话输入内地的又一途径。在这种大趋势下，秦始皇被奇妙的昆仑神山攫住神经，一定要把自己的陵墓做成它的样子，原本应是一种顺理成章的举动。

（2）古代人认为，天地万物，"惟人性命，长短有期"，于是，人生苦短便成为生活中最能勾起烦恼的永恒话题。权势越大，地位越高，对于死亡就越加恐惧，对于活着的追求也越加强烈。秦始皇、汉武帝皆"费以巨万计"，不惜血本，遣人入海求不死之药，便是证明。然芝奇仙药"常弗遇"，作为抗拒死亡的另一种形式，人类同时又赋予他们所崇拜的神以永生。昆仑神话最吸引人的地方就在于它正是神的会聚之所。"昆仑之丘，或上倍之，是为凉风之山，登之而不死。或上倍之，是谓悬圃，登之乃灵，能使风雨。或上倍之，乃维上天，登之乃神，是谓太帝之居。"山上布满神奇的草木，用疏圃之水调和，可制成特效的药剂，若遇不当死而死者，群巫能将其救活，单是这一点，就足以令人心向往之了。更何况，一旦进入太帝之居而成为神，那不是就彻底摆脱死的威胁了吗？所以，秦始皇要求把陵墓修成三山相叠状，并在方城顶端留下出口以象征阊阖之门，无非仍是为了追寻不死和升天之路，对他来说，昆仑不仅是一种精神的寄托，而且更是进入神界的实在的天梯和凭借。

（3）既然世俗世界存在人必有一死的缺憾，那么，达到权力顶端的人，往往就会产生摆脱世俗生活的虚幻。怎样才能超越世俗世界呢？除了登达昆仑之巅、进入太帝之居，或者飞升上天之外，把自己的居处装饰成一个神圣的空间，让自己和日月星辰、云气等等生活在一起，似乎也能"接神仙"，找到成神的感觉。汉武帝时，被拜为文成将军的少翁进言说："上即欲与神通，宫室被服非象神，神物不至。"于是，"乃作画云气车，及各以胜日驾车辟恶鬼。又作甘泉宫，中为台室，画天地、太一、诸鬼神"。殊不知这种做法竟是七八十年前秦始皇故技的重演。公元前220年，始皇帝第一次巡狩天下后回到咸阳，即建信宫于渭水之南，作为自己的布政之宫。紧跟着，又更名信宫为极庙，以"象天极"。象即仿效，天极系指紫宫的主星北极星。八年之后，他又以咸阳人多、先王宫廷小为由，在渭水南的上林苑中大兴土木，不仅先做了规模空前宏大的阿房前殿，而且"表南山之巅以为阙，为复道，自阿房渡渭，属之咸阳，以象天极、阁道绝汉抵营室也"。汉为天河，阁道、营室，皆为星名，可以肯定，模拟天象就是当时新京建设的总体构思。与少翁一样，方士卢生也曾劝秦始皇通过改变"人主所居"，以期真人来至。始皇采纳了他的意见，下令将包括咸阳在内的方圆二百里的二百七十座宫观都用"复道甬道相连"，以"帷帐钟鼓美人充之"。我们完全有理由推测，那帷帐上也画有象征太空的星云。以地上建筑对应天上的建筑，再以地下建筑模仿地上建筑，或曰地上地下均以天象为模板，正清楚表明，秦始皇希望生前身后统统生活在日月星辰和云气的环绕中。这样一来，即便不是神仙，也可以飘飘欲仙了。汉代画像石、画像砖墓多刻金乌、蟾蜍及牛郎、织女、苍龙、白虎诸星座，用意皆在于此。因此，秦始皇帝陵以地下埋藏和地上建筑上应五宫四象二十八宿，与其说是秦始皇个人的偏好，不如说是战国秦汉神仙思想大兴后的时代精神的体现。而我们的研究，自然也应在复原当时认识水平的前提下展开，而不是用今天的眼光去测度往古。

（4）西方的昆仑说传到东方，东方人撷取其中心思想，结合本地近海的环境，又造出了别具特色的新说。西来传说认为人可以成神，神都住在昆仑山上。东方人则说人可以成仙，著名的仙人有宋毋忌、正伯侨、羡门高等，他们都住在蓬莱或方丈、瀛洲这样的海岛上。神和仙虽小异，但在自由自在、长生不老两方面却无根本不同。所以，读了秦始皇的《本纪》，对他到底是要登昆仑丘成神，还是要入海成仙，简直有些分不清了。这反映了东西两种文化已经出现了混融。正是在这种交叉互补、不辨东西的背景下，秦始皇积极地吸收了起自齐燕、由邹衍总其成的阴阳五行及五德终始说。

《史记·封禅书》曰："自齐威宣之时，邹子论著终始五德之运，及秦帝，而齐人奏之，故始皇采用之。"采用的具体表现是宣布秦应"水德之瑞""更命河曰德水""以冬十月为年首""衣服旄旌节旗皆上黑""数以六为纪""事统上法"等。这样做的结果使秦制合了"五德之数"，也使社会开始朝阴阳五行化的方向快速发展。不过，秦始皇毕竟是雄才大略的，他绝不肯拘于一家之言而自缚手脚。在他东祭泰山时，因厌恶"齐鲁之儒生博士"所言祭仪"各舛异，难施用"，就干脆采用了秦之大祝在雍地祀上帝的礼。由此审视，我们毋宁说秦始皇在客观上正是一位东西文化融合的推动者。

那么，阴阳五行和五德终始说进入秦制，与秦陵的布局又有什么关系呢？我们可能不得不绕点弯子，多说几句。

对于邹衍的学说，司马迁进行过概括，其最核心的部分是"先序今以上至于黄帝""因载其機祥度制，推而远之，至天地未生，窈冥不可考而原也""深观阴阳消息""散消息之分以显诸侯"。大致意思是说：邹衍通过对阳长（息）则阴消、阴长（息）则阳消的自然规律的深入考察，来总结自黄帝到战国的历史，并把阴阳消长的过程分散到五行中去，以五行能否顺利运转作为阴阳能否正常消息的前提，进而既用五行相生原理解释一年中阴阳的变化、节候的更替、万物的生长收藏，乃至风霜雨雪、祸福休咎，又用五行相克的原理解释政治的盛衰、朝代的兴亡和历史的循环。

在邹衍看来，一年之内，从冬至到夏至，阳气理应一天天增长（息），阴气理应一天天减弱（消），此可谓之阳轨；从夏至到冬至，阴气理应一天天增长（息），阳气理应一天天减弱（消），此可谓之阴轨。倘若在阳轨上多做助阳抑阴之事，在阴轨上多做助阴抑阳之事，就能使五行顺利地运动轮回，阴阳正常地交感交合，达于和谐，从而带来风调雨顺、疠疾不降、民不夭折的好结果，万物生生不息，繁衍不绝。反之，如行事悖谬，使阴阳二气不能如期生长或消退，则会存在愆阳、伏阴，并酿成干旱、蝗灾、霜雪、霹雳、凄风、苦雨，出现禾稼不熟、五谷不实、民殃于疫之类的惨剧，甚至引起暴兵来至、土地侵削。进一步推而大之，长期阴阳不调，又不恐惧敬改，更意味着旧德已衰，新德将兴，于是，"天必现祥乎下民"，一场除旧布新的"革命"就要开始了。这种按五行相克原理以新德代旧德的循环就叫五德终始说。

邹衍是在接受"仲尼菜色陈蔡，孟轲困于齐梁"的教训之后，才创派立说的，除了在宣传方法上自有"作先合然后引之大道"的高招外，更在理论上有新意，既不同于以前的天命观，也不同于春秋战国出现的去天命观、反天命观。

首先，他用改德受命说取代了天命永延，这不仅把被反天命派割断了的天与天子间的神秘联系又接续起来，而且为诸侯代周的合理性找到了充分根据。其次，他将巫术时代流传下来的"同类相应"原理改造成天人感应说，认为天有五星，地有五行，日月星三光乃阴阳之精，而"气本在地"，故圣人得"统理之"，可以用自己的行为感天，但凡"世主"，都应是"历象日月星辰"、促进上下和谐的第一责任人。这又把人从旧天命说下的被动角色中解放出来，掌握了燮理阴阳的主动权。这两点对秦始皇来说，都很重要。所以，他一旦从齐国方士那里了解了邹衍学说的真谛，就立即表示：黄帝得土德，黄龙地螾见；夏得木德，青龙止于郊，草木畅茂；殷得金德，银自山溢；周得火德，有赤乌之符；今秦变周，恰水德之时，秦文公出猎而获黑龙，就是水德之瑞。他那么积极地以水德推德定制，无非是想让秦皇帝取代周天子这一巨大事件变得合理合法，并借着奇妙的阴阳五行和五德终始而宣示天下，让人们都心悦诚服地予以接受。不仅如此，他还四出巡狩，勒石记功，多次声明，他要"应时而动""体道行德""合于五德之数"。既然"历象日月星辰"的大任现在降到了他的身上，他怎能不为沟通天人而费尽心机呢？天变"与政事俯仰"是最近于"天人之符"的，所以，他不仅一天要读一百二十斤有关民事的文书，而且也得仰观天象，俯察地理，盯紧上中下三界，而帮助他候星气者，据说就有三百人。

现在我们再看丽山园，似乎就可以更明白一些了。秦始皇在这里安排的地上建筑和地下埋藏分为上中下三层，实际就是一个模拟宏观宇宙的小宇宙。而他将"如下天之状"、被视为"天地之中"的地宫留给自己，其深刻的意蕴已不单是追求个人的长生，更在于期盼他认为自身已具有的沟通天人、燮理阴阳的巨大力量得以永存。从这一点看，九生说秦陵营造的指导思想是天人合一的整体观，岂不是再合适不过了吗？我们应该知道，在秦始皇的意识中，他已不完全是人，而是神，或者半神。

邹衍创立阴阳五行和五德终始说实际上还有第三个目的，那就是通过对新德会代替旧德的强调，诱导帝王去过仁义节俭的生活，顺乎阴阳，多干好事，不做坏事。但是，像秦始皇、汉武帝这样个人极端膨胀的人，如何会体察到他的良苦用心？所以，除了臣下可以用阴阳错行作为进行谏净的由头，一些图谋反抗的人也常借符瑞以资煽动或宣传外，邹衍所期望的这个效果始终没有出现。只是这已离开本题较远，我们就不去说它了。

美国学者格尔兹曾言：文化分析"是一种探索意义的解释性科学。仪式、事件、信仰体系等文化文本都有巨大的意义，需要精心深描"。很显然，我的解说虽很肤浅，但九生的目标、观点和方法却属于"深描"。相比而言，我们不得不指出，一见手执武器的人就说是兵，一见全身披挂的马就说是战马，一见立乘的车就说是战车，一见人马车辆排列有序的组合就说是军阵，组合呈方形就说是方阵，组合呈圆形就说是圆阵，等等，则不免流于简单。不过，任何学问都是由浅入深的，简单并不可怕，可怕的是故步自封和拒绝讨论。我们高兴地看到，秦始皇兵马俑博物馆已更名为秦始皇帝陵博物院，这或许意味着多年运行的轨迹即将改变。我们真诚地希望秦陵研究领域早日出现百家争鸣、百花齐放的新局面。

2013 年 4 月

第 二 编

黄帝陵所在地之我见

长期以来，我不愿意谈黄帝。因为既有历史上的黄帝，又有文化史上的黄帝，更有作为民族统一象征的政治化的黄帝，我应该从哪个角度谈呢？更何况，黄帝真正是"层累式"塑造起来的人物，他的不断被改塑的过程起码已两千多年，个中演变的脉络非大专家莫能窥其究竟。然而，自顾颉刚先生去世以后，大专家到哪里找呢？所以，就我本心而言，最好是不谈，越谈越乱，越谈越失真，解决不了任何问题，还会陷于自相矛盾。现在会议要求发言，只好略陈浅见，恳请各位批评指正。

一

黄帝本事见于各类古书，但其史料价值却不一样。以我陋见，《左传》《国语》勉强算是第一等的材料，《史记》《汉书》《后汉书》已在其次了。这不仅因为两类著作成书年代早晚不同，更因为后者经过较大的剪裁，加进了作者的主观判断，也受到了当时所流行的主体文化的影响。例如，司马迁自己就说："学者多称五帝，尚矣，然《尚书》独载尧以来；而百家言黄帝，其文不雅驯，缙绅先生难言之。"故而，他在"论次"时，就仅"择其言尤雅者，著为本纪之首"[1]，可见已对原始记录做了改造。诸子书是思想史研究的第一手材料，但有"以事言理"的传统，书中的黄帝或出自传闻，或因争鸣需要编造而成，不能都视为铁定的证据；《水经注》之类的地理书因作者多赴实地考察，可信度不亚于诸子，基于此，我将这两类书列为第三等。最后，第四等是《帝王世纪》《路史》和类似《龙鱼河图》这样的谶纬之书，何以将其置于末位，其原因应该算是个常识问题，真正学过历史的人都清楚，无须多言。

二

《国语·晋语四》："黄帝以姬水成，炎帝以姜水成，成而异德。故黄帝为姬，炎帝为姜，二帝用师以相济也。"很显然，确定姬水、姜水为哪条水，对弄清黄

---

① 《史记·五帝本纪》，北京：中华书局，1959年，第46页。

帝、炎帝的发祥地及活动区具有很大意义。《水经注·渭水》条下说："岐水又东，经姜氏城南，为姜水。"岐水即今西出岐山、东过武功、折南流入渭河的小水，因其流域正是姜族繁育的中心，故这一段的岐水自古又有姜水之称。至于姬水，郦道元引南安姚瞻的说法，认为就是天水"上邽城东七十里的轩辕谷水"。以此为基本依据，徐旭生等学者提出了以炎、黄为主的华夏集团起自西北的假说，逐渐东迁后，炎帝族在陕西境内的渭水上游一带，黄帝族在甘肃及陕北一带，获得了重要发展，以后分别沿偏南和偏北的路线继进，开始抵达中原，与东夷集团产生接触和争夺。从目前来看，我个人觉得这一看法较为平实①，除炎、黄后裔多保有关于昆仑的古老记忆和考古学文化可以提供一些佐证外，就是因为《国语》《水经注》一类的书相对可靠。

　　然而，近来祭黄活动搞得颇具声势的河南却另有说辞。他们坚持认为，不仅黄帝生于新郑，县城北关就有轩辕故里旧址，而且，黄帝宫在新密，黄帝铸鼎处及黄帝陵在灵宝，总之，都不能出于现今该省的行政管辖范围②。由于观点大胆而新奇，很惹人关注，我便翻了一些文章，发现作者所引用的较早材料只有两条。一是皇甫谧的《帝王世纪》，主要的一段文字为："黄帝都涿鹿，于《周官》幽州之域，在汉为上谷。……今上谷有涿鹿县及蚩尤城。阪泉地又有黄帝祠。皆黄帝战蚩尤之处也。或曰：黄帝都有熊，今河南新郑县是也。"为了突出重点，引者多用断章取义的手法，舍弃"或曰"及其以前的部分，只保留最后两句。于是，古书为增广异闻而采入的"或说"就变成"正说"了。二是《续汉书·郡国志》梁人刘昭的注。但引者多将志文"河南尹，新郑县"与注文"古有熊国，黄帝之所都"拼接，造成结论出自司马彪的印象。而且注文前的"皇甫谧曰"四字也被径行删去。实际上，不仅"黄帝都新郑"仅是注释家梁人刘昭的意见，而且刘昭早已老实承认自己的意见袭自皇甫谧《帝王世纪》。至于被用作证据的其他典籍，如宋代乐史的《太平寰宇记》、明陆应明的《广舆记》、清吴乘权等辑的《纲鉴易知录》、郭袁恒的《历代帝都考》、康熙二十四年（1685年）的《开封府志》及王先谦的《汉书补注》等，其成书年代更较晚近，且因袭之迹，斑斑可寻。如此看来，对"河南说"的鼓吹与炒作虽然万人汹汹，势头甚猛，而风源却只有一个，那就是《帝王世纪》。而如前所言，《帝王世纪》远远算不上是上乘的史学著作，若仅凭此立论，起码也有"孤证不立"之弊，况且，作者皇甫谧把黄帝"都新郑"列为"或说"，表明连他本人都不十分自信。

---

① 徐旭生：《中国古史的传说时代》，桂林：广西师范大学出版社，2003年，第43—55页。
② 马世之：《试析炎黄文化的发祥地》，中华炎黄文化研究会、河南省炎黄文化研究会、新郑县人民政府：《黄帝故里——新郑》，郑州：河南科学技术出版社，1993年。

三

皇甫谧于《晋书》有传，籍隶安定朝那，为汉末名将皇甫嵩曾孙。初时并不好学，乃至游荡无度。后受叔母教诲激励，折节而为善士，躬自耕稼，带经而农，博综典籍百家之言，以著述为务，终年手不辍卷。自以为居田里之中亦可以乐尧舜之道，故屡征不仕，即便是晋武帝频下诏敦逼，也仍上疏坚辞，朝廷见其辞切言至，遂特听许，并送一车书与之，以示鼓励。谧著有《帝王世纪》《年历》《高士传》《逸士传》《列女传》《玄晏春秋》等，堪称高产，六十八岁卒于家。细读传文，我们在对他的淡泊利禄、勤奋好学深表赞佩的同时，又不能不承认，这是一个因终身未离偏远乡野而眼界未开的人，是一个"守学好古"的食古不化者。例如，他在《帝王世纪》中根据所见古籍计算，说"禹平水土，还为九州"时，"九州之地"总共是"二千四百三十万八千二十四顷，定垦者九百一十万八千二十四顷，不垦者千五百万二千顷"，"民口千三百五十五万三千九百二十三人"，且不说"定垦者"与"不垦者"相加与前边的总数不合，原文就有错误，更重要的是，对这种精确到个位数的统计，您能相信是真的吗？故而，当时人即称皇甫谧为"书淫"，现代严肃的学者及其著作也认为《帝王世纪》是皇甫谧"大抵依据汉以来纬书等等之说""自己编造的"[1]。今天，借《帝王世纪》招摇过市者，大有人在，一类是无知，一类是蓄意为之。在我看来，后一类人更为可恶。因无知而出错，可以原谅。为迎合某种倾向而明知故犯，就是别有用心了。

尽管如此，《帝王世纪》毕竟保留有晋以后已失传的古史材料，这才是此书真正的价值所在。同时，皇甫谧既然在叙述过"黄帝都涿鹿"后，又将"都新郑"列为"或说"，证明后一说法在汉晋间也取得了相当大的势力和影响。那么，新郑说是在什么样的文化背景下形成和发展起来的呢？我们不妨多费些笔墨，追述一下战国人邹衍所创立的阴阳五行说。

自春秋末到战国，王室衰微，礼坏乐崩，孔子、孟子叹世风日下，谋"克己复礼"，以期使"天下归仁"。但儒家讲究的"登降之礼，趋详之节"却让人十分厌烦，他们虽周游列国，以光大其道，结果竟是"持方枘欲纳圆凿"，终不能入，甚至四处碰壁，"皇皇如丧家之犬"。

邹衍则是个随时而化的聪明人。他接受"仲尼菜色陈蔡，孟轲困于齐梁"的教训，不直接讲礼义忠信，而是采取"作先合然后引之大道"的办法，先在心理上把人抓住，诱导诸侯逐步去走仁义节俭的正路。正因为他不按常规出牌，"其

---

① 刘起釪：《西周春秋战国史史料》，陈高华、陈智超等主编：《中国古代史史料学》，北京：北京出版社，1983年。

语闳大不经"，又常"先验小物，推而大之，至于无垠"，反而能使"王公大人惧然顾化"，产生了意想不到的效果。而邹衍也受到各国的热烈欢迎，与孔、孟的遭际截然不同。

对邹衍打出的王牌，司马迁做过很好的概括，其核心部分是"深观阴阳消息……先序今以上至于黄帝……载其禨祥度制，推而远之，至于天地未生，窈冥不可考而原也。"[1]大意是说，邹衍通过对阳长（息）则阴消、阴长（息）则阳消的自然规律作深入考察，来总结自黄帝到战国的历史，并把阴阳消长的过程分散到五行中去，以五行能否顺利运转作为阴阳能否正常消息的前提，进而既用五行相生的原理解释一年中阴阳的变化、节候的更替、万物的生长收藏，乃至风霜雨雪、祸福休咎，又用五行相克的原理解释政治的盛衰、朝代的兴亡和历史的循环。

在邹衍一派学者看来，一年之内，从冬至到夏至，阳气理应一天天增长（息），阴气理应一天天减弱（消），此可谓之阳轨；从夏至到冬至，阴气理应一天天增长（息），阳气理应一天天减弱（消），此可谓之阴轨。倘若在阳轨上多做助阳抑阴之事，在阴轨上多做助阴抑阳之事，就能使五行顺利地运动轮回，阴阳正常地交感交合，达于和谐，从而带来风调雨顺、疠疾不降、民不夭折的好结果，万物生生不息，繁衍不绝。反之，如行事悖谬，使阴阳二气不能如期生长或消退，则会存在愆阳、伏阴，并酿成干旱、蝗灾、霜雪、霹雳、凄风、苦雨，出现禾稼不熟、五谷不实、民殃于疫之类的惨剧，甚至引起暴兵来至、土地侵削。进一步推而大之，长期阴阳不调，又不恐惧敬改，更意味着旧德已衰，新德将兴，于是，"天必现祥乎下民"，一场除旧布新的"革命"就要开始了。这种新德代旧德的循环就叫五德终始说。

不难看出，融阴阳与五行为一体，用五行生克、阴阳消长、五德转移的理论，解释一年四季的诸多变化和历史演变的规律，并借以规范人类，特别是王者的行为，这便是邹衍学说的实质。到战国中期，居火德的周朝经历了700来年的发展，早已衰落得不成样子了，强大的诸侯无不急于取而代之，但究竟谁能稳居帝位，局势并不明朗。依照邹衍的理论，"代火者必将水"，而且他推断说，天很快就要降下"水气胜"的符应，"水气至而不知，数备将徙于土"。这一旷世稀有的大预言为诸侯们的觊觎之心提供了理论依据，自然会一拍即合，受到他们的热切关注。

上有所好，下必甚焉。邹衍死后，燕齐海上方士传其术者，不可胜数。或许正是经过这些人，做什么、如何做才能起到助阳抑阴或助阴抑阳的作用，以便促进五行顺利运转、阴阳正常消息（长），又被具体化为《时则》或《月令》。到秦

---

① 《史记·孟荀列传》，北京：中华书局，1959年，第2344页。

统一天下，齐人上邹衍的"五德终始说"，始皇采用之，依水德推德定制，从此，阴阳五行理论正式进入宫廷，成为具有最高权威的官方哲学。自刘邦建汉，改德的做法便为历代所沿袭，成为统治阶级政治生活中的大事；而两汉诸帝，则更以调和阴阳的最高责任人自居，随时提醒自己和臣下，在处理各类政务时，必须严格遵守《月令》的规定，绝不能妨碍五行完成其一年中相继生的循环。至于民间，从宗教活动到生活习俗，也全部阴阳五行化了。连董仲舒改造儒学，也不得不以阴阳五行宇宙图式为框架，把儒法结合、王霸相杂的政治论包装起来，才能献给皇帝。可以说，汉代的社会是弥漫着阴阳五行观念的社会，汉代的政治是以燮理阴阳为基本宗旨的《月令》政治。

说了半天，这与黄帝"都新郑"又有什么关系呢？原来，在汉代的《月令》政治下，五行与方位、季节、颜色、人事及宗教活动等，都整齐地搭配起来了。为了促进阴阳正常消息（长），《月令》不仅规定了帝王每月应住什么朝向的宫殿、外出驾什么马拉车、吃什么粮食和牲肉、用什么器皿、行什么政令，而且还规定了分别主管各季及各方的帝和神，以供人们崇拜。而黄帝在五行家看来，就是中央之帝，同时派给中央的神叫后土。《淮南子·天文训》曰："中央，土也。其帝黄帝，其佐后土。"《淮安子·时则训》又说："中央之极，自昆仑东绝两恒山，日月之所道，江、汉之所出，众民之野，五谷之所宜，龙门、河、济相贯，以息壤堙洪水之州，东至于碣石，黄帝、后土之所司者，万二千里。"据此，我们完全可以看出，并不是黄帝的活动区一定就在中原，而是由于受到笼盖一切的阴阳五行理论的影响，黄帝被人为地配到了中央。所谓中央"钧天"为"韩郑之分野"及郑地确有黄帝后裔等，则不过是促成这一设计的"辅料"。东汉末的高诱在注《淮南子》时说："（黄帝）死托祀于中央之帝"，"托祀"二字准确反映了当时人眼中的事物真相。

阴阳五行化的《月令》政治及人的行为可以通过助阳抑阴或助阴抑阳来感天的天人感应学说，虽在强调"四时之大顺，不可失也"方面有重要价值，但"大祥而众忌讳，使人拘而多畏"，发展到后来，即成为谶纬迷信，连带着使接受了阴阳五行宇宙图式的儒学也谶纬化了。物极必反，到魏晋之际终于出现了玄学兴而谶纬消的新转折。然而皇甫谧终生未离开乡间，皇甫谧没进过城，皇甫谧的家——安定朝那，又远离作为政治文化中心的洛阳。这就使他失去了与玄学家们交流的机会，他读的书应该绝大多数都是汉代流行的纬书，他的知识完全没有得到更新。因此，他不仅没有竹林七贤那样的思辨与洒脱，也远不及高诱的多识与通明，他看见有什么材料，就抱着"行不敢离缝际，动不敢出裤裆"的态度照录下来，不作任何的分析和判断，不承想，他录下的一条"或说"在给某些后人带来便利的同时，也给历史增添了混乱。

四

与河南的祭黄中心新郑遥遥相对，陕西祭拜黄帝的场所设在黄陵县的桥山。理由很充足，因为多部古书都说，黄帝死后是"葬于桥山"的。可是，如果新郑的确是黄帝出生地和活动区的话，他在亡故以后为什么要辗转千里，返葬桥山呢？而且，这在当时的运输条件下，能够做得到吗？甚至，今天位于陕西黄陵县的桥山，是否就确实是黄帝的埋葬地呢？如果要用历史的眼光考察，可以说处处都仍存在问题。

汉武帝时，汾阳地方上名字叫锦的巫师在雎上后土祠旁，发现了"异于众鼎"的特号大鼎，著名的方士公孙卿就趁机上书附会，曰："黄帝采首山铜，铸鼎于荆山下。鼎既成，有龙垂胡髯，下迎黄帝。黄帝上骑，群臣后宫从上者七十余人，龙乃上去。"[1]意思是说，昔日黄帝曾经铸鼎升天，现在您运气好，黄帝之鼎竟自动出于地下，不用再铸，只要用此鼎行封禅礼，也可升天。这本是一派缺乏逻辑的胡言，但汉武帝信了，叹道："嗟乎！吾诚得如黄帝，吾视去妻子如脱屣耳。"于是，乃拜公孙卿为郎，"使候神于太室"。可见当时的思想界还无力揭破祠灶、辟谷、却老、能仙登天这套方术的本质，在人们的脑海里，黄帝不仅是远祖和英雄，更是飞升仙化的先行者。

不过，没过多久，汉武帝就起了点疑心。元封元年（前 110 年）冬，他听说古者必先"振兵释旅"，然后才能行封禅礼，于是乃"勒兵十余万骑"，"北巡朔方"，"还祭黄帝冢于桥山"。这位雄才大略的皇帝虽屡受方士蒙蔽，但毕竟很聪明，他忆起五六年前公孙卿描绘过的乘龙升天那一幕，就向随员发问道："吾闻黄帝不死，今有冢，何也？"[2]从行诸人不免也有机敏而善谀者，乃抢着回答说："黄帝已仙上天，群臣葬其衣冠。"如此搪塞能否让汉武帝释怀，不得而知，但在无意间透露出，连元封元年（前 110 年）皇上正式拜祭过的桥山黄帝冢，也是在秦汉陵寝制度的影响下而营建的纪念性墓园，是否真有黄帝葬于其中都是一个未知数。

非但如此，《汉书·地理志》记上郡阳周县时说"桥山南，有黄帝冢"，王莽时改称"上陵畤"。《水经注·河水》条曰："奢延水又东，走马水注之，水出西南长城北，阳周县故城南桥山，昔二世赐蒙恬死于此，王莽更名上陵畤，山上有黄帝冢故也。"汉之阳周县，后魏为显州，隋改为罗川，天宝初改为真宁[3]，在今

---

① 《史记·封禅书》，北京：中华书局，1959 年，第 1394 页。

② 《史记·封禅书》，北京：中华书局，1959 年，第 1396 页。

③ （唐）杜佑撰，王文锦等点校：《通典》卷一百七十三，北京：中华书局，1988 年。

靖边县、子长市一带，其地与奢延、走马二水均距在延安之南、西安以北的黄陵县较远，可知汉武帝北巡朔方时所祭的衣冠冢与今日的桥山黄陵并不在一处。

另外，《魏书》卷三说太宗拓跋嗣于神瑞二年（415 年）夏四月壬申"幸涿鹿，登桥山，观温泉，使使者以太牢祠黄帝庙"。很显然，此桥山在河北，也不在今日的黄陵县。

但是，今陕西黄陵县有黄帝陵庙又是千真万确的。黄陵，旧称中部，姚兴于坊州南设中部都尉，后魏太武帝正式设县。唐代宗大历五年（770 年），鄜坊节度使臧希让上言："坊州有轩辕黄帝陵阙，请置庙，四时享祭，列于祀典。"得到了唐代宗的批准①。坊州黄帝陵阙就是过去中部县、今日黄陵县的桥山黄陵。将在此地祭黄帝纳入皇家礼制，除离京城较近外，也说明这里素有上陵传统，影响较为深远。

《尔雅》云："山锐而高曰桥也。"或曰：水从山底经过为桥。既然到处都可找到这样的地形，既然黄帝是普遍接受的崇拜对象，而较古的史书又说过"黄帝葬于桥山"的话，那么，在广大的地区内，同时或先后出现若干个黄帝陵，以供大家拜祭，有什么不可能呢？正如《山海经·海外南经》注所说："圣人久于其位，仁化广及，恩洽鸟兽，至于殂亡，四海若丧考妣，无思不哀。故绝域殊俗之人，闻天子崩，各自立坐而祭酹哭泣，起土为冢，是以所在有焉。"②注者郭璞是西晋著名的学者兼术士，他观察问题的视角，可以说已是一种文化史的视角，即各地的陵庙都是因文化崇拜需要而形成的纪念性建筑，但纪念性的陵墓里却不一定真有圣人的尸骨。如果能够接受这一观点，则河南的黄帝故里、黄帝宫、黄帝陵，还有甘肃庆阳的黄帝陵、山西曲沃的轩辕庙，等等，都可得到更加合理的解释。对于各地相互争夺激烈的其他传说人物或历史名人，如伏羲、女娲、尧、舜、禹乃至诸葛亮、关羽等等，也可用同样的方法进行分析。

司马迁"西至空桐，东渐于海，北至涿鹿，南浮江淮"，备尝辛苦，进行实地考察，所至，"长老皆各往往称黄帝、尧、舜之处"，于是，便在《史记·五帝本纪》中说："（黄帝）披山通道，未尝宁居"，曾"东至于海，登丸山，及岱宗，西至于空桐，登鸡头，南至于江，登熊湘，北逐荤粥，合符釜山，而邑于涿鹿之阿"。纪中黄帝的经历之处与作者本人的考察路线居然基本一致，可知他是把在各地听到的传说和与之相配套的物化崇拜形式当作历史了③。司马迁这样做，本意是让因材料太少而面目不清的黄帝变得丰满起来，以便系统成篇。这完全符合他自己确定的"述故事，整齐其世传"的著述原则。尽管他在纪文之末做了"百

①　（宋）王溥：《唐会要》卷二十二，上海：上海古籍出版社，2006 年。
②　李勇先主编：《山海经穆天子传集成》卷六，上海：上海交通大学出版社，2009 年，第 45 页。
③　顾颉刚：《顾颉刚读书笔记》卷二，北京：中华书局，2011 年，第 360 页。

家言黄帝，其文不雅驯，缙绅先生难言之"的声明，承认自己仅是"择其言尤雅者"，勉强予以"论次"，但此种以传闻充史实的方法所产生的误导仍不可小视，害得无数后人在事迹钩沉、地理考证诸方面耗费了大量精力。我们是现代人，除了历史之外，我们还掌握有文化人类学的知识和手段。历史和文化既有联系，又有区别，我们的任务是在厘清渊源的同时再将两者分开，而不是硬把文化现象说成历史，以便为各地争名人。

五

纪念性的黄帝陵庙可以分布于各地，但朝廷却只能选择其一作为官方祭祀场所。历代王朝为此都用颁诏的形式做出过规定。这不仅有助于规范祀典，更在客观上起到了加强政治统治和文化认同的作用。

前言唐代宗于大历五年（770年）采纳臧希让的建议一事，应是鄜坊节度使所辖中部县桥山黄帝陵得到皇家正式认可的开端。从此，这里的祭黄活动便从普通的宗教崇拜中脱颖而出，变成了官方文化和国家制度的一部分。大历七年（772年），朝廷即在此大兴土木，创建黄帝庙，后又敕修之，足见一经升格，身价顿时倍增。然而，唐末五代，屡经离乱，"百司废坠，匦神乏祀"，前代帝王陵寝"或樵采不禁，风雨不芘"，甚者竟至"开发""隳毁"。鉴于典礼所阙已甚，故宋太祖一即位，就于建隆元年（960年）和乾德初两次下诏，规定为黄帝陵及炎帝、高辛、唐尧、虞舜、夏禹诸陵"各置守陵五户，岁春秋祠以太牢""隳毁者修葺之"[①]。到开宝五年（972年），为了祭祀方便，又降旨将唐大历中设置的黄帝庙从桥山西麓移至今址。至明朝建立，朱元璋乃于洪武三年（1370年）遣使四出调查，并"命各行省具图以进"，发现散于全国的历代帝王陵寝共有79处。数量如此之多，自然应加筛汰，于是乃责令礼官"考其功德昭著者"。至洪武四年（1371年），礼部定议，"合祀帝王"可保留三十五位，并按一人一处的原则，明确上陵致祭的地点，分别如下："在河南者十：陈祀伏羲、商高宗，孟津祀汉光武，洛阳祀汉明帝、章帝，郑祀周世宗，巩祀宋太祖、太宗、真宗、仁宗。在山西者一：荥河祀商汤。在山东者二：东平祀唐尧，曲阜祀少昊。在北平者三：内黄祀商中宗，滑祀颛顼、高辛。在湖广者二：酃祀神农，宁远祀虞舜。在浙江者二：会稽祀夏禹、宋孝宗。在陕西者十五：中部祀黄帝，咸阳祀周文王、武王、成王、康王、宣王，汉高帝、景帝，咸宁祀汉文帝，兴平祀汉武帝，长安祀汉宣帝，三原祀唐高祖，醴泉祀唐太宗，蒲城祀唐宪宗，泾阳祀唐宣宗。"[②]皇上批准了这份名单，

---

① 《宋史·礼志八》，北京：中华书局，1977年，第2558页。
② 《明史·礼志四》，北京：中华书局，1974年，第1292页。

并规定每年在仲春和仲秋的朔日，"遣使诣各陵致祭"，每三年由皇帝"出祝文、香帛，传制遣太常寺乐舞生赍往所在，命有司致祭"。为了保证规定得到不折不扣的落实，还要求每陵"置一碑，刊祭期及牲帛之数"。单就黄帝陵墓而言，朱元璋不仅曾派秘书监丞陶谊前往勘察、修葺，派中书省管勾甘前往代表自己行祭礼，而且还在此设五品护陵官（后由县令兼护陵官、授五品衔），特旨在轩辕庙大殿内塑黄帝坐像一尊。因为元代一方面将伏羲、神农、黄帝并列为三皇，另一方面又将三皇视为医家的祖先，改由医师主祭，与黄帝人文始祖的地位不合，朱元璋就下令废除了各地的三皇庙。由以上所述可以清楚地看出，经过唐代宗的开创、宋太祖的恢复和明太祖的整顿，对于历代帝王陵寝的祭祀已完全制度化，而皇家制度的确定性和严肃性，也使在中部县桥山黄帝陵进行的祭黄活动开始具有排他性和唯一性。

大体说来，洪武年间的"礼部定议"，虽有人为因素，并不合乎历史，但尊重了各地的民间习惯和文化传统。所以，它一经颁布，便得到了普遍恪守和贯彻执行。在明代，自洪武之后，永乐、宣德、景泰、天顺、正德、嘉靖、隆庆、万历、天启年间，都屡屡遣使赴中部县桥山祭黄，至今陵区仍较系统完整地保留着当时记录致祭情况的碑刻。清代沿袭有明，一无所改，唯规模更大，仪式更加隆重，且在常祀之外，又于皇帝登基、太后寿辰、水旱灾害、五谷丰登、大功告成之际，增加了不少特祭。至于中华民国及中华人民共和国政府也都把祭黄仪式放在这里举行，正体现了继任者对前朝制度和固有文化的尊重。仁人志士不约而同地到此表达爱国之情，港澳台同胞及海外侨胞纷纷到此寻根问祖，更说明制度行之既久，早已约定俗成。

如果以上的分析大致不误，我便想提出如下意见以结束本文：黄帝可以初步看作被神化了的传说人物或历史人物；因文化崇拜，各地出现了多处纪念性的陵庙，内中均无真身尸骨，没有必要争论谁真谁假；但历代王朝用规范礼制的办法确定下来的陵庙祭祀地点却具有约定俗成的意义，因而也带有唯一性。自觉遵守成规，有助于中华民族彻底摆脱琐细的分割，巩固历史形成的统一，这是大局；相对而言，地方利益再大，也是小局；以小局服从大局，应是每个国人立言、立事、立功的基本出发点。封建帝王尚且懂得按一人一地原则规范历代帝王陵庙的重要性，今日之大人先生者流，却懵懵懂懂，随意为左右祖，岂不是太缺乏政治智慧了吗？

2013 年 6 月 15 日

黄帝与黄帝文化的南迁

一

2000 年 10 月初，忽奉浙江省缙云县人民政府大札，邀我参加"中国首届黄帝文化学术研讨会"[①]。多年参与行政管理，已很少读书，一时竟忆不起黄帝与远在南方的缙云县有什么关系。急忙翻检旧籍，方知县名与氏名有关，而对缙云氏，历来却有两种解释。

第一种意见认为缙云氏是黄帝属下的官职。源出《左传·昭公十七年》"昔者黄帝氏以云纪，故为云师而云名"等语，到《史记·五帝本纪》，已改写为黄帝"官名皆以云命，为云师"。汉儒服虔、应劭，晋人杜预，及唐人陆德明等，一脉相承，都说因黄帝受命时有"云瑞"，故百官师长皆以云为名号，"缙云氏盖其一官也"，应劭进一步指出："春官为青云，夏官为缙云，秋官为白云，冬官为黑云，中官为黄云。"因缙云主夏，居火德，炎帝又为夏天之帝，故贾逵便附会说："缙云氏，姜姓也，炎帝之苗裔，当黄帝时任缙云之官也。"[②]许慎《说文解字·叙》也曰："曾曾小子，祖自炎神，缙云相黄，共承高辛"，把许姓的家世同缙云氏联系在一起。贾、许两人的看法显然受到阴阳五行说的强烈影响，是对第一种意见的引申和扩展。

第二种意见认为缙云氏就是黄帝本人。出自唐代张守节所著《史记正义》。其文曰："黄帝有熊国君，乃少典国君之次子，号曰有熊氏，又曰缙云氏，又曰帝鸿氏，亦曰帝轩氏。"因被郭沫若主编的《中国史稿》采用而影响巨大。不过直到《史记·五帝本纪》记述"缙云氏有不才子，贪于饮食，冒于货贿，天下谓之饕餮"时，张氏的《史记正义》才说："今括州缙云县，盖其所封也。"似又暗示封到缙云县的仅是黄帝后裔中的一支。因文字简略，尚不能完全明了，但黄帝与缙云县的密切关系，到张守节时，似乎已被正式确定下来。

黄帝为传说中的英雄，被奉为人文初祖，历史上如果实有其人的话，他只不过是原始社会后期一位杰出的部落首领罢了。同时，也很可能仅代表一个时代，

① 研讨会 10 月 5 日至 8 日在缙云进行。会后由浙江人民出版社出版了《轩辕黄帝与缙云仙都》一书。本文参考了书中所收各位专家的大作，特别是使用了书后所附由王达钦先生整理的《轩辕黄帝缙云仙都文献资料辑录》，特此致谢。

② 《史记·五帝本纪》集解引应劭、贾逵说，北京：中华书局，1959 年，第 37 页。

或由某部族的名号渐渐转化为帝号。记录他事迹的材料，都出现在春秋战国以后的典籍中，但"百家言黄帝，其文不雅训，荐绅先生难言之"，若"择其尤雅者"，或有两点可信度较大。其一是《国语·晋语》曾说："昔少典娶于有蟜氏，生黄帝、炎帝。黄帝以姬水成，炎帝以姜水成。成而异德，故黄帝为姬，炎帝为姜，二帝用师以相济也。"由此可知，黄帝族源于少典及有蟜氏，其发祥地在姬水之旁，黄、炎两族从很早的时候起便关系较多。姬水、姜水究竟是哪条水虽不能确指，但大致总不离今陕、甘两省，所以，我们便可进一步指出，黄帝族最初形成于我国西北。其二是黄帝曾与炎帝大战于阪泉之野，与蚩尤大战于涿鹿之野，都取得了胜利，并擒杀了蚩尤。两大战事不仅见于《左传》《逸周书》《管子》《山海经》《史记》《大戴礼记》《淮南子》等书，而且也见于出土文献长沙马王堆帛书《十六经》，临沂银雀山竹简《孙子兵法》《孙膑兵法》，江陵王家台秦简《归藏》，参互印证，会有较大的真实性，又很符合氏族社会后期人们以战争为"经常性职业"的时代特征。至于阪泉、涿鹿的地望，各家的说法当然还相去较远，但都承认应是在古代黄河漫流的华北大平原上。从西北到华北，已不止千里之遥，说明在战争或其他因素的驱动下，古代部族迁徙流动的幅度相当大。关于黄帝族东迁的路线，徐旭生先生认为可能是从今陕西北部，顺北洛水南下，到今大荔、朝邑一带渡河，沿着中条山及太行山边逐渐向东北走。并怀疑今山西南部沿黄河的姬姓建国里，有一部分就是黄帝族东迁时留下的分族，而非西周的封国[1]。对于徐先生的说法，至今还找不到强有力的证据将其推翻。黄帝死后，葬于桥山，近代的书全说是在旧中部县，即今黄陵县，实则北宋以前的书却说是在汉阳周县，约在今靖边县、子长市境内。总之，应该肯定的是，黄帝的传说产生于北方，黄帝族的活动范围没有超出黄河流域。

然而，到了张守节生活的唐代，黄帝或黄帝之后的封地却被认为是远在江南浙东的缙云县，岂非咄咄怪事？百思不得其解，带着疑问上路了。

二

赶到温州时，已是下午。承蒙温州师范学院盛情接待，派车送我们去缙云。车子一出市区，便沿着瓯江跑，抬眼望去，天却飘起细细的雨丝来，江面被灰白色的水汽罩着，偶尔看到一两条采砂船，也都变得模糊不清，倒更增加了几分神秘。不久，雨下得大了，如黛的远山纷纷用轻纱遮起了姣好的面容。夜宿缙云宾馆，窗子隔不断水的轰鸣，问过好客的主人，方知是穿城而过的好溪江迎来了他的第一次秋汛。

---

[1] 徐旭生：《中国古史的传说时代》，桂林：广西师范大学出版社，2003年，第50—51页。

次日一大早，雨过天晴，晨光微曦中，我们先乘大巴到缙云的仙都参加公祭黄帝大典。一下汽车，我就被眼前的景色迷住了。好溪流经此处，突然变宽，蜿蜒曲折之间，汇成几泓深潭，水波不惊，其平如镜，朝阳洒下的道道金光正撩拨着乳白色的雾霭，在镜子上轻歌曼舞。此岸是丰树茂竹，青翠欲滴，对岸是长松秀岭，云雾缭绕，坐落在苍龙峡口的黄帝祠宇，红砖黄瓦，若隐若现。江面不时漂过几片竹筏，赶起几只鱼鹰，传来一串渔歌。身临其境，无论是谁都会承认，把这样的地方叫作仙都，真是再贴切不过了。更奇特的是，江边有一孤峰，状如春笋，一柱擎天，直把它无比修长的倒影横入水中。当地学者介绍说："此峰高170.8米，是世界上最大的石笋，素有天下第一峰之称。顶端在群树环抱中有一天然小湖，虽大旱而不竭。所以人们称此峰为鼎湖峰。"听到这里，脑子里一闪，我似乎有点明白了。明明是顶湖，却偏要叫鼎湖，莫非就是因为这峰、这湖，才把黄帝的传说搬到南方来了？

三

如前所言，历史上的黄帝充其量不过是一个强大部落的杰出首领，但随着时间的推移，却被幻化为无所不能的神话人物。因为黄帝族影响久远，黄帝便成了古代长寿的典型，有的书说他活了三百岁，有的书竟说活了八百岁；因为古代部族"以师兵为营卫""迁徙往来无常处"，便认为黄帝曾"东至于海，登丸山，及岱宗。西至于空桐，登鸡头。南至于江，登熊湘，北逐荤粥，合符釜山，而邑于涿鹿之阿"，其足迹几乎遍及华夏大地；因为在军事科技十分原始落后的情况下，战争的胜负确实与天气的变化关系极大，黄帝对蚩尤的战争便有了应龙、女魃同风伯、雨师斗法的内容；因为黄帝族的图腾与龙有关，也或许是受了南方苗蛮集团伏羲、女娲故事的影响，黄帝的形貌便成了"人面蛇身，尾交首上"；因为四方四时观念日渐发展，或是因为黄帝确曾受到各方面的拥戴，又有了比较令人费解的"黄帝四面"的说法，不一而足。而古代许多重要的发明创造，如宫室、舟车、服冕、书契、历法、音乐等等，也都记到了黄帝身上。《大戴礼记·五帝德》记宰我问于孔子曰："昔者予闻诸荣伊令，黄帝三百年。请问黄帝者，人耶？抑非人耶？何以至于三百年乎？"孔子解释说："生而民得其利百年，死而民畏其神百年，亡而民用其教百年，故曰三百年。"如此强为解人，自然未必能使疑问冰释，却反映以实用理性为特征的原始儒家对上边这套近乎"怪力乱神"的东西是不相信的。但谬误一旦成为风气，便会推着人往前走。"言奇者见疑"，可贵的求真精神反而不会被看得多么重要，关于黄帝的新话题并未因孔子不信而停止造作。《淮南子·修务训》曰："世俗之人，多尊古而贱今，故为道者必托之于神农、黄帝而后能入说。乱世暗主，高远其所从来，因而贵之。为学者，蔽于论而尊其所闻，相与危坐而称之，正领而诵之。此见是非之分不明。"这是大气候。《庄子·盗跖》篇曰："世之所高，莫若黄帝"，他既是传说中公认的最了不起的英雄，又在势头甚猛的阴阳五行说中被列为五帝之首，为土德，居中。这是小气候。大小气候都万般适宜，黄帝怎能不成为箭垛式的人物？怎能不越来越显赫？怎么不由人而成为半神半人？真是挡都挡不住。

战国秦汉间，在神话、道家出世思想及巫术的基础上，以追求长生不死，飞升成仙为主题的仙话开始流行起来，黄帝又由半神半人变成了仙人。

《庄子·大宗师》已有"黄帝得之，以登云天"之语。而《韩非子·十过》篇则说："黄帝合鬼神于西泰山之上，驾象车而六蛟龙""腾蛇伏地，凤凰覆上"，虽然讲的是登山，却也很有些升天的模样。《楚辞·远游》："轩辕不可攀援兮，吾将从王乔而娱戏！"轩辕就是黄帝，作者将他与王乔、赤松子一类的仙家并列，似乎又认为他飞得更高，故不得已而求其次，表示只要能与王乔同游就很满足了。而对黄帝飞升描绘得最具体的是汉武帝时的方士公孙卿。据《史记·封禅书》，汉武帝是继秦始皇之后出现的又一个笃信祠灶、辟谷、却老、能仙登天等方术的皇帝，曾上过李少君、齐人少翁、上郡巫、栾大等人的当，始终不肯醒悟。凑巧汾阳地方名字叫作锦的巫师在雕上后土祠旁的地下，发现了"异于众鼎"的特号大鼎，公孙卿便趁机说："黄帝采首山铜，铸鼎于荆山下。鼎既成，有龙垂胡髯下迎黄帝。黄帝上骑，群臣后宫从上者七十余人，龙乃上去。余小臣不得上，乃悉持龙髯，龙髯拔，堕，坠黄帝之弓。百姓仰望黄帝既上天，乃抱其弓与胡髯号，故后世因名其处曰鼎湖，其弓曰乌号。"意思是说过去黄帝曾经铸鼎升天，现在您的运气好，黄帝之鼎竟自动出土了，不用再铸，只要用此鼎行封禅礼，也可升天。本为一派缺乏逻辑的胡言，汉武帝听了却十分兴奋，叹道："嗟乎！吾诚得如黄帝，吾视去妻子如脱屣耳。"于是，拜公孙卿为郎，"使候神于太室"[1]。从此，鼎湖也成了一个特殊的符号，像标签一样紧紧地贴在黄帝身上。

四

东汉末年，道教基本形成。道教徒以"黄帝为宗，老子为教"，这固然和"五斗米道"的创始人张道陵称自己是黄帝之后有关，但更可能是因为他们在理论上要依托黄老之学。据《后汉书》记载，汉桓帝宫中"立黄老、浮屠之祠"，楚王刘英"晚节更喜黄老，学为浮屠斋戒祭祀""诵黄老之微言"，张角"自

---

[1] 《史记·封禅书》，北京：中华书局，1959年，第1394页。

称'大圣贤师',奉事黄老道"[1],都表明黄帝和老子已连在一起,被当作神灵加以膜拜,而早期的太平道则正是从黄老崇拜中孕育出来的。到梁朝,陶弘景写《真灵位业图》,构建道教统一的神仙谱系,黄帝便正式进入了主仙的行列。由此可见,随着宗教的发展,原来已经严重神话化、仙话化的黄帝,又成了地位很高的道教神。

道教分符箓派和炼丹派。符箓派重符咒、祈禳,为人解除痛苦,求得福泰。炼丹派则重修炼,其间又有内丹和外丹之分。内丹提倡通过静功和气功养护精、气、神,以达到长生的目的,外丹却相信用炉火烧炼药石,制成金丹,服用后才可延年益寿,羽化成仙。完成于东汉顺、桓之际,由魏伯阳所著的《周易参同契》是最早的一部外丹经。参者,三也。该书的中心思想就是运用《周易》揭示的阴阳之道,参合黄老的自然之理,讲述炉火炼丹之事[2]。这样,黄帝和炼丹也发生了联系。

非但如此,东晋炼丹派的主要代表人物葛洪,在《神仙传》一书中,居然活灵活现地记录了张道陵曾于嵩山石室中得到过《黄帝九鼎丹经》一事,又在《抱朴子·金丹》篇里续记道:会汉末大乱,左慈将此书与《太清丹经》《金液丹经》一起带到了江东,洪之从祖葛玄受之于左慈,洪之师郑隐又受之于葛玄,最后都落在了他自己的手上,别的道士"了无知者"。于是,葛洪就以唯一握有宝典的理论权威的身份宣称:"按《黄帝九鼎丹经》曰:黄帝服之,遂以升仙",可见"虽呼吸道引""服草木之药",只"可得延年,不免于死也",必须"服神丹",才能"令人寿无穷已,与天地相毕,乘云驾龙,上下太清"[3]。他还批驳宣扬采阴补阳御女术的邪道之徒说:"俗人闻黄帝以千二百女升天,便谓黄帝单以此事致长生,而不知黄帝于荆山之下,鼎湖之上,飞九丹成,乃乘龙升天也。"[4]因炼丹的主要工具是鼎炉,故炼丹派又称丹鼎派。丹、鼎二字乃其常用语。道教理论家通过对已有仙话的剪裁,把黄帝捧为炼丹术的发明者,把黄帝铸鼎升天的故事改造为服用金丹后才乘龙升天,显然是为了抬高本派的地位,但从此以后,道藏中的鼎湖一词却有了新的含义,它不再仅仅是铸鼎之处,而变成黄帝炼丹的场所了。

① 《后汉书·襄楷传》,北京:中华书局,1965年,第1082页;《后汉书·楚王英传》,北京:中华书局,1965年,第1428页;《后汉书·皇甫嵩传》,北京:中华书局,1965年,第2299页。

② 牟钟鉴、张践:《中国宗教通史》,北京:社会科学文献出版社,2000年,第275页。

③ 王明:《抱朴子内篇校释·金丹》增订本,北京:中华书局,1986年,第74页。

④ 王明:《抱朴子内篇校释·微旨》增订本,北京:中华书局,1986年,第129页。

五

不过，一般都认为黄帝铸鼎的荆山在河南阌乡，今属灵宝市，那么，荆山下的鼎湖如何又搬到浙江了呢？与会学者经过热烈的讨论，意见仍不能完全统一，问题却越辩越明，正如黄文等先生所说，这大约应与道教徒和笃信道教的士大夫大量南迁密切相关[①]。

道教最初是以民间形式进行传播的。但是，太平道发动了黄巾起义，五斗米道以汉中为中心，建立了政、教、军合一的割据政权，由此引起了统治者的高度警觉。在黄巾起义被镇压和张鲁降曹以后，魏、蜀、吴三国及西晋朝廷都加强了对道教活动的控制。东晋十六国时期，北方沦为各族冲突的战场，少数民族的首领因为相信"佛是戎神"而多有重佛轻道的倾向，这便迫使大量道士陆续到江南传教，另行寻找发展机遇。来自北方的于吉，来自蜀中的李宽，应属其中最主要的先行者，而张道陵的四世孙张盛，可能也是在这一潮流的推动下，迁居江西龙虎山，开辟了新的道场。

魏晋南北朝的世家大族正在日益走向腐朽。他们既感叹于世事无常，人命不永，又极其留恋恣情纵欲，富贵荣华的生活，在纷纷避乱江东的同时，也普遍地由贪生畏死转而信奉道教的长生成仙之术。侨姓大族中的王氏、谢氏、郗氏、桓氏、殷氏，土著大族中的葛氏、孙氏、许氏、陶氏、沈氏、华氏、孔氏、陆氏等，都出过著名的道教信徒，或与道士关系密切。如《晋书·王羲之传》曰："王氏世事张氏五斗米道"，王羲之"与道士许迈共修服食，采药石不远千里"，而其次子凝之信教"弥笃"，以至于孙恩的军队攻到了会稽城下，时任会稽内史的他还在净室中"请祷"，欲邀"鬼兵"相助，竟至被杀。由这一典型事例即可说明，东晋南朝的崇道之风远较北方为盛。

"仙，迁也，迁入山也。"[②]道教徒认为："合丹当于名山之中，无人之地"，不与俗人往来，"又不令不信道者知之"，以免"谤毁神药"，药才可成，成则"举家皆仙""不单一身耳"，故而，著名的道士多选择名山大川，风景秀美，而又避远精洁之处居之。据葛洪《抱朴子》所列，有"正神"在其中，适于"精思合作仙药者"，有华山、泰山、霍山、恒山、嵩山、少室山、长山、太白山、终南山、女几山、地肺山、王屋山、抱犊山、安丘山、潜山、青城山、峨眉山、绥山、云台山、罗浮山、阳驾山、黄金山、鳖祖山、大小天台山、四望山、盖竹

---

① 黄文：《黄帝与仙都关系初探》，《轩辕黄帝与缙云仙都》编辑委员会：《轩辕黄帝与缙云仙都》，杭州：浙江人民出版社，2001年，第259页。

② （汉）刘熙：《释名·释长幼》，北京：中华书局，2016年，第40页。

山和括苍山，这应该是当时道教的共识。可惜中原的名山因为战乱已经"不可得至""江东名山之可得住者"，只剩下"霍山，在晋安；长山、太白，在东阳；四望山、大小天台山、盖竹山、括苍山，并在会稽"[①]。选择的范围既然有限，处于括苍山与仙霞岭的过渡地带，而又峰岩奇绝、云水飘逸的缙云山被道士所爱，并誉为仙都，便一点也不奇怪了。

　　崇奉道教的王羲之"采药石不远千里，遍游东中诸郡，穷诸名山"，是否到过缙云，尚乏确证；从小在道教教主杜家寄养达十五年之久的谢灵运曾经亲临缙云，则已可通过他的《游名山志》和《归途赋》加以坐实。《游名山志》曰："永嘉有缙云堂"[②]，"又有孤石从地特起，高三百丈，以临水"[③]，《归途赋》云："停余舟而淹留，搜缙云之遗迹，漾百里之清潭，见千仞之孤石。"所谓孤石指的就是鼎湖峰。葛洪的修炼之所虽在丽水南明山，但当地学者指出，缙云县有葛竹、丹址等地名，应与他曾经在此炼过丹关系密切[④]。显名于晋末及宋、齐两朝的道士孙游岳隐居仙都四十余年，他的师傅陆修静"好方外游"，到过仙都料无问题。梁朝时有"山中宰相"之称的陶弘景早年曾从孙游岳学习符图经法，并"东游浙越"，以后才"退隐茅山"[⑤]，他拜会孙游岳的地点很可能也在缙云。恐怕正是凭借此类人物的搬运之功和宗教的影响力，黄帝传说的发生地才由北而南，落户江左，而在中国方术文化中原本就被视为天梯的柱状石峰，也因顶上有湖，而被命名为鼎湖峰，并与黄帝铸鼎、炼丹、飞升挂了钩。中原既无法去，就近另造一套物化的崇拜对象，以资寄托和推崇，也不失为一种合乎情理的现实选择。

六

　　还值得一提的是，缙云黄帝文化的定型和固化，很可能并不很早。因为生活于东晋末刘宋初的谢灵运在诗文中只把这突起潭畔的石笋叫孤石，可见当时尚无鼎湖峰的名称。谈到东阳、永嘉一带的龙须草时，他说："意者谓鼎湖攀龙须有坠落，化而为草。"虽已言及黄帝鼎湖飞升一事，但语气并不肯定。谈到孤石顶间的小湖时，他又说："顶有湖生莲花……古老云：黄帝炼丹于此"，似也仅限于客观记录民间异闻，自己未加任何评论。而于西晋惠帝朝做过太傅的崔豹，则根本不相信龙须化草之类的奇谈。据崔氏所著的《古今注》，孙兴公曾问："世称黄帝

　　① 王明：《抱朴子内篇校释·金丹》增订本，北京：中华书局，1986年，第85页。
　　②（宋）李昉等：《太平御览》引谢灵运《游名山志》，北京：中华书局，1960年，第4401页。
　　③（宋）乐史撰，王文楚等点校：《太平寰宇记》，北京：中华书局，2007年，第1983页。
　　④ 黄文：《黄帝与仙都关系初探》，《轩辕黄帝与缙云仙都》编辑委员会：《轩辕黄帝与缙云仙都》，杭州：浙江人民出版社，2001年，第267页。
　　⑤《梁书·陶弘景传》，北京：中华书局，1973年。

炼丹于凿砚山，乃得仙，乘龙上天，群臣援龙须，须坠而生草，曰龙须，有之乎？"答者直截了当地表示："无也。"并解释说，确有一种草叫作龙须草，"一名缙云草，故世人为之妄传"。这就证明，缙云黄帝文化顶多可以追溯到东晋。

但只要有宗教力量的推动，无论起步多晚，也会很快发展起来。刘宋郑缉之《东阳记》曰："独峰山，一名丹峰山，昔黄帝尝乘龙车登此山，辙迹尚存。"梁朝刘峻《东阳金华山栖志》曰："（黄帝）游斯铸鼎，雨师寄此乘烟，故洞勒赤松之名，山贻缙云之号。"唐代王瓘《广轩辕本纪》曰："黄帝往，炼石于缙云堂，于地炼丹，时有非红非紫之云见，是曰缙云，因名缙云山。"《太平御览》卷四十七引《郡国志》曰："括州括苍县缙云山，黄帝游仙之处……有龙须草，云群臣攀龙须所坠者。"[1]武则天圣历元年（698年），干脆析括苍及婺州永康置缙云县[2]。至此，缙云黄帝文化的要件已基本具备，只剩下一道正式审批手续了。凑巧，在唐天宝七年（748年）六月八日，"有彩云起于李溪源，复绕缙云山独峰之顶，云中仙乐响亮，鸾鹤飞舞，俄闻山呼万岁者九，诸山皆应，自申至亥乃息"。于是，刺史苗奉倩"上其事于朝，敕改今名"[3]。敕改今名即改缙云山为仙都山，原来，仙都一名是唐玄宗听了地方官员的报告后钦赐下来的。

苗奉倩的做法当然是故意讨皇帝欢心。因为李隆基不仅最崇尚道教，在全国遍立庙观，使道观总数增至一千六百八十七所[4]；而且，自开元之末起，即"怠于庶政，志求神仙，惑方士之言"；上有所好，下必甚焉，自是以后，很快形成了"言祥瑞者众，而迂怪之语日闻，谄谀成风"的局面[5]。"彩云仙乐"之瑞虽然根本靠不住，却合乎时代潮流，故玄宗闻奏，丝毫没有怀疑，在"敕封缙云山为仙都山"的同时，又令"周回三百里禁樵采捕猎，建黄帝祠宇，岁度道士七人，以奉香火"。有了朝廷的护符，缙云黄帝文化便取得了官方文化的合法身份。

接下来一切都变得顺理成章了。道教将缙云山定为三十六小洞天中的第二十九洞天，名曰仙都祈仙天；著名的小篆书法家李阳冰写了"黄帝祠宇"碑额；诗人白居易留下了"黄帝旌旗去不回，片云孤石独崔嵬。有时风卷鼎湖浪，散作晴天雨点来"的著名诗篇；迄于两宋元明，不断有专使奉诏祈雨，投金龙玉简致祭；宫观时而称黄帝祠宇，时而称玉虚宫，时而称仙都宫，毁而复建，不断修缮，愈

① 王达钦：《轩辕黄帝与缙云仙都（文献资料辑录）》，《轩辕黄帝与缙云仙都》编辑委员会：《轩辕黄帝与缙云仙都》，杭州：浙江人民出版社，2001年，第306页。

② 《新唐书·地理志》，北京：中华书局，1975年。

③（元）陈性定：《仙都志》，《轩辕黄帝与缙云仙都》编辑委员会：《轩辕黄帝与缙云仙都》，杭州：浙江人民出版社，2001年，第307页。

④ 牟钟鉴、张践：《中国宗教通史》，北京：社会科学文献出版社，2000年，第551页。

⑤（宋）范祖禹：《唐鉴》卷九，上海：上海古籍出版社，1984年。

翻愈新；皇帝常钦命道长主领宫事，一度还兼领本路诸道场，俨然成为东南最具影响力的道教中心；于是，文人、墨客纷至沓来，碑刻题记遍列山间。宋王十朋在诗中说："皇都归客入仙都，厌看西湖看鼎湖。"我们完全有理由相信，他所赞美的缙云胜景已经不单指环境的幽清静雅，更多的是欣赏这里丰富的文化内涵。

　　综括上述，不妨归纳出一种假说以求教于同好。那就是黄帝或黄帝后代的封地根本不在浙江，黄帝族的活动区域也不可能远达东南，只是因为仙都一带风景绝佳，又有顶端成湖的石笋屹立干云，世所罕见，于是，道士们便利用当地的某些传说，将音同义异的顶湖附会为黄帝铸鼎、炼丹的鼎湖，又因黄帝与缙云氏有关，故而便以缙云名山置县，并在宗教和政治力量的推动下，形成了以道教文化为核心的缙云黄帝文化。张守节《史记正义》于开元二十四年（736年）"杀青斯竟"①，显然是受到当时强势文化的影响，才把黄帝说成缙云氏，并谓"括州缙云县，盖其所封也"。至于《民国浙江通志稿》说："古代所传，夏禹以前，浙江盖有二国，一为缙云氏，在缙云县""一为防风氏，在今武康县"，则是依据张氏成说，结合《左传》和《国语》等书，倒推出来的。

---

① 张守节：《史记正义序》，《史记》，北京：中华书局，1959年，第11页。

炎帝和炎帝文化的南迁

一

顾颉刚、王献唐、杨向奎等先生，生前都曾感叹于学术界对炎帝文化重视不够，说："我们中华民族常自称是炎黄子孙"，但"久而久之，这'炎'字竟成了具文"，多数场合竟"干脆直称为黄帝子孙了"[1]。让诸位史学大师未曾料到的是，近些年炎帝却变得炙手可热起来，一些地方政府斥巨资为之建庙修陵，组织大型祭奠活动，召开学术研讨会，一浪接着一浪，可谓高潮迭起。其间难免也有争论，单就炎帝的生息地而言，就出现过陕西说、湖北说、湖南说等，好几种不同的意见。各派引经据典，振振有词，相持不下。于是，一个"著名历史学家"便出来巧作调停，公布了自己潜心考证 30 年的结论。据报载，他的看法大致如下：

> 炎帝、黄帝均为太昊伏羲氏的后代。太昊伏羲氏在距今 6000 年前生于渭水中游的天水（今甘肃省东部）境内，其部落后东徙定居并建立政权于古陈仓（今陕西省宝鸡市）。……历史上以炎帝神农氏和黄帝轩辕氏称谓载入历史典籍的各有 8 代，而最早的炎帝神农氏和黄帝轩辕氏为亲兄弟，均生于今宝鸡境内。其中炎帝生于今宝鸡市南郊的姜水，黄帝生于今宝鸡市境内岐山县一带的姬水（又称岐水）……均生于距今五千五六百年前后……炎帝神农氏部落的第一、二代均在渭水中游宝鸡境内，称帝从第二代始，其后裔迁徙四方，炎帝神农氏八代共相传约 520 年。湖北随州为炎帝神农氏第三代的弟弟（名柱，也称烈山氏、连山氏）部落的迁徙地；湖南酃县古有炎帝陵，当为第八代炎帝神农氏帝榆罔的陵墓。[2]

读了报道，不由拊掌大笑，多亏出了这样的高人，总算把方方面面都安顿住了，真是妙不可言。然而，上述观点究竟有无根据呢？倘若顾、王、杨诸先贤地下有知，是为炎帝高兴呢，还是将替炎帝感到悲哀？疑问萦绕于胸，久久不能忘怀，犹豫再三，决定在继承前辈研究成果的基础上略陈管见，以与同侪切磋。

---

[1] 吴锐等：《古史考》第六卷，海口：海南出版社，2003 年，第 16 页。

[2] 边江：《华夏子孙为何公祭炎黄二帝——历史学家何光岳细说端详》，《新华每日电讯》2003 年 4 月 8 日，第 3 版。

二

用历史主义的态度看问题，炎帝和黄帝一样，如果说实有其人的话，充其量他不过是原始社会后期一位杰出的部落首领罢了，同时，也很可能是由某部族的氏号渐渐转化成了帝号。较为可靠的文献，如今文《尚书》二十八篇、《诗经》《周易》的卦、爻辞、《春秋》经等，根本没有提到过炎帝，《周礼》有"三皇五帝之书"的说法和祭五帝之礼，但未举其名称，甚至孔、孟在追溯道统的时候，也仅始自尧舜，竟"无一言及于黄炎者"①。最早记录炎帝活动的书是作于战国的《国语》和《左传》。如《国语·晋语四》说："昔少典娶于有蟜氏，生黄帝、炎帝。黄帝以姬水成，炎帝以姜水成。成而异德，故黄帝为姬，炎帝为姜，二帝用师以相济也。"由此可知，炎帝族源于少典及有蟜氏，发祥地在姜水流域，炎黄两族因并非同风同俗，很可能长期处在既联合又斗争的状态中。《左传·昭公十七年》则说："昔者黄帝氏以云纪，故为云师而云名；炎帝氏以火纪，故为火师而火名。"这起码表明炎帝族有崇拜火的传统。有的学者认为，传说中的炎帝头是锐形，正是火向上燃烧之状，故炎帝族应以火为图腾，此论似也颇有见地②。另外，《左传·哀公九年》曰："炎帝为火师，姜姓其后也"；《国语·周语中》记富辰之语曰："齐、许、申、吕由太姜"；这又告诉我们，大凡姜姓之人，便是炎帝的后裔，在周代，姜族建立的最重要的诸侯国为齐、许、申、吕。上述材料开头常称"昔"或"昔者"，显然得自口耳相传的先代遗闻，而且没有任何神秘色彩，所记事项也较粗略，根本没有涉及炎帝的世代、年数及葬地等，唯其如此，也许反而具有更大的可信度。

但后来情况却变得完全不同了。《太平御览》卷 171 引晋宗室司马彪所作的《续汉书·郡国志》已有"炎帝神农氏葬于长沙"的说法，晋人皇甫谧的《帝王世纪》更进一步细化说："神农氏，姜姓也。母曰任姒，有蟜氏之女，名女登，为少典妃，游于华阳，有神龙首感女登于常羊，生炎帝，人身牛首，长于姜水，因以氏焉""初都陈，又徙鲁""在位百二十年而崩""葬长沙""至榆罔凡八世，合五百三十年"。非但如此，连历代炎帝的号也被他记得清清楚楚，除第一代炎帝和末代的榆罔外，中间六代分别是帝承、帝临、帝明、帝直、帝来、帝哀③。到唐司马贞作《补史记三皇本纪》，南宋罗泌作《路史》，似都以此为基础，进一步发挥和加工，以便使

---

① （清）崔述：《考信录提要》卷下，上海：商务印书馆，1937 年《丛书集成》初编本。

② 刘筱红：《神秘的五行——五行说研究》，南宁：广西人民出版社，2004 年，第 16 页。

③ （晋）皇甫谧撰，（清）宋翔凤、钱保塘辑，刘晓东校点：《帝王世纪》，沈阳：辽宁教育出版社，1997 年《新世纪万有文库》本，第 3—4 页。

炎帝的历史更加系统和丰满。如《补纪》曰："神农纳奔水氏之女听妖为妃"，让我们第一次认识了炎帝的妻子。《路史》曰：炎帝"名轨""一名石年""长八尺有七寸，弘身而牛颠""生三辰而能言，五日而能行，七朝而齿具，三岁而知稼穑般戏之事"。这不仅让我们知道了炎帝的名字，而且可以了解到他的许多超凡脱俗之处。上述记录除已将炎帝与神农氏合一外，还有两个显著特征，一是神秘色彩增加了，二是具体化的程度令人吃惊。当然，正是因为过于神秘和具体，和《国语》《左传》中的材料相比，它的可信性就差多了。现在，陕西某些学者又在辨析炎帝究竟是生在宝鸡，还是生在岐山、扶风一带。其实，对于传说时代的古史，说得越细，恐怕越失真。

孔子曰："唐虞禅，夏后殷周继。"①可知夏代以前就根本不存在子孙继世为帝王的情况。我国古史的确切年代，原本只能上溯到《史记·十二诸侯年表》的始年——西周晚期的共和元年，即公元前 841 年。近来，由于大张旗鼓地实施夏商周断代工程，据说已能对西周早中期和商代后期各王"提出比较准确的年代"，对商前期和夏代也能提供一个"基本的年代框架"了，但对早于夏代的纪年却依然漫无头绪，连国家认可的"首席科学家"也未敢轻易置喙②。至于普遍划分州郡，则要晚至秦汉时期，即使最崇古的人，恐怕也只能凭借《禹贡》将其提前到夏初。而据《周易·系辞》和《后汉书·祭祀志》所记，"古之葬者，厚衣之以薪，葬之中野，不封不树"，故而，"古不墓葬，汉诸陵皆有园寝"，乃"承秦所为"。既然如此，说炎帝在位一百二十年，传了八代，共计五百三十年，死后葬于长沙郡，这能是真实的吗？作为当今"著名的历史学家"，几乎不加别择地把一套无法证明的说法全盘接收下来，并一厢情愿地把所谓第一、二代炎帝分配给陕西，把第三代炎帝分配给湖北，把第八代炎帝分配给湖南，这种态度能是科学的吗？

崔述在《考信录提要》中说："战国人称述三代之事，战国之风气也；秦汉人称述春秋之事，秦汉之语言也。"风气、语言是文化的具体体现。在不同时代的文化背景下，人们会根据时尚的需要，用完全不同的语言，去重塑历史。在先秦基本典籍中还见不到的某些炎帝事迹，到晋代却大备起来，这当然是受到秦汉文化强烈影响的结果。据以探寻文化演变之迹则可，认定炎帝其人确乎如是则谬。

三

秦汉时期，是什么强势文化在起作用，以至于使社会的风气、人们的思维方

① 杨伯峻：《孟子译注·万章上》，北京：中华书局，1960 年。

② 夏商周断代工程专家组：《夏商周断代工程 1996—2000 阶段成果报告：简本》，北京：世界图书出版公司北京公司，2000 年，第 1 页。

式、叙事的语言，包括已有的历史传说，都发生了重大改变呢？我们不能不追述一下由战国人邹衍所创立的阴阳五行说。

自春秋末到战国，王室衰微，礼坏乐崩，"循法守正者见侮于世""奢溢潜差者，谓之显荣"。孔、孟之伦叹世风日下，乃谋"克己复礼"，以期"使天下归仁"，但儒家讲的"登降之礼，趋详之节"却让人十分厌烦，所以，他们虽周游列国，以光大其道，却一如"持方枘欲纳圆凿"，终不能入，甚至四处碰壁，"皇皇如丧家之犬"。

邹衍却是个善于随时而化的聪明人。他接受"仲尼菜色陈蔡，孟轲困于齐梁"的教训，并不直接去讲什么礼义忠信，而是采取"作先合然后引之大道"的办法，先在心理上把人抓住，诱导诸侯逐步去走仁义节俭的正路。正是因为他不按常规出牌，"其语闳大不经"，又常"先验小物，推而大之，至于无垠"，反而能使"王公大人惧然顾化"，产生了意想不到的效果。而邹衍自己也在各国受到热烈欢迎，遭际与孔孟截然不同。

对邹衍打出的王牌，司马迁进行过概括，其最核心的部分是"深观阴阳消息……先序今以上至于黄帝……因载其禨祥度制，推而远之，至于天地未生，窈冥不可考而原也。"[1]大致意思是说，邹衍通过对阳长（息）则阴消、阴长（息）则阳消的自然规律的深入考察，来总结自黄帝到战国的历史，并把阴阳消长的过程分散到五行中去，以五行能否顺利运转作为阴阳能否正常消息的前提，进而既用五行相生原理解释一年中阴阳的变化、节候的更替、万物的生长收藏，乃至风霜雨雪、祸福休咎，又用五行相克的原理解释政治的盛衰、朝代的兴亡和历史的循环。

在邹衍一派学者看来，一年之内，从冬至到夏至，阳气理应一天天增长（息），阴气理应一天天减弱（消），此可谓之阳轨；从夏至到冬至，阴气理应一天天增长（息），阳气理应一天天减弱（消），此可谓之阴轨。倘若在阳轨上多做助阳抑阴之事，在阴轨上多做助阴抑阳之事，就能使五行顺利地运动轮回，阴阳正常地交感交合，达于和谐，从而带来风调雨顺、疠疾不降、民不夭折的好结果，万物生生不息，繁衍不绝。反之，如行事悖谬，使阳气不能如期伸长，阴气不能如期消退，或阴气不能如期伸长，阳气不能如期消退，则会存在愆阳、伏阴，并酿成干旱、蝗灾、霜雪、霹雳、凄风、苦雨，出现禾稼不熟、五谷不实、民殃于疫之类的惨局，甚至引起暴兵来至、土地侵削。进一步推而大之，长期阴阳不调，又不恐惧敬改，更意味着旧德已衰，新德将兴，于是，"天必现祥乎下民"，一场除旧布新的"革命"就要开始了。这种新德代旧德的循环就叫五德终始说。

不难看出，融阴阳与五行为一体，用五行生克、阴阳消长、五德转移的理论，

---

① 《史记·孟荀列传》，北京：中华书局，1959年，第2344页。

解释一年四季的诸多变化和历史演进的规律，并借以规范人类，特别是王者的行为，这便是邹衍学说的实质。到战国中期，居火德的周朝经历了700来年的发展，早已衰落得不成样子了，强大的诸侯无不急于取而代之，于是，先后便有齐湣王与秦昭王一度并称东西帝，苏代建议以秦为西帝、赵为中帝、燕为北帝，立三帝以令诸侯，辛垣衍劝赵尊秦昭王为帝，等等，诸多事件的发生。然而，究竟谁能稳居帝位，局势始终并不明朗。依照邹衍的理论，"代火者必将水"，而且他推断说，天很快就要降下"水气胜"的符应，"水气至而不知，数备将徙于土"。这一旷世稀有的大预言为诸侯们的觊觎之心提供了理论根据，自然会一拍即合，受到他们的热切关注。

上有好之，下必甚焉，邹衍死后，燕齐海上方士传其术者，不可胜数。或许正是经过这些人，做什么、如何做才能起到助阳抑阴或助阴抑阳的作用，以便促进五行顺利运转、阴阳正常消息（长），又被具体化为时令或月令。此类篇章主要的内容可见之于《吕氏春秋·十二纪》《礼记·月令》《淮南子·时则训》《天文训》。到秦统一天下，齐人上邹衍的"五德终始说"，秦始皇采用之，依水德推德定制，从此，阴阳五行理论正式进入宫廷，成为具有最高权威的官方哲学。自刘邦建汉，改德的做法便为历代所沿袭，成为统治阶级政治生活中的大事；而两汉诸帝，则更以调和阴阳的最高责任人自居，随时提醒自己和臣下，在处理各类政务时，必须严格遵守《月令》的规定，绝不能妨碍五行完成其一年中相继生的循环。至于民间，从宗教活动到生活习俗，也全部阴阳五行化了。连董仲舒改造儒家学说，也不得不以阴阳五行宇宙图式为框架，把儒法结合、王霸相杂的政治论包装起来，才能献给皇帝。可以说，汉代的社会是弥漫着阴阳五行观念的社会，汉代的政治是以燮理阴阳为基本宗旨的月令政治。

说了半天，这与炎帝又有什么关系呢？原来，在汉代，五行与方位、季节、颜色、人事及宗教活动等，都整齐地搭配起来了。为了促进五行顺利运转，阴阳正常消息（长），月令不仅规定了帝王每月应住什么朝向的宫殿、应穿什么颜色的衣服、打什么颜色的旗帜、外出驾什么马拉车、吃什么粮食和牲肉、用什么器皿、行什么政令，而且还规定了分别主管各季及各方的帝和神，以供人们崇拜。而炎帝在五行家看来，就是主管夏天和南方的帝，他的助手是祝融，有的时候也叫朱明。如《吕氏春秋·孟夏纪》曰："孟夏之月，日在毕，昏翼中，旦婺女中。其日丙丁。其帝炎帝，其神祝融。"《礼记·月令》所记与此完全相同。《淮南子·天文训》则曰："南方，火也，其帝炎帝，其佐朱明，执衡以治夏"，《淮南子·时则训》又说："南方之极，自北户孙之外，贯颛顼之国，南至委火炎风之野，赤帝祝融之所司者，万二千里。"文中的赤帝就是炎帝。据此，我们完全可以认为，并不是炎帝或其子孙真的迁到了南方，而是在笼盖一切的阴阳五行说当中，炎帝被人为地配到了南方。生活在东汉末的高诱在注《吕氏春秋》和《淮南子》时，都说炎帝"死托祀于南方"，可见他对事物真相的了解要比今天的"著名历史学家"清楚得多。

四

除炎帝主夏、被配在南方之外，因主春被配在东方的是太昊，因主季夏被配在中央的是黄帝，因主秋被配在西方的是少昊，因主冬被配在北方的是颛顼。于是，不管历史真相如何，他们的活动区也都根据阴阳五行学说的需要进行了大调整，其中最典型的是少昊。《左传·定公四年》谓伯禽的封地有"少昊之墟"，杜预注曰："少昊墟，曲阜也，在鲁城内。"顾颉刚先生在《鸟夷族的图腾崇拜及其氏族集团的兴亡》一文中，石兴邦先生在《我国东方沿海和东南地区古代文化中鸟类图像与鸟祖崇拜的有关问题》一文中，分别从文献和考古两个方面列举大量材料，证实了东方才是少昊族的发祥地[①]。而西岳华山下由后世所建的华岳庙的石阙上，却赫然刻着"少昊之墟""蓐收之府"八个大字，这显系因阴阳五行说广为流布才带来的由五帝分主五方及五岳的观念形态的反映，丝毫都不意味着少昊族曾居于华山。据《左传·昭公二十九年》蔡墨之语，蓐收为少昊四叔之一，很可能也一直活动在东方，因为他被五行家奉为西方之神、少昊之佐，所以他的"府"也被搬到了华山。对于炎帝的乘风而南，自然应与少昊、蓐收的情况等量齐观，都可视作一种文化的变迁。

五帝祭祀也许源远流长，有人认为源自殷人对方帝的崇拜；有人认为与《左传·昭公十七年》郯子所说"黄帝氏以云纪"、"炎帝氏以火纪"、"共工氏以水纪"、"太昊氏以龙纪"、少昊氏"纪于鸟"有关；有人则认为仅能追溯到秦襄公"作西畤，祀白帝"，及后来秦人陆续作鄜畤、密畤、吴阳上畤、吴阳下畤，兼祭青帝、黄帝、炎帝等。但有一点可以看得很清楚，即按阴阳五行说整理过的五帝祭祀是后来才逐步制度化起来的。刘邦东击项籍还入关，即询问臣下说："吾闻天有五帝，而四，何也？"不等左右想好答案，他便大言道："吾知之矣，乃待我而具五也。"于是，乃立黑帝祠，名曰北畤[②]。从古书这段生动的叙述可以看出，说不定正是刘邦做了皇帝，才把在民间流传已久、为他耳熟能详的五帝纳入了国家祀典。此后，文帝始幸雍，用郊礼祀五畤；又听从"望气者"赵人新垣平的意见，在灞渭之会"作渭阳五帝庙"；汉武帝喜欢巡游，除数次至雍"郊见五畤"外，还在他常住的甘泉宫南筑五帝坛，环居于泰一坛下；他到东方封禅，发现泰山脚下有一处古明堂遗址，恰逢济南人公玉带上"黄

① 吴锐等：《古史考》第六卷，海口：海南出版社，2003年，第33、113页。
② 《汉书·郊祀志》，北京：中华书局，1962年，第1210页。

帝时明堂图",于是就又下令在汶水边进行仿造,"祠泰一、五帝于明堂上坐"。大致说来,在西汉中前期,五帝祭祀虽已成为诸祭中的大祭,但祭祀的地点十分散乱,仪式也不规范,以至于按照公玉带图造起来的明堂里,因五帝无法与四面相配,只好将黄帝与赤帝并为一处。汉成帝时,丞相匡衡、御史大夫张潭以"天随王者所居而飨之"为由,奏请将甘泉泰一、五帝祠以及河东后土祠等均"徙置长安",而将"诸侯妄造",或汉家未定天下时所立的"故祠",如雍地五畤等,尽行罢去。经过反复争论,到平帝元始年间,才由既热衷于五行学说又受过《礼经》的王莽凭借政治强力,将该项建议落实。除黄帝的营域被定在未位,即长安城的西南郊外,太昊、炎帝、少昊、颛顼的祭处被依次放在东、南、西、北郊,"长安旁诸庙兆畤"从而变得空前整齐①。到东汉明帝时,又"采元始中故事,兆五郊于洛阳四方"②。此后,对五帝的祭祀活动才与五行家的设想完全一致起来,但设墓园祭五帝的风气却尚未大行。

　　五帝而有墓,最早的可能是黄帝。《史记·五帝本纪》:"黄帝崩,葬桥山。"《汉书·地理志》上郡阳周县下班固自注曰:"桥山在南,有黄帝冢。"隋改阳周县为罗川县,约在今靖边县和子长市一带。汉武帝时,由于听说古代必先"振兵释旅",然后才能行封禅礼,于是乃"勒兵十余万骑""北巡朔方""还祭黄帝冢于桥山"。这位雄才大略的皇帝虽屡受方士蒙蔽,但毕竟很聪明,就向随员发问说:"吾闻黄帝不死,有冢,何也?"从行诸人不免也有机智而善谀者,乃抢着回答道:"黄帝已仙上天,群臣葬其衣冠。"由此可见,连桥山黄帝冢,也是在秦汉陵寝制度正式形成后,为了更加圆满地塑造黄帝而营建起来的,是否真是黄帝的葬处都是无法证实的。至于炎帝,他的墓似乎还未来得及造,因为《汉书·地理志》和《后汉书·郡国志》都不曾提到。

　　首先言及炎帝葬地的是《太平御览》所辑《续汉书·郡国志》的一条遗文和皇甫谧的《帝王世纪》,有用的话仅"葬于长沙"或"葬长沙"一语,行文极为简略。但到南宋罗泌作《路史》,却变得细密起来。《路史·后记·禅通纪》曰:炎帝"崩葬长沙茶乡之尾,是曰茶陵",又自注道:"炎陵今在麻陂,林木茂密,数里不可入,石麟石土,两杉苍然,逾四十围,两杉而上,陵也,前正两紫金岭。"③罗泌所说的地方后归酃县,现已改名为炎陵县。那么,这里的炎帝陵究竟建于何时呢?

　　20世纪末,中山大学历史系本科生章雅薇在老师黄国信教授指导下,写了一篇题为《宋代炎帝陵置庙考论》的毕业论文,我的同窗挚友刘复生先生也在《历

---

① 《汉书·郊祀志》,北京:中华书局,1962年,第1268页。

② 《后汉书·祭祀志》,北京:中华书局,1965年,第3181页。

③ 《四库全书总目》提要曰:《路史》"句下注文题其子苹所撰,核其词义,与泌书详略相补,似出一手。殆自注而嫁名于子欤?"今采此说。

史研究》上发表了更为详尽深入的大作《宋朝"火运"论略——兼谈"五德转移"政治学说的终结》①，都认为炎帝陵始建于宋，此前仅有传说，而无实际地点可考。主要理由是，宋以前的地理类书籍很少提及炎帝陵；存留于墓地、镌刻有祭文的碑石共五十三块，全为明洪武四年（1371 年）以后所立；而宋以火运自居，把炎帝视为感生帝，在宋朝，才真正有了祭炎陵或修炎陵的明确记录。据章、刘两文，这些记录中最重要的有三条。一是宋太祖乾德四年（966 年）曾下诏，对太昊、炎帝、黄帝、颛顼、高辛、唐尧、虞舜等十六帝"各置守陵五户，每岁春秋二时，委所在长吏，各设一祭"。二是淳熙十四年（1187 年）六月，曾有"修炎帝陵"之举。三是淳祐八年（1248 年），荆湖帅臣陈炜奏曰："国家以火德王，于火德之祀合加钦崇。炎帝陵在衡州茶陵县，庙久弗治，乞相度兴修，以称崇奉之意。"此奏得到了批准②。通过对材料的排比，可以清楚地看到，炎帝陵很可能确是自北宋到南宋，经历多年，陆续修成的。而且，还有一个明显的倾向值得注意，那就是国势越衰，最高统治者对炎陵的重视程度就越高，这显然还是受到阴阳五行学说支配，试图通过祭陵的刺激，以便使宋的火运复旺，国祚永延。除上述三条堪称"雅训"的记录外，《路史》还说："太祖抚运，梦感见帝，于是驰节夐求，得诸南方，爰即貌祀，时序隆三献。"赵匡胤黄袍加身，篡得周的天下，心不自安，托言梦见炎帝，为以火承木的五德之运寻找理论支撑，也很合乎情理。如罗泌之言有据，则南方的炎帝陵址或竟是宋太祖时才派人勘定的，只是使臣"持节夐求"的经过却已无法详知。

　　章、刘两文认为湖南的炎帝陵是宋代为了宣扬火德文化才修起来的，对此，我深表赞同。只是《路史》注文中还有一些话值得玩味。据罗泌说，他在丁未春，曾到过炎陵，寓所主人云："所葬代云衣冠，赤眉时人虑发掘夷之。"赤眉军势力未曾及于长沙，故"赤眉时"一语只能当作时间概念，《路史》所采庞杂，本无足观，但当地人口耳相传的说法，却应加以重视。若西汉末真有人试图发掘这座葬有炎帝衣冠的冢墓，则造墓的时间便可大大提前，甚至竟和阳周县的桥山黄帝陵属于同期产品。这样一来，《续汉书·郡国志》和《帝王世纪》说炎帝死"葬于长沙"便也不完全是一句空话。至于汉代人为什么要把造炎帝墓的地点选在长沙茶陵，可能又有两方面的考虑。一是随着疆域的扩大，西汉已以湖南衡山为南岳，茶陵、酃县都离衡山很近，酃在后来还长期是衡州的州治或府治；二是汉代星野说十分流行，南方朱雀七星中的翼、轸二星被视作鹑尾，正是楚之分野。炎帝既

　　① 中山大学历史学系：《中山大学历史系本科生毕业论文选（1995 级—1997 级）》，内部资料，2001 年；刘复生：《宋朝"火运"论略——兼谈"五德转移"政治学说的终结》，《历史研究》1997 年第 3 期。
　　② 司义祖：《宋大诏令集》卷 156，北京：中华书局，1962 年；汪圣铎点校：《宋史全文》卷 27 下，北京：中华书局，2016 年；汪圣铎点校：《宋史全文》卷 34，北京：中华书局，2016 年。

被阴阳五行说配为南方之帝，需要"托祀于南方"，那么，在南岳之下，上应鹑尾的古楚地区，搞起一座衣冠冢作为物化了的标志以供祭奠，不也是很自然的事吗？但这一推论尚乏确证。罗泌还强调，对炎帝陵，"有唐尝祀焉""有唐代旧记"，却又不肯以他发现的旧记示人，以至于使炎陵是否存在于宋以前的探索出现缺环，无法连贯。其实建于宋，抑或建于汉，并不重要，重要的是，从文化史的角度看，它必是阴阳五行说强烈影响下的产物，而绝不是什么第八代炎帝榆罔的寝宫。

五

《国语》说"炎帝以姜水成"，而《水经·漻水注》《后汉书·郡国志》引《荆州记》及《帝王世纪》等书又说炎帝生于今湖北随县，这又是怎么回事呢？前辈宿学大家多谓与神农氏、炎帝及烈山氏之子柱的合并有关[①]。今申论之，以唤起健忘症患者的记忆。

《吕氏春秋·执一》篇曰："三代以昌，五帝以昭，神农以鸿。"《周易·系辞下》："古者庖牺氏之王天下也""作结绳而为网罟，以佃以渔""庖牺氏没，神农氏作，斫木为耜，揉木为耒，耒耜之利，以教天下"。《庄子·盗跖》篇曰："神农之世，卧则居居，起则于于，民知其母，不知其父，与麋鹿共处，耕而食，织而衣，无相害之心。"《商君书·画策》曰："神农之世，男耕而食，妇织而衣，刑政不用而治，甲兵不起而王。"其《更法》篇又说："伏羲、神农教而不诛，黄帝、尧、舜诛而不怒。"据此，完全可以肯定，神农氏本意是指三代及五帝之前的一个历史阶段，这一阶段最主要的特点是，虽已普遍进入了农耕，但社会仍以女子为中心，尚无显著的阶层分化和权力斗争，也没有用以实施剥削和压迫的国家机器，一般认为大致应相当于考古学上的新石器时代早期。

不过，因为神农时代是以农业出现而著称的，所以具有古老农业传统的部族也有可能被叫作神农氏。如《战国策·秦策一》把"神农伐补遂"同"黄帝伐涿鹿，而擒蚩尤""尧伐欢兜""舜伐三苗""禹伐共工"等并列，这里的神农显然是某个族氏的名号。

随着农业的发展，营农业经济生活的部落或王朝又有了对农神的崇拜。在中国古代，这种农神叫稷，同时也被称为神农氏。按照"法施于民则祀之"的原则，那些对农业发明做出过重要贡献的人最易升格到农神的地位。依可信的先秦典籍来看，早期被奉为稷的人有两位，就是烈山氏之子柱和周人的祖先弃。《左传·昭公二十九年》曰："有烈山氏之子曰柱为稷，自夏以上祀之，周弃亦为稷，自商

---

① 徐旭生：《中国古史的传说时代》，桂林：广西师范大学出版社，2003年，第142页。

以来祀之。"《国语·鲁语上》:"昔烈山氏之有天下也,其子曰柱,能殖百谷百蔬;夏之兴也,周弃继之,故祀以为稷。"杜预注《左传》曰:"弃,周之始祖,能播百谷,汤既胜夏,废柱而以弃代之。"由此可知,两位稷神是一前一后,相互连接的。弃之被祀,《诗经·生民》《国语》及杜预都说是因为他"诞降嘉种""能播百谷",应无疑义。柱之被祀或许真是因为他曾"烈山泽而焚之",开启了最原始的撂荒农业,但也有人认为他不过是一支拟人化和神化了的"点种棒"。总之,尽管炎帝的部族可能也具有十分悠久的农耕传统,但炎帝起初却不是稷神意义上的神农氏。

非但如此,在较典雅的古籍中,是把神农氏排在黄帝之前,而把炎帝排在黄帝之后的,如前引《易传》说:"庖牺氏没,神农氏作""神农氏没,黄帝尧舜氏作",显然置神农氏于黄帝前;而《左传·昭公十七年》说"黄帝氏以云纪""炎帝氏以火纪"时,又序炎帝于黄帝后,如果这种记录含有时间意义的话,就没有理由硬把炎帝和神农氏视为同一个人。另外,《史记·封禅书》载管仲述古之封禅者七十二家,其中既有神农,又有炎帝,《列子·说符》曰:"尝观之神农、有炎之德,稽之虞、夏、商、周之书",也将神农与炎帝并列,甚至到三国时,谯周在《古史考》中还说:"女娲之后,五十姓至神农;神农至于炎帝,一百三十三姓。是不当身相接。"可见在一部分更具史识的学者眼中,神农与炎帝渺不相涉。

可是后来情况却发生了很大变化。这一变化仍与阴阳五行学说的发展有关,故而又需从根源上说起。

邹衍以五行运转和阴阳消息说五德终始,原本以黄帝起首,用的是五行相胜律。到西汉末,王莽要通过禅让的形式取代汉家天下,旧理论过时了。于是,刘歆便拿五行相生律重释古史,替王莽相对和平的篡弑活动制造根据。从此,历史的大循环被拟定为木生火、火生土、土生金、金生水,水再生木;或叫作以火承木、以土承火、以金承土、以水承金,再以木承水。这样一来,木德之帝太昊和火德之帝炎帝都排到了土德之帝黄帝的前边。凑巧,被儒家捧得很高的《易传》上又有"庖牺氏没,神农氏作""神农氏没,黄帝尧舜氏作"的话,刘歆就趁势将太昊与庖牺氏拉在一起,称太昊庖牺氏,将炎帝与神农氏拉在一起,称炎帝神农氏,以便与黄帝轩辕氏、少昊金天氏、颛顼高阳氏相并列[①]。由文化演进的大势可知,炎帝与神农氏的合并是在与新五德终始说相互磨合的过程中完成的,根本没有顾及历史事实。但既经在政治和文化上均居垄断地位的王莽、刘歆等的鼓吹,却又变得如日中天,不可摇撼。所以,不仅刘秀毫不犹豫地接受了汉为火德的新说,连著名史学家班固、号为兼通今古文的经学大师郑玄等,也不能不在新文化

---

① (清)崔述:《补上古考信录》,上海:商务印书馆,1937 年《丛书集成》初编本。

的强烈影响下展开著述或遍注群经。《汉书·律历志》已有"以火承木，故为炎帝，教民耕农，故天下号曰神农氏"的调和之文，《礼记·月令》郑注也有"炎帝，神农也"的解释。至于和班、郑同时代或稍后的作品，如王符的《潜夫论·五德志》、司马彪的《续汉书》、皇甫谧的《帝王世纪》等，都是在已经划定的藩篱内转圈圈。什么"身号炎帝，世号神农"，什么"炎帝神农氏，姜姓也……位在南方，主夏，故谓之炎帝"，无非是对主流意识固有矛盾的曲为弥缝，根本不含任何有价值的发现或创见。

　　既然已经发生了炎帝与神农氏的合并，连带发生炎帝、神农氏和烈山氏三者的合并，便不可避免了。五行相生之序被看成了五帝之序，炎帝被说成了神农，烈山氏之子柱在商以前又确曾被当作最早的农神供奉，那么，一切关于烈山氏的文化现象都被归到因经过重组而名声更加显赫的炎帝神农氏名下，必成大势所趋。三国韦昭注《国语·鲁语上》曰："烈山氏，炎帝之号也，起于烈山。"北魏郦道元《水经注》曰："漻水北出大义山南，至厉乡西，赐水入焉。赐水源东出大紫山，分为二水，一水西经厉乡南，水南有重山，大义山即烈山也，山下有一穴，父老相传云：是神农所生处也，故《礼》谓之烈山氏。水北有九井，子书所谓神农既诞，九井自穿，谓斯水也。又言汲一井，则众水动，井今堙塞，遗迹仿佛存焉。亦云赖乡，故赖国也，有神农社。"一些地方志书所记与此略同。这样一来，炎帝神农氏"育乎楚，考籍应图，于是乎在"，竟成了板上钉钉的铁案，以至于宋人罗泌著《路史》时，便直截了当地说炎帝生于"烈山石室"。

　　其实，自从炎帝成了神农氏，但凡以农为生的群落，都可能产生崇拜炎帝的心理，并制造出各种物化了的崇拜形式。《管子·轻重篇》说："神农作五谷于淇山之阳"；《述异记》说："太原神釜岗，有神农尝药之鼎，成阳山有神农鞭药处"；《后魏风土记》说山西羊头山下有神农城，为"神农得嘉谷处"。《元丰九域志》记神农尝药于湖北谷城，陈仁锡《潜确类书》记神农采药于河南温县，等等，便是显例。直到现在，全国许多省区都有祭祀炎帝的习惯，而以靠天吃饭的北方旱区为甚。我们不妨请教一下可爱的"著名历史学家"：如果不把上述传说和风俗看作炎帝变成农神之后出现的一种文化现象的话，又有什么办法可以去一一辨别真伪呢？

六

　　最后，让我们通过对经学发展史的简单回顾，补论炎帝神话的形成。

　　战国时期，一方面是天下"定于一"的呼声越来越高；另一方面是七雄"争于攻取，兵革更起，城邑数屠，因以饥馑疾疫焦苦"，各国"臣主共忧患，其察機祥候星气尤急"①。正是顺应社会及统治阶级的需要，才出现了一批宣传祖宗同源说和大一统说的政治著作，如《尧典》《禹贡》《职方》《帝系》等，也出现了用历史循环论对"孰能一之"这一严肃问题做出回答的、由阴阳家鼓吹起来的终始五德之运。

秦始皇称帝后，接受了燕齐方士的意见，用阴阳家的办法推德定制，以水德自居，但骨子里却仍醉心于法家的"繁刑严诛""专为自恣苟简之治"，故而招致了秦的短命而亡。经过汉初七十年在黄老思想指导下的休养生息，到了汉武帝，清理秦的"余毒遗烈""解弦而更张之"，建立汉家制度的条件成熟了。于是，他就在元光元年（前 134 年）下诏，策问方正贤良文学之士，讨论"古今王事之体"。董仲舒对以天人三策，拔萃群伦，天子掇其切当世，施于朝廷。

但如前文已提及的那样，董仲舒献给汉武帝的，是经他改造过的新儒学。其间，不仅积极吸收了法家思想，主张"德刑并用""王霸相杂"，而且更对阴阳家的理论情有独钟。今观董氏所著《春秋繁露》，不管是谈到君臣大义，国计民生，还是谈到父子、夫妇的伦常，无不以阴阳五行之说为其立论的基础。由此可见，自从汉武帝"罢黜百家，独尊儒术"，汉人不仅告别了曾经盛行于朝野的黄老思想，实际上也告别了孔、孟、荀为代表的原始儒学，开始正式步入了阴阳五行与经学紧密结合、融而为一的新时代。

阴阳家的最大发明便是他们在五行运转、阴阳消息和朝代兴衰之间建立了一套因果关系，并认为通过主观努力，可以感动阴阳，实现天人感应，达到与天合一。然而，怎样判断阴阳是否调和呢？董仲舒说：那很简单，"国家将有失道之败，而天乃先出灾害以谴告之，不知自省，又出怪异以警惧之"，与之相应，王者若躬行道德，承顺天地，天也会降下祥瑞以昭保佑，总之，天人之间是有信号相通的，灾异、祥瑞就是传递信号的符应。

实际上，所谓的灾异和祥瑞，只不过是平常罕见的自然现象罢了，而汉代人却认为其代表着天的意志，是处理天人之际各类关系的枢纽和锁钥。所以，不单是董仲舒，汉代许多政治家都要"仰视天文，俯察地理，观日月消息，候星辰行伍，揆山川变动"，先捕捉到天的信息，再参以"人民谣俗"，然后才能制定法度，采取措施，治理国家。可是，灾异和祥瑞所蕴含的意向毕竟是模糊的，你可以这样解释，我可以那样解释，不便于更直接、更有效地达到政治目的。于是，发展到哀、平之际，除跳出来一个刘歆，用五行相生说重新编排古帝系统，写成《世经》一书，以阐发服务于王莽篡权的禅国让贤理论之外，更有不少用穿凿附会的办法对儒经作神秘化解释的纬书被人们创造出来，还有人将带隐语和预言性质的图谶不断地献给皇帝。王莽、刘秀都以谶纬为依据来任用官吏，决定大事，

---

① 《史记·天官书》，北京：中华书局，1959 年，第 1344 页。

在他们的影响和带动下，汉代的《月令》政治进一步谶纬迷信化了。

从《尧典》《禹贡》《职方》《帝系》和五德终始之论，到《春秋繁露》《世经》和纬书，与政治相适应的经学文化的演变既有一定阶段性，更呈现出十分鲜明的共同走势。基本倾向如下：①祖宗同源说不断被强化，传说中的古帝王都发生了血缘关系，以至于后人可以根据这些书排出一个始自伏羲的帝王传授总图来①；②"大一统"成了"天地之常经，古今之通谊"，传说中的古帝王都有极大的统治范围，竟至"日月所照，风雨所止，莫不从服"，而且常被安排在同一个朝廷里，形成君臣关系；③历史循环论已经根深蒂固，靠征诛得天下者取五德相胜说，借禅让之名取天下者用五德相生说，都要从五德转移中为自己掌权找到宣传的依据；④神秘色彩变得越来越浓厚，感生帝的说法已开始出现，但凡古帝王，大都生而神异，聪以知远，明以察微，能普施利物于民，集各种发明创造于一身，其死，则不过是陟彼昊天而已。这样的说法虽可能在客观上发挥过一定的有益作用，如有助于加强统一，等等，但因为从根本上违背了民族、国家由分到合、由小到大的抟成史，所以自相抵牾，矛盾百出。为了让不同时空的人能够见上面，到纬书大出的时候，不少古帝王就不得不寿百岁、一百二十岁、三百岁甚至八百岁，或由一代分化成数代，而他们的足迹自然也必须遍及神州了。

对于纬书淋漓尽致的表演，历来就有三种截然不同的态度②。一是崇信不疑。除王莽、刘秀、东汉的明章诸帝、专治谶纬的苏竟、朱浮、薛汉、张纯、樊儵、曹充、曹褒、张奋、郎顗、任安之辈外，郑玄笺《毛诗》，注三礼，何休作《公羊解诂》，取资于纬书之说极多，以权威的身份传经，又"必假孔氏"，影响于后世者自然甚巨；而"躬自稼穑，带经而农，博综典籍百家之言"，一辈子未出乡里的皇甫谧作《帝王世纪》时，也遍采经传图纬及诸子杂书，对谬说的流传起了推波助澜作用。例如，他说炎帝"在位百二十年而崩，至榆罔凡八世，合共五百三十年"，据《路史》推考，便是"因乎"春秋纬的一种——《春秋命历序》。二是依违于信疑之间，可拿贾逵、马融、王符等人作代表。贾逵曾"摘谶互异三十余事"以质问言谶者③。可见他本不信谶纬，但又想借图谶之力以争取立《左氏春秋》于学官，乃上书言："《五经》皆无以证图谶明刘氏为尧后者，而《左氏》独有明文。"④马融治学撰文绝少言谶，仍不免偶集诸生，考论图纬⑤。王符在《潜夫论》中采择纬书作《五德志》，却事先声明说："世传三皇五帝，多以伏羲、神农为二皇，其一者，或曰燧人，或曰祝融，或曰女娲，其是与非，未可知也。我闻

---

① （清）马骕：《绎史》第一册，北京：中华书局，2002年，第2页。

② 郑均：《谶纬考述》，台北：文史哲出版社，2000年，第27、35页。

③ 《后汉书·张衡传》，北京：中华书局，1965年，第1912页。

④ 《后汉书·贾逵传》，北京：中华书局，1965年，第1237页。

⑤ 《后汉书·郑玄传》，北京：中华书局，1965年，第1207页。

古有天皇、地皇、人皇，以为或及此谓，亦不敢明。凡斯数，其于五经，皆无正文。略依《易系》，记伏羲以来，以遗后贤，虽多未必获正，然罕可以浮游博观，共求厥真。"从三人的态度可以看出，在曲学风靡、笼盖一切的时代，要做到众醉独醒亦非易事。三是坚决不信。在东汉，以反对谶纬著名的朝臣或学者就有尹敏、桓谭、郑兴、王充等，其次还有孔僖、张衡、朱穆、崔实、荀爽诸人。他们或进言，或著书，极言谶纬之"欺惑贪邪，诖误人主"，劝皇帝"屏群小之曲说，述《五经》之正义"[①]。汉以后更有南朝刘勰在《文心雕龙》中著《正纬》篇，斥纬书之作为"伎数之士"的"诡术"；宋欧阳修作《帝王世次图序》，责汉儒硬把不同世次的人拉在一起，"何其谬哉？"由于谶纬的一些说法实在荒唐，自汉末至隋唐，连最高统治者中，也不断有人以朝廷的名义，下诏禁断，故宋代以来，谶纬诸书散佚殆尽。

可是，到了高歌猛进、步入现代化的今天，有人却把炎帝八代、传五百余年、死葬长沙之类靠《帝王世纪》《太平御览》《路史》保存下来的显然源于纬书的说法拿来兜售，岂非公开复古和倒退？更可悲的是，一夫倡之，众人和之，竟成定论。对于连中山大学历史系一位本科生都能明白的道理，却又装聋作哑，噤若寒蝉，致使迷雾重重，拨都拨不动。吾辈学人贡献给学术界及社会大众的是真相，还是魔幻，应及早自省，不必留待后人评说。

1998 年 12 月 30 日初稿
2006 年 10 月 20 日改定

---

① 《后汉书·桓谭传》，北京：中华书局，1965 年，第 960 页。

怎样把黄帝研究引向深入

——在黄帝文化研究院成立大会上的发言

各位领导、各位专家：

上午好！

首先，祝贺黄帝文化研究院今天正式成立，并对院领导聘请我做学术委员表示衷心的感谢。但我罹患眼疾，可能做不了实际工作，特此说明，敬请谅解。成立黄帝文化研究院主要是为了把黄帝研究引向深入，下边，我仅就怎样引向深入的问题谈一点看法。

对重大课题展开研究，需要不同学科的交叉和融合，但在钻研过程中，不同学科的学者又应持守本学科的学术规范，运用本学科的研究方法，不能因为要交叉融合而放弃本学科的宗旨，淡化本学科的特点，更不能使交叉融合变成不同语境下的相互争论，关公战秦琼，谁也说不服谁。西北大学已故刘宝才教授曾呼吁，要把 5000 年前的黄帝历史和 5000 年以来的黄帝文化分开。我认为这是一个非常有意义的观点，应该引起重视。

我每年都参加由陕西省委、省政府主办，西北大学承办的黄帝文化学术研讨会。听来听去，发现会上起码有三种声音。有的在论证黄帝陵是中华民族的精神标识，有的是讲黄帝及黄帝时代的历史，有的讲的则是黄帝文化。三者固然有很强的相关性，但大致却应分属政治制度史、上古史和文化史三个不同的学科方向。你和我说的并不是一回事，讨论缺乏针对性，当然就很难深入和突破。因此，我觉得，提倡交叉融合和坚持学科划分及学术规范，是对立的统一，两者并不矛盾。

要说明黄帝及黄帝陵为什么是中华民族的精神标识，就要讨论黄帝崇拜及祭陵制度的形成过程。《山海经·海外南经》郭璞注说：因为黄帝"久于其位，仁化广及，恩洽鸟兽"，所以在他死后，"四海若丧考妣，无思不哀"，百姓便"起土为冢""各自立主而祭醊哭泣"。由此可知，黄帝崇拜起源很早，但最初的祭陵地点并不统一。随着大一统的中央集权国家的形成和发展，规范对先代帝王的祭祀成为必要。唐大历五年（770 年），鄜坊节度使臧希让上表言："坊州有轩辕黄帝陵阙，请置庙，四时享祭，列于祀典。"得到了当时的皇帝唐代宗的批准。从此，在坊州黄陵县（旧称中部县）进行的祭黄活动即从民间祭祀中脱颖而出，变成了国家制度。在唐末五代战乱之后即位的宋太祖，于建隆元年（960 年）和乾德元年（963 年）两次下诏，命令修茸桥山黄陵，派人每年春秋"祠以太牢"，并"置守陵五户"，使祭陵制度得到重申。到明朝建立，明太祖朱元璋发现散于全国的先代帝王陵寝共有 79 处，数量太多，且有重复，于是便令礼部定议，经过筛汰，将"合祀帝王"保留下来 35 位，按一人一处的原则，明确了上陵致祭的地点。其中，在河南者十，有伏羲、商汤、汉光武帝等，在陕西者十五，首列在中部县祭黄帝，其次有周文王、周武王、汉高祖等；规定每年仲春和仲秋之月的朔日，由朝廷"遣使诣各陵致祭"，同时于每陵各"置一碑""刊祭期与牲帛之数"。综上所述，可以清楚地看出，经过唐代宗的开创、宋太祖的恢复和明太祖的整顿，祭祀先代帝王陵寝的制度已完全定型。而国家制度的确定性和严肃性，也使在中部县桥山黄帝陵进行的祭黄活动开始具有排他性和唯一性。此制经清朝、民国，至今绵延不绝，既是恪守约定俗成，也体现了对前朝的尊重。若要论及以黄帝陵作为中华民族精神标识的历史意义和现代价值，当然又有很多话要说，但最首要的一点则是这样做有助于加强统一。我们在黄帝的旗帜下统一起来，攥成一个拳头，我们就有力量，就能自立于世界民族之林。统一大于天，统一高于一切，每个人都应自觉加以维护。

　　如果要研究历史上的黄帝，则应认真梳理黄帝事迹，展现距今五千年前黄帝时代的社会风貌。今天我想强调两点。一是要仔细甄别文献，收集证据。特别是要高度重视新石器时代后期和青铜时代早期的考古新发现。老实说，在可信的古代典籍中，关于黄帝的记载并不多，而且比较凌乱。因此，必须充分运用多重证据法，才能加以弥补。刚才，很多领导和专家都提到了近年在陕西发掘的石峁、芦山峁及杨官寨遗址。我们虽然还不能确定它们当中的某一个就是黄帝城或黄帝所居，但通过对遗迹和遗物的深入研究，却可以为复原黄帝历史提供重要线索。陕西学者近水楼台，掌握第一手材料，应该积极发声，在这方面多作贡献。二是要用理性的态度、历史主义的方法进行分析，关键之点是要把黄帝当成人，而不是说成神。在这方面，孔子曾为我们提供过光辉的范例。弟子问："黄帝四面"是怎么回事？孔子答道："黄帝取合于己者四人，使治四方"，这就叫"黄帝四面"，并不是说黄帝有四张脸。又有弟子问：人称黄帝三百岁，他到底是人还是神？孔子的回答是，黄帝"生而民得其利百年，死而民畏其神百年，亡而民用其教百年"，加起来一共三百年，并不是说他真的活了三百年。我想，孔子的态度就是理性的态度。我们只有秉持古圣先哲开创的科学、求真学风，才能使黄帝的历史变得越来越清晰。

　　最后说一下文化史的研究方法。如果你是一位文化史学者，你就应该明白，你要研究的是 5000 年以来的黄帝文化，而不是 5000 年以前的黄帝历史。随着古代文化的发展与传播，历史上的黄帝曾经不断被改塑。因此，你就得以文化的流变为主线，先弄清是什么时代、哪种文化、因为何故而成了主流文化，然后再考察这种文化将黄帝改塑成了什么样子，带来了什么样的后果。黄帝身份、形象和传说的演变构成了黄帝文化史，黄帝文化史既是中国文化史的一部分，也是观察整个古代文化的重要视角和切入点。试举例说明之。在汉代，阴阳五行学说如日中天，影响极大，以至于生活中的一切都阴阳五行化了。五方、五季、五色、五味等等都可与木火土金水这五行相配，连所祭的帝和神也有五位，东方"其帝太昊，其神句芒"，南方"其帝炎帝，其神祝融"，中央"其帝黄帝，其神后土"，西方"其帝少昊，其神蓐收"，北方"其帝颛顼，其神玄冥"。因黄帝此时被认为是中央之帝，故南朝梁人刘昭在注《续汉书·郡国志》"河南尹，新郑县"一条时，便说这里是"黄帝所都"。但东汉人高诱注《淮南子·天文训》时却明明说太昊死"托祀于东方之帝"，炎帝死"托祀于南方之帝"，黄帝死"托祀于中央之帝"，少昊死"托祀于西方之帝"，颛顼死"托祀于北方之帝"，"托祀"一词已清楚地表示，这里说的五帝方位不是历史，而是文化，是阴阳五行学派根据建构学说的需要而做出的一种安排。刘昭的注释当属阴阳五行学说影响下的产物，不能证明黄帝故居的真实地望。同样地，在华山脚下的华岳庙里，有一座石阙赫然刻着"少昊之墟，蓐收之府"八个大字，这也是少昊、蓐收分别被配为西方的帝和神之后才有的文化现象，我想，我们大家都不会据此就建议将史学界公认的少昊氏的活动区由山东搬到陕西。自汉代开始，道家"以黄帝为宗，以老子为教"，发展成为最有影响力的本土宗教。于是，黄帝传说和人造的黄帝遗迹又随着道士的脚步而遍布黄河上下，大江南北。在浙江省缙云县，有一个巨大的石笋拔地而起，矗立在好溪江边，高达170多米，顶端在群树环抱中有一天然小湖，虽大旱而不竭。湖在顶峰，本应叫顶湖，南朝的道士们却因北方的道教名山已"不可得至"，就将"顶湖"附会成黄帝铸鼎的"鼎湖"，在附近的缙云山开辟出新的道场，后来又于苍龙峡口建起了宏大的黄帝祠宇。唐、宋、元、明诸朝不断派专使到此奉诏祈雨，投金龙玉简致祭。唐玄宗还曾令"周回三百里禁樵采捕猎"，划出了很大一块保护区。由于得到朝廷的认可和重视，缙云的"黄帝祠宇"不仅成了著名的道教宫观，而且是"兼领本路诸道场"的道教中心。然而，这一切只能说明黄帝文化随着道教的传播扩大了影响范围，不能证明历史上黄帝族的活动区远在我国东南。

我讲这些只想说明，只有坚持学科规范，尊重学科特点，才能将黄帝文化研究引向深入；也只有在深入研究的基础上，不同学科才能实现更加科学、更高层次的交叉融合。我觉得，把理性的态度和科学的方法运用到黄帝及黄帝文化研究中，将有助于消除纷争，形成一套既与现代社会相适应又能增强民族凝聚力的国家祭祀制度。新成立的黄帝文化研究院应为这一目标的实现做出努力。

2021年12月8日

阳城祭汤祷雨文化浅说[①]

八月酷暑将尽，山西省阳城县举行全国首届商汤文化学术研讨会，承蒙县委、县政府盛邀，得以叨陪末座。通过向地方耆宿大儒请教和实地考察，对流行于此的祭汤祷雨文化印象深刻，略有心得。匆匆诉诸笔端，以备遗忘，兼示欢迎方家指正之忱。

一

商汤祷雨故事屡见于《竹书纪年》《墨子》《荀子》《吕氏春秋》《说苑》《淮南子》《尸子》等书，皆谓当久旱之际，汤王剪发、须、爪，自洁，居柴上，将自焚以祭天；火将燃，即降大雨。故事发生的地点是商的圣地桑林，因而又叫桑林祷雨。对此，郑振铎于《汤祷篇》中解释说："乃是他被逼着不能不去而为（牺）牲的。"[②]很显然，郑先生是直接袭用了詹姆斯·乔治·弗雷泽的观点。他在《金枝》一书中举例分析说上古人认为："自然的过程也或多或少地在他的控制之下，如果气候不好，庄稼歉收，以及其他类似的灾难，他都要负责。在某种程度上，似乎认定国王对于自然的权力，也象对于臣民和奴隶一样，是通过他的意志的作用来行使的。因此，如果旱灾、饥馑、疫病和风暴发生，人民便归咎于国王的失职或罪尤，从而相应地鞭笞、桎梏以惩治之，如果他执拗不悔，便废除他的王位，甚至处死他。"[③]由于在"烧死"这一点上存在表面的相似性，郑先生就把汤也看成了失职的神王。

但据各书所记，汤是在"持三足鼎遍祝山川"，均无效应时，才决定以自身为祭品的，而受献的对象已是高高在上的天，且并无任何迹象可证他曾经受到胁迫。这或许正表明，即便仍可视商汤为神王，他这个神王似乎已放弃了凭借巫术来指导自然进程的信心，开始把躲在冥冥中的神当作超自然力量的唯一所有者，并向他祈祷，用迎合和抚慰的方式，以求通过诉诸神的权威，去完成不可能由自

---

① 本文与卫崇文合作撰写。

② 郑振铎：《汤祷篇》，上海：古典文学出版社，1957年，第14页。

③ 〔英〕詹姆斯·乔治·弗雷泽著，徐育新、汪培基、张泽石译：《金枝》，北京：大众文艺出版社，1998年，第254页。

己来完成的事情——降雨。

这一推测可以从多方面得到佐证。如"汤始征，自葛载"，吊民伐罪的理据就是"葛伯不祀"；商人每遇大事，皆凭借占卜，以定吉凶，说明他们处处秉命于天；商代前期的文献记录中还出现过几个有名的大巫，如咒死祥桑的巫咸、祖乙时在朝任职的巫贤，等等，中期以后即十分少见。相反，武乙"为偶人谓之天神，与之搏""为革囊盛血，仰而射之，命曰射天"等，这些不敬天且明显带有施巫性质的活动却已被视为"无道"之举，武乙本人也只好遭受天的惩罚，被暴雷震死于河渭之间。上述现象透露出一个共同的信息，即商汤祷雨恰恰是巫术文化开始向祭司文化过渡的标志。新旧文化实际上长期相互交叉，但若仔细推求，仍能概括和归纳出两者的本质差异，对夏、商时代在文化上发生的巨变，前人早有洞察。如《礼记·表记》引孔子之语曰："夏道尊命，事鬼敬神而远之，近人而忠焉……其民之敝，蠢而愚，乔而野，朴而无文。殷人尊神，率民以事神，先鬼而后礼……其民之敝，荡而不静，胜而无耻。"司马迁在《史记·高祖本纪》的赞中也说："夏之政忠，忠之敝，小人以野，故殷人承之以敬，敬之敝，小人以鬼。"两段话的核心意思都是强调：前者重人，相信自己的力量；后者重神，增加了对神的依赖。若历史地看问题，祭司文化代替巫术文化无疑是一个进步。《越绝书》的作者指出："汤行仁义，敬鬼神，天下皆一心归之。"就是把汤的胜利归结为能够推行祭司文化。如果与固守巫术文化而坚持"不祀"的葛伯相比较，我们或可说商汤在当时就是先进文化的代表者，商优于夏的地方，不在军力，而在文化。

二

在对大背景有了一定的了解之后，就来谈谈阳城的祭汤祷雨。商汤主张通过祭祀向天求雨，开启了文化史上的新篇章。而他的祷雨活动不仅神奇、感人，更重要的是，到最关键的时刻，终于应验了。这便不能不给人留下深刻的记忆，以至于众书纷纷提及。虽古人记事常有因事说理的意图，但仍有力证明，故事的核心部分基本是属实的。

正因为商汤祷雨应验了，影响极大，所以他就被当成了能兴云致雨的"来雨之神"，甚至是保证风调雨顺、五谷丰登的地方守护神。这正是历史人物的神话化。过去，老一辈的神话学家，以茅盾为代表，认为中国主要存在着"神话的历史化"。若干年前，已故常金仓教授和他的学生卫崇文提出"历史神话化"的观点，对前人成说展开批评。据我看，恐怕是既有"神话的历史化"，也有"历史的神话化"。前者如盘古开天、女娲造人、夸父逐日、精卫填海；后者如大禹治水、商汤祷雨。恰像商汤变成了"来雨之神"一样，大禹则变成了"镇水之神"。

因为商汤是"来雨之神",故祈雨必敬汤。阳城县境内,处处可见汤庙,或立于名山峻岭之巅,或建于高崖巨瓮之下,或设于通衢重镇之旁,或布于村野乡里之间,总数竟达 380 余座,至今尚存百余,可谓巍巍大观①。另据山西师范大学戏剧研究所收存元至元十七年(1280 年)《汤帝行宫碑记》所载,山西、河南两省 22 个州县共建有商汤行宫 84 道。这便意味着阳城祭汤祷雨的影响早已超越县域,形成了一个"南至南河之南,北距太原之边,东极东都,西抵潼关"的共同文化圈②。

在众多的汤庙中,位于阳城县西南七十里的析城山成汤庙具有更加特殊的地位。这不仅因为宋朝皇帝曾敕赐庙额,更因"邻境两河之民",无论远迩,"每春夏交,咸斋沐奔走""岁祈圣水于析城山"。很显然,析城山是整个祭汤祷雨文化圈的中心,有了析城山,阳城祭汤祷雨文化才有了存在的合理性。

那么,"理"在何处呢?据地方志书和阳城学者整理的碑刻拓本,起码可以从下边四个方面找到值得进一步探讨的线索。

其一,是地形。《水经·沁水注》曰:析城山"山甚高峻,上平坦下。"《山西通志》则谓其"山峰四面如城,高大而峻。迥出诸山"。亲临其境,即见群峰屏绕,极为奇秀,确如置身围城之中。所谓"上平坦下"是指为群峰所围的低平之地,缓缓向下凹陷,状如巨大的锅底,而大锅底中,又套着无数个小锅底,左右不生乔、灌,与群峰之上的林木葱郁恰成鲜明对照,因草木在此判然分析,故称析城。承当地学者见告:"其下有暗河,众多锅底皆为积水下渗的漏斗,窍孔大处甚至能掉下牛羊。因四面皆有遮挡,水汽不易散发,故低地上空,常年雨雾迷茫。"听至此,我忽然忆及《礼记·祭法》的说法,即"山林、川谷、丘陵,能出云,为风雨,见物怪,皆为神"。应是在局地形成的多阴少晴的特殊气象让人们联想到了风雨的生成,从而才使析城山蒙上了神秘的面纱,变成了求雨的圣山。

其二,是地质条件。众锅底皆如漏斗,却有一处无渗漏现象,终年"深昧不涸""人以为灵",即"传汤尝祷雨于此",目为"神池""立庙其处""厥后凡至旱暵,即诣彼祷之"③。至于该池不漏的原因,则无人深究。

其三,是地名的巧合。阳城植桑养蚕的传统十分悠久,据说已有三千多年的历史,迄今仍是北方地区闻名遐迩的蚕桑之乡。在析城山的"左偏"不远处,一个被大片桑树环绕着的村子恰恰就叫桑林村,与传说中的商汤祷雨圣地名字"适

① 中国先秦史学会、《析城山文化丛书》编委会:《阳城汤庙碑拓文选·序》,北京:文物出版社,2012 年。

② 中国先秦史学会、《析城山文化丛书》编委会:《阳城汤庙碑拓文选·前言》,北京:文物出版社,2012 年。

③《重修正殿廊庑之记》,中国先秦史学会、《析城山文化丛书》编委会:《阳城汤庙碑拓文选》,北京:文物出版社,2012 年,第 113 页。

符"①。虽然只是一种巧合，但能对汤祷故事落户阳城产生极大的推动力。

其四，是文化传统。阳城处于太行、太岳、中条三大山脉的交会处，地势高昂，旱灾多发，春祈秋报以求甘霖，应是与旱区农业相伴而生的悠久文化传统。兼以东去距安阳不远，属于商代王畿的范围，必有商之"祠典"口耳相传，得以保留，并融入民间的求雨活动中去，阅时既久，即成定式。

阳城祭汤祷雨文化内容十分丰富，成因也很复杂，但沿着上述四条线索深究，或将有助于厘清事物的真相。

三

刻于清康熙六年（1667年）的《析城山新庙碑记》曰："邻境两河之民，每春夏交，咸斋沐奔走，拜取神池之水，用鼓乐旗旛导供行宫，曰虔岁事。秋获后，各即其行宫而报赛焉。改岁又然，循为故式，以斯疆内屡丰，休裸不爽。"清同治十三年（1874年）所修的《阳城县志》也说："每岁仲春，各里人民向析城崦山换取神水，仪从靡费，不能枚举。"由这些记录可以看出，阳城祷雨仪式虽有敬神祈谷、取水换水、秋报百谷之成三部分，但取水换水才是整个活动的核心。

为什么通过取水换水，就可收风雨时来之效，以至于能使"疆内屡丰"呢？让我们再简单谈一下巫术的盛衰。如前所言，以商汤桑林祷雨为标志，在商代中前期，巫术文化的统治地位就被祭司文化取代了。到了两周，周公制礼作乐，使诸事"各有典礼，而淫祀有禁"；孔子论六经，把"国殊窟穴，家占物怪，以合时应"的巫术活动记录，视为"禨祥不法"的文字和图籍，采取"记异而说不书"的办法处理，致使"天道命不传"；实际上就是进行了两次全面的净化运动，进一步加剧了巫术文化的衰落。但是，由于行之久远而根深蒂固，巫术的影响仍然不可小视。巫师不仅因审于生死、能去苛病等受到民众乃至部分贵族的信任，而且因可以承担驱除恶鬼、祓除不祥等辅助性的责任，还在各类祀典中被保留了一席之地。故《周礼》中的司巫、男巫、女巫等，便仍得与大祝、小祝一起同列于春官，而大雩、大傩、藏冰、伐鼓于社以救日食等礼仪，实际上又都是巫术的变种。转眼到了战国，七雄"争于攻取，兵革更起，城邑数屠，因以饥馑疾疫焦苦"，故"臣主共忧患，其察禨祥、候星气尤急"；而儒家缺乏"怪力乱神"包装的治国平天下方案却如"持方枘以纳圆凿"，很难让人接受。这时，以"谈天"驰名、其语"闳大不经"的邹衍却巧妙地利用巫术的感应原理，构建了阴阳五行说和以

①《析城山新庙碑记》，中国先秦史学会、《析城山文化丛书》编委会：《阳城汤庙碑拓文选》，北京：文物出版社，2012年，第107页。

五德终始为内容的历史循环论，使统治者因感到耳目一新而"惧然顾化"。西汉中期，经董仲舒改造过的儒家学说被定为一尊，完全接受了阴阳家天人相感的宇宙图式。因此，原本就未曾死灭，而是深潜于社会底层的巫术文化，在战国秦汉间，又出现了复兴的趋势。

董仲舒正是一位求雨的专家。每逢天旱，他即令人"闭诸阳，纵诸阴"，即关掉南门、大开北门、用水洒人等，其情景或与傣族的泼水节相似。鉴于龙出现时便有风雨兴起，他也常设土龙或草龙以收"感气之效"[①]。将阳城的做法和董仲舒的做法相比照，我们或可从中受到许多启发。阳城及各地的人民将神池之水取回去，供于商汤行宫，叫作"蓄灵"，以为这样做即可保证一年雨水丰沛，而在天旱时，则要将水洒出，故有"走水"之举，至于本地学者所说的"打潭"，更是通过打击潭水，以使风生水起，这和董仲舒的"以水洒人"、做土龙或草龙一样，都是根据"同类相生"的原理，希望地上的水同天上的水能借助于神秘的交感，远距离地相互作用，以模拟降雨的手段，使天真的降下雨来。所以，祭汤祷雨活动总体上看是祭祀，属于祭司文化，但其内核却是巫术。巫术文化和祭司文化在逻辑上虽可分为前后两个阶段，但在实际上却存在着大量的混用和交叉，这正是中国传统文化的常态。

迎取从神池打来的圣水要用旗旛、鼓乐、笙歌导引、扈从，色彩鲜明，音调或铿锵，或悠扬，极宜于观赏，已有民间文艺的性质；而秋日的报赛，名为"报神功而酬帝德"，实际的功效却更在于让劳动者于其中自娱自乐。汤庙皆有戏楼，当地称舞楼，因系为娱神而建，故都面向正殿，民众则于庙院及两廊观看。考虑到大型戏剧形成于金、元以后，估计演戏酬神的做法当系晚出，对于此前报赛活动的内容，仍需深究。著名神话学家孙作云先生从图腾舞蹈的角度提出应有高跷和鱼龙漫衍之戏，此论具有十分重要的参考价值。阳城的学者们则说：秋报期间，析城山的"圣王坪上人山人海，热闹非凡。看戏，看故事，踏草甸，赏胭粉，燃篝火，尽情玩乐"[②]。其盛况竟如恩格斯所谓的"沙特恩节"。总之，可以说报赛已超越了祭祀，成为广大民众精神生活的重要载体。

四

以阳城析城山为中心的祭汤祷雨文化历史悠久，但始自于何时，却已无从考证。现存于汤庙中的大量碑刻早者属于宋、金，本地学者根据明代小说《禅真逸

---

① 《汉书·董仲舒传》，北京：中华书局，1962年。
② 中国先秦史学会、《析城山文化丛书》编委会：《阳城汤庙碑拓文选·前言》，北京：文物出版社，2012年。

史》所记镇南大将军林时茂出家故事推测，远在东魏年间，析城山上就有汤庙①。如果考虑到求雨仪式中的换水、取水、击潭等实质上是一种模拟巫术，则其源头或更可追溯到巫术复兴的战国、秦汉。如前所述，由于阳城地处商之王畿，商的旧典遗风也有可能会对整个祷雨文化圈的形成产生潜在影响。

尽管起始之年不便遽定，但北宋是一个重要发展时期则又毋庸置疑。据立于析城山汤庙的《补修广渊庙宇碑记》所载："宋熙宁九年，河东路旱"，朝廷"委通判王佐，望祷于此，即获灵应"，地方官"上其事"，宋神宗即"诏封析城山神为诚应侯"；到政和六年（1116年），宋徽宗又"诏赐庙额齐圣广渊之庙，加封析城山神为嘉润公"，宣和七年（1125年），复又下诏，要求"本路漕司给省钱，命官增饬庙制，以称前代帝王之居，而致崇极之意"②。经过最高统治者的敕封，析城山汤庙自然身价倍增，俨然成了一处国家级的祭祀中心。而且，宋徽宗在政和六年（1116年）的敕封圣旨中说：他在该年的春天，曾为农田缺雨而"夙兴夜寐，疚然于怀""历走群祀，靡神不举"，竟不见效，后来，"言念析山，汤尝有祷"，遂"斋戒发使，矢于尔神"，居然是"雨随水至，幽畅旁浃，一洗旱诊，岁用无忧"③。正因为此事，他才加封析城山神为公，又给汤庙特赐了一块匾额。皇帝用金口玉言确认在析城山祷雨最为灵验，而且也明白无误地表示在他心目中析城山就是"汤尝有祷"的地方，经由礼部将圣旨付诸施行以后，天下人谁还能有半点怀疑呢？无怪乎"邻境两河之民，每春夏交"，都要"斋沐奔走"，千里迢迢地到析城山来"拜取神池之水"了。保存圣水，谓之"蓄灵"，必须供于商汤像前，才有神性。这样，阳城及周边地区遍建汤庙或商汤行宫，便也可以由此得到合理的解释。

历史与文化既有联系，又有区别。历史上，商汤究竟在何处祷雨，还可由殷商史专家继续去发掘证据，已惯用科学思维的今人，不必囿于宋徽宗的一面之词，而将他的看法视为定论。但从文化史的角度进行分析，说析城山就是阳城祭汤祷雨文化圈的中心，则又千真万确。我们虽未在汤祷的具体地点上达成一致，但现有的收获已经不小了。"社会"，就是为祭祀社神或带有社神性质的保护神而起的会。通过对祭汤祷雨文化的研究，在大家面前已生动再现了古代"社会"的结构，包括社首的产生及作用、地方公共活动的组织形式及人力、物力的分配等；而每遇祭事，邑中父老子弟相率公飨会饮于庙，又可以借助于"敬高年而训卑幼"

---

① 中国先秦史学会、《析城山文化丛书》编委会：《阳城汤庙碑拓文选·前言》，北京：文物出版社，2012年。

② 《补修广渊庙宇碑记》，中国先秦史学会、《析城山文化丛书》编委会：《阳城汤庙碑拓文选》，北京：文物出版社，2012年，第107—108页。

③ 《宋代敕封碑》，中国先秦史学会、《析城山文化丛书》编委会：《阳城汤庙碑拓文选》，北京：文物出版社，2012年，第103页。

来"刑仁讲让",使祭祀演化为"善风俗之一助"[①];有的地方还将"乡党之拔萃者"刊于碑石,立于汤庙,其意亦在汲引后进,导民向学为善[②]。我在与阳城相邻的高平市,还看到过庙内碑上所刻的乡规民约。总之,举凡地方的一切公务,诸如兴建、修筑、赈济、调解、教化、御盗等,无一不是经由"社会"在庙中进行,春祈秋报的场所同时也是乡村首脑会商大事的办公处。人们常说要了解"社会",针对古代而言,不研究民间祭祀活动,又怎样做到真正了解呢? 所以,阳城县从祭汤祷雨文化入手,希望在充分认识过去的基础上更好地规划未来,所走的路是完全正确的,并且具有重要的示范作用。

至于祭汤祷雨与民众精神状态及文化生活的关系,前边已有提及,于此不赘。我认为,抓住了祭祀、节庆和婚丧嫁娶,就算抓住了研究民间传统文化的三条纲,而通过精心"深描",去揭示仪式、事件、信仰体系等文化文本后面的巨大意义,则是每个文化史工作者的责任。

2012 年 8 月 10 日

---

① 《重修拜殿碑记》,中国先秦史学会、《析城山文化丛书》编委会:《阳城汤庙碑拓文选》,北京:文物出版社,2012 年,第 116 页。

② 《重修下交神祠记》,中国先秦史学会、《析城山文化丛书》编委会:《阳城汤庙碑拓文选》,北京:文物出版社,2012 年,第 111 页。

防风氏散论

一

《国语·鲁语下》记仲尼之语曰:"丘闻之,昔禹致群神于会稽之山,防风氏后至,禹杀而戮之。"据此,或者可以说防风氏是与大禹同时的一个部落酋长。按照中国史家的传统划分,禹以前属于五帝阶段,禹以后就是夏、商、周三代,禹与防风氏恰都处在由野蛮到文明、由氏族到国家的门槛上。

氏族皆有图腾,故氏族社会也称图腾社会。到了五帝时代,图腾社会已进入晚期阶段。那时虽然尚无文字记载,但有三件大事因影响深远而长期存留在人们的记忆中。一是所谓的黄帝,即熊氏族的大酋长,率领着他的近亲部落罴、貔、貅、貙、虎,从西北高原进到现今河南省的西、北部,占了黄河与洛水之间的地域,杀了蛇氏族的大酋长蚩尤,并强迫战败了的部族去服治水的劳役;二是黄帝晚年,没有把位子传给他的儿子丹朱,而是经过某种形式的推举,传给了曾与他结盟、共同对付过蚩尤的东夷族的舜,这表明父系制度尚未正式建立,继承关系还不稳定;三是蚩尤族的遗民经过两代人的努力,凭借在治水过程中积累起来的资本,重新复兴,蚩尤的孙辈禹不仅放逐了舜,并且在年老以后,拒不把位子传给曾帮他"烈山泽"的伯益,却径直传给了自己的儿子启,以此为枢轴,图腾社会开始走向宗法社会,半开化状态开始让位于文明。不过,仍有一点需要予以交代,即《史记·五帝本纪》中的五帝是黄帝、颛顼、帝喾、尧、舜,但王国维曾说帝喾即舜[1],宿白曾说颛顼即舜,孙作云先生更著有长文,证明百家所言的黄帝即儒家称颂的尧[2]。这样,五帝便只剩下了二帝,五帝故事实可视为尧、舜故事的分化,而图腾社会晚期的历史也可概括为以尧杀蚩尤、尧禅舜、禹放舜为关键点的熊、蛇、鸟三大族团此长彼消的斗争史。

舜的氏族以凤凰为图腾,自称为俊鸟,后人把两字误写成一字,变成了鵕,乃有帝俊之号,俊又音假而写为舜。该族盛行太阳崇拜,故首领也称为太昊、帝喾。昊、暤、皓、俈、喾,只不过是同字之异写。舜、伯益、后羿、殷之祖契、

---

① 王国维:《古史新证——王国维最后的讲义》,北京:清华大学出版社,1994年,第8页。
② 孙作云:《黄帝与尧之传说及其地望》,《孙作云文集》第三卷《中国古代神话传说研究(上)》,开封:河南大学出版社,2003年,第127页。

秦之祖飞廉，皆东夷鸟族最有影响的首领。舜助尧（黄帝）杀蚩尤，舜殛鲧，禹放舜，启攻杀伯益，夷羿乱夏，太康失国，少康中兴，殷灭夏，作为熊族之后的周人与姒姓联姻而灭商，周伐东夷、南夷、南淮夷，等等，皆夷夏斗争之反映。夏人较早进入农业社会，夷人尚以渔猎经济为主，夏人受困于东夷，正如周人屡受西戎侵害一样，都是早期国家阶段野蛮与文明相互博弈之常例。所以，在某种意义上，我们又可以说，三代的历史仍不过是一部夷夏关系史。

如前所言，既然存在禹杀防风氏的传闻，关于防风氏的情况，恐怕只能放在夷夏斗争的大背景下，才能窥见其真相。

二

防风氏起自何处，目前大概有浙江说、西北说及山东说三种意见。后一种看法是浙江著名学者董楚平先生提出来的[①]，受到了杨向奎、江林昌等教授的支持和赞誉。我个人也以为董先生使用的材料比较可靠，论证方法科学合理，所得出的结论轻易难以颠覆。

董先生认为，防风二字与防御风灾毫无关系，而是"重二氏以为氏"的结果。防是氏族居地，风是图腾徽号，风的本字应为凤，故而，防风氏实乃防地之凤氏。这种解释不仅新鲜，而且理据充分。在甲骨文中，的确只有从鸟的鳳字，而没有从虫的風字。因为古人以为大鸟鼓翼而生风，所以凤凰的凤和风雨的风便因可以通假而相互代替，董先生的论证可谓从文字学上挖出了凤氏被写作风氏的根子。不单如此，这样做的结果，还能使人对防风氏的族属一目了然。舜的氏族以凤凰为图腾，防风氏也以凤凰为图腾，足见其不仅属于东夷鸟族，而且很可能正是舜族后裔中的一支呢!

董先生指出，见于早期典籍的防地有六，五个在山东，一个在河南东部；会稽有三，一在辽西，一在山东，一在江南。从《管子·封禅篇》《史记·封禅书》均说"禹封泰山，禅会稽"而封与禅的地点不会相距太远来看，古会稽也应以山东为最早，辽西、江南的名字都是后来迁去的。山东凤族除防地凤氏外，至少还有任、宿、须句、颛臾，似都曾经颇具实力。禹放舜，启攻杀伯益而建夏朝，东夷暂时失败了，但接下来就有羿夷乱夏和太康失国，少康中兴后，历代夏君又曾"征东海""征风夷、黄夷""征淮夷、畎夷""命畎夷、白夷、赤夷、风夷、阳夷"等等，时而诸夷"由是服从""宾于王门"，时而却是"东夷叛之"，总体上看，有夏一代，山东地区始终都是夷夏斗争的大舞台，而防风氏也一直处在

① 董楚平：《〈国语〉"防风氏"笺证》，《防风氏的历史与神话》，杭州：浙江古籍出版社，1996年，第1—25页。

这种斗争的漩涡中心。《国语》所说禹杀防风氏于会稽，以及后来《博物志》所说的"防风之神二臣以涂山之戮，见禹使，怒而射之"，实为上古十分紧张的夷夏关系的折射。至于事件究竟是发生在大禹之时，还是如董先生推测的那样，发生在杼"征东海"之时，似乎都已不甚重要。

另外，董先生对防风之姓和封嵎之山的辨析等，均极精彩，因先生《〈国语〉"防风氏"笺证》一文早为世人广泛传诵，这里便不再一一赘述了。

<h1 style="text-align:center">三</h1>

夏对东夷的胜利是不稳定的，从长远看，也是暂时的。到了帝孔甲，夏后氏德衰，诸侯多叛夏，经过帝皋、帝发，延至夏桀，起自东方的商便攻灭了夏，建立了新的朝廷。"天命玄鸟，降而生商"，很显然，商人又是出自鸟族，所以，殷夏代兴不单纯是朝廷的更替，同时也是部族势力消长的标志杆。

周人乃熊族之后，却很早就同夏人联姻。有邰就是有姒，后稷"即有邰家室"，文王妃曰大姒，幽王妃曰褒姒，周人铜器铭文中有不少姒姓小国，都证明周夏为互婚氏族，相互关系十分密切。后来，周人东移，进入原先夏人的活动地区，更积极吸收夏文化，以夏人的语言为雅言。于是，在新一轮的夷夏斗争中，周人就成了夏族势力的总代表。灭殷，东征，攻九夷，迁薄姑，践奄，齐伐莱夷，鲁伐淮夷及徐戎，等等，均载于史册，属于周初政治生活中的巨变。《明公簋》《班簋》等铜器，据郭沫若先生考订，为成王时器，铭文也都记录有讨伐东夷的事迹。成、康以后，能反映周夷关系的铜器更多，如著名的《宗周钟》《兮甲盘》《禹鼎》等，皆是，其中却大多称夷人为南夷、淮夷、南淮夷，与成、康之际常称东夷者已显然不同，说明周夷斗争的中心开始有所转移。

据此可以推测，夏、殷两朝，夷夏之间虽然互有胜负，但山东一境仍牢牢掌握于夷人之手，进入周代，由于在不断进行"扑伐"的同时，又用分封的形式建立了稳固的统治据点，夷人终于抵挡不住而开始南迁，留在本地的莱夷沦为野人，任、宿、须句、颛臾等也由煊赫的凤族变成了附庸小邦。

《诗经·大雅·常武》："率彼淮浦，省此徐土"，可证在周宣王的时代，徐夷早已移至淮水流域。《越绝书·吴地传》："娄东十里坑者，古名长人坑，从海上来。"这里的"长人坑"应是南迁后的防风氏族人所遗。春秋末，吴人于越地发现"骨节专车"的巨型动物化石，仲尼即以防风氏之骨为解，足见防风氏身材高大已成为一种常识。他们与徐夷不同，南下时走的是海路，故而最早进入了浙江。据《国语·鲁语下》，防风氏为封嵎之山的"神守"，封嵎之山原在潍、淄之间，"东北海之外"，而三国时的韦昭注《国语》时，却将一山误为二山，说：

"封，封山；嵎，嵎山。今在吴郡永安县也。"晋太康元年（280年），永安县改名为武康县，中华人民共和国成立后并入德清县，县治改为武康镇。从今天武康镇东部确有封、嵎二山，以及封嵎一带关于防风氏的传说特盛来看，德清地区或即防风氏南迁后的活动中心，因为地名和反映氏族历史的故事随迁徙的人群被带到新区，在文化传播过程中是一种十分习见的现象。出于同理，浙江在有封、嵎之山的同时，也便有了会稽。

不过，防风氏既曾与夏人抗衡，当属东夷鸟族的强宗。他们的主体部分转移之后，留在北方的仍有与赤狄、白狄判然有别的长狄，南来浙江的，其分布和文化影响也不限于浙江。目前，在江苏、安徽、江西乃至云贵都发现有防风氏的传说，足见防风氏的势力不可小视，研究防风文化具有重大意义。

四

德清不仅有封、嵎二山和生动的防风氏传说，而且有防风洞、风渚湖、防风庙、防风节和灵德王庙碑，防风文化多彩多姿，已形成了一个完整的体系。

清道光《武康县志》引吴康侯《封山记》云："封山之麓为防风庙。晋元康初，邑令贺循建。"但五代吴越王钱镠《新建风山灵德王庙碑》似不承认贺循是防风庙的始建者，说："稽立庙之初，则年华渺邈。"很可能西晋元康初年（291年）以前，武康封山早有防风之祠，贺循只是在原祠基础上进行扩建。即使从元康初年（291年）算起，距今也有1700多年了，防风文化可谓源远流长。

更为重要的是，德清防风文化中的防风氏，突破了《国语·鲁语下》记载的局限，其事迹更加丰富，其形象也变得崇高而伟岸。他的身长被夸大为顶天立地。他用青泥造山，令玄龟驮载，驮出了九九八十一座山，把洪水挤到海里，现出了一大块有山有水的好地盘。实际上，他已成了人们心目中凿破鸿蒙、开辟混沌的创世神[①]。

防风氏有九九八十一个兄弟，当天崩地裂、洪水泛滥时，他就挖了山洞，将兄弟们藏在洞里，由此保存了生命，延续了人类。类似的传说又反映，人们还把他看作如同伏羲、女娲一样的始祖神。

他脚踏斧劈，开凿水道，建造堰坝，挖井探洪，北泄太湖，东流大海，南奔钱塘，使封山周围几百里的地区受到益处，俨然是一个领导治水的大英雄。

他通过斗智斗勇，战胜了火神、水神、风神，教原以猎象为生的狩猎人学会了水稻栽培，成功地过上了定居农耕生活，同时，他似乎还为制定原始的法律做

---

① 钟伟今主编：《防风神话研究》，合肥：安徽文艺出版社，1996年，第85页。以下诸例多见此书。

出过贡献，这样，他又由创世神、始祖神和治水英雄变成了农业文明的缔造者。

因为他是德清乃至浙江地区集诸种功能于一身的大神，所以，不仅普通劳动者相信他曾"显异于村民"，要向他祈求灾祸不生、田蚕茂盛，即便是像钱镠这样雄踞一方的君王，也要通过祷祝，希望他能"永安缔构""同垂恩福，镇土疆而荫护军民，保四时风雨顺调"。随着历史的发展，防风氏在更多的时候，充当了带有综合性的地方保护神的角色，故而被称为"防风土地"，或借用佛家用语，叫作"防风菩萨"。

防风氏既然功勋卓著，道德完美，地位不可摇撼，对《国语·鲁语下》中的"禹杀防风氏"也就必须做出新的解释。德清神话《防风氏之死》说：防风氏前往会稽赴会的途中，正赶上天目山出蛟，苕溪河泛洪，他急忙指挥部下打捞落水的百姓，几天都没顾上吃饭，所以才耽误了会期。而大禹的耳朵里却塞满了奉承话、颂扬声，头脑发昏，于盛怒之下，杀掉了防风氏①。防风氏死后，白血冲天，以显其冤，禹派人查访，了解到真相，后悔得流下了眼泪，乃下令敕封防风氏为"灵德明王"。这则神话充分反映了民众不允许自己所崇拜的英雄有丝毫瑕疵的文化心理。

当地传说大禹在八月二十四日为防风氏平反昭雪，于是，二十五日便被定为防风节，自二十四日至二十六日，连续三天在防风庙"闹猛"，这实为武康地方的庙会、社日，因此就立有六房社，负责领导和组织。除官民公祭、巡行、演戏谢神外，呼訾社和由他们进行的"埋訾""起訾"活动尤应引起关注。

据曾是六房社成员的老者回忆，八月二十二日夜，呼訾社就开始巡夜了。他们扮成小鬼，手持钢叉，叉上有金属环套于叉柄，穿村过巷时，不停地抖动钢叉，使之发出震耳的声音，借以驱赶一切魑魅魍魉。二十三日黄昏，又全体出动，攀登到待鹤峰后百丈潭畔的山崖上去"埋訾"，先掘出一个泥潭，放上12位或24位马张，然后勒断代替"訾"的雄鸡鸡头，将鸡血洒在马张上烧掉，并将鸡头埋入土中。二十四日清早，取出鸡头，由病人拿走熟食，可以产生消灾祛魔之效。

"訾"可指人间的一切灾祸。古人认为，它们的存在全是鬼魅作祟的结果。用鸡血、鸡头代表"訾"，将其烧毁、埋掉、吞食，显然是想利用模拟巫术的相似律以期消灾免祸。而挥舞钢叉的巡夜表面看是为祭奠灵德王清场，实际上也是古代大傩仪式的翻版。《周礼·夏官·方相氏》曰："方相氏掌蒙熊皮，黄金四目，玄衣朱裳，执戈扬盾，帅百隶而时傩，以索室驱疫。"武康呼訾社的成员与方相氏所率的"百隶"相比，除没有蒙熊皮外，在动作及功能方面，实无任何差别。

---

① 钟伟今、欧阳习庸：《防风氏资料汇编》，天津：天津古籍出版社，1999 年，第 192 页。

孙作云先生曾著《中国古代图腾研究》及《中国傩戏史》^①，认为傩仪来自黄帝斩杀蚩尤，是图腾舞蹈和战争纪功舞蹈的综合。按照这一说法，则纪念防风氏的民俗活动中，又映照着远古时期夷夏斗争的史影。这正说明风俗习惯先于书册的记载，它们的起源常常早得超乎想象。

　　最后，我们想要说，防风氏虽早期活动于山东，但防风文化却广泛流行于江、浙，德清地区事实上已成为传播的中心。它反映了江南人民在同大自然斗争中不断创造物质文明的曲折历程，也表达了广大群众渴望和平安康的共同愿望。我们在这里纪念防风氏，研讨防风文化，就是要从中抽绎出合理的内核加以继承，为建设和谐幸福的家园做出积极贡献。

2013 年 3 月 10 日

---

① 孙作云:《中国古代图腾研究》,《孙作云文集》第三卷《中国古代神话传说研究（上）》, 开封：河南大学出版社, 2003 年, 第 86 页; 孙作云:《中国傩戏史》,《孙作云文集》第四卷《美术考古与民俗研究》, 开封：河南大学出版社, 2003 年, 第 364 页。

第 三 编

何炳棣先生与先秦思想史上一个关键性问题

1998 年，何炳棣先生来陕参加黄陵祭祖大典和《黄帝与中国传统文化》学术讨论会，从而得以拜识尊颜，并亲聆教诲。2003 年，他又请石兴邦老先生惠赐《有关〈孙子〉〈老子〉的三篇考证》一书。我素来钦佩何先生的人品学问，即捧读再三，爱不释手。深感先生所言，实为先秦思想史上一个关键性问题，故不揣简陋，写出一点心得，以与学术界诸友分享。

何先生祖籍浙江金华，1917 年生于天津。1938 年毕业于清华大学历史系，1939 年抵昆明，在西南联大任助教。1944 年考取清华第六届留美公费生，1945 年入美国哥伦比亚大学，研读英国史及西欧史，1952 年获博士学位。先后在加拿大英属哥伦比亚大学及美国芝加哥大学任教。1987 年自芝加哥大学荣休后又受聘于加州大学鄂宛分校。1966 年、1979 年、1997 年，连续获选台湾"中央研究院"院士。1975—1976 年，当选为美国亚洲学会首位亚裔会长（迄今仍为唯一的华裔当选者）。1979 年当选为美国艺文及科学院院士。1997 年，被聘为中国社会科学院名誉高级研究员，英文证书写作名誉院士。他是一位享誉海内外的历史学家。他的研究领域十分广泛，除英国经济史外，国史研究的主要著作有《明清社会史论》《扬州盐商：18 世纪中国商业资本的研究》《美洲作物的引进、传播及其对中国粮食生产的影响》《黄土与中国农业的起源》《东方的摇篮》等。1990 年第二次荣休之后，何先生以老骥伏枥的精神，又将注意力转到思想史方面，解决了《孙子兵法》与《老子》的时代先后问题，提出了先秦诸子皆与兵家"行为主义"有渊源关系的新观点。

孙武是古代著名军事家，齐国乐安（今山东惠民）人，系陈国公子完的后裔。陈公子完因内乱出奔齐国，在齐有功，以所封食邑改称田氏。孙武的祖父田书"伐莒有功，景公赐姓孙氏，食采于乐安"[1]。齐景公十六年（前 532 年），齐国发生"四姓之乱"，孙武出奔吴国。适逢吴王阖庐在位，行将伐楚，伍子胥将孙武推荐给阖庐，遂献兵法十三篇，"每陈一篇，王不知口之称善，其意大悦"[2]，被任为将军，与伍子胥共辅阖庐，整顿武备，屡建奇功，声名大振。

这些史实，在《史记》《吴越春秋》《新唐书·宰相世系表》中均有记载。而且，司马迁明确地说孙武"以《兵法》见于吴王阖庐"，吴王召见后，曰："子

---

① （宋）欧阳修、宋祁：《新唐书》，北京：中华书局，1975 年，第 2945 页。
② 周生春：《吴越春秋辑校汇考》，上海：上海古籍出版社，1997 年，第 51 页。

之十三篇，吾尽观之矣，可以小试勒兵乎？"①何先生据以认定，十三篇是孙武在等待召见时撰就的，献上的时间是在吴王阖庐三年（前 512 年）。这一年孔子刚 40 岁，《论语》的成书更在其后，应与《孙子兵法》成书的时间至少相差半个世纪②。更不用说孔子之后的战国诸子了。

过去，《孙子兵法》的时代受到怀疑，一个主要理由就是书中所涉及的军事活动是否具有春秋属性。何先生根据《左传》《国语》和考古资料仔细复原，勾勒春秋战争的发展与演变脉络，证明《孙子兵法》所谓"出师十万""出征千里"在春秋后期不仅可能，而且已很常见。他还正确地指出，银雀山兵家残简中的《吴问》篇也是阖庐召见孙武时君臣答问的真实记录③，并认为当时作为政治精英的军事家，都有预测诸侯世卿吉凶成败的习惯和眼光，不能因为其中已言及范、中行氏先亡、赵氏如不失德"可以免"之类的史实，而将《吴问》说成是三家分晋后的作品。《吴问》是对君臣答问记录的整理，应写定于召见后，十三篇是等候召见时预做的准备，应成于召见前。差别仅在于此。

孔子的《论语》及其他诸子书皆在《孙子兵法》及《吴问》之后，已如上述。但仍有一个问题没有解决，那就是老子其人及《老子》一书的时代问题。对此，曾经有过激烈的争论，至今也未统一。大致有两种意见，即"老在孔前"和"老在孔后"。就近现代而言，主张老在孔前的主要是胡适的《中国哲学史大纲》。1922 年，梁启超先生作《评胡适之〈中国哲学史大纲〉》，大倡"老在孔后"说，得到顾颉刚、冯友兰、钱穆、罗根泽诸人响应，而唐兰、高亨、徐复观等却仍撰文为胡适先生的观点辩护。这就使何先生感到：老子年代问题"如不解决，一切都发生障碍"，这已成了一个"最顽强难攻的堡垒"。

为了攻克这一堡垒，何先生写下《司马谈、迁与老子年代》的长文。他所使用的材料，仍是《史记·老子韩非列传》中为人熟知的一段话："老子者，楚苦县厉乡曲仁里人也。姓李氏，名耳，字聃，周守藏室之史也。……老子之子名宗，宗为魏将，封于段干。宗子注，注子宫，宫玄孙假，假仕于汉孝文帝。而假之子解为胶西王卬太傅，因家于齐焉。"

但何先生的眼光却与众不同。就如何理解传文，他主要指出了以下几点。

（1）《史记》除《本纪》和《世家》外，唯有此篇详记传主乡里籍贯，并将后裔的传承——列举到八代，对其八世孙，还列举了具体所任的官职。这样的叙述，必有十分可靠的材料来源。

（2）为了说明材料来源的极端独特性，何先生详考了李解、司马谈及司马迁

---

① 《史记》，北京：中华书局，1959 年，第 2161 页。
② 何炳棣：《有关〈孙子〉〈老子〉的三篇考证》，台北："中央研究院"近代史研究所，2002 年，第 33 页。
③ 何炳棣：《有关〈孙子〉〈老子〉的三篇考证》，台北："中央研究院"近代史研究所，2002 年，第 69 页。

的生平。他认为胶西国于公元前 165 年始从齐国分立出来，于公元前 154 年吴楚七国之乱被平定后国除。李解担任胶西王卬太傅，只可能在公元前 165 年至公元前 154 年这 11 年之间。司马谈约生于汉文帝即位之年，即公元前 180 年前后，公元前 165 年至公元前 154 年，他正值青少年时期，即 15 岁到 26 岁。据《史记·太史公自序》和《儒林列传》，司马谈青年时代曾学《易》于杨何，习"道论"于黄子。杨何虽于公元前 134 年曾被征到了长安，但此前却一直在其家乡菑川收徒讲学；黄子乡里不详，但《史记》说他是齐人则是明确的。菑川、胶西皆为由齐国分出来的诸侯国，同临菑水，都城相距不过五六十千米，此一小区域为汉初儒学复兴后的学术重镇，司马谈在齐地追随杨何、黄子学习的时间起码应有三四年，以世宦之裔的身份晋谒胶西王太傅李解，并从李解处详知老子家族的谱系，应是顺理成章之事。

（3）既然《史记》所记老子世系是可靠、详细而具体的，那么，老子生活的年代也便不难考知。《史记》记载了老子八代后裔的世系，加上老子本人，共为九代，何先生以每两代之间相隔 30 年估算，推定老子生于公元前 440 年左右。较孔子之生晚 111 年，较墨子之生约晚 40 年，当然更在孙武拜见阖庐的公元前 512 年之后了。

（4）根据《史记》所记老子后裔的世系推定老子出生的大致年代似乎并不难，其他人为什么不这样做呢？原因有多种。一是《史记·老子韩非列传》不仅在"正说"之外，还记有"或说"："或曰：老莱子亦楚人""与孔子同时云""或曰（周太史）儋即老子，或曰非也，世莫知其然否"，等等，而且又录有"孔子适周，将问礼于老子"的故事；二是司马迁虽详记了老子的乡里籍贯与世系，并以此为正说，但始终未曾说明此项材料的来源，这就难免会使原本清楚的事情变得模糊起来。何先生可以把司马迁记"或说"看作纯粹是为了增广异闻，而别人却可以用或说和旧闻故事为证，宣传自己的观点。例如，徐复观等就借助于王引之《经义述闻》中的一条，将《史记·老子韩非列传》中的"玄孙"解释为"远孙"。远孙究竟是几代孙，就由他随便说了。于是，如此一推，就又把老子的年辈推到了孔子的前边，老子和孙武哪个更早，当然也无法再弄清楚。不过，任何取巧的办法都经不起推敲和检验。何先生敏锐地指出，企图通过将玄孙解为远孙来拉长老子的世系，有一道无法逾越的障碍，那就是《史记》明确记录："老子之子名宗，宗为魏将。"而魏是三家分晋后才逐步立国、公元前 403 年始列为诸侯的，所以，其子担任过魏将的老子，生年应与这个年份接近，不能无休止地向前推。这下子何先生就把"老在孔前说"的路彻底堵死了。

（5）孔子问礼于老子之说，儒家向来不信。近世诸子学专家如罗根泽等早就指出，这种故事应是战国百家争鸣中道家为"抬高本宗"而编出来的[①]，被司马迁作为异闻采入了《史记》，因而得以流传。后世为了排佛，道家也曾造《老子化胡经》，把释迦牟尼说成老子的弟子，所用手法，如出一辙，可谓之惯技。至于《史记》作者既详知老子后裔的世系又不肯道出材料来路的原因，何先生做了十分精彩的推论，令人不能不心服口服。公元前 154 年，即汉景帝三年，爆发了西汉历史上的一件大事——吴楚七国之乱。叛乱的主谋是吴王刘濞，胶西王刘卬实居第二领袖的地位。二月间，吴王兵既破，败走，被追斩于丹徒。参与叛乱的"胶西王卬、楚王戊、赵王遂、济南王辟光、菑川王贤、胶东王雄渠皆自杀"。天子制诏将军曰："今卬等又重逆无道，烧宗庙、卤御物，朕甚痛之。朕素服避正殿，将军其劝士大夫击反虏。击反虏者，深入多杀为功，斩首捕虏比三百石以上者皆杀之，无有所置。敢有议诏及不如诏者，皆腰斩。"[②]可以想见，在这道诏书的督催下，平叛必然演变成一场最为严酷、株连甚广的屠杀。覆巢之下，无有完卵，负有教导胶西王卬重责的李解于此时被族诛，应是毋庸置疑的事实。由于叛乱的罪名实在太大，凡与李解生前有过交往的人，都对这段经历讳莫如深，故而不难想象，司马谈可以将其所知传于儿子，司马迁却已不便向世人开示其出处了。何先生还将探究的目光投射到唐代。到了中古时期，崇道的皇帝们，如唐高宗、唐玄宗等都曾下功夫寻求老子后裔，甚而亲至亳州，幸老君庙，却不可得，只好以道士、女冠为"宗人"，使隶宗正寺，班在诸王之次。这不啻向我们表明：老子之泽，九世而斩，自李解遭灭族，早已后继无人。结论如此残酷，不免会使老子飘然出关的神话蒙上浓重的阴影。但历史的主色调原本就是苦难，任何故作轻松的谈说都找不到基本的事实依据。

　　老在孔后，当然更在孙武之后。于是，何炳棣先生最后作结论说：所谓《老子》一书的辩证法思想，如对阴阳、有无、刚柔、强弱、大小、高下、前后、美丑、难易、损益、生死、吉凶、祸福、荣辱、贵贱、智愚、巧拙、胜败、攻守、进退、轻重、静噪、曲直、雌雄、奇正、天地、夷颣、盈洼、辨讷、弊新、明昧、翕张、开阖、兴废、取与、寒热、厚薄、长短、善妖、德怨、文朴、有余不足等相互关系的分析讨论，皆袭自孙武，都能在《孙子兵法》中找到近乎一致的对应词组和相似看法。所不同者，一是孙武只将矛盾对立双方的依存和转化应用在军事上，而《老子》却将其扩展到治国，推衍到政治及人生哲学的范畴；二是《孙子兵法》系为将言兵，故话语坦率无隐，而《老子》却用清净、无为、玄德等清高的哲学词语加以表达，"将欲取之，必固与之"的冰冷无情本质被掩盖起来。

---

① 罗根泽：《罗根泽说诸子》，上海：上海古籍出版社，2001 年，第 192 页。

② 《史记》，北京：中华书局，1959 年，第 2834 页。

　　何先生认为，《孙子兵法》来自军事实践，是典型的"行为主义"的产物[1]。"行为主义"是心理学上的术语，其核心是刺激与反应。战国乃大争之世，"争城以战，杀人盈城，争地以战，杀人盈野，率土地而食人肉"，对于人类观感的刺激，莫此为甚。故而，不仅《老子》曾被晚唐的王真、北宋的苏辙、明清之际的王夫之、20世纪的章太炎及毛泽东等视为兵书，它与《孙子兵法》之间密切的渊源关系一望即知，都是以"行为主义"作为分析问题的理论基础，其他诸子，实际上也不过是给"行为主义"披上了不同外衣而已。如披上仁义的外衣，即是儒家；披上兼爱、非攻的外衣，就是墨家；披上天道自然的外衣，就是道家；披上法、术、势的外衣，就成了法家。而就其本质而言，却是"一致而百虑，殊途而同归"，即用治军的办法治国，用将兵之道理民。两千多年来，在儒家伦理、老庄玄学及"霸王道杂之"的思想占统治地位的情况下，孙子其人其书饱受漠视、怀疑和毁谤，绝无人将其地位提升到诸子源头的高度。今经何炳棣先生将真相揭破，始悟中国传统文化诸元素都是在春秋战国的战争环境里埋下根子的。依照何先生的发现，先秦思想史有必要全面改写，可惜何先生本人却于2012年以95岁的高龄告别了这个世界，而将追寻诸子与兵家关系的未竟事业留给了后人。

　　何先生走了，但何先生的这项研究所带来的启示，却从多方面发人深省。

　　（1）我们应关注诸子多言兵这一重要现象。《老子》曾被许多大家直接视为兵书，就不必说了。孔子虽讲过"军旅之事，未之学也"之类的话，但据《史记·孔子世家》记载，冉有带兵打败了齐国，季康子问他："子之于军旅，学之乎？性之乎？"他明确答道："学之于孔子。"[2]足见所谓"不教民战，是谓弃之"，绝非托之空言，在传统的六艺中，射、御两科显然与军事训练有关，孔子本人至少可算半个军事教官。荀子著有《议兵》篇，既论用兵之道，又谈作战技巧，涉及权谋、形势、兵制、赏罚、武器诸方面。他归纳出来的六术、五权、三至、五无旷，实为战争经验的总结。墨子主张非攻，擅长制造防守的器械，"公输盘九设攻城之机变，子墨子九距之。公输盘之攻械尽，子墨子之守圉有余"[3]。因此，《墨子》下半部《备城门》诸篇虽写成的时代较晚，但其中所体现的积极防御战略却应创自墨翟。至于法家，言兵之说更是数不胜数。专门的军事论文起码应包括《管子》中的《七法》《兵法》《地图》《参患》《制分》《九变》《小问》《禁藏》，《商君书》中的《农战》《战法》《立本》《兵守》《徕民》《赏刑》《画策》《境内》。吴起、商鞅等，既是法家，又是世俗十分推崇的"善用兵者"，具有双重身份。大致说来，除了激情四射的孟子相信单靠"仁术"即可"一天下"，其他人都未置身于

　　① 何炳棣：《读史阅世六十年》，桂林：广西师范大学出版社，2005年，第478页。

　　② 《史记》，北京：中华书局，1959年，第1934页。

　　③ （清）孙诒让撰，孙启治点校：《墨子间诂》，北京：中华书局，1986年，第447—448页。

战争之外①。

（2）既然知兵、言兵，诸子在一定程度上受到兵家、兵书的影响，也便不足为怪。军事辩证法被无限推衍的情况何先生已有详论。另外，一切都与政治挂起钩来的做法，显然源自兵家政治决定成败的军事思想，《孙子》提出的为将标准"智、信、仁、勇、严"很可能就是"仁、义、礼、智、信"的最早蓝本②，儒家的理性态度、法家的严刑峻法和公正无私，都与将兵者的客观、冷静、无情有关，而在"专一"与专政③、"令民与上同意"与"尚同"④、"诡道"与"术治"、军中"五人束簿为伍，一人逃则到四人"与乡里"令民为什伍，而相牧司连坐"⑤，似乎都可以找到相互贯通的蛛丝马迹。

（3）如果上述分析不误，则完全可以将兵家当作诸子学之前的一个发展阶段。《汉书·楚元王传》载刘歆《移太常博士书》曰："重遭战国，弃笾豆之礼，理军旅之阵，孔氏之道抑，而孙吴之术兴。"笾豆之礼所指实为殷周礼乐文化，把它叫作孔氏之道，是因为孔子曾对其做过收集整理，也与汉代独尊儒术相关，正确的理解应该是，礼乐文化衰，而孙吴之术兴，继之，才是包括孔、老在内的诸子之学纷然而起。

（4）进入汉代，大规模的战争基本结束，人民渴望过上和平安定的生活，变秦、更化的呼声越来越高。朝廷采取的最重大的举措是接受董仲舒的建议，凡不在"六艺之科"者，"皆绝其道，勿使并进"⑥。于是，具有浓厚兵家色彩、带有军管性质的法家统治在形式上被废止，儒家被定为一尊，经过孔子整理的殷周典籍被抬到经的地位，在诸子学之后，又开出了一个借助阐释经典以表达政治诉求的经学阶段。但董仲舒献给皇帝的儒术是经过融汇的新儒术，它的特点是德主刑辅、"霸王道杂之"。兵家的元素并没有排除，而是在体系化的过程中被吸收了。所以，不仅是战国诸子，即便是进入了经学时代，兵家的影响也不能忽视。

总之，中国传统文化是复杂的，需要分析，需要追根溯源，特别要重视它产生的背景。在这方面，何先生为我们树立了典范。我们应该像他那样，多做一些理性的深入研究，而不是只会跟风跑。

2014 年 10 月 20 日

---

① 郑良树：《诸子著作年代考》，北京：北京图书馆出版社，2001 年，第 82 页。

② （春秋）孙武撰，（三国）曹操等注，杨丙安整理：《十一家注孙子校理》，北京：中华书局，1999 年，第 7 页。

③ （春秋）孙武撰，（三国）曹操等注，杨丙安整理：《十一家注孙子校理》，北京：中华书局，1999 年，第 146 页。

④ （春秋）孙武撰，（三国）曹操等注，杨丙安整理：《十一家注孙子校理》，北京：中华书局，1999 年，第 3 页。

⑤ 高亨：《商君书注译》，北京：中华书局，1974 年，第 147 页。

⑥ 《汉书》，北京：中华书局，1962 年，第 2523 页。

纪念恩师孙作云先生

1976 年初夏，为解决两地分居问题，我设法调入了开封师范学院（今河南大学）历史系中国古代史教研室。室主任朱绍侯老师已清醒地预感到了学术后继乏人的危机，便对我说："孙海波、朱芳圃先生都故去了，连老系主任刘尧庭先生也去世了。先秦史方面的知名教授就剩下了孙作云先生，算是硕果仅存。系里十年未进人，你是唯一的青年教师，就去给孙先生做助手吧！"我在北大刚上一年课，就赶上了"文化大革命"，以后虽然不断自学，但毕竟缺乏指导，当然就十分愉快地接受了这一安排。

隔了一天，朱老师带我去拜师。"文化大革命"前，学校在豆芽街附近建了教授房，大院套小院，独门独户，还算宽敞。但到"文化大革命"后期，相关部门要求各家都要把房子让出一半，分给其他教职工。因此，进门后首先看到的是将院子和住室都隔开了的一堵墙，建筑原有的格局惨遭破坏，让人感到特别不舒服。孙先生从一张低矮的圆饭桌前站起身迎接我们，桌上摊满了稿纸，桌旁立着一个小小的书架，架上的书籍横躺竖卧，略显凌乱。孙先生解释说："你师母是坐班人员，我得负责熬稀饭，坐在这里，好看锅。房子小了，书摆不开，就把急用的挑出来，放在身边，写完一篇文章，再换一批。"听着这些话，我觉得心情有些沉重，刚刚表示了一点替他抱不平的意思，他却笑着对朱老师说："在灵宝干校时，咱们不是趴在床上写吗？现在总算坐到桌前写了，可见日子还是一天更比一天好。"朱老师也跟着爽朗地笑起来。就这样，第一次见面最终竟在乐观、愉快的气氛中结束了。

很快就迎来了粉碎"四人帮"的历史性转折，被废止十年的高考制度随之得以恢复。孙先生立即找到我，说："本来助教是不能上讲台的，但你三十多岁了，不敢再蹉跎下去。把我的课让给你，大胆教吧！"他又去找朱老师商量，朱老师说："那得试讲。"孙先生就让我先讲《母系氏族公社的繁荣》这一节，亲自到绘图室为我选了几幅挂图，又一再叮嘱："你必须先吃透教材和各种材料，写成讲稿，然后再脱开讲稿，用大白话讲给学生听。"遵照他的指示，我一个人在屋内憋了好几天，又走出来绕着校园来回转悠，让要讲的内容在脑海里一遍一遍地"过电影"，居然一次成功，得到了教研室全体老师的认可。但孙先生仍有些不满意，说："不看讲稿，可不是要昂首望天。不敢与台下的人对视，怎能同听众产生交流呢？以后每次上课前都先来同我谈谈，免得讲砸了，一辈子在学生面前底气不足。"那时候，我每周六节课，所以，七天当中，至少要往先生家跑三次。他帮我调整教案，疏通所引典籍的文义，校正读音，提出新的见解，真是一丝不苟，巨细靡遗。记得先生曾告诉我："原始人用火的意义首先应该讲熟食，这对人体的进化作用最大，其次才是取暖、照明和狩猎。"还有一次，我把砾石的砾读成了 shuò，先生立即指出："不对，应该读作 lì。"并坚持要我用拼音注在字的旁边。正是先生帮我把可能出现的错误消灭在课前，又把他精彩的学术观点无私地教给我，这才提升了我的授课水平，使我没有被爱挑剔的七七、七八级学生难住，较为顺利地过了教学关，甚至以后几十年能够在各类讲台上纵横驰骋，也全因为在先生的手上打好了基础。

孙先生认为，教大学与教中学不同，必须教学科研并重，将两者有机结合起来，相互促进，相互补充。所以，见我的教学工作渐渐上了轨道，便对我说："很想搞个小型研究班，和你及家人一起讨论讨论学问。"但当时心一大哥还远在淮阳工作，天榜兄弟考上了数学系，只有先生的三女婿范毓周酷爱文史，且就职于开封，由于人太少，这个私塾式的研究班便没办起来。遗憾之余，先生又提出了新建议："以后每周再多见一次面，专门谈谈科研的事。你不要跑，由我来找你。"记得刚过去一天，似乎言犹在耳，孙先生就已到了家门口。那阵子，我一家三口刚在开封师范学院丁排房一间十五平方米的宿舍里安顿下来，他见环境局促，便喊我出来，和他一边散步，一边开聊。开始是每周一次，后来是两次，再后来是他只要感到有话要说，随时就来了。于是，在开封师范学院的绿树、繁花、翠竹、碧水之间，便常常可以看到一老一少扶将前行的身影，甚至沐风栉雨，也不间断。

一开始，孙先生给我讲得最多的是研究方法。他指出，在从事研究的时候，首先要弄清楚所见材料的时代、作者和真伪。对现实生活中流行的各取所需、拿来就用的做法，先生深感忧虑。他说："用《孔丛子》《孔子家语》去研究孔子，把《庄子》外、杂篇也当作庄周的作品，这样下去，历史岂不是要越来越乱了吗？""我不是徒然疑古，也不是盲目信古，我的方法是两者之合，即疑了之后再释，释了之后再信，从疑史中找信史。"这同顾颉刚先生剥离假象、寻求成因的宗旨完全一致，而与今天有人倡导的"走出疑古"则大相径庭。因为先生是从怀疑入手，去求事物的真相，而怀疑恰恰是一切科学的起点。"走出疑古"论者抽掉了最可贵的怀疑精神，还有什么科学和创造可言呢？至于如何鉴别材料，先生强调了三点，即要详审作品的内容，体察作品的风格，参稽历史的背景。他一边吟诵，一边为我讲述自己考订《诗经》《楚辞》诸篇时代的经验。他坚信《周颂》为西周初期诗，《鲁颂》《商颂》为春秋初期鲁僖公、宋襄公时期的诗，《国风》多为春秋前期诗，《大小雅》则全为西周晚期诗。又说：《楚辞·九歌》当写于公元前 312 年楚、秦大战前，系屈原奉楚怀王之命为祈祷战争胜利而作。此后不久，怀王在战败后转而联秦，屈原第一次被放逐，乃作《离骚》，继之，作《惜诵》《抽思》，流浪汉北，于故都都见先王宗庙壁画，又作《天问》，及至怀王客死于秦，则作《大招》为之招魂；而《九辩》却是宋玉于公元前 304 年送屈原北游时的作品。现在回过头来看，虽然学术在发展，又有许多新说纷至沓来，但比较而言，似都不如先生的看法平实、合理和准确。按照先生划定的时段去使用材料，不仅历史的面貌得到了客观的反映，而且对作者和作品的认识也进一步升华。

　　交谈当中，先生屡屡教导我：要从大处着眼，要注意挖掘出事物的内在联系，多做综合工作。他说："上古政祭不分，民神杂糅。渔猎农畜争战是古人的实际生活，法术迷信是古人的意识中心，岁时节令是约束其思想、行为的规范，三者相互依附，演进成俗，凝练为礼，单看某一点，或许什么都证明不了，但将各点聚合起来，就会有重要发现，就能得出合理的结论。"根据先生的安排，读了他的一些旧作，便越发清楚地意识到，先生学问的魅力就是特别善于在互证中发现联系，从而将散漫的古代传说，整理成有趣的神话系统，并用以揭示神话背后的历史真相。先生把这叫作"从神话中找人话"，与"从疑史中找信史"并列，作为经验之谈，常常挂在嘴上。他既有人类学家的犀利眼光，又有历史学家的深厚素养和文学史家的丰富才情，每深入一个课题，总能洞悉其底蕴，道古人所不能知。如他通过对涿鹿之战的考订，提出中国图腾社会有三大氏族系统，相互间的战争经历了三个发展阶段，并认为包括傩仪在内的许多节庆活动都源于黄帝斩杀蚩尤，在我看来，这就是以往不解之发明，而且也可成为研究民俗事象的一把钥匙。先生强调综合，并不意味着他就不重视考证，相反，他的综合性的意见无一不是建立在坚实考证的基础上。他所写的专门考证性的文章，如对《天亡簋》《几父壶》铭文的考证和对"石抱子俑"的考证等，早已作为一代名篇受到学界称扬，而在《诗经》、《楚辞》、神话传说和美术考古研究中，精彩的考证更如星罗棋布，散见于不同段落。作为后生晚辈，我觉得最应记取的是，先生曾一再告诫我："不为前人注意的东西，正是我们应该努力的所在""题外的枝节的研究，有时比整体的研究更重要"。先生对于大小分合的处理，真可谓恰到好处而相得益彰。

　　先生是闻一多教授的入室弟子，因而对神话研究的方法体会最深，心得最多。他说："要讲神话，首先就要弄懂神名的得义，字义不晓，一切基本的准备都没有，还谈什么高深的研究呢？相反，若能把神名的初义解释清楚，就等于把这个神话了解了大半。"但怎样才能究明诸神得名的原始意义呢？先生认为："一是从音韵学上求其音读；二是从文字学上求其形义；三是用比较语言学的方法探其转化之迹；行之既久，自有领悟。"形、音、义都搞通了，还需要求证于民俗事象中的实例。王国维提出二重证据法，即用书本上记载的材料和地下发掘的材料相互印证。孙先生说："应该强调三重证据。因为总是先有风俗，后有记载，习惯早于书册，实物也仅是风俗的反映。有些风俗的起源早得超乎想象，更具有真正的价值。"诸例贯通，相互发明引申，大致已能再现古人生活的实况，但要得出正确的结论，最终更仰赖于用人类学的法则加以解释。当年，先生为我举了许多用这套方法进行研究的生动实例，如，他曾说："扶桑出于昧爽一语，与扶疏、扶苏、铺鲜、婆娑等皆一音之转""飞廉、李缆、凤鸾"，即口语中的"朴拉"，系表示飞舞旋转的拟声之词，因而，"飞廉应是以鸟为图腾的氏族的名称""门神叫荼垒，是与傀儡的复辅音互易而来""秧歌原为禳歌，禳先误为攘，攘有拔除之意，故又误为秧，最终，驱鬼之歌被错解成了拔秧或插秧之歌"，等等。诸如此类，都不仅开启了我的心智，激发了我研究和学习的兴趣，而且给我留下了终生难以磨灭的深刻印象。后来，我曾步先生的后尘撰写了《藏冰新解》《浴日和御日》《铸鼎象物说》三篇习作，但由于音韵、文字、语言学方面的功力太浅，结果却是"画虎不成反类犬"，在学术界几乎没有产生影响。每思两鬓徒增华发，却无力使先生的学术得到继承和弘扬，便觉愧悔无名，深恐无颜见先生于地下。

孙先生一生的贡献，不仅体现在三百多万字的学术著作上，更体现在他一个又一个精彩绝伦的学术创建上。仅就他用"行吟"的方式向我讲述过的内容而论，起码有以下几个方面带有里程碑的性质。

其一，是上文已经提及的黄帝杀蚩尤。先生认为那是发生在图腾社会晚期的翻天覆地的大事变。鲧和禹为蚩尤之后，失败后曾被罚治水，经过两代人的努力，才复又打败并放逐了曾与黄帝结盟的东夷族的舜，建立了我国历史上第一个王朝——夏。由于黄帝族以熊为图腾，蚩尤族以蛇为图腾，故而不仅大傩驱鬼来自黄帝战胜后的纪功舞蹈，而且"咸池之乐（砍蛇之乐）"、蹴鞠（踢蚩尤头）、"黄帝得土德，黄龙现"、"河图洛书"、"黄帝乘龙升天"及年节中的腊八粥、秧歌、爆竹、门神、桃符、观灯等，都可从这次激烈的部族战争中来挖掘其原始意义。而女娲补天所反映的则是禹建立新朝后的补天立地、重开新代，夏人的纪功舞后世演变成了鱼龙漫衍之戏。在先生看来，青铜器的主纹饕餮纹根本不是兽面，而应是夏人的图腾徽识——蛇首或龙首，而夔龙、蟠虺、蟠夔、蟠螭、夔纹、虬纹、蟠龙、云蟠等，皆为龙纹之变体。先生还在接受王国维帝喾即帝舜说、宿白颛顼即帝舜说的基础上，证明百家所言的黄帝即儒家称颂的尧。这样，先生就不仅以尧（黄帝）杀蚩尤、尧（黄帝）禅舜、禹放舜三件大事厘清了熊、蛇、鸟三大族团此长彼消、既联合又斗争的史前史，而且为杂乱无章的民俗现象建立了一个令人信服的解说体系。

其二，先生告诉我，舜的氏族以凤凰为图腾，自称俊鸟，后人把两字误写成一字，变成了夋，乃有帝俊之号，俊又音假而写为舜。该族盛行太阳崇拜，故首领也称为太昊、帝喾。昊、暤、皓、俈、喾，只不过是同字之异写。舜、伯益、后羿、殷之祖契、秦之先飞廉，皆东夷鸟族最有影响的首领。舜助尧（黄帝）杀蚩尤、舜殛鲧、禹放舜、启攻杀伯益、夷羿乱夏、太康失国、少康中兴、殷灭夏、作为熊族之后的周人与姒姓联姻而灭商，等等，皆夷夏斗争之反映。夏人较早进入农业社会，夷人尚以渔猎经济为主，夏人为东夷所困，正如周人屡受西戎侵害一样，都是上古时代野蛮与文明相互博弈之常例。但落后者战胜之后却往往积极吸收先进文化，并用加入新鲜因子的方式，把文明提升到一个更高阶段。与此同时，东夷内部也有斗争，羿射九日，即后羿攻灭了九个以鸟与日为联合图腾的氏族，先解除后顾之忧，以便顺利西进。两类斗争均极其残酷，却是促使民族拚成和历史进步的不自觉的工具。听了先生的宏论，如闻黄钟大吕，振聋发聩，三代历史发展的主线和原因顿时一目了然。而踩高跷、放风筝及升仙思想皆出于东夷鸟氏族等说法，也让我感到有趣和新鲜。

其三，先生向我指出，高禖之神即大母之神，所祭原为各民族的先妣，后演化成各地司婚姻与生子的女神。因弓矢为男子之事，故而在祠高禖时就赐怀有身孕的后妃以弓矢，在她身上挂上弓套，目的是借助于感应，求生男丁；因古人认为不生子也是一种病气，可以用水涤除，故而又有于祭高禖时到河边洗手、洗脚、洗澡的举动，相沿成为上巳祓禊之俗，"上巳"即尚子；因为相传殷、秦之祖皆为先妣吞鸟卵而生，故而上巳祓禊活动中更被加进了曲水浮卵、斗鸡子之类的内容。以春天、水滨、弓矢、卵或卵形物为要素，先生对湘水二女、汉水二女神话及《诗经》中23首恋歌重作解释，更好地再现了当时真实的社会情态，并在一般性的仕女游乐中，找到了人类渴求生命的新意义。

其四，先生说：有邰就是有姒，后稷"即有邰家室"，反映周、夏早就是互婚氏族，文王妃曰大姒，幽王妃曰褒姒，周人铜器铭文中有不少姒姓小国，都证明两者关系密切。西周王畿是原来夏人的活动区，因为这里成了全天下的政治中心，所以，夏言也成了当时的官话，被称作雅言，《大小雅》就是大小夏。不过，二雅几乎全部都是西周晚期诗，《大雅》之得称为大，是因为诸篇皆盛世气象，与之相反，《小雅》之所以称小，全为衰世之音也。据此判断，《大雅》应属于宣、厉两朝，《小雅》则为幽王时所作，只是今本略有凌乱，幽王时的诗《抑》《瞻印》《召旻》混入了《大雅》，张扬周宣王武功的诗《六月》《采芑》却混入了《小雅》。二雅中有颂，即祭祀歌、宴飨歌和颂美歌，也有当地的民歌，即风，还有没落贵族抒发个人思想感情的新式讽刺诗。二雅与十五《国风》及三《颂》的区别不在于体裁，不在于作者，也不在于音乐调门，而在于时代和地域。经过先生的辨析，不仅西周晚期的史料更加丰富和详明，而且西周文化的源流及特色也得以凸显。

其五，先生是《楚辞》及楚文化研究的巨擘，自号其书斋为"楚风堂"，因而，他对我谈到的这方面的心得体会也最多。除了通过对诸篇作者、写作时间及写作背景的介绍来说明屈原的政治观点、政治活动及被放逐的地点和路线外，又特别提到：《九歌》前后两篇为迎神曲和送神曲；太一神是汉武帝重建统一上帝的产物，将《九歌》首篇叫作《东皇太一》，乃汉代编辑《楚辞》之人所误题；楚国祭神歌词采取男女神巫对唱、对舞的形式，故虽由文人创作，但词句之间也有模仿民歌之处和男女言情之私；《天问》是屈原参观楚先王庙壁画时，有所感而发问，其目的在于希望楚怀王悔过，壁画内容有天象图、在天的神怪图、人类起源故事及历史人物画像；《离骚》有关于升天的描绘，"二招"中有许多妖怪，升仙和打鬼是古代艺术的两大母题，因此，应把《楚辞》当作研究战国精神文化的绝好材料；等等。先生的解说廓清了我对《楚辞》认识上的迷惘，同时也为如何使用《楚辞》开展研究指明了方向。

其六，先生是我国图腾制度研究的开拓者之一，曾被许多朋友戏称为"孙图腾"，他对大量神话传说和民俗事象的考订几乎都是从确定各族所奉的图腾入手，所以，他对我的教诲当然也离不了图腾问题。从图腾的得名、图腾的定义到图腾禁忌和图腾舞蹈，先生均在吸收西方人类学理论的基础上，别有解说，每每新意迭出，引人入胜。例如，他说：商人叫燕子为玄鸟，周人不说履熊迹，而说"履大人迹"，鹤氏族的首领不称鹤，而称丹头、丹朱，虎氏族的首领不称虎，而称强良，都是对图腾的避讳，属于图腾禁忌。这与北美印第安人中的狼氏族称狼为圆脚、龟氏族称龟为爬行者、吐绶鸡氏族称吐绶鸡为不嚼，是完全一样的。类似的发明对我这个初学者所产生的影响大到难以估量。

1978 年，上下都在鼓噪，说"科学的春天"就要来了。先生相信这一次是真的，精神一振，立刻焕发了青春。他整日忙着应付报纸和出版社的稿约，又同朱老师一起，率先办了一次历史学的学术研讨会，在全国抢了个头名。会议刚结束，他就急切地告诉我说："'文革'十年，考古未停，对新出土的东西，咱们要赶快消化吸收。"于是，我俩之间那种从容、淡定的学术对话结束了，取而代之的是紧张而频繁的外出考察。从 1977 年冬到 1978 年春，仅仅半年的时间，我便陪他去过郑州、登封、洛阳、南阳和宝鸡至西安间的各个发掘现场。孙先生解放初曾在中国历史博物馆工作，一向重视地下发现的实物，并总能从人类学、民俗学的角度提出独到的意见。他曾用巫师作法、令鱼自动来投解释半坡陶盆上的人面鱼纹；曾确认斗门镇附近的石爷、石婆分别为牛郎、织女像。更用画幡、引魂幡和升仙图解释长沙陈家大山战国墓及马王堆 1 号汉墓所发现的帛画；用大傩驱鬼解释洛阳两座汉墓壁画和密县打虎亭张伯雅墓中的画像石；这比郭沫若先生说长沙帛画上的夔龙是恶灵、凤凰是瑞鸟、画面表现善恶之争，洛阳老城西北角汉墓壁画主图为鸿门宴，等等，都更能令人信服和更具学术深度。所以，孙先生在考古界享有盛誉，每到一处都被允许下到坑底，进到仓库，一点一点地去作细部观察，并被邀请与考古工作者座谈，或作学术讲演。我随侍在侧，兼作记录，不知不觉间，又被先生带进了一个新领域。一路上，虽都有朋友接待和照顾，但丧乱之余，国家元气未复，吃、住、行都仍存在不少困难。有时我能勉强将他推上公共汽车，有时只能望车兴叹，从西安钟楼附近的省文化厅招待所到大雁塔，从洛阳涧西到定鼎路周公庙文物工作队驻地，我们徒步往返了不知多少个来回。在岐山，每天两次定时到县城唯一的人民食堂排队去买臊子面，有几次，排到跟前，却卖完了，只好吃包粗饼干挡饥。尽管辛苦备尝，但因为看到了好东西，先生的兴致始终都很高。一回到学校，他就自己跑到刻字店，刻了一大套木戳，又买了一盒印泥，要我把木戳盖在纸上，按戳记所示的分类，全面整理"文化大革命"以来的考古材料。他说："将考古成果和神话传说结合起来，可以重新认识三代社会。咱们一起好好干吧！"后来发现，他在日记中订有一个规划："两年内整理出夏史研究，写出中国人从氏族到国家的历史，中国国家出现史，为研究我国的阶级社会史做出贡献。"为此，"每天至少看一篇文章，并做笔记""绝不浪费半天以上的时间"。然而，如今木戳犹在，日记犹在，先生的音容笑貌却再也见不到了。

就在1978年春，河南省要恢复政协，由于先生"文化大革命"前就是政协常委，便请他到郑州参加筹备会议。临行前，我曾专门询问："要不要我送您去？"先生说："不用。省上打了电话，要学校专门派车。"谁知天有不测风云，他一开会回来，就病倒在家里。我得到消息赶过去时，他还能自己起来上厕所，望着我，凄然一笑，似已传递了千言万语。师母介绍说："司机带了三个朋友，一路上说说笑笑，把先生挤在一边。到了郑州，又不往会场送，是先生自己打公共汽车去的。心里有气，脑血管就出了点问题。"

原想有医生和家人细心照料，服服药，歇上几天，先生就能复原，还会抖擞精神，带领我们继续拼搏。岂料从校医院到市职工医院，再到部队医院和市人民医院，竟是越治越重，不上十天功夫，先生居然连人都不认识了。师母坐在椅子上不停地抽泣；心如等几个女儿伏在先生的床边，一遍又一遍地为他擦脚、擦手、擦脸；我和心一大哥及天榜、毓周、小唐等退出病房，坐在医院门前的台阶上抽烟、叹气，谁也不说话。五月的夜风吹来阵阵洋槐花的香气，刚刚复现于开封街头的饮食摊点前熙熙攘攘，明亮的羊角灯左右闪烁，久久不熄，生活的画卷正在展开，先生却要升入他多次描绘过的天门了。沉默无语中，我突然想到了命。有人无所用心、偷生苟活而得寿终，有人整日劳碌、积极进取却不永年，自古及今，上天为什么总是如此不公呢？

1978年5月23日，先生溘然长逝，和我们永别了，享年仅有66岁。先生的死，在学校里引起了不小的震动，种种议论中，就有责难司机的声音。但要求一个司机懂得尊重知识、尊重人才，似乎不现实。所以，问题是时代造成的，责任不在于个人。况且，孙先生对自己的身体实在也太不注意了。跟他一起出差，当然十分愉快，但同室而眠，却又苦不堪言。在他的日常生活中，完全没有时间概念，不仅走路、吃饭谈的是学问，夜里灵感忽至，想通了一个问题，也会立即爬起来，洗把脸，就坐到桌子前写，有时一夜数惊，弄得我几乎无法入睡。若把"废寝忘食"四个字用在他身上，那真是再贴切不过了。长此以往，再好的身板儿恐怕也吃不消。客观而论，与其说先生是因气致病，毋宁说也是他长期积劳成疾的必然结果，只是郑州之行在打破勉强尚能维持的体内平衡方面，也起了一定的诱发作用罢了。先生事业上的成功在于太执着，而健康过早受损也在于太执着，先生留给我们的既有经验，也有教训。

孙先生去世后，我便成了失群的孤雁。彷徨无计中，忆及他生前曾称赞过的一些学术前辈，便于 1979 年和 1985 年两度负笈四川大学，追随徐中舒、罗世烈教授，攻读先秦史方向的博士课程，并于获得学位后赴陕西师范大学任教。由于工作的需要，一度走上行政岗位，一干就是 10 年。2011 年 6 月，范毓周教授由南京来西安，参加"推陈与开新：跨学科视野下的文明和国家研究"学术研讨会，提醒我说："明年举行先生百年诞辰纪念活动，你得写篇文章。"从而勾起我对往事的追忆和对先生的无限思念。屈指算来，先生离开我们已经 33 个年头，我曾想，假如先生健在，当时的开封师范学院，后来的河南大学，肯定会第一批拥有博士点，我和毓周等人或许会成为先生最早的博士生，这对先生所开创的学术事业的延续和发展应当有所裨益。然而，现在这一切都不可能了。念及我后来学术有所转向，又长期误入歧途，以致辜负了先生近两年的谆谆教诲，不由得为自己的行止惊出一身冷汗。忍着难言的悲伤写下我同先生一段特殊的交往以纪念先生，收笔时，猛然注意到我现在的年龄恰与先生仙逝时的年龄相当，心知有负先生之处已很难补救，便有两行热泪涌出昏花的双眼，滴在面前的稿笺上。

2011 年 6 月 25 日

恭祝朱绍侯教授九秩华诞

朱绍侯教授是著名的历史学家。终日潜心探索，孜孜不倦，老而弥坚。他在学术上的贡献不胜枚举。其中最突出的成就应为军功爵制研究和秦汉魏晋南北朝土地制度及阶级关系研究。正是他，首先确定了军功爵制这一名称，总结了军功爵制产生、发展和衰亡的规律，解决了军功爵制中的许多疑难问题，提出名田制就是有授无还的土地长期占有制，并将其视为军功爵制的经济基础。他的这些观点影响深远，实际已成为研究中国上古史的一条纲。对此，学者久成共识，不必赘言。今天，大家齐集一堂，恭祝朱先生九秩华诞，我想以自己的亲历亲闻，谈谈这位可敬的老者对新时期河南大学历史学科所起的奠基作用。

一、队　　伍

河南大学创建于 1912 年，是我国屈指可数的百年老校。历史学科作为主干学科，始终为世所重。远的不说，1949 年以后在此担任过教职的即有嵇文甫、赵纪彬、孙海波、朱芳圃、刘尧庭、孙作云、赵丰田、张秉仁、黄元起、鞠秀熙、毛健予、赵希鼎等，堪称名师荟萃。然而，"文化大革命"的暴风骤雨顿使"花木凋零"，硕果仅存的老先生已步入暮年，于是，复兴本学科的责任便历史地落到了朱老师这辈人的肩上。

我于 1970 年从北京大学历史系毕业，被安置到河北省定县（今定州市）接受"贫下中农再教育"，后又"就地消化"，在县革命委员会宣传组当了一名干事，而爱人却远在河南省开封市教中学。1975 年孩子出生后，倍感两地分居苦不堪言。我岳父、岳母与朱老师同校不同系，抱着试试看的态度去找他打听，问历史系是否需要补充教师。朱老师见我是"文化大革命"前考上大学的，又在定县（今定州市）协助河北省文物工作队挖过几年汉墓，遂一口答应下来，表示欢迎我来校工作。但那时他只是中国古代史教研室主任，说了并不算数。所幸中文系刘彦杰先生被"结合"到院革命委员会当副主任（那时河南大学还叫开封师范学院），是年龄略小一点的同辈人，容易沟通，朱老师便三番五次地向他说明解决队伍青黄不接问题的重要性，最终竟出乎意料地办成了。1976 年 5 月，我正式报到，整个调动的过程仅用了不到 1 年的时间，这在当时是十分少见的。全院情况如何，不敢妄断，但起码可以肯定，我是"四人帮"垮台前系里引进的第一人。

朱老师调我来，当然是想让我跟他搞中国古代史，谁知系里主抓业务的副主任韩承文先生坚决不同意。他的理由是，世界近代史的课只有赵克毅老师一个人在上，已经拉不开栓了，好容易来了个年轻人，就得放到最需要的地方去。朱老师很生气，抗议了几次，也不管用。因为他与韩先生是东北师范大学的老同学，韩先生硬要这么做，他也没办法，只好忍痛割爱，同意我去听赵克毅老师的课，准备世界近代史的讲稿。

不过，朱老师并没有死心。稍后，1973 年通过考试招收的那届工农兵大学生毕业了，他立刻去找韩先生商量，说："这个年级有个阎照祥，人好，学习好，又喜欢英语，把照祥留到世界史教研室，把赵世超换回来，你保证不会吃亏。"韩先生自己是搞世界史的，也早耳闻照祥是个好苗子，两人一拍即合，立刻达成交换协议，蹉跎半年之后，我又回到了中国古代史教研室。事实证明，这是一个相当英明的决定，不仅照顾了我的专业兴趣，使我很快安下心来，而且更为照祥提供了一个适合他纵横驰骋的专业舞台。后来，照祥较早地被派往美国做交换教师，在那里迅速提升了外语水平，并搜集到许多新材料，于 1993 年就在中国社会科学出版社出版了《英国政党政治史》，接着又在人民出版社出版了《英国贵族史》《英国史》《英国近代贵族体制研究》《英国政治思想史》及《英国政治制度史》，由此奠定了自己的学术地位，当选为中国历史学会理事、中国世界近代史研究会会长、中国英国史学会副会长等。在他担任河南大学历史文化学院院长期间，更为历史学科的发展做出了卓越贡献。

1978 年，河南大学开始招收研究生。我在北大虽然住满了 5 年，但正好赶上"文化大革命"，系统的专业学习中断了，常感腹内空空，底气不足，便也跃跃欲试，想通过攻读学位的方式充实自己。不料刚要报名，就被朱老师劝阻。他苦口婆心地对我说："现在调人多难呀！招研究生，不过是把散在社会上的人才巧妙地弄过来，解决高校师资不足问题。你已经进来了，何不省出一个指标让系上多招点人呢？"情知朱老师是为全局着想，我遂断了念头，继续安心教书。结果，这一届单中国古代史就招了郑慧生、杨天宇、程有为、刘韵叶、张诚、周士龙、刘坤太、魏千安、贾玉英九人，加上世界史和中国近现代史，总数不下十五六人。那时候，研究生都随各教研室活动，来了这么多年轻人，系上的气氛空前活跃起来。三年后，首批研究生毕业，郑慧生、杨天宇、刘韵叶、刘坤太、贾玉英，还有世界史的杨麦龙等三人及中国近代史的郑永福，都留在学校任教，程有为、魏千安、张诚去了河南省社会科学院和郑州大学，只有马生祥、周士龙回了河北。

不久，藏龙卧虎的七七、七八级本科生也要毕业了。朱老师紧抓机遇，一下子选留了李振宏、程民生、王宏彬、安庆征、王光兴等人，都是"文化大革命"前的高中生。龚留柱则在跟他当了几年研究生之后，留到学校。同时又接收了我在北京大学时的同学、陕西师范大学史念海教授的研究生郭绍林，调来了郑永福的爱人、北京师范大学毕业的才女吕美颐。至此，河南大学历史系不仅在教师队伍的年龄结构和学缘结构上得到了调整和完善，而且一下子变得人才济济，堪称一时之盛。这中间的许多人，后来都成为本专业领域的知名学者，以突出的成绩为河南大学赢得了声誉。当然，建设这样一支队伍，并非一人之力，时常参与谋划的，起码还有韩承文、郭人民、胡思庸、周宝珠诸先生。但他们或者过早病逝，或者被省上调出，另有任用，真正长期发挥"主心骨"作用的，实应首推朱先生。所以，在我的心目中，朱先生就是新时期河南大学史学队伍的创建者。

二、教　　学

朱老师长期担任中国古代史教研室主任，他对教学的重视已经习惯成自然，体现在一言一行、一举一动中。他在青年教师的培养和管理方面有三项得力举措。一是必须指定导师带；二是必须试讲通过；三是常常听课检查。我一入校，朱老师就宣布："孙作云教授是你的指导教师。"因而，我每次上课的讲稿都要先送给孙先生修改把关，一周起码要去家里拜会三次。而为孙先生服务的工作，也由我承担，以便随侍左右，聆听教诲。后来，即使在青年教师较快增加的情况下，教研室的这一做法也仍然坚持。记得杨天宇的导师是郭人民先生，刘韵叶的导师是郭豫才先生，等等。导师制的好处首先是有利于青年教师的成长，有利于保证教学质量，有利于学术传承；其次也能使对老年教师的照顾和协助落到实处，真是一举数得的好办法。每人都有名师指点，自然感到欣慰和踏实，但一轮到试讲，却不免胆怯和犯愁。试想，台下坐的是同室的全体教师，单是这十几双挑剔的眼睛，就把你吓住了。所以，我们总是脸红、心跳、手足无措地放不开，讲一遍不行，还得再来一遍，胆子越来越小。但朱老师从不高抬贵手，还举出学校里曾经发生过的实际例子警告大家说："第一次上课讲不好，被学生轰下台来，会留下心理疾患，一辈子都过不了教学关。"典型的例子其实就出在历史系，流传甚广，我们也听到过。经朱老师一提醒，不由惊出一身冷汗，以破釜沉舟的态度再试，反而比较轻松自如，居然通过了，这才算取得了正式授课的资格。至于听课检查，同样有些吓人。朱老师、郭老师，还有一些系领导，总是不打招呼，自己搬个凳子就来了。当你突然发现他们坐在教室后边时，内心的慌乱往往掩饰不住，只有在经历数次之后，才能做到安之若素。如今想来，我当时没有被多数与自己年龄相仿的七七、七八级学生难倒，后来遇到各种不同的讲台也都能应对，既是得益于孙先生的耐心指导，更是得益于朱老师的正确安排和严格要求。我估计和我同时在系上工作过的朋友也都会有同样的感受。在新时期里，河南大学历史系的优良教风能够迅速地恢复和确立，朱老师可谓功莫大焉。

在朱老师看来，教学不单是指课堂讲授，还应包括实践环节。他认为，随着地下材料的不断出土，上古史研究已无法离开考古学而独立进行了，要正确利用考古材料，最好是到工地挖一挖，起码也应多走走，多看看。所以，他就利用一切名义把学生的实践活动往参与考古和参观考察的路上引。由我兼任辅导员的七六级，就参与了洛阳定鼎路玻璃厂工地的发掘工作。事先，朱老师给他在洛阳博物馆的老学生黄明兰、徐九星打了招呼，再让我跑去打前站，其他安排都很顺利，只是师生的住宿难以解决。朱老师只好亲自出马，带着我二下洛阳，落脚在车站旁边的旅馆里。经过打听，得知工地附近第八中学的校长也是河南大学毕业生，赶紧找上去，人却不在，几经周折，才在教育局集中办学习班的地方碰了面。对方见朱老师如此不辞辛苦地对待工作，十分感动，不仅答应借给两个教室，还留我们在会上吃了一顿牛肉汤泡火烧。也许是跑路跑饿了，也许是事情办成后，心里一块石头落了地，直到今天我还觉得那是我吃得最好的一顿洛阳饭，比现在所谓的水席可要强多了。实习正式开始后，我领着学生，朱老师带着古代史上段的五六个老师，一起进入工地，其中，年龄最长的就是孙作云教授。开始时，师生一起打通铺。后来，学部考古所洛阳工作站的赵芝荃、徐殿魁先生看不下去，专门打扫出一间房子，请孙先生、朱老师等人住到他们那里。休息条件改善了，路却远了，每天到工地上工，到八中吃饭，全靠步行。朱老师关节有毛病，也一直忍着，可没少吃苦。平时在工地实习，在洛阳附近参观，遇到雨天，朱老师就请当地学者给学生开讲座，记得讲过课的专家除赵芝荃、徐殿魁外，还有洛阳考古工作队的许顺湛、蒋若士、龙门文物保管所的温玉成、宫大中等，一位退了休的郭老先生也系统讲了洛阳史，可惜名字忘掉了。相应地，孙先生和朱老师也为洛阳考古文物干部做了学术报告。孙先生结合卜千秋壁画墓讲升仙和打鬼，我在旁边记录，会场的热烈气氛至今印象深刻。实际上，朱老师坚持的这种教学实践才是真正有用的实践活动。它不仅可以使学生获得书本以外的知识，提高动手能力和对实物材料的辨别能力，而且融洽了高校与考古界的关系，有利于学术交流和双方的知识更新。

我跟着朱老师学教书的时候，还没有网络，没有多媒体教室，能利用的手段无非是图表和实物，顶多做点幻灯片。所以朱老师就特别强调要重视资料室、绘图室和文物陈列室建设，并常常亲履其职。当他发现汝窑、钧窑都在河南，而系里却未藏汝瓷、钧瓷时，就想通过原籍临汝的地理系总支书记尚世英设法购入。不久，尚世英的亲戚捎过话来，说已经找到了几位手里有货的村民，可以买几件，朱老师就派我赶紧去。谁知消息漏出去得早了，卖主相互沟通，把价码扳得很死，超出了系里的预算，使我无功而返。朱老师二话没说，又开始联系临汝县（今汝州市）文化馆负责文物管理的老馆长张九令。得到许可后，他还不放心，这次和我一起来到临汝，看见文化馆院子里停着一副由农民挖出来的古代雕花石棺尚未启盖，朱老师就让我帮忙，主动做了开棺、清理、绘图、照相工作。张馆长很高兴，第二天就派人带我去他所熟悉的村子，顺利买到了想要的东西，还见到一套商代早期的觚、爵、斝，因与县里有过只买瓷器的约定，便劝说同去的干部以奖励农民的方式替文化馆收购回来。这更让张馆长喜出望外，视为镇库之宝（那时临汝还没有博物馆），又安排人陪朱老师和我去看了在严和店及大峪店的汝窑窑址，上风穴山看了塔林。在严和店捡了不少瓷片和窑具，在风穴寺则发现了写在柱头上的有关捻军在豫西活动情况的墨书题记。那时县城和乡镇间很少通汽车，出门就是骑馆长借来的自行车。虽然很累，但想到系文物陈列室的空白可以得到填补，就又精神百倍，朱老师蹬车行进在崎岖的乡村土路上，速度不亚于我们年轻人。

要搞好教学，必须得有好的教材。"文化大革命"结束后，《中国史稿》已经不合时宜。翦伯赞主编的《中国史纲要》又过于简略。于是，1978 年底，山东大学、西北大学、陕西师范大学、河南大学（当时叫河南师范大学）、安徽师范大学、山西师范大学、南充师范学院、广西师范学院、福建师范大学的教师代表迎着漫天飞雪来到了西子湖畔的杭州大学，共商重编《中国古代史》大计。会议期间，大家公推早期研究生毕业，既学术造诣深厚，又能严于律己、宽以待人的朱老师担任主编，负责编写计划的实施。朱老师先是出乎意料，后则盛情难却，不得已，遂迎难而上，提出了"跳出史学为无产阶级政治服务的缰锁，不追时尚，吸收最新考古资料，本着为学校、学生、社会负责的精神，介绍基本历史线索，传授稳定知识"的主导思想，并就体例、文字及篇幅都做出相应规定。由于朱老师在把好质量关的同时，又非常善于处理、协调各校之间的关系，故而编写工作进展十分顺利，全书约 100 万字，分上、中、下三册，经过在开封、桂林两地的修改、定稿，1979 年 5 月即由福建人民出版社出版，先被十院校使用。1980 年 11 月，由山东大学主办，在烟台召开了新编《中国古代史》的审稿会，经再次修订，于1982 年成为教育部推荐教材。该书以博采众长、内容丰富、图文并茂为特征，又能反映当代科研成果，受到各界普遍欢迎。1982 年后，重印 20 多次，修订改版 4次，发行量达百余万册。20 世纪末，教育部在广州召开的史学教材研究会上公布，全国的综合大学和师范大学采用十院校教材者占 53%。这一骄人的成绩固然由多人共创，但在制定大纲、统一体例和观点、修改文字等方面，朱老师所付出的心血最多。另外，在他的组织领导下，十院校又多次在一起召开会议，研讨教学及学术问题，变成了一个和谐、融洽、友好的稳固合作群体。毫不夸张地说，朱老师对新时期全国历史教学的改进与发展都有十分突出的特殊贡献。

三、科　研

朱老师当教研室主任，并非只抓教学，同时也抓科研。他自己订有长远规划，围绕一两个中心，带着问题广泛收集材料，成熟一个，解决一个，写成一篇文章。日积月累，到完全融会贯通，烂熟于胸，再补充整理，系统成著作。所以，他的每一部书都有强烈的个人印记，都有独到的学术见解，都有里程碑的性质。我每次到他家去，都能看到他伏案的身影。他像一头辛勤耕耘的老黄牛，不疾不速，但永不停歇。

朱老师挤出时间，争分夺秒地搞科研，既是志存高远，有献身学术的理想，也还有以身作则、带动全室同仁的意图。他常在教研室的会上说："教学与科研是相辅相成、互为促进的。不搞教学就不容易发现问题，科研会无的放矢；不搞科研则会使对许多问题的认识浮在表层，人云亦云。教学光凭口才远远不够，如果没有坚实的科学研究做基础，绝不可能把课讲得深入浅出，引人入胜，也就谈不上什么教学效果，弄不好就成了留声机和说书人。"他的经验之谈不仅使我终身受益无穷，也成为我走上领导岗位后坚定推行的管理理念。他并不像一些老先生那样，总是告诫年轻人，不要急于发文章，反而，隔一段就提醒我们一下："有什么想法赶快写下来。不然，手生了，就再也下不了手了。"

在大地复苏的 1977 年初春，朱老师立刻和孙作云、郭人民、胡思庸诸先生一起，在河南大学（当时还叫开封师范学院）召开了全国第一个批判影射史学的研讨会，为史学界的拨乱反正开了头炮。我当时是系上唯一的青年教师，一直在会上服务，记得外来的名家即有杨志玖、漆侠、王思治、高敏、黎虎等二十多位，瞿林东似乎尚未回北京师范大学，是以通辽师范学院教师的身份参加的。在大会发言中，漆侠谈的是中国古代的小农，杨志玖谈的是唐代政治制度，孙作云谈的是商代甲骨和从《天问》看夏史，高敏谈的是云梦秦简，朱老师则讲摒弃阶级斗争学说、重写中国通史的意义；他们为史学研究提供了新范例，开了新风气。这次会议实应以其所起的开创和推动作用而载入史册。

20 世纪 70 年代末至 80 年代初，真是一段足可令人永远回味的好时光，有人称之为"科学的春天"，一点也不为过。高考制度和研究生制度恢复了，无数被耽误了十年的青年才俊荟萃到学校，改革开放引进了许多新理论、新思想、新方法，宣传部门的态度是宽松、宽容、宽厚，各种思考和观点都可以得到自由表达。在中国古代史领域，社会发展的根本动力、亚细亚生产方式、封建专制主义、历史人物评价、周代社会性质，甚至依次递进的五种生产方式是否存于中国等问题，纷纷成为争鸣的焦点。振宏他们在班级里组织的讨论会、报告会活跃异常，研究生也个个摩拳擦掌。朱老师这时已经升任系里分管科研的副主任，他从年轻人身上看到本学科的无限生机，一边通过到会点评，给学生以鼓励，一边在家里送往迎来，解答求教者提出的各种疑难，忙得不可开交。为了提升研究的水平，他联合中文、政教两系，一起组织了全校文科学术交流会。师生同堂论道，事后编成论文集，哪怕是学生写的稿子，只要好，一律予以收录，现在还记得，程有为的《西周分封制度与宗法关系》，就是其中的一篇。七七、七八级的不少人，后来成了专业领域的健将，可以说正是起步于此时；而河南大学研究风气的形成，也与这一学术繁荣期有关。不久，程有为的另一篇文章《西周宗法制度的几个问题》在《河南师范大学学报》发表，又被《史学情报》摘要、《中国人民大学报刊复印资料》全文复印转载，朱老师见自己的学生尚未毕业即已崭露头角，掩饰不住内心的喜悦，到处宣传和表扬，给我们这些同辈人带来了不小的压力和鞭策。

当年虽然没有一分钱奖金，朱老师还是要亲自统计每个老师的科研成果，在年终的总结会上分出优良中差。逼得我没办法，也在那几年发表了《夏代奴隶制国家形成标志复议》《西周的公社是农村公社，还是家长制家庭公社？》《殷周大量使用青铜农具说质疑——与陈振中同志等商榷》等若干篇文章，前两篇被复印，还上了《史学年鉴》，让朱老师感到引进提携之功没有白费，同样是乐不可支地到处夸赞。一九八二年，我为参加在成都举行的中国先秦史学会成立大会暨第一届学术年会，特撰写了《周代家长制家庭公社简论》用作"入场券"，信马由缰，收不住尾，居然搞了三万多字。那时候，系里经费少得可怜，生怕朱老师舍不得在打印上花那么多钱，忐忑不安地送上门。谁料朱老师用两天工夫仔细看完，不仅顺利地批准打印，还鼓励我沿着探寻先秦基层社会结构演变的路子继续做。这篇文章的主要部分在《民族论丛》上发表，我也当选为学会最年轻的理事，并萌生了去四川大学跟会长徐中舒教授攻读博士学位的念头。朱老师觉得，起初未让我考研，是为了广揽人才，现在系里的队伍建设问题已经解决，不妨让我抽身离开几年，以免成为终生遗憾，就愉快地支持了我的选择。于是，三十九岁的我，又一次负笈远行，成了四川大学一名"老童生"。我的博士论文题目是《周代国野制度研究》。能在三年内顺利完成，并很快出版，实仰赖于在朱老师的督促下早已写过不少相关文章。

四、园　　地

朱老师常说："要搞好科学研究，促进学术繁荣，就得有园地。就像菜农种菜，花农栽花，没有园圃，种子再好，也产不出好的菜和花来。"他又扳着指头举例，历数各名家的成长经历，用以突显刊物在培育人才方面所起的巨大作用。

给我的感觉是，如果没有诸如《禹贡》《食货》《燕京学报》《清华学报》等专业杂志，就没有 1949 年以后仍很雄壮的史学队伍和堪称雄厚的史学基础。

河南大学对办刊物的认识相当到位。一解放就恢复了《河南大学学报》，并于 1951 年创办了《新史学通讯》，后更名为《史学月刊》。"文化大革命"前，专属于历史学科的杂志并不多，如果我没有记错的话，可能只有北京的《历史研究》、天津的《中学历史教学》和开封的《史学月刊》，可谓之三足鼎立，其重要性自不待言。但随着历史的发展，《史学月刊》的隶属关系却变得复杂起来。20 世纪 60 年代初，河南省要仿照中央的做法，成立省里的哲学社会科学部，先把河南大学因招生规模缩小而精简下来的老师归拢到一起，组建了历史所，归省委宣传部和河南大学党委双重领导。人未动，办公地点仍在同一个大院里，编制却划开了。《史学月刊》也放在所内，上边有两个"婆婆"。不久，"文化大革命"开始了，学生停课，招生中断，研究无法进行，编辑部也被解散，杂志也没了。那时候，大家连大学还要不要办都不知道，有谁还会关心《史学月刊》的归属呢？

"文化大革命"结束后，春草自生，春水自绿，人们在春风的吹拂下醒来，开始步入"科学的春天"。各省的社会科学院如雨后春笋，纷纷成立，一向喜欢争先的河南省也不甘落后。然而，白手起家，终非易事。于是，有人就想到了弃置在河南大学院内的历史所，说它本来就是省上的一个单位，整体搬迁到郑州，建院岂不就有了基础？上边很快便做了决定，号令一下达，呼啦啦，一队研究人员奔向了他们心仪已久的省城。

河南省委任命的河南省社会科学院院长就是河南大学历史系近代史教研室的胡思庸教授。以其本意，是想让刚在酝酿复刊的《史学月刊》随着历史所一起走，到郑州办公。朱老师、郭老师等人坚决不同意，认为这份杂志是河南大学办起来的，归了社会科学院，根就断了，老作者找不到地方投稿，以后也不好进行历史定位。他们到处找人，反复讲道理，争到最后，只好由省里出面和稀泥：主办单位算上河南大学、省社会科学院和郑州大学，编辑部地址仍然不动。但三家、两地、若干编委来回跑着开会、通稿太不现实，省历史学会恢复活动后，经过协商，就明确为由河南大学主管、河南大学及河南省历史学会主办。学会涵盖了省内所有的史学工作者，但同时基本上是个虚体，人、财、物及编辑出版权重新统一，又一起归了河南大学。

把《史学月刊》留在开封，是朱老师等人的功劳，这对河南大学的发展具有重要意义。如今，经过孙心一、李振宏、郭常英等教授的持续努力，这份有着悠久历史的老刊物青春焕发，再度辉煌。曾两次入选"国家期刊奖——百强期刊"，荣获"新中国 60 年最有影响力期刊"称号，成为教育部"名刊工程"建设的"名牌期刊"。2012 年 6 月，国家社会科学基金第一批学术期刊资助名单公布，《史学月刊》作为河南省唯一一家受资助期刊名列其中。《史学月刊》虽然还不是权威期刊，但不少单位都把它当作权威期刊看待，它的卓越成就提升了河南大学的地位，增强了河南大学的学术影响力。而更应该强调的是，它实际上成了为河南培育史学人才的最佳园地。虽不能说"近水楼台先得月"，但毕竟就近了解编辑意图、就近听取修改意见、就近校对纠错要方便得多。试问，河南大学历史系哪一位中青年教师没有得到过《史学月刊》的帮助呢？我就曾在上边发过六篇文章，其中，包括一篇近两万字的长篇论文。"吃水不忘挖井人"，每当想起《史学月刊》在自己成长过程中的作用，我就不能不感念可敬的朱老师。

1985 年春天，河南大学获准成立出版社，朱老师被任命为总编辑。于是，他又发扬老黄牛精神，去为大家开辟新的园地。记得首批出了三部书，其中，高文教授的《汉碑集释》由朱老师亲自担任责编，出版后，很快售罄，只好重印第二版。该书先后荣获河南大学科研成果一等奖、河南省社会科学联合会优秀成果一等奖、国家教育委员会首届高校出版社学术著作优秀奖。如果把它看作河南大学出版社的第一块基石，那么，我们也应该牢记，这块基石正是由朱老师亲手安放的。

人生如白驹过隙，斗转星移，不知不觉之间，朱老师已九十岁了。徒辈诸友中，除慧生、天宇英年早逝外，也多半到了"随心所欲不逾矩"的年龄。孔子曰："五十而知天命"，我的新解是，五十而知有命，年纪大了，才知道珍惜，才懂得命中有贵人相助多么重要。朱老师就是我的贵人。然而，相比较而言，从朱老师那里获益最多的不是个人，而是学校。他组建队伍，编写教材，创建园地，抓教学科研，促进良好教风、学风的养成。我认为，朱绍侯教授就是新时期河南大学历史学科的奠基人。在他九十寿辰之际，我衷心祝愿他健康长寿。

2015 年 10 月 24 日

记张广志教授

时光流逝，如白驹过隙，转眼之间，张广志教授已届八秩华诞。值此贺寿之际，忆及数十年未曾中断的交往，感慨系之。特诉诸笔端，以志张老师对我的深情厚谊。

一、两 个 议 题

1979 年，正值科学的春天，万象更新，百废待举，教育部委托四川大学历史系徐中舒教授主办先秦史师资培训班，意在提升教学水平。我有幸被录取为学员，与武汉大学覃启勋同住一室，对门是山东大学的王光荣和庆阳师范学院的李仲立，斜对门是东北师范大学的詹子庆和华中师范大学的杨有礼，再往前去，在楼道的末端，住着西北大学的刘宝才、南充师范学院的姚政和青海师范大学的张广志，加上因家在成都而不住校的伍德旭和彭年，11 个人组成了小小的班集体。那时候，不管干什么，都很认真，班上建有管理机构，詹子庆为支部书记，刘宝才为班长，四川大学的罗世烈老师为班主任，伍仕谦、唐嘉弘、缪文远、常正光作为徐老的助手都随班听课辅导。

刘老师是班长，他所住的那个三人间自然就成了学员们上课、读书之余的聚会场所。大家在此会商班务，切磋学问，更多的时候则是海阔天空，神聊乱侃。刘老师性格较为绵软，相比之下，张老师却是胸襟博大，落拓不羁，更兼辩才无碍，声音洪亮，无形当中，谈话的进程就往往由他来引领了。所谈话题上至天文，下至地理，涉及古今中外，惜乎年深日久，多已不能记忆，但有两点却印象深刻，历久不忘。

一是中国是否存在奴隶社会。"文化大革命"以来，大学普遍使用郭沫若主编的《中国史稿》作教材，讲的是战国封建论，战国以前的夏、商、周都被说成奴隶社会，大家以为理所当然，恬不为怪。但张老师却常常发问："你们见过像商代的众、西周的庶人那样拥有自己的工具和居室，独立进行生产的奴隶吗？你们见过奴隶不是社会生产的主要担当者，奴隶制剥削方式也远不占主导地位的奴隶社会吗？"听那口气，仿佛在场的人就是战国封建论的始作俑者。相处既久，渐渐知道，张老师每言及此，即怒从中来，自有缘故。原来，他 1960 年在山东大学历史系读书时就主张中国不曾存在过奴隶制阶段，并写有一篇文章，毕业时被安排至青海工作。于是，大家便起哄："快把稿子拿出来看看。"张老师立刻打开箱子，取出一叠发黄的稿纸。传阅一遍，无不交口称赞，便又鼓动他呈送徐老一阅。徐老除了说好，还提出了不少修改意见。这下子张老师兴奋了，甩开膀子大干几天，居然改成了一篇数万字的长论文，题曰"略论奴隶制的历史地位"，经徐老推荐，发表在《四川大学学报》上。这是由研究班学员完成的第一项科研成果，对全班所起的带动作用相当大。

二是对立面的统一性和斗争性问题。实事求是地说，对于这一问题的讨论，也是由张老师挑起的。由于刘老师教过哲学，他便追着问人家："你对'对立面的斗争性是绝对的，统一性是相对的'这一观点怎么看？"一旦开了头，大伙儿便都被卷入其中，争得不亦乐乎。直到最后，张老师才亮出自己的底牌，像做总结似的说："我认为对立面的统一性正如对立面的斗争性一样，也是绝对地、无条件地存在着。它们共同构成对立面之间关系的两个方面，是矛盾的最高属性。只要有对立面存在就有对立面的统一性和斗争性存在。缺少了统一性和斗争性中的任何一个，对立面都将不再成其为对立面，矛盾便不再成其为矛盾，事物也不成其为事物了。"

那时候，我的学术水平有限，听了张老师的玄谈高论，如坠五里云中，并不能理解他的良苦用心。直到多年以后，追忆往昔，我才明白张老师当年所虑实非书生意气，而是既有理论高度又有现实意义的大事。

2011年，同在浙江开会，张老师以新出版的大著《先秦传说与区域文化研究》惠我，读了书后的附录，方知他关于"对立面的统一性也是绝对的、普遍的、无条件的、恒常存在的"的观点居然仍是形成于上大学期间，并于1960年写成《有关对立面的统一性的一些问题》一文，交系主任审阅。几乎前后同时写成的还有《十月革命后民族民主革命的性质及其所属的阵线问题》。这实在不能不让我对张老师刮目相看。

二、一片赤心

由以上所谈，即可以知道，张老师是个对民族、对国家有大爱的人。在日常生活中，这种爱则体现为对师友的关心和对事业的执着。

培训班开班时，我因故迟了几天才到校。张老师听说我终于来了，立即过来看望，帮助安排床铺，购置洗漱用具和碗筷，刘宝才教授也说："红瓦村食堂的面好，绿杨村食堂的菜好，最香的要数720食堂的回锅肉。"过了两天，他们又领我找本地人按1：1.2的比例用米票换了一些面票。那时候，大家肚里都缺油水，于是便常常跟张老师、刘老师到 720 食堂去吃回锅肉。

　　"文化大革命"后，突然恢复招生，房子成了大问题。所以，1979 年的四川大学，简直就是一个大工地。徐老每周两次，从家里步行出来，绕过荷花池和数学楼，到靠近望江公园的一处平房院内为我们上课，沿路要在运料的汽车和板车间穿梭，随时都有发生危险的可能。张老师见状，十分着急，便向詹老师、刘老师建议，以培训班的名义向学校打报告，要求派车接送。谁知报告上去，竟如泥牛入海。跑到办公楼去催，见校领导说的都是推脱话，方知求人不如求己。回来后大家便排了班，每次两人，轮流到徐老家等他，一起出门，护送到教室。虽说未能免劳，安全却有了保证。

　　徐老是 1898 年生人，1925 年入清华国学研究院成为第一届学生，师从王国维等名师，于 1937 年辗转入川，到 1979 年，在四川大学执教已 40 余年，年龄也已八十有一。张老师对我们说："徐老门墙桃李遍于国中，科研著述驰誉海内。这样的宿学大家现在已经不多了，有跟他学习的机会，应该珍惜。除继承他的学术思想外，还应该多陪陪他，让他不至于在晚年感到孤独。"于是由张老师、刘老师出面张罗，请伍仕谦、唐嘉弘、缪文远、罗世烈、常正光等几大助手作陪，和徐老一起进行过几次郊游。记得一次是先逛望江公园，再在校内各景点照相，中午直接到望江楼聚餐。席间，一向寡言的徐老居然也谈笑风生，讲了几个鲜为人知的学术掌故。

　　1979 年底，培训班即将结业。张老师又同大家商量说："继承徐老的学术思想，非一朝一夕之事。培训班散了，人不能散，得有个组织。"当时似乎还没有什么学会，光是我们这些学员参加，代表性不广，也不足以称学会。议来议去，便想出了先秦史学社这个名字。还拟了章程，决定每年开一次学术年会。但其时已近岁尾，转眼就是新的一年，这第一次年会在哪儿开呢？刚好我当时所在的开封师范学院评职称，要我回去填表、办手续。张老师知道后便和詹老师、刘老师一起同我谈了一次话。他们的意见是，你现在连个讲师都没混上，职称要抓紧，可以早点走。但也得关心学社，能否向领导汇报一下，争取把年会放在开封？

　　隆冬时节，我赶回河南，职称却泡汤了，所幸第二件事很快有了结果。我原来的教研室主任朱绍侯教授此时已经升为管科研的副系主任。他见我们人数不多，便说："干脆不要单独报批了，就附在明年召开的历史教学法的会里边，用他们的经费。"

　　于是，培训班诸友又以先秦史学社社员的身份在 1980 年春易地相聚，新参加进来的有陕西省社会科学院的佘树声和张玉良。詹老师从东北请来了陈连庆、徐喜辰两位教授，加上开封师范学院的郭豫才教授，算是与会的老一辈。虽然住的条件很差，除老先生外，几乎都是四五个人挤在一个大房子里，但大家态度很认真，每人都写了论文，报告后请三位老先生评议，真正称得上受益良多。

初步成功提升了大家的信心。第二年由刘老师所在的西北大学承办，气象已大不相同。不仅学校重视，吃住行安排周到，而且代表的数量增加了，涵盖的范围也更广。除西南、西北、东北、中南地区人数较多外，更增加了来自北京的李学勤、来自上海的丁季华和来自山东的李启谦诸先生。眼见条件已趋成熟，张老师、詹老师、刘老师商量后便转请与会的唐嘉弘、缪文远老师向徐老汇报，拟在先秦史学社的基础上成立中国先秦史学会。

1982年初夏，全国各地的先秦史专家齐集成都，顺利举行了中国先秦史学会成立大会暨第一次学术讨论会。徐老当选为第一任会长，唐嘉弘为秘书长，副会长有金景芳、赵光贤、王玉哲、李学勤等，张老师、詹老师、刘老师和我都被选为理事。如果我没记错的话，这应该是历史学领域成立最早的学会。后来，朋友们戏称培训班学员为"黄埔一期"，我心里却清楚，从学社顺利发展成学会，很大程度上是与张老师的建议和坚持分不开的。

在20世纪80年代经费十分短缺的情况下，中国先秦史学会仍力争一年开一次学术会议，并编辑出版了《先秦史学会动态》和多部论文选辑。张老师每会必至，积极参与策划，成为没有常务名义的常务理事，这也使我们有了经常见面的机会。但到80年代末，一向积极的张老师居然也开始缺席了。急忙去电话探问，方知他被任命为青海师范大学校长，正忙得不可开交。

说老实话，许多朋友对张老师能当校长是没有想到的。因为他性格太直，眼里揉不得沙子，语言之间不懂得让人，无法讨领导喜欢。如今想来，他的"上位"完全是重视知识、重视人才的政策方针影响的结果。张老师的校长干得怎么样呢？这时候我已在陕西师范大学工作，便在1989年暑假，借系里组织教师外出考察的机会，去了趟西宁。张老师认为，虽地处偏僻，不利因素很多，但稳住小局，尚可有所作为。他说："校长就是要负责提升学校的学术水平和教学质量。别的事情我不多插手，完全放手让副职充分发挥作用，我重点抓学科建设和教师队伍建设。"他勇往直前的精神和大将风度令我钦佩，也感到放心了。我怀着替青海师范大学庆幸的心情回到西安。

不久即传来了好消息。青海师范大学获得硕士学位授予权，改变了一向只招本科生的旧格局，数学、历史两系已开始培养研究生，并引领全校走上了教学科研相结合的新路子。由于有了学位点，可以在这个平台上展示才华，实现理想，内地一些学校的研究生，甚至博士生，毕业后也愿意到西宁落户了。加之张老师又一身正气，两袖清风，所以，在他执政的头几年里，虽不能说"颂声作"，起码人们的满意度是比较高的。

但越往前走，困局就越难打破。主要是青海太穷，观念也落后，拨款严重不足，学校想自己筹措资金，实行奖勤罚懒的新政策，上边又不同意，害怕引起连锁反应。到了后来，张老师就把精力放到抓体育和师生的健康上。这一抓不要紧，青海师范大学的女子篮球居然拿了个全国高校第二名。学校里有人半是称赞、半是戏谑地送他一个雅号，叫"球校长"。一次在见面时，我向他提起，他苦笑道："我看当下能把体育抓好，让师生有个为人民服务的本钱，就很不错了。"

到 1997 年，张老师年满 60 岁，便愉快地告别了校长岗位，在青海师范大学的发展史上留下了一段华彩乐章。

三、六 部 著 作

离开校长岗位，摆脱了烦琐的行政事务，张老师立刻像倦鸟归林一样地飞回了学术队伍。他又成了中国先秦史学会学术会议的积极参加者，并于 1998 年被推选为副会长。到 2010 年为止，先后也不过 10 多年的时间，他居然连续完成并出版了 6 部著作。其中，由他和他的学生李学功共同执笔的《三代社会形态——中国无奴隶社会发展阶段研究》是在陕西师范大学出版社出版的，承蒙社长高经纬盛情，要我做特邀编辑，使我得到一个重新学习张老师学术思想的好机会。

以我陋见，张老师的这部书至少有三大优点值得称道。

其一，是体大思精，结构严整。纵向看，从夏的建国直讲到秦的统一；横向看，广泛涉及土地制度、贡纳制度、基层组织、社会结构、劳动者身份、行政管理、兵制、礼制及思想文化诸方面。言及每一个问题时，均能溯其渊源，梳理流变，分析致变的原因，指出变化带来的影响。合起来，实为一部系统的先秦史；分开来，每一部分经过充实，皆可独立成书。在为后学奠定基础、开辟新路方面，功莫大焉。

其二，坚持以"国情不同"为研究的基本出发点，反对通过改铸历史去适应某种理论。书中指出："由于村社的存在""强有力地抑制了私有制、商品货币关系、贫富分化、劳动者和生产资料相分离的发展，这种格局，终使古代中国走上了一条有别于希腊、罗马古典奴隶制的发展道路，而在辽阔的东方大地上创造出阶级社会生成的另一种景观——非奴隶制的村社封建制道路"。这就与由几位史学大师精心建构的教条主义古史观划清了界限，从而使中国历史自身的特点得以强化。

其三，是对先秦史研究中的疑点、难点均一一解说，绝不回避。不少地方见解精辟，见前人所未见。试举几例予以说明。

（1）文献中的"籍田"和孟子所言"同养公田"的公田是什么关系，许多大学者都讲不清楚。张老师在书中写道："由大家耕种的共有地在前国家时期，原是公益田；进入阶级社会，共有地仍会以公益田的形式存在，但其主要部分，已被统治者掠夺了去，成了贵族们的禄田，在近畿以连片的大田形式存在，即所谓籍田，在边远地区，则分散开来与份地错落在一起，即孟子井田说中八家'同养公田'的公田。"这种将井田制下的公田分为两种的做法，不仅明白如画，而且非常符合历史实际。

（2）孟子将贡、助、彻分别配予夏、商、周三代，旧儒多守亚圣藩篱，认为周一开始即用彻法，然而这又与孟子所说的"虽周亦助"相矛盾。古往今来，虽千方百计，曲为之解，却终难弥缝。对此，张老师说："西周厉、宣之前，不论畿内还是封国，也不论'国'还是'野'，都是用助法的，而周宣王'不籍千亩'所蕴含的远不止是'籍田礼废'的问题，它指示着已历三代的地租剥削形态正经历一次巨大的历史变化，即废除了公田的徭役劳动而征收实物地税。"这样讲不仅疏通了孟子的原意，更突显了"不籍千亩"的实质和影响。张老师又指出："各封国由助到彻晚于周室，如鲁国直到鲁宣公十五年才'初税亩'。"这等于把变革开始的时间由春秋提前到了西周晚期。

（3）一般多谓商鞅变法促进了土地私有制的发展，那么商鞅变法推行的到底是土地国有制，还是土地私有制？张老师的回答是："变法的出发点和本意是土地国有制，但在实践中却为土地私有制开辟了道路""商鞅通过'废井田'、'宗室非有军功论不得为属籍'、以军功'名田宅'等，既剥夺了村社的土地，也剥夺了贵族的采邑、封地，在较高层次和严格意义上实现了国家对境内土地的支配权，比之西周在村社实际占有和贵族财产分割下的所谓'溥天之下，莫非王土'要胜出许多。土地国有后之配用，一是奖赏有功于国者，一是授予一般编户。这些土地，特别是可以作为'子孙业'的赏田，随着时间的推移，必不可免地会私有化"。在我看来，这段话充满了辩证法思想。历史上常有这样的事情：原来是要进入这一个房间，结果却进入了另一个房间，各种不同的欲念都可能充当社会进步的不自觉的工具。

（4）从普通百姓到现代新儒家，多把中国古代民本思想当作民主思想，张老师很不赞成。他认为："民主一词源于希腊，意指'人民的权力'或'多数人的统治'。后来逐步发展，完善为当代民主。而古代中国的民本思想，看上去与民主思想颇相近，实际却是完全不同的两回事。"他接着分析说，民主应大致包括三个方面内容："一是主权在民，即民参与国家管理；二是权力制衡，不允许一个人或少数人说了算；三是法律至上，即依法治国，法律面前人人平等。"而民本主要讲的却是"'民为贵'的贵民思想""'仁者爱人'的爱民思想""'得民而王'的保民思想"，总之一句话，"民主是让民主理国事，而民本的着眼点始终是君，是为君的统治地位如何才能持久、稳定着想的。因此，民本也者，非主权在民，而是主权在君；并非民本位，而是君本位。归根结底，还是君本，以君为本"。这就清楚地向我们揭示，弘扬传统文化需在认真研究的基础上加以转换，而非简单地瞎套照搬。厚誉古人与厚诬古人一样地不可取，因为这不符合古人生活的时代背景。

类似的例子不仅遍布于《三代社会形态——中国无奴隶社会发展阶段研究》，也大量出现在张老师的其他各部著作中。我觉得，只有对理论和史料都能烂熟于胸，达到融会贯通、深入浅出的人，才能发此明哲通达之论。所以，多年来，我都要求研究生将张老师的书作为必读书。从这位可敬的老学者身上，我们不仅可以学到立场、观点和方法，更可以感受到知识的力量。

但这并不等于我对张老师的学术观点都能接受。张老师中国无奴隶制发展阶段论的核心支点是农村公社及村社土地制度——井田制，因为它们的存在，阻碍了奴隶制的长成，直接进入了村社封建制社会。在这样的社会中，劳动者"拥有自己的生产工具和居室，独立进行生产"，处境比奴隶更好。对于此论，我服其颇能自圆其说，却仍有三点存疑。

其一，恩格斯在《反杜林论》中曾经反复申述奴隶制在历史上出现的必然性，他强调指出："人类是从野兽开始的，因此，为了摆脱野蛮状态，他们必须使用野蛮的、几乎是野兽般的手段。"[①]我理解野兽般的手段就是"超经济的强制"，而"超经济的强制"才是奴隶制的本质。如果说中国没有经过奴隶制阶段，那么，我们的先民是如何"摆脱野蛮状态"的？

其二，张老师说，夏商西周的基层社会组织是农村公社，但他又说："家族公社与农村公社实在是合一的，是一而二、二而一的。"这与我的理解也不相同。我认为，家族是血缘组织，农村公社是地缘组织，二者的关系是相互排挤、相互取代的关系，在血缘组织向地缘组织过渡期间，容或出现交叉现象，却不可能合一。假定承认中国阶级社会早期的劳动者还生活在家族中，他们既强烈地依附于家长，又"作为土地的有机附属物跟土地一起"被征服者占领，其地位还会比较优越吗？

其三，是我近年才想到的。一般与个别相待而生，个别不同于一般，又离不开一般，个别是一般中的个别。张老师的某些提法是否已无意间为当下十分流行的中国特殊论提供了历史依据？

一孔之见，未必恰当，与其默而藏之，不如直抒胸臆，趁纪念张老师八十诞辰之机，提出来向寿星请教。

四、结 尾

2015年秋，培训班结业已36年了。由我出面，借召开先秦制度史研讨会的机

---

① 恩格斯：《反社林论》，中共中央马克思恩格斯列宁斯大林著作编译局：《马克思恩格斯选集》第三卷，北京：人民出版社，1972年，第220页。

会，邀请在四川大学学习时的师友到西安聚会。詹老师步履维艰，刘老师目力大减，当年的青壮年都已青丝成雪，令人感叹。真是萧瑟秋风今又是，改了容颜！唯有张老师精神矍铄，谈锋甚健，讥评时政，月旦人物，毫不容情。会后，一起参观兴教寺，只见满院都是教人作顺民的胡编乱造的禅语。其中一幅说："心好嘴不好脾气不好也不算是好人。"大家一边念，一边把目光集中到了张老师身上，齐声说："这指的就是你呀！"谁知张老师立刻反唇相讥："难道心不好脾气好，光会说好听的，反而是好人？"众皆哑然。像张老师这样不说真话就憋不住的人确实越来越少了。噫！吾谁与归？

谨祝张老师健康长寿！

2015 年 9 月

沉痛悼念刘宝才教授

　　时光流逝，不知不觉之间，刘宝才教授离开我们已经一年了。今天，大家在这里聚会，举行纪念活动，我的心情十分沉重，而连绵不断的思绪也泉涌而出，很想借发言的机会向朋友们做一番推心置腹的倾诉。

一

　　1979年，在"科学的春天"里，百废俱兴，为提高教学质量，教育部委托四川大学徐中舒教授主办先秦史师资培训班，我有幸被录取，首次负笈入川。那时候，不管干什么，都很认真，尽管全班只有11个人，仍然郑重其事地推举了班级领导，由来自东北师范大学的詹子庆任支部书记，来自西北大学的刘宝才任班长，由此，开始了我同刘宝才老师四十余年从未间断过的亲密交往。

　　因为是朝夕相处，我很快就领略了刘老师这位老大哥的长者风范。

　　刘老师温润如玉，从不厉言厉色，而对别人的关爱，则发乎自然，出于至诚。我进校时，他已先期而至，见我终于来了，便赶快过来看望，帮助安排床铺，购置碗筷和洗漱用具。还介绍说："红瓦村食堂的面好，绿杨村食堂的菜好。不过，最香的还是720食堂的回锅肉。"因为我是北方人，爱吃面，过了两天，他又领我找本地人按1：1.2的比例用米票换了一些面票。当时大家肚里缺油水，于是便常常跟他到720食堂去吃回锅肉。

　　成都的冬天悄无声息地降临，树木依旧葱绿，转浓的寒气却已侵入肌肤，没有及时更换冬装的我患了感冒，吃药不管用，刘老师便带我到望江公园，要了一壶茶，在茶社里整整坐了一上午。他的理论是，多喝茶，把汗出透，自然就好了。不承想，这个办法还真灵，回到宿舍闷头睡了一觉，居然浑身通泰，精神健旺了许多。

　　"文化大革命"后，突然恢复招生，房子成了大问题。所以，1979年的四川大学，简直就是一个大工地。徐老每周两次，从家里步行出来，绕过荷花池和数学楼，到一处平房院内为我们上课，沿路都是在运料的汽车和板车间穿梭，随时都有发生危险的可能。刘老师看在眼里、急在心头，赶紧以培训班的名义向学校打报告，要求派车接送，谁知竟如泥牛入海，久久不见答复，跑到办公楼问，听到的都是些推托话，方知领导也有难处，求人不如求己。于是，每逢上课的日子，刘老师一早就出门，亲自去接徐老。后来大家发现了，纷纷表示应该共同承担这项义务，这才排了班，轮流为老师"护驾"。

徐老是 1898 年生人，1925 年入清华大学国学研究院，成为王国维等名师的入室弟子，自 1937 年辗转入川，到 1979 年，在四川大学执教已 40 余年，年龄也已八十有一。刘老师时常对我们说："徐老门墙桃李遍于天下，科研著述驰誉海内。这样的宿学大家现在已经不多了，有跟他学习的机会，应该珍惜。除继承他的学术思想外，还要多陪陪他，让他不至于在晚年感到孤独。"在他和詹老师等人的张罗下，我们时常到老师家敬问起居，还请徐老和伍士谦、唐嘉弘、缪文远、罗世烈、常正光等几大助手一起，进行过几次郊游。记得一次是先逛望江公园，再在校内各景点照相，中午直接到望江楼聚餐。席间，一向寡言的徐老居然也谈笑风生，讲了几个鲜为人知的学术掌故。

1979 年岁尾，培训班即将结业，刘老师又召集大家商量说："继承徐老的学术思想，非一朝一夕之事。培训班散了，人不能散，得有个组织。"当时还没有什么学会，光我们这些学员参与，代表性不广，也不适宜称学会。议来议去，便想出了先秦史学社这个名字，还拟了章程，决定一年开一次学术年会。1980 年由我所在的河南大学承办，1981 年，即移师西北大学，由刘老师牵头组织。旧友重聚，有说不完的话，散了会还不想走，他就带我们去吃羊肉泡馍，每人三个饼，已经很饱了，又非要再请到西安饭庄品尝桂花稠酒，结果闹了个"饭后胀"，中午、晚上都吃不下饭。

第一次年会规模尚小，到第二次年会，气象已大不相同。除刘老师热情好客外，学校也很重视，吃、住、行安排十分周到。更重要的是，代表人数增加了，几乎涵盖了全国各地的大学和重要学术机关。眼见条件已经成熟，刘老师和詹老师商量后便转请与会的唐嘉弘、缪文远老师向徐老汇报，拟在先秦史学社的基础上成立中国先秦史学会，很快得到了徐老的首肯和上级有关部门的批准。1982 年初夏，来自各省区市的先秦史专家齐集成都，顺利举行了中国先秦史学会成立大会暨第一次学术讨论会，徐老当选为第一任会长，唐嘉弘任秘书长，副会长有金景芳、赵光贤、王玉哲、李学勤等。如果我没有记错的话，这应该是史学界成立最早的学会。刘老师顺理成章地被推举为理事，实际上，他应该被视为学会的一位创始人。

我十分钦佩徐老的道德文章，总想多一些机会向他请教，于是，1985 年又考回四川大学攻读博士学位。然而，此时徐老的身体已大不如前，罗世烈教授作为副导师具体指导我完成学业。其间，刘老师不断来信，既关心我的学习生活，更关心徐老的健康，并一再叮嘱我要代表培训班学员多到医院探望。1987 年暑假，他邀请我一家三口到西安旅游，诚恳地劝导我可以利用博士生毕业分配之机换个更理想的单位。见我有些心动，立即就向西北大学历史系做了推荐，得到了系主任张岂之教授和系总支书记的一致首肯，我也为又能同刘老师一起工作而倍感兴奋。岂料1988年春我回四川大学途中又在西安逗留时，却得知西北大学历史系在职称评定中出现了人多、指标少、竞争激烈的情况，不免为之却步。正欲登程继续南行，刘老师则劝我不妨再住一天，到陕西师范大学看望一下同专业的前辈，从而为我提供了与陕西师范大学结缘的契机。我后来能够顺利地落脚西安，入职陕西师范大学，与斯维至、何清谷教授的慨然接纳分不开，也与刘老师的精心安排分不开。"吃水不忘挖井人"，回望在西安几十年走过的路，我从内心对刘老师充满感激，也更增加了我对他的无限思念。

二

刘老师是我认识最早的西安人，我来西安工作后自然也同他接触最多。特别是我们都搬到新校区之后，虽不同校，却近在咫尺，每周起码要见两次面，坐在一起，无话不谈，几个小时的时光不知不觉间就从身边溜走了。当然主要是谈学问，最近，我一边回忆，一边重读他的《求学集》和《求学续集》，益发感到刘老师的学术思想非常值得我们总结和学习。

刘老师1957年考入西北大学历史系，1961年毕业，分配到陕西省社会科学院历史研究所，后又回西北大学任教，进入张岂之教授领导的中国思想文化研究所，一直干到退休，从未调换过岗位，可算是西北大学中国思想文化研究所的"老臣"，是一位真正的思想史专家。

从1979年参编《中国历史大辞典·思想史卷》开始，30多年间，刘老师在张岂之教授主持的七个研究项目中，承担先秦、秦汉两段的撰稿任务。这些项目的结项成果不仅在出版后广为发行，影响深远，而且，其中的《中国历史》获得了国家教学成果一等奖，《中国思想史》获得了国家教学成果二等奖，《中国思想学术史》获得了高等学校科学研究优秀成果二等奖，《中国儒学思想史》获得了国家优秀图书二等奖，《中国传统文化》获得了陕西省教育委员会哲学社会科学优秀成果一等奖。可以认为，在西北大学中国思想文化研究所这个文科基地的成长过程中，刘老师一直在发挥着奠基的作用。

刘老师自己说，为了写出高质量的书稿，他把先秦的历史和文化揉搓了四遍。正是经过了多次揉搓和深思熟虑，所以才能形成自己的见解，让书稿具有新意。刘老师最重要的看法是，先秦3000年间的思想文化发展史，是一部走进古代宗教再走出古代宗教的历史。即史前和三代大约2000年间，人们摆脱了原始文化，进入古代宗教，形成天命神学；西周后期和东周大约1000年间，又走出古代宗教，形成以理性主义为共同特征的诸子学派。这一结论看似简单，所蕴含的内容却十分丰富。第一，它强调在宗教产生之前，曾经有过一个幻想凭借巫术就能驾驭众灵和指导自然进程的原始文化阶段，避免了将巫术与宗教混为一谈。第二，它用"走出宗教"为诸子定位，准确地揭示了诸子学理性主义的本质。第三，它指出了"走出宗教"的巨大意义，认为秦汉以下没有"政教合一"的朝代，中国文化具有包容精神和极强的生命力，都与早已走出了古代宗教有关。我坚信，刘老师以"走出宗教"为视角来把握中国传统文化的优点是正确的。试想，在一个多民族的大国里，如果再加上宗教偏执和教派冲突，哪里还有长期的统一稳定和社会和谐呢？所以，我深切地希望刘老师的这一见解能成为思想史研究者的重要参考。

刘老师对先秦思想文化史的见解虽然包含三大内容，但他在著作及文章中论述最多的却是第二点，即诸子之学。张岂之教授曾将先秦儒学概括为"人学"。刘老师进一步发挥说：如果在与宗教神学相对的意义上使用"人学"一词，则先秦诸子大致都可以视作"人学"，他们或重视政治伦理，或强调顺应自然，或依靠制度治国，或主张"一切一断于法"，研究的是人与人、人与自然的关系，关心的是人的生存与发展，难道这不正是"人学"所要解决的最基本的问题吗？刘老师还从思维方式的变化入手，对自己的观点做了补充论证。他指出，古代宗教建立在鬼神信仰基础上，连周公也只会反复教人体察上帝和祖先神的指示，而孔子却开始教人疏远鬼神，以后又有孟子用民意取代天命，荀子倡导天人相分，从道家到法家，更发展出相当彻底的无神论，甚至把迷信鬼神看作亡国的征兆。诸子因事说理，因史说理，用大量的论据来证明论点，而且非常注重归纳和推理，却没有人再将世界秩序归结为鬼神的安排，更没有人以鬼神意志作为学说体系的出发点，由此足可以看出，他们已普遍告别了鬼神观，进入了讲究逻辑的理性思维新阶段。而采用理性思维来确定真理，正是"人学"的主要特征和它区别于"神学"的分水岭。刘老师多次建议，应该"用理性主义作为主要线索来写先秦诸子学说的发展过程"。我相信，只要大家认真地按照这条线索思考和把握，就一定会发现，不仅张先生把儒家学术概括为"人学"是正确的，刘老师说整个诸子学说都是"人学"，也是完全正确的。

刘老师既主张用"理性主义"理解诸子，也主张用"理性主义"理解整个中国思想史。在他看来，汉代虽定儒家为一尊，但汉代经学却融入了诸子各派之所长，更采用了诸子共同遵循的理性思维，所以从经学到魏晋玄学、宋明理学、清代乾嘉之学，理性精神不断高扬，形成了中华文化的主色调，并深刻影响了中国文明的前进方向。近代以前中国文明的成就能高于欧洲，与此紧密相关。正是基于这样的考量，刘老师提出，在弘扬优秀传统文化的时候，首先要弘扬理性精神，要学会在一切事情上公开运用自己的理性。我对刘老师的卓识深表钦佩。因为理性反对迷信和盲从，要求人们说话办事合乎常理、顺乎常情，能否做到这一点，又取决于能否实事求是，而实事求是不仅是中国共产党一贯倡导的优良作风，更是民族和国家健康发展的根本保证。

侯外庐先生曾任西北大学校长，张岂之先生又长期协助侯先生工作，从而在西北大学中国思想文化研究所成就了侯外庐学派的一支重要力量。侯先生认为：与社会史研究相结合，是思想史研究的基本方法。作为西北大学中国思想文化研究所的老将，刘老师始终把继承和践行侯派学术传统奉为自己著述的宗旨。张岂之先生曾说：所谓社会史研究，其核心是"社会经济结构分析"。对此，刘老师不仅完全赞同，而且做过精彩论证。他指出：秦汉以下的思想潮流百年、几百年一变，不一定都以社会形态的改变为依据，先秦长达3000年，离开社会形态，很难从别处找到思想文化发生剧变的主因，因此，社会经济结构分析在先秦思想史研究中的重要性就显得特别突出。与此同时，刘老师也强调，社会史的内容复杂多样，经济结构虽然重要，却并不是唯一的，除了解经济结构、考察社会形态之外，还应关注政体形式、国家制度、知识分子的状态及农业知识、天文历象、科学技术的发展水平等。刘老师的补充，使社会史与思想史相结合的研究方法变得更加完善。

我一到西安，刘老师便以侯老所著的《韧的追求》相赠，在他家里，我亲见他在侯老的《中国古代社会史论》上留下了大量的圈点和眉批，由于反复咀嚼，他与侯老事实上已经灵犀相通了。刘老师曾对我说："侯老研究古代社会的结论就是'人惟求旧、器惟求新'、'其命维新'这三句话，'旧人'指氏族贵族，'新器'指国家，'维新'是说文明的产生走的是改良的道路，血缘关系并未打破，王的家室却转化成了公共权力机关。"他的话如醍醐灌顶，使我再读古书时，无形中就多了几分清醒，而不至于被汉唐注疏牵着鼻子走。比如，在《尚书》中，周王凡有大事，辄呼"伯父伯兄仲叔季弟幼子童孙，皆听朕言"，岂不是已经清楚地表明，朝廷虽属"新器"，但运作模式仍主要依靠本族子弟"奔走于王家"！类似的例子还有很多，恕不枚举。刘老师更著文依据侯老的结论来说明"走进古代宗教"和"走出古代宗教"的必然性。他写道：由于是通过维新去实现从野蛮向文明的过渡，血缘关系得以保留，"在上的氏族居于国，在下的氏族居于野，两者都以血缘为纽带，而不与土地直接结合"，因"没有土地私有权"而无法凭借经济杠杆进行剥削，所以，统治者除运用武力征服以控制弱小氏族的人身外，还必须依靠让人"畏天之威"来确立人与人"相畏"的统治秩序，这便呼唤出了天命神学，周人只有把文王化妆成受天命者和上帝意志的代表，西周政权的合法性才会变得不容置疑。但是，战国却是个"铁耕"时代，人的生产能力、技术水平和独立性空前增强，家族、氏族在竞争中纷纷解体，无数祸败之衅使大家认识到天道不能决定人道，于是，氏族贵族和天神一起失去了昔日的权威，再靠"天威"吓人已无法使在下者甘心服从，在这种情况下，意欲重建人与人、人与自然新型关系的诸子，除了用理性的方法以证成其说，实已别无选择。刘老师的分析告诉我们，与"走进古代宗教"一样，"走出古代宗教"仍是取决于社会现实的需要，这也再次证明了马克思的一个重要论断，即"不是人们的意识决定人们的存在，相反，是人们的社会存在决定人们的意识"。可以认为，刘老师的此类研究已为侯派后学树立了典范。

改革开放以后，"文化搭台，经济唱戏"的做法到处流行，对地方文化的研究呈现勃兴之势，连一向冷落的中国先秦史学会也成了"香饽饽"，被各地邀请去为他们那里的古文化和古代名人做学术论证。已是中国先秦史学会副会长的刘老师当然不能置身事外，但他对这股地方文化热始终保持着清醒的认识。他多次在会议发言中指出，肯定各地文化自有特色，是为了丰富中国古代文化整体，地域性文化由交流融合走向统一是总趋势，不能因过度强调地方而妨碍和割裂整体。

为了在科学把握上做出表率，他每次收到请柬，都要慎重选择，并非有请必到。只要答应参加，则一定广泛收集资料，认真写出文章，做到言必有据，力避从感性出发而为左右袒。在此，我想举出他对秦文化的研究以展现其一贯的理性主义立场。

刘老师是"秦人"，对"秦地"具有天然的感情，但当有人把秦能战胜六国的原因归之于有先进的铁器、普遍使用牛耕和农业经济水平最高时，他却立即著文表示不予认同。在他看来，西周铜器铭文中的嬴字多由"能（熊）"与"人"或"女"字组成，恰可与文献透露出的大量信息相印证，说明嬴姓秦族属于一个擅长驯养鸟兽的族类。西迁之后虽然发展了农耕，在"秦"的字形组合中有了"禾""臼""杵"等元素，但所居的西汉水流域河谷盆地狭小，稍远即是山峦，以牙齿磨耗、龋齿、生前牙齿脱落、上下颌骨表面骨质隆起等作为指标进行分析，仍可看出，生活于西山遗址一带的早期秦人饮食结构既复杂多样，又以肉食居多。这恰恰表明，农牧兼营并长期保留牧猎经济传统才是秦人强大生命力的源泉，夸大铁器与牛耕的作用，不仅与事实不符，同时也会掉进唯生产力论的泥淖。

刘老师的意思是，由于秦人农业经济起步晚，才没有实行过与农耕文明相适应的宗法制，后来的变法改革所遇阻力小而较为彻底，才使秦在及时刷新制度方面占了上风。刘老师把这种历史现象叫作"边缘崛起"，并认为中国古代政治格局的变化一直走的是"边缘崛起"的道路。但落后的边缘一旦进入中心，权力加上野蛮，必然造成"其使民也酷烈"，从而埋下将自己炸毁的火药桶。所以，与盛赞秦国的成功相比，刘老师更关注秦朝的失败，当一些人一味追捧秦始皇和《商君书》时，他却要求重视对吕不韦和《吕氏春秋》的研究。刘老师指出，吕不韦任秦相十三年，在此期间，秦灭二周，围三晋，败强楚，下魏三十七城，克韩之成皋、荥阳，进行了一系列的战争，吕不韦是这些战争的决策者和参与者，曾亲身统兵作战；但他却以丰富的阅历和远大的目光，超越了军事经验的局限，通过编著《吕氏春秋》，最早提出了"兼容并包"的政治主张，并以"天下非一人之天下也，天下人之天下也"为理据，要求国君念及天下苍生，自觉转变治国之道，吸纳不同学派之人，共同服务于即将统一的国家。就认识的超前性而言，吕不韦胜过了秦始皇。因此，刘老师主张，对吕不韦这类能敏锐抓住重大"历史课题"的人，不管其结局如何，都应给予充分的肯定。进而，刘老师还强调，重大"历史课题"的出现自有历史的合理性，为解决"历史课题"而提出的正确主张尽管可能因超前而暂被弃置，但迟早都会变为现实。在刘老师看来，汉儒虽不打吕不韦的旗子，但许多人却都在《吕氏春秋》的影响下把握经学，《吕氏春秋》所蕴含的反对单纯暴力政治、要求兼采各家之所长的兼容并包精神在黄老盛行和独尊儒术的表象下复活了，《吕氏春秋》实为秦文化的瑰宝，对中华传统文化的形成产生过关键性影响，应该大力挖掘、研究和弘扬。刘老师的上述看法不仅是科学的、公正的，而且也反映了他自己一贯坚持的厌弃专制、向往民主的人民立场。

在晚年，刘老师把很多精力投放在对黄帝和黄帝文化的研究上。他将五十多种文献中涉及黄帝的记述全部录出，又博采方志、碑刻和考古报告，与何炳武教授一起主编并出版了《黄帝陵志》和《黄帝文化志》。他在整理中发现，有关黄帝的资料实际包括五类，分属于历史学、民族学、文化学、民俗学、民间文学等不同学科，因此，即使采用最粗略的划分，黄帝研究也应区别为黄帝时代远古史的研究和黄帝文化的研究。基于这样的认识，刘老师便著文反复强调，要研究历史上的黄帝，首先必须甄别文献，收集证据，以求真的态度梳理黄帝事迹，展现黄帝时代的社会风貌，特别应运用多重证据法，重视考古及古文字学提供的新材料；如果研究的是文化史上的黄帝，就得以文化的流变为主线，先弄清是什么时代、哪种文化、因为何故成了主流文化，然后再考察这种文化将黄帝改塑成了什么样子，带来了什么样的后果，产生了什么样的影响。刘老师认为，作为一个严肃的社会科学工作者，既应尊重约定俗成，把黄帝看作中华民族的精神标识，又要尊重学术规范，避免将文化现象当成历史事实。只有坚持运用科学的方法，拿出来的研究成果才会有说服力。我感到，刘老师的工作不仅为陕西的黄帝研究奠定了基础，也为研究的健康发展指明了方向。假如大家都能按本学科的标准和方法进行探讨，自说自话和相互打烂仗的情况即可消除，黄帝时代的历史及黄帝文化的面貌也将更加清晰。从这一角度看，刘老师之于黄帝研究，可谓功莫大焉。

三

自 1957 年考入西北大学，刘老师一直住在西安。他觉得这里的饭好、水好，连带着土腥味的空气也是甜的，天地浑然一体的灰黄更黄得敦厚可亲。后来情况发生了变化，在北京工作的小女儿为他生了一对双胞胎的小外孙，他和老伴郗老师便办了退休手续，常常过去帮忙。只是刘老师的心却仍留在西安，总想找个机会往回跑。外孙越大，回来得越勤，住的时间也越长。特别是搬到新校区以后，房子大了，他为自己装修了书房，为喜欢画画的郗老师装修了画室，将藏书分类、编号，整整齐齐地上了架，似乎已生落叶归根之念，并将在专业上重整旗鼓，大干一场了。我也希望西安能把他彻底拴住，以便朝夕相从，随时请教疑难。

事实上，刘老师每次回来，都不是为了故地重游，除参加会议外，还负有学术使命。2004 年回来，整理出版了他的先秦思想文化论文专集《求学集》，收入工作期间所撰写的重要论文 41 篇；2015 年回来，主持召开了先秦制度史研讨会，邀请在四川大学学习时的朋友重新聚首，纪念先秦史师资培训班举办三十六周年；2018 年回来，又出版了《求学续集》，将退休以后所写的文章汇为一编。我感觉，他虽仆仆于北西两地，但心中的学术目标却既明确，又坚定，因此，在不安定的境况下，一切仍能按部就班地有计划进行。

《求学集》《求学续集》是刘老师的学术结晶，处处闪耀着思想的光辉，足以垂范后学。但他却坚持要用"求学"为名，并亲笔题签，设计了封面。据我理解，他是要把谦以待人的优良作风坚持到底，把"活到老，学到老"当作自己的座右铭。刘老师的专业是历史学，但他认为，要从事历史研究，离不开语言文字学、考古学、文化人类学和马克思主义理论。为在语言文字上打好基础，他抽暇把王力主编的四册《古代汉语》通读了一遍，在四川大学，又由徐老指导，从《说文解字》入手，学习甲骨文、金文。并参与《殷周金文集录》的选编与考释。至于对人类学方面的相关报道及考古新发现，他更以史家的敏锐，随时予以关注。所以，当我展读《求学集》《求学续集》时，就不仅为其中蕴含的强大逻辑力量所折服，而且也为材料的新颖、文字的优美所吸引，忍不住要一直读下去。刘老师能由博返约，把深奥的思想史问题说得深入浅出，靠的就是"以勤立学"。刘老师在谦逊好学方面为我们树立了榜样。

《求学续集》共 30 多万字，出版社并不负责校对。我劝刘老师找学生帮忙，或由我的学生来做，刘老师不放心，非要亲履亲为。果然书比正集印得好，纸好、字大、装帧精美尚在其次，更重要的是没有错字，刘老师很高兴，亲笔签名，广送朋友。也许有人并不知道，这时他已年届 80，并且患有严重的眼疾。2019 年暮春时节，弟子李刚在西安电子科技大学为《求学续集》的出版召集了专题座谈会，群贤毕至，高朋满座，大家一边交流学习刘老师学术思想的心得体会，一边祝福他健康长寿。学术上后继有人，使刘老师感到愉快和欣慰。

于是，2018 年和 2019 年，刘老师就在西安住的时间多一些。郗老师担心他一个人不安全，也从北京回来相陪。一人在书房看书，一人在画室作画，有时刘老师会踱过来在郗老师的画作上题字，后来自己干脆也拿起画笔，留下了几幅很招人爱的写生。间或我会陪他们到校外散步，在漫天的落霞中遥望幽幽南山，心中常涌起无限美好的遐思。然而，好景不长，正要安享晚年的刘老师却感觉自己病了，浑身不舒服，没胃口，不想吃东西。但去了四家医院，仍旧不能确诊，有的说肺有毛病，有的说是贫血，有的说就是感冒，只要不发烧，就可以出院。我们都缺乏医疗知识，也认为既然找不到问题，与其在医院受罪，还不如回家养着。

谁知天有不测风云，2019 年秋，刘老师回到北京，即查出来是患了食道癌。渐渐不能进食，只好住院靠输液维持。又赶上新冠疫情，医院不准许外人进入，亲朋好友无法前往探视，只能打电话、通视频聊表安慰。眼见他越来越瘦，声音越来越弱，最后竟通不成话，改由一位好心的河南籍护工转述病情。听护工说，刘老师特别想吃西安的凉皮和馄饨。女儿、女婿设法买来了，却只能闻闻味儿，一口也咽不下，闻之令人酸鼻。挨到 2020 年 7 月 19 日，刘老师终于脱离苦海，往生极乐世界。学术界失去了一位睿智的思想者，中国先秦史学会失去了一位忠厚的领袖，我也失去了一位始终对我爱护有加的师长。消息传来，顿觉五内俱焚，却无法赴京同他告别，只能忍悲含泪，在心底里默祝他一路走好。

2020 年 10 月 26 日清晨，刘老师魂归长安少陵原。方光华副省长携夫人一早赶来，在安葬仪式上发表了十分动情的讲话。当即决定，由西北大学思想文化研究所和中国先秦史学会联合举办学术研讨会，纪念刘老师逝世一周年。赖众人齐心协力，积极筹备，方副省长的指示得以顺利落实。今天，这么多的朋友从四面八方赶来，足见刘老师的精神感人至深。恍然间，我真的觉得，刘宝才教授并没有走，他就在我们身边，永远激励着我们，在学术探索的道路上，一直向前、向前。

　　　　　　　　　　　　　　　　　　　　　　　　　2020 年 11 月

致敬刘家和教授

刘家和先生 1952 年毕业留校，在大学的讲坛上已辛勤耕耘了 70 年。今天，北京师范大学为刘先生执教 70 周年举行庆祝活动，我有幸受到邀请，得以躬逢其盛，便也想在此直抒胸臆，以表达我对刘先生深深的尊敬。

刘先生生于 1928 年，整整长我 18 岁，但自从 2000 年结识之后，便始终往还不断。他曾多次亲赴陕西师范大学指导工作，并答应担任新成立的中西史学比较研究中心的顾问。我也利用各种机会，到北京向他问安和请教。至于电话交谈，更如家常便饭。渐渐地，便到了"心有灵犀一点通"的程度，成了真正的忘年交。

交往中，刘先生对我爱护备至，鼓励有加，我对刘先生的崇敬之情更日甚一日。我之所以尊敬刘先生，是因为他是当今不可多得的史学大家。什么是大家，各人可以有不同的理解。在我看来，刘先生的"大"，首先体现在一个"通"字上。刘先生做学问，非常注意将小学、经学与史学贯通，将历史与哲学贯通，将中国历史与西方历史贯通，将古代与现实贯通。正是有了这四个贯通，他才能在中国史、世界史、史学史、史学理论等不同领域不断发现问题，并写出了许多解决这些问题的名篇。他先后受邀参加编写周一良、吴于廑主编的《世界史》，林志纯主编的《世界上古史纲》，吴于廑、齐世荣主编的新版《世界史》，白寿彝主编的《中国通史》《中国史学史》《史学概论》，等等，也是因为大家都知道，只有他才能够通。现在重温刘先生的作品，会更加清楚地认识到，刘先生所谈的问题都是具有重要意义的大问题，刘先生所勾画出来的历史发展趋势，都是当今应该关注的大趋势。这一点，只有通家才做得到。刘先生的文章和著作对史学界起到了引领和促进作用。

博和通可以对历史形成全局的把握，找准仍须探索的切入点。但要取得重要突破，形成被广泛认可的学术观点，却还得在通的前提下，逐步走向专和精。刘先生在通专结合方面，为我们树立了典范。所以，他的研究成果，不仅在刚刊出时引起过轰动和好评，而且几乎都成了不朽的传世之作。

以我目力所及，在中国史方面，刘先生和贺允清在写《如何认识原始社会的公有制》时提出，上古所谓公有，只是很小范围内的公有，氏族部落对外有界限，对内有层次，根本不是真正的"天下为公"。这一看法实为后来层级结构理论的形成奠定了基础。他在《中国史研究》发表的《〈书·梓材〉人历人宥试释》一文，通过专精的考证，把"人历"确定为"野人"，把"人宥"解释为"人有"，有助于先秦史学者从劳动者的身份来确定西周社会性质。为了说明中国古代早期文明也始于小国寡民的城邦，而且也有过一定程度的城邦民主，刘先生发表了《三朝制新探》和《楚邦的发生和发展》，认为与治朝、内朝相对的外朝是国君征询国人意见的地方，相当于希腊的公民大会，给主张东西方都有从城邦到帝国发展过程的学者提供了有力支持。对于诸子百家，刘先生真正做到了烂熟于胸，所以，提笔为文，不仅如数家珍，而且新见迭出。例如，他曾说：乐是人的感情的表现，礼的作用是节制乐，节制乐就是节制人的情感，礼乐相参，才能达于和谐；墨子讲博爱，立足于天，带有宗教色彩，而孔子讲仁，是以人为出发点，属于人文主义，等等，都能一语中的，抓住本质，令人茅塞顿开，回味无穷。

刘先生深知，作为历史学家，必须了解史学自身的发展，更要用正确的史学思想去统率具体研究。所以，他对史学史和史学理论用功甚多，参编过相关书籍，整理过刘知几的《史通》，更发表过多篇论文，广泛论及求真与致用、主观与客观、宏观与微观、传统与创新、真与善的关系等，虽以谈论个人心得的形式娓娓道来，却都具有十分重要的指导意义。例如，他在《论历史理性在古代中国的发生》及《论司马迁史学思想中的变与常》等论文中强调，历史在变，但变中有常，常就是对历史理性的概括。他举例说，周公通过总结先王历史树立起"得民心者得天下，失民心者失天下"的"三代观"，不仅运用了"因果律"，还体现了历史理性与道德理性的统一；荀子在承认"人生而有欲"的前提下提倡礼治，把礼视为合理分配利益、使人各得其所的"度量分界"，更是比宋明理学"存天理，灭人欲"要高得多的历史理性。刘先生的结论是，中国人不仅相信历史理性，而且善于利用历史理性，其主要表现就是重视以史为鉴，能以史为鉴，如此便可发展进步，反之则出现衰落与倒退，这早已成为全社会的共识。因此，中国的历史理性虽没有形成完整的体系，但对历史的进步却具有决定性的影响。刘先生的分析既鞭辟入里，又有大量的事实作支撑，读者常常心服口服，从而使大众对历史学的认识迅速获得提升。

刘先生毕业后留在世界史教研室，从事世界古代史、世界中世纪史教学是他的本职工作。但中华人民共和国成立之初使用的基本上是西洋史的旧教材，书中贯穿的是西方中心论，殖民地国家被说成是"白种人的负担"。后来改用苏联教材，中国、印度等东方文明的内容依然十分薄弱。刘先生感到，这种知识结构不合理的情况必须改变，于是，早就下决心，要写中国人自己的世界古代史，凸显东方以及中国的地位、特点、作用和影响。为此，他投入巨大精力，研究了斯巴达的黑劳士制度、古代印度的种姓制度、土地制度和社会关系，从相互比较中寻找东西方文化的共性。接着，又在自编的一部《世界上古史》教材中加入余论部分，充分利用考古材料和最新研究成果，介绍在世界历史的每个阶段上，中国发生了什么事，大概是一种什么情况，并对中国文明出现和发展的意义进行了讨论。由于已有长期的准备和积淀，到在吴于廑、齐世荣主编的《世界史》中任分册主编时，刘先生便大刀阔斧地进行改造，把传统的按地区划分章节的做法抛开，变为按阶段划分，即先讲早期古代文明，然后进入古典文明期。早期古代文明既写埃及、西亚、印度及爱琴海文明，也写中国的夏商，并注重通过比较于异中求同，不仅打破了西方中心论，而且解决了"两张皮"问题，使中国与世界形成一体。刘先生在书中指出：从目前的考古发掘来看，中国文明的源起虽没有埃及、两河及印度早，但在古典文明期却发展很快，春秋战国的诸子百家完全可以同西方人心目中的古代圣哲相比美。刘先生的结论与雅斯贝尔斯把中国、印度、希腊的古文明同称为"轴心时代"的做法可谓不谋而合。

黑格尔曾在《世界史哲学》中谈到："世界精神"的太阳从东方升起，东方文明属于最低等级的文明，希腊是人类历史的青年时代，古罗马则是壮年期，最后太阳会降落在日耳曼人身上，"世界精神"的终极目的要靠他们来实现，历史也将进入最高阶段。刘先生在对黑格尔哲学做了系统的钻研后，一针见血地指出：黑格尔"世界精神"的实质是日耳曼精神，他宣扬的历史观正是要把东方定位为西方人征服对象的殖民主义历史观。带着要"为中国人说话"的使命感，刘先生写了多篇中西历史比较的文章，一边于异中求同，一边又仔细考察同中之异，抱着既"各美其美"，又"美人之美"的客观态度，持续不断地为对黑格尔做出回应进行学术储备。2019 年，已经年逾九旬的他和弟子刘林海一起，发表了题为《3—6世纪中西历史及文明发展比较研究》的长篇论文，在肯定古典文明期中国进步较快、已经可以与西方相比美的基础上，又进一步强调中华文明具有巨大的包容性，华夏之礼作为政权合法性的标志不仅为各族领导人物所接受，而且始终是维持统一和文化延续的核心，加之秦汉确立的郡县制为中央集权提供了制度保证，所以魏晋南北朝虽也出现了与西方相似的分裂与动乱，但强烈的文化认同意识却使隋唐时期的天下重新归一显得水到渠成。与之相反，真正古典的希腊、罗马文化却在民族迁移和基督教的冲击下断绝了，基督教又具有较强的排他性，由于缺乏文化认同，加上罗马帝国统治下的城市或地区大都保有不同程度的独立，这便使欧洲在结束 3—6 世纪的动乱后依然无法摆脱分裂状态，而被断绝了的古典文化要靠到 13、14 世纪才出现的文艺复兴加以拯救。他们的长文从研究东西方的政治结构、民族结构和文化结构入手，条分缕析，有理有据，左右逢源。学术界普遍的看法是，有了这篇雄文，那种认为东方文明注定要低于西方文明的成见算是寿终正寝了。黑格尔以"世界精神"为旗号，却又明显带有偏见的唯心史观在流传了 200年后终于得到清算，刘先生居功甚伟。

刘先生的学术成就令人敬仰，刘先生的治学经验更值得我们珍爱，需要认真消化和吸收。他首先强调，做学问必须有强烈的使命感和浓厚的兴趣，这样才会有永不枯竭的动力。谈到如何读书，刘先生告诉我们，一定要学会揣摩，绝不能死记硬背，要不断与作者对话，在对话中吃透作者的意图和思想，这样做不仅容易记住，还能提高认识，产生新的体会和心得。刘先生认为，做学问没有捷径，却有门径。他的门径一是运用目录学知识，按图索骥，有的放矢地掌握史料；二是用好逻辑和小学这"两把刀"，具体来说，就是用思想来统率知识，用哲学和逻辑来分析问题，又要从根子做起，由考清字义进到读通文义。他十分欣赏张之洞在《书目答问》中说的一段话，即"由小学入经学者，其经学可信；由经学入史学者，其史学可信"。现在看来，刘先生正是沿着这样的路，步步走来，才成了博学通达的史学大家。刘先生还指出，认知是一个不断否定的过程，而疑问则是发现原有知识错误的关键，只有那些既熟谙传统，又敢于疑问，具有反传统精神的人，才能取得突破和创新，通过否定之否定达到有知，产出原创性的重要成果。刘先生诸如此类的心得或传自名师，或出自实践，又在七十年的执教生涯中反复检验，已成颠扑不破的箴言，值得我们永远牢记。

　　作为老一辈史学家，刘先生对于后学，既有关爱，也有期许。他希望我们能学习司马迁的敬业精神，为历史学贡献毕生的精力。他要求大家挤出一切时间读书，增加知识储备，又鼓励年轻人敢于攻坚克难，不断提出和解决新问题，绝不能只做已有知识的复读机。历史研究既要求真，又要致用，因此刘先生主张每个史学工作者都应关注现实，为人民服务。在他看来，如果没有需要，历史学就不可能存在。同时他又强调，致用也应建立在求真的基础上，绝不能任意裁剪，歪曲真实，必须随时警惕那种被现实任意利用的影射史学死灰复燃。刘先生是个典型的谦谦君子，识者无不为他的谦逊作风所打动。刘先生对此则有更深的认识和理解，他说过：谦虚不是形式，它反映一个人对对方的尊重程度和是否善于反省，相对而言，人永远处于无知状态，世上最可怕的无知就是对自己无知的无知，只有敢于公开承认不足和缺点的人，才能在相互学习、相互交流中取得进步。他的话应该成为我们处理人际关系，尤其是师生关系的基本准则。

　　与刘先生相比，我们当然远远不能望其项背。但交往越多，向刘先生学习、走刘先生之路的决心就越加坚定。为此，我同刘先生的弟子王成军教授牵头，在陕西师范大学成立了中西史学比较研究中心，试图通过招收中西历史比较方向的研究生，出版中西古代历史比较探索与实践丛书，组织和带动年轻教师，渐渐形成比较研究的浓厚风气。我自己在研究中也开始注意发掘小学、经学的史学价值，并学会了全面地看问题和用发展的眼光看问题，既考察"是中有非"和"非中之是"，更重视"昨日之是"何以变成"今日之非"。纪念刘先生从教七十周年，就要用具体行动弘扬刘先生的学术思想，践行刘先生的治学方法。我相信，在新时期社会主义的学术园地里，一定会有更多饱含着刘先生心血的妍丽之花不断绽放。

　　恭祝刘先生健康长寿！

名校 名师 名文 名人

——恭贺胡戟教授八十华诞

1965年，我考进北京大学历史系。这年冬天，汪篯教授主讲秦汉史，正在做研究生的胡戟随堂辅导，于是，我们便称他为胡老师，至今已经55年，始终改不了口，表明我从内心里一直是把他当作授业老师看待的。似乎在转眼之间，胡老师已80岁了，在恭祝寿诞之际，我很想用一个老学生的眼光，谈谈我对胡老师的看法。

胡老师的青少年生活是幸运的。他4岁进上海中西女中附属幼儿园，6岁进中西女中附小。那是一个培养过宋氏三姊妹和作家张爱玲的美国教会学校，在民国相当有名，1952年和圣玛利亚女中合并，变成了上海市第三女中。由于家人的工作地点发生了变动，胡老师小学毕业后便到北京101中学就读，这又是北京市数得着的重点中学。至于胡老师读了本科又读研究生，一直待了9年的北京大学，当然更是中国首屈一指的大学堂，就不用我费词了。

在中国，名校是名师荟萃的地方。像北京101中学的连树声老师，不仅写有《苏联口头文学概论》，退休后更翻译出版了英国人类学之父爱德华·泰勒的经典名著《原始文化》和《人类学》、苏联科学院通讯院士李福清的《东干民间故事传说集》，这样学者型的老师，如今在中学里很难见到。胡老师说："听连老师的语文课是一种享受，简直像是在文学的殿堂里如痴如醉地遨游。"他所描绘的情景多么令人神往！可惜随着老一辈的陆续谢世，"后死者"已"不得遇于斯文也"。当年北大历史系的学生一进校就要分成中国史、世界史、考古三个专业，3年以后再划分专门组。胡老师是在上隋唐史专门化课时被汪篯教授看中的，因而，他虽是1964级的研究生，而跟随导师学习的时间却应从1962年算起，前后共4年。胡老师的《武则天本传》先后在四家出版社出过八版，世间广为传诵，其基础就是在汪先生指导下完成的毕业论文。如果细心的读者能将各种有关武则天的书作一对照，便不难发现，只有经名师点拨的专著，才立论高远，具有学术生命力。而在北大期间，曾对胡老师的成长产生过重大影响的名师起码还有翦伯赞、向达、邓广铭、周一良、邵循正、宿白、田余庆等，校外除了胡老师常常提起的郭沫若、吕振羽、吴晗、邓拓、柴德赓诸大家，则应特别谈一下沈从文。1978年，经王予先生介绍，胡老师协助沈老修订《中国古代服饰研究》，在北京友谊宾馆同住一室，朝夕相处数月，无话不谈。上辈贤哲的知识、品德和风范，点点滴滴，都融入了胡老师的胸中，说他是沈从文的私淑弟子，谅不为过。

名师出高徒，妙手著华章，胡老师的专著《武则天本传》《隋炀帝新传》称扬者众，我就不多说了。仅从他发表的论文中挑出三篇，一边谈我的学习体会，一边作为我眼中的名文，介绍给大家。

第一篇叫《汉魏隋唐历史底蕴初探——历史大势、礼仪制度和士人追求》。汪篯教授是陈寅恪的研究生，胡老师是汪篯的研究生，汪先生不幸英年早逝，弘扬陈寅恪学术思想的任务就落到了胡老师身上。《汉魏隋唐历史底蕴初探——历史大势、礼仪制度和士人追求》一文不仅将士族门阀政治划分为酝酿、发展成熟、极盛而衰、终结转型四个阶段，通过详细论证使陈先生勾勒的自秦汉至隋唐的历史大趋势具体化，而且对士族盛衰的原因提出了开创性的新见解。胡老师在文中写道：自战国到西汉，流行犁铧头只有一斤多重的轻便犁，"一夫挟五口治田百亩"的个体家庭十分普遍，国家直接向自耕农征收赋税、力役和兵役；汉文帝以后，犁铧头重达十余斤的大犁广泛使用，需二牛三人相互配合，宗族在生产中发挥着组织作用，对生产管理权的垄断成了豪强产生的潜在原因；到盛唐至中晚唐，逃户大量出现，括户、检校都不管用，乃行两税法，仍是由于发明了调转灵活、一人即可驾驭的曲辕犁，从而提高了农民从事独立生产的能力。在胡老师看来，"逃户"才是真正的自耕农，新的税制承认其合法身份，就从根本上使依附关系的存在失去凭借，这对士族门阀的解体起到了釜底抽薪的作用。据此，胡老师进一步指出，魏晋南北朝出现分裂之局，从根本上说，是大族豪强经济实力过大，国家掌握的人口减少，所以，"五胡乱华"，实为"华乱五胡"，章法自乱，也乱了处于失控状态的少数民族，外族入主中原，只起到了加剧和延长分裂的作用。细读此文，我清楚地认识到，胡老师在忠实继承陈先生"关系分析法"的同时，更加重视历史演变的内因，从而把研究推向了深入，特别是弥补了陈先生对生产力关注较少的不足。

第二篇叫《从耕三余一说起——我国传统小农经济的生产效率和生产结构问题》。胡老师同学生论治学时曾言："要改善单一的知识结构，知识面越宽，取得的成就就越大。"他和他的导师汪篯教授一样，都非常重视数学。他发表的大量运用了数学知识的文章即有《莽量尺考》《唐代度量衡与亩里制度》《北周与隋代的租额——隋文帝"重租政策"论质疑》《唐代粮食亩产量——唐代农业经济述论之一》《均田—逃户/括户—两税——以逃户问题为中心评价武则天时期的经济政策》《李皋与江陵创造的唐代粮食单产记录》等多篇论文，而《从耕三余一说起——我国传统小农经济的生产效率和生产结构问题》则更在多种知识的融汇上达到了完美的程度。《汉书·食货志》曰："民三年耕，则余一年之蓄"，简称"耕三余一"，这是古代社会向往的小康目标。胡老师经过详尽的考证和计算，发现从汉代经唐宋到明清，粮食亩产量虽在提高，但人均耕地面积却在减少，农业劳动生产率几乎没有变化，长期处于停滞状态，事实上，"耕三余一"的理想从未实现，并由此造成了中国古代社会的死水一潭。为弄清这一现象产生的根源所在，胡老师研究了古代的生产结构，发现除自耕农在总人口中所占的比例有升有降，并直接影响到朝代的盛衰以外，其他方面则几乎是一以贯之，从不更新。例如，在产品结构上，以生产消费资料为主，对生产资料的生产和投入绝无仅有，顶多只肯购买自己不会铸造的犁铧头；作物品种大致限于解决吃穿的粮、棉、油，不能提供更有经济价值的商品以形成市场；劳动的组合始终是男耕女织，不懂得凭借协作分工来提高生产力；为了保障收入，便通过生育增加劳动力，结果却使人均占有的土地不断减少，陷入"越穷越生、越生越穷"的怪圈不能自拔。抓住生产结构这个"牛鼻子"来分析中国古代社会落伍的原因，以前还没有人做过。因此，胡老师的文章不仅显得新颖和深刻，而且为年轻学者的研究开辟了蹊径。谈到出路问题，胡老师主张要因地制宜，开展多种经营，重视科学技术方面的投入，打破传统的个体经营模式等，归根结底一句话，就是要实现农业现代化，将生产活动纳入市场经济体系。在当下，既有历史意义，又有现实关怀的文章已不多见，这就使胡老师的《从耕三余一说起——我国传统小农经济的生产效率和生产结构问题》显得尤其难能可贵。

　　第三篇叫作《陈寅恪与中国中古史研究》，发表在《历史研究》上。陈寅恪先生是史学大师，研究他的人已经不少。以我鄙见，水平高的专著当推汪荣祖的《史家陈寅恪传》，好的论文则多出自胡老师之手，这一篇乃是胡老师多篇相关文章的代表作。胡老师对待学术前辈，秉持的是既充分尊重，又如实分析的科学态度。因此，在文章中，他一方面用较多篇幅充分肯定陈先生以士族门阀兴衰为线索、把握中古历史发展大势的做法，认为这是对只讲君臣明暗、忠奸逆顺、治乱兴衰旧传统的突破，一下子把学术提升到了现代水平；同时还高度评价了陈先生在士庶研究、集团研究、内外关系研究、文化传播研究方面的成就，认为只有这样做才能使孤立的人物、事件之间产生内在联系，变成合乎逻辑的历史；对陈先生的研究方法，则分为考异求真、动态把握、抓关键大事和转捩点三个方面向大家做了详细介绍，对陈先生的学术人生更下了"完善的知识结构、独特的理性思维、深邃的学术眼光、系统的专业建树"四句断语。但另一方面，也专设有一节，直言不讳地谈了陈先生学术研究上的六大不足。它们分别如下：兴之所至，随缘为文，缺乏通盘布局；有悲观主义历史观的流露；专业术语不严密；重政治、民族、文化、社会而轻经济；除碑志、敦煌遗书、诗赋之外，关注其他文物材料较少；具体论断或有失当；等等。胡老师为文时能贯彻理性精神，这种"自反而不缩，虽千万人吾往矣"的勇气值得尊敬。

　　我的专业方向是先秦史，胡老师有两项工作与先秦史有关，故而也想借此机会略作评议。

一是他编写了一部《礼仪志》，开始我担心他是否也被卷进了"复礼"派所掀起的狂潮中，但读了导言、翻阅了全书以后，才发现胡老师的理性立场是一贯的。他宣称："对传统的官颁五礼作比较系统和切实的介绍"，是为了对"中国礼仪文化作批判性的认识"，以便让"被专制主义政治湮没的思想火花重现辉煌"，并不是要在"礼仪之邦的一片赞歌声中陶醉"。因此，他便明确指出：中国礼仪维护"皇权、神权、族权、父权和夫权，无孔不入地进入社会生活"，既"具有政治性、道德性、宗法性、民族性、普及性和自觉性的丰富内涵，同时也不可避免地烙上了等级性、压迫性、欺骗性和虚伪性"，对传统古礼只能"取其精华，弃其糟粕"，绝不能原封不动地照搬。胡老师的话在我听来，真可谓正中下怀。古人一致认为，礼的功能是"别异"，即用严格区分长幼、亲疏、尊卑、上下的办法，建立秩序型社会。现代文明也以讲究礼仪为标志，但其前提却是平等，而不是等级，其要义是必须尊重每一个人。不承认古今之间的本质区别，妄图用在农业社会里形成的古礼来规范当下，不仅违背历史主义，而且明显带有为等级制度招魂的倾向。同样是研究礼仪，有的人是要往前走，有的人是要向后退。我只能承认，胡老师的态度是进步的，他的方法才真正是"推陈出新，古为今用"。

二是关于分期问题。在以前，研究先秦史的人讲分期，主要是指奴隶社会和封建社会的分期，即中国古代奴隶社会什么时候结束，封建社会什么时候开始。为此，曾争得不可开交，出现过七八种说法，而范文澜和翦伯赞为代表的西周封建论、郭沫若为代表的战国封建论和尚钺为代表的魏晋南北朝封建论影响最大。"文化大革命"结束以后，思想更加解放，又有中国无奴隶社会说和中国古代社会不是封建社会说被提出，直接导致了对五种社会形态依次更迭理论的怀疑和否定，甚至要不要再研究社会性质，要不要按社会性质进行分期都成了问题。于是，将中国古代分为上古、中古、近古以与近现代相衔接的分期法重又盛行，分期的标准也由重视生产关系转移到重视政治制度上来。1998 年 9 月，胡老师在扬州出席中国史学会第六次代表大会时，提出了自己的看法。他也把全部的中国史分作五段，前边是原始民主社会和包括夏商周在内的王权政治时代，后边是始于辛亥革命的后皇帝时代和现代民主制，而把自秦始皇到宣统的皇帝时代作为最重要的一段放在中间。仔细推敲一下就可以发现，胡老师的划分正是分期标准已经发生变化的学术大背景下的产物。用他自己的话说，是"从国体、政体划分中国历史"，是以"皇帝制度为核心来框架中国史"，这难道不是政治标准第一吗？然而，马克思认为："生产关系总合起来就构成为所谓社会关系，构成为所谓社会，并且是构成为一个处于一定历史发展阶段上的社会，具有独特的特征的社会"①，这一结论又如何否定得了呢？试想，有哪一种政治制度归根结底不是为了经济的需要才产生出来的？只依政治标准划分，实属重表轻里，忽视了事物的内在本质。不仅如此，连奴隶社会和封建社会在中国的存在，恐怕也是无法抹杀的。恩格斯曾言："人类是从野兽开始的，因此，为了摆脱野蛮状态，他们必须使用野蛮的、几乎是野兽般的手段。"②据我理解，"野兽般的手段"就是超经济的强制，而超经济强制才是奴隶社会的根本特征，如果说中国没有经过奴隶社会，那么，我们的先民是如何摆脱野蛮状态的呢？我知道，马克思和恩格斯都曾对自己的某些观点进行过反思和修正，不赞成别人把他们的学说看成放之四海而皆准的真理。但是，恩格斯曾说："奴隶制是古代世界所固有的第一个剥削形式；继之而来的是中世纪的农奴制和近代的雇佣劳动制。这就是文明时代的三大时期所特有的三大奴役形式"③，这是恩格斯运用历史唯物主义对人类社会进行深入研究后形成的基本看法，如无充分理据，最好不要轻加质疑。而抛开奴役形式，回避社会性质，另建一个"框架体系"，恐怕也很难成为科学体系。"小子狂简"，在此直抒胸臆，请胡老师指教，并乞深谅。

胡老师学术水平高，组织能力也很强，他既是一位学养深厚的学者，也是一位杰出的学术活动的组织者和领导者。

他曾担任中国唐史学会的副会长兼秘书长。在唐研究基金会会长罗杰伟和秘书罗新的支持下，主办了为期5年的中国唐史高级研究班，并与张弓、李斌城、葛承雍联手，吸收34位撰稿人参与，编撰了174万字的《二十世纪唐研究》，分政治、经济、社会、文化4卷，对百年唐史研究状况进行了学术史式的总结，现已成为海内外学界同行共同珍爱的必备书，被日本学者誉为"枕中宝"。与此同时，他同罗新一起，促成了《唐研究》年刊和"唐研究基金会丛书"的出版。

退休以后，摆脱了体制束缚的胡老师更是精神焕发，很快迎来自己学术活动的第二个春天。承蒙优秀企业家吕建中先生高度信赖，让他放手创建以收藏石刻艺术品为特色的大唐西市博物馆。该馆现已收入碑石、墓志、志盖等950多方。胡老师和北大荣新江教授一起，经数年研究，选编出500余方，以《大唐西市博物馆藏墓志》为名，分上、中、下三册出版，其中，隋唐墓志共485方，提供了许多弥足珍贵的新史料，更为我国书法艺术宝库增添了过去不曾得见的精品。在

① 马克思：《雇佣劳动与资本》，中共中央马克思恩格斯列宁斯大林著作编译局编译：《马克思恩格斯选集》第一卷，北京：人民出版社，1972年，第363页。
② 恩格斯：《反杜林论》，中共中央马克思恩格斯列宁斯大林著作编译局：《马克思恩格斯选集》第三卷，北京：人民出版社，1972年，第220页。
③ 恩格斯：《家庭、私有制和国家的起源》，中共中央马克思恩格斯列宁斯大林著作编译局：《马克思恩格斯选集》第四卷，北京：人民出版社，1972年，第172页。

以前，于右任曾与好友张钫相约，分头收藏魏晋南北朝墓志和隋唐墓志，于得 387 方，号为《鸳鸯七志斋藏石》，现存西安碑林，张得 1400 余方，在其故里河南新安铁门镇建千唐志斋，世人目为墓志收藏之双璧。现在有了大唐西市博物馆，藏品数量近于千唐志斋，双峰对峙的局面实已打破，应该改称三足鼎立。

　　在整理墓志的过程中，胡老师发现，碑石所记的发生在丝绸之路上的故事，恰能反映唐代中西交流的深度和广度。如《安备墓志》明确说墓主安备是白种的粟特人，但他却历仕于北周和隋，受到相当的礼遇。还有一位安夫人，名叫康敦，据墓志记载，她是康居国人，其丈夫安公，却来自中亚的安国，他们都住在洛阳，喜结连理，繁衍后代，足见交流、交往对人种的改进，都曾起过作用。生动的实例激发了胡老师抢救遗落文物的紧迫感，于是便请吕建中先生赞助，亲自带队，自 2014 年 8 月至 2015 年 5 月，分五次考察了中亚、西亚、南亚和欧洲的 10 余个丝绸之路沿线国家。从已出版的《丝路寻石——丝绸之路十三国建筑与石刻艺术考察图片展》一书来看，可谓收获颇丰，不仅展现了可以与大唐西市博物馆藏石互相辉映的域外古文明，而且也为我国推进"一带一路"倡议提供了历史依据。胡老师虽已年届 80，却仍雄心勃勃，列了写作计划，准备把考察的结果更加详尽地一一介绍。

　　胡老师的学术影响力和学术活动使胡老师成了名人。他的朋友不仅遍布中国，也遍布欧、美、日、韩各国，甚至某些国家政要都知道他。不过，胡老师的有名，可能还有一个原因，就是他的性格很有特点，太直，肚里藏不住事，想说就说，常发他人所未发，让人永远忘不了。我觉得，他是一个一辈子也没有把棱角磨平的人，因而就特别值得尊敬。但是，有棱角就难免要撞磕人。我知道，有些人心里并不喜欢他。一到年龄，就退休了，校方没有表示挽留，他更没有当上陕西师范大学自命的资深教授，我建议学院把《大唐西市博物馆藏墓志》拿到陕西省社会科学界联合会报个奖，意见也不被采纳。可见当名人也不容易，他们遇到掣肘的事情要比常人多。所幸时代进步了，多种经济成分并存为知识分子提供了可以施展才华的新舞台，在吕建中先生的支持下，胡老师以大唐西市博物馆为基地，继续为唐史研究作贡献，干得有滋有味，精神矍铄，毫无老态，令人欣羡。胡老师能过上有意义的"老后生活"，要感谢吕建中先生，更要感谢改革开放。要是不改革，就只能停留在单一经济模式中，大家就只能在一棵树上吊死。单从胡老师身上，我们就能看到改革开放的好处和深远意义。为此，趁着今天的聚会，我在表达对胡老师衷心祝贺的同时，也想表达对改革开放方针政策的拥护和支持。我祝愿胡老师老树开新花，越开越盛，越活越旺，健康长寿！也祝愿我们的祖国在改革开放的道路上不断取得新进展，变得越来越强大！

第 四 编

臧振教授《戈辰随笔》序

臧振教授是我大学同系同专业的高班学长，他将自己学术论文以外的作品集结起来，定名为《戈辰随笔》，命我先读，并要求谈点感受。我原想这并不难，相互知根知底，稍微翻一翻，就可以动笔了。谁知一翻就放不下，犹如被磁石吸住一般，居然花了一周的时间，把全部稿件一字不落地读完。击节称叹之余，我不能不承认，我对臧兄的了解实际上还不十分透彻。这可能就叫习焉不察吧！

说老实话，我最喜欢的是臧兄叙写风雨人生和追忆师友的文字，堪称精品中的精品。这不仅因为其间所包含的"坎坎坷坷、艰难曲折、酸甜苦辣数不胜数"，也不光是我对所记的人和事较为了解，读起来倍感亲切，更重要的原因在于臧兄态度谦恭、诚朴，感情真挚、细腻，文笔流畅、生动。柔中有刚，充满恩义。虽不紧不慢，娓娓道来，却能震撼心魄，感人至深。淳厚笃实的君子之风已跃然纸上，相信无论是谁都能从中读出一个真实可敬的臧振来，似乎不用我再饶舌了。

离开北大后，历经"七灾八难"，终于盼来了"文化大革命"结束。我比臧兄少学了两年，更觉得腹中空空，亟须填充，于是便进了臧兄失之交臂的四川大学，师从徐中舒教授，凑巧也学了先秦史，并追随着臧兄的脚步，在获得博士学位后被陕西师范大学收留录用。初来乍到，臧兄帮我安排食宿，领我拜见老师和校友，更在教学、科研上给我很多指点。毫不夸张地说，臧兄既是我的学长，更是我学术上的引路人。

《戈辰随笔》写生活，叙故事，记人物，抒发感情，但大量的文字都与学术相关，正如俗谚所云：三句话不离本行。所以，接下来我也想重点谈对臧兄学术思想的理解，并借机向臧兄请教，甚或进行一些切磋。

臧兄常以韩昌黎"业精于勤，荒于嬉；行成于思，毁于随"自勉，数十年来，不仅笔耕不辍，而且坚持阅读原著，独立思考，事事讲究追根溯源，从不随声附和。他研究古代的重民思想；将夏、商、西周定性为宗法社会；解决了古玉功能、玉料来源、玉器用途演变三大古玉文化中的关键性问题，认为丝绸之路的前身应为玉石之路；把中国巫术看作蒙昧中的智慧；提出宗周不是丰镐，而是周原，成周不是洛邑，而是丰镐；等等，此类观点发千古之覆，见前人所未见，获得了学术界的广泛认可。他还曾深入陕北偏僻山村作实地考察，写成《白家甲的家族公社》一文，为古代的井田制找到了一块活化石，使许多相关的争论焕然冰释。每探索一个问题，他总是广泛搜罗材料，再调动历史学、训诂学、考古学、民族学等方面的知识和手段进行多角度论证，因此，所写出的文章让人读后能够获得左右逢源之乐。臧兄的成绩和严谨的治学态度，对于我来说，正是一种莫大的激励和鞭策。

不无遗憾的是，臧兄还有很多好的见解并未发表出来。以《戈辰随笔》所记为例，某些议论恐怕要比已经公开的文字更加精彩。比如，臧兄指出："在前资本主义社会，生产资料的占有不一定能决定人与人的关系与产品的分配"，相反，"人与人的关系是决定性的因素，它倒可以决定生产资料的占有和产品分配的性质……所以，整个阶级社会实质性的进步，只在于劳动者人身身份地位的上升：由完全无人身身份，到依附半依附，再到成为自由人"。用这样的眼光进行审视，臧兄就认为："十九世纪中期以前"，我国"人与人之间的关系正是一种依附关系"，"血缘纽带""鬼神观念""层层的多等级的阶梯"使"每个人都依附于他人，全国人民依附于皇上……没有一个人是完全自由的"。基于此，臧兄把眼下企业经营者同工人之间的合同关系看作新因素，认为它适应了生产力发展的要求，并将对社会进步"起主导作用"。以我浅见，臧兄的见解不仅符合恩格斯关于古代东方的论述，也符合马克思关于未来的社会应该是"自由人的联合体"的推断，更符合以自由为人的基本权利的现代民主理念。我不能不由衷赞叹，臧兄所秉持的是一种非常进步的历史观。用这种观点从事研究，才能避免概念化、公式化和一般化，才能参透中国历史的真谛，预见前进的方向，给人民带来有益的启迪。

既然"劳动者人身身份地位的上升"才是社会进步的标尺，臧兄便指望在工业和商品经济充分发展的基础上，使"涌向城镇"的"大批劳动者"摆脱一切依附，成为"单独的个人"，以"自己所具备的知识和技能"为最基本的"生存手段"，使"拉关系变得令人憎恶和遭到鄙弃"。他认为，只有这样，才能用自由、平等、博爱取代家长式专制，才能建立起民主政治体制，才能有健全的法制，真正实现全面依法治国。同时，臧兄又以历史学家的清醒告诉世人："中国历朝历代的革命建立的都是专制政权"，因为需要"防止别人东施效颦革自己的命"，所以古代"胜利之后的政权"只会"越来越专制"。借鉴这一根本性的经验，臧兄明确表示："中国需要的不是革命，而是高等教育的健康发展和科学技术的进步。"并公开声称："我赞成教育救国论。"其本意无非是想通过持续不断的启蒙来提高国民素质，以保证国家避免动乱，走上平稳发展的道路。如此温良的态度在坚持批判"告别革命"的人看来，也许已经犯忌了。不过，我们倒想对专业打手们提出质问："当今之世，假如不告别革命，革命的对象该是谁呢？"

臧兄热切期盼青年学生努力学习，积累知识，提高技能，时刻准备着，去迎接那"不是靠权、不是靠钱、不是靠关系",而是凭卓越的见解和处理问题的本领就可以"在社会上生存的新时代"。臧兄深知,教育的灵魂是创新,所以便主张在大学里要强调陈寅恪提出的"独立之精神,自由之思想",在课堂上可以讨论"遇到的任何问题"。他认为只有如此,才能使学校成为"出有创造力的人才的地方"。很显然,臧兄是要通过教育,先培育出一代创新型的年轻人,然后逐步建立创新型社会,由此入手,来提升国家的"软实力"。我既欣赏臧兄忧国忧民的古道热肠,也对臧兄的教育理念深表认同。因为既没有伟大的爱,也没有深沉的恨,缺乏创造精神和身上所拥有的热情少得可怜,正是当今学子的问题所在。同时,"真理是伟大的,如果听其自然,它终将占上风",真理还"是错误的有力反对者,对斗争无所畏惧""如果允许人们自由地驳斥错误,错误也就没有什么危险"。所以,现代社会早已形成共识:允许不同观点之间的自由辩论,才是民族走向强大的法宝。

　　人们或者要问,对于以上这些先进思想和重要观点,臧兄为什么不放进著作或写成文章,却只在《戈辰随笔》中予以提及呢?依我看,既有客观原因,也有主观原因。

　　客观上是臧兄太忙。他把很多精力都用在了学生身上。除正式授课外,臧兄还以极大的耐心和热情接待来访,凡有登门求教者,皆"未尝不诲也"。久之,各类学生闻风而至,由本学院扩及其他学院,所聊的话题也不仅以专业为限。高兴的事要同他分享,难过的事要向他倾诉,恋人有了矛盾要请他调解,在是先考研还是先工作之间犹豫不决时,要让他拿主意,他的慈祥、和蔼与真挚的爱温暖了无数学生的心,不知从何时起,无人再叫臧老师,都改称臧爷爷了。臧爷爷的办公室成了学院的"学习辅导中心"和"心理咨询中心",成了学生的家。就是在这样的忙碌中,他还接受了一些额外的摊派和请托。《戈辰随笔》提到的即有:主编上百万字的《尚书词典》,撰写约四万字的《尚书概述》;整理一百多万字的《陈高傭先生遗稿》,包括《老子今解》《墨辩今解》《公孙龙子今解》《论语稿》《盐铁论稿》;收集编校《斯维至史学文集》,并作《校读后记》。据我所知,还有一部《陈政均史学文集》,是他和庞慧共同整理的,也许他害怕庞慧的成绩被埋没,就没有算在自己的名下。上述四项任务落到臧兄头上,起码有三项与我有关。《尚书词典》的初稿不合用,《十三经词典》的总主编迟铎教授征询我的意见,我就说:"恐怕只有臧振能够胜任。"陈高傭的女儿和陈政均的亲戚同我相熟,找我谈出版先人遗著的事,我又说:"恐怕只有臧振能够胜任。"她们找上门去,臧兄也就应了。于是,十余年来,寝馈其中,乐此不疲。直到教授定级,才发现这些工作与学校确定的硬指标对不上号,虽一度也曾"郁闷",但看到凝聚着自己心血的成果陆续出版,内心便又释然,甚至增强了"承前启后,传承文化"的使命感。至于臧兄对集体事务的关心,那更是有口皆碑。早年,系文物陈列室是由楼内过厅隔出来的，隔墙是三合板加涂料，虽白亮光鲜，实不堪一击，校系反复磋商，觉得这种情况已经适应不了文物盗窃日益猖獗的新形势，便提出两条解决办法，一是购置保险柜将珍品锁起来，不再展出，一是要派员值守。第一条落实了，第二条却找不下人，领导作难、犯愁，不知如何是好。岂料臧兄竟自告奋勇，表示愿意承担，系主任喜出望外，立马任命臧兄为文物陈列室主任，从此，他便成了系上文物的忠实守护神。系资料室主任调往南方后，臧兄又答应把这一职务也兼起来，从此，每逢双休日，他便到汉唐书店亲自选书。我曾劝他不要太辛苦，这些事让资料员干就行了。他却笑答："花公家的钱，过买书的瘾，何乐而不为？"还有一件臧兄闷声不响做过的事，也许外人并不知道，即我到学校工作后，好几届研究生都是由臧兄代为指导的。臧兄善良，臧兄好说话，我们便像挤海绵一样地挤他，把他的时间大块大块地分割了。如今想来，我们是有愧于臧兄的。

那么，主观上呢？细品《戈辰随笔》，我隐隐感到，臧兄在骨子里是很矛盾的。他既痛惜国家不进步，民族不强大，而渴望早日放下旧的包袱，健全法制，建立民主体制，走上现代化的道路；又深恐青年不读古书，就像倒洗澡水连孩子也被倒掉一样，把中华文化中的精品丢弃，弄不好会断了根脉，于是便有对"礼仪之邦"的无限眷恋和"其亡，其亡，系于苞桑"之类的深沉叹息。我能体察臧兄对自幼演习的学问所抱的深厚感情，但对臧兄的某些提法却存有疑问。例如，臧兄说："礼指恰当的行为规范，义指适宜的物质分配""人民按照适当的方案得到物质利益，心理便平衡了"，故礼仪之邦的"显著特点是具有凝聚力"，可以令"远者来，近者悦""四方之民襁负其子而至矣"，故而，"古代中国社会比之西方，就有大得多的稳定性"。臧兄反复强调："东西方精神文化上的差异可以用一句话来概括：东方是重人轻财，西方是重财轻人。"冷静分析，臧兄的论断固然也有道理，恐怕很难说非常准确。臧兄肯定记得，所有的礼书都把礼的功能确定为"别异"。所以，荀子就说："礼者，贵贱有等，长幼有序，贫富轻重皆有称者也。"董仲舒也指出："礼者，继天地，体阴阳，而慎主客，序尊卑、贵贱、大小之位，而差外内、远近、新故之级者也。"为什么要别？儒学大师们已讲得很清楚，其关键即在于"两贵之不能相事，两贱之不能相使""上下之伦不别，其势不能相治"。正是基于这一既简单又重要的道理，才有了孟子那段十分有名的话："有大人之事，有小人之事……或劳心，或劳力，劳心者治人，劳力者治于人，治于人者食人，治人者食于人。天下之通义也。"而荀子的表述则是："少事长，贱事贵，不肖事贤，是天下之通义也；势不在人上，而羞为人下，是奸人之心也。"董仲舒更强调各级之人"名各有分""皆顺天意""事各顺于名，名各顺于天""顺而相受，谓之道德"。由此可见，礼的本质是"别异"，是区分等级；义的本质是围绕一个顺字来处理上下、贵贱、长幼、男女的关系，凡"以下犯上""以贱伤贵"者，皆"逆节也"。而臧兄对礼和义所做的诠释，恰恰忽略了其中最核心的部分。

臧兄可能会说：这都是后来人的看法，与孔子没有关系。可是，我不妨请教一下臧兄：倘若果然如此，何以他一说出"君君臣臣父父子子"这八字治国要诀，齐景公就立马心领神会，由衷地赞叹道："善哉！信如君不君，臣不臣，父不父，子不子，虽有粟，吾得而食诸？"难道不正是这位孔圣人，提出要通过"约之以礼"，来达到使民"易使"、"弗畔"和"莫敢不敬"的目的吗？照臧兄对礼仪之邦的勾画，行为规范是"恰当的"，物质分配是"适宜的"，劳动者的心理是"平衡的"，中国古代人岂不是生活在田园诗般的环境里，哪里还有一点专制的味道？由此我便感到，臧兄对中国自古就是礼仪之邦的定位不仅与他"越来专制"的说法相抵触，而且离开历史实际也已经太远。韩愈在《原道》篇里说："君者，出令者也；臣者，行君之令而致之民者也；民者，出粟米麻丝，作器皿，通货财，以事其上者也……民不出粟米麻丝，作器皿，通货财，以事其上，则诛。"恐怕臧兄也无法否认，这才是在整个古代社会里得到广泛认可的"行为规范"和"物质分配原则"，它的恰当和适宜究竟体现在哪里呢？正因为礼的基本功能是通过"别异"来区分等级，儒家的效能主要是"谨乎臣子而致贵其上"，以下位者的"易使""弗畔"和敬上为特征的和谐不是真正的和谐，整个金字塔式的等级制度全部的重量都压在最下层的基座上，所以，民众的心理永远不可能平衡。加之权力高度集中，金字塔尖的位置具有莫大诱惑力，觊觎者前仆后继，这就必然使专制制度本身就埋藏着随时会将自己炸毁的火药桶，因此，以革命和夺权为基本内容的动乱便史不绝书，很难得出臧兄所谓"中国社会比之西方""有大得多的稳定性"的结论。相反，早有古代学者总结性地指出：中国的历史是"乱世多而治世少"，清代思想家唐甄的《潜书》说得更加具体，叫作"治世十一二，乱世十八九"。假如把动乱的酝酿和初发阶段也计入乱世，您便不能不承认，唐氏的观察才是比较准确的。而他把研究的目标锁定在对乱多治少原因的探索上，也反映了前辈学者眼光的敏锐和认识的深刻。在这方面，我们事实上已经望尘莫及了。

毋庸置疑，在一个强迫民众"出粟米麻丝，作器皿，通货财，以事其上"、不出就杀头的古代社会里，即使有"重人轻财"精神的提出和传播，也远不是主要的，所谓"水则载舟，水则覆舟"式的民本思想，不过是劝诫古代统治者要控制剥削的度，以免闹到翻船落水的地步罢了，根本未涉及尊重人的基本权利或让人民当家作主等问题。至于西方，我和臧兄一样，也是中国史专业出身，说话缺乏权威性，没有必要多做讨论。但毕竟也浮光掠影式地读过几部世界史，以我浅见，"重财"固然有之，似乎正可看作财产关系、政治关系、地缘关系较早取代了血缘关系的表现，"轻人"怕是未必。

臧兄的性格温润如玉，心中却怀着极强的责任感，常欲以史家之笔为武器，达到"经世致用"之目的，所念念不忘者，唯在国家前途命运。所以，当知道王大伟老师曾说"中国历史上有很多改革，但只有 1978 年开始的改革叫改革开放"，可见"单纯按照传统进行改革没有出路"时，他立刻意识到应 "敢于面向全世界，引进一切有利于国家进步和人民幸福的思想资源"，并明确指出："这思想资源就是五四时期希望请来的德先生和赛先生。"但臧兄出身书香门第，又累经名师指导，手不释卷，以至于废寝忘食，他对中国传统文化爱得太深，视同自己的命根子。于是就又想到了1935 年十教授发表的《中国本位文化建设宣言》，希望"把传统文化合理化""形成新时代的凝聚中华民族共识的中国本位文化"。然而，"中西之交"的背后，实际上横亘着"古今之异"的壁垒，单靠文人奋臂挽袖、奔走号呼是打不破的。我估计，臧兄与所谓的几代新儒家也没有真正找到双方相互转换和无缝对接的契合点。旧学新知，"二者心战，未能自决"，便不能不成为解不开的结，何况旧制度的获益者还要不断将壁垒加固。在《戈辰随笔》中，臧兄偶然流露出愿"与猿鹿为友"之思，盖缘于此。一定程度的进退维谷是否就是臧兄的先进理念未能充分展开的主观原因，不妨姑妄言之，姑妄听之。

一边在说臧兄，一边反思自己，其实我也很矛盾。在美国住了一年多，吃不惯西餐，听不惯摇滚乐，仍然靠读汉籍文献、看中央电视台充实生活，一在北京首都机场落地，便有归家之感。在美期间，结识了一些有长期居留权的华人，他们一边尽情享受优美的环境和现代化生活，一边操着后现代主义的腔调，挑剔地批评现代化的弊端，更对唐诗、宋词、京剧、昆曲和中国功夫留恋不止。他们和我一样，未能融入美国社会，他们想家了，他们由故园之思诱发的爱国主义尤为强烈，同时，他们也确实希望有一个强盛的母国作为后盾。但要真的请他回国服务，便马上就退缩了。孰重孰轻，在哪里发展更有利，他们心里有杆秤，掂得很清楚。他们也许并未明确意识到，自己滞留西方的深层原因仍是祖国落后，没有全面实现现代化。他们对于现代文明的渴求远不及国内普通民众，因为这对他们来说，已经都具备了。亲力亲为之后，深感对自己的文化观也必须重新来一番清理，我现在的大致看法是，中华文化的优秀因子早已渗入每个人的血液，根是断不了的，无须杞人忧天，而发"其亡"之叹；在此前提下，应如庞朴等教授所云，把传统文化与文化传统分开，前者是具体的，如中国文学、史学、哲学及琴棋书画等，这些不仅都要学习和保存，甚至是衡量一个人品位和素养的标准，后者则指由农业社会、宗法制度中凝练出来的道统，就是以三纲为中心的政治文化，其性质即上文已提到的专制主义与臣民主义，不仅与现代化沾不上边，而且是思想进步、社会发展的阻碍，应该批判和抛弃；东西方文化要走向互渗、嫁接和融合固然不错，但正确的态度和方法似应是"各美其美，美人之美，美美与共，世界大同"，不能把本位问题强调到不适当的程度，因为"中国本位"与"中体""中国文化传统"的界限容易混淆，弄不好就又回到了"中学为体，西学为用"，况且，如果每个民族都坚持以其固有文化为本位，不仅融合难以实现，恐怕还真会引起文化冲突呢！

臧兄在《戈辰随笔》中表示："我活得并不轻松，但在心理上没有压力；我不在乎外界的毁誉，更不汲汲于名利富贵。有时候很痛苦，但不懂得什么叫闷闷不乐；有时候很劳累，但做过的事绝不后悔。我明白我的未来不多了，因此更乐于向过去延长我的生命。"细细品味，臧兄事实上已进入了"随心所欲不逾矩"的境界。臧兄的生活是充实的，甚至比我过得更幸福。看到全国各地那么多学生把他当作亲人，我简直有些忌妒；看到经他整理的典籍得以流布，他自己也已由求知解惑、经世致用进入文化传承阶段，完成了读史三层次的顺利升华，也令我羡慕不已。我虽愚钝，但追随臧兄的脚步绝不停息。当然，免不了还会有些讨论和交流，因为"在一切事情上"，我们"都有公开运用自己理性的自由"，我相信，臧兄和我一样，都渴望着理性之花到处盛开。

2015 年 5 月 24 日

李健胜《〈论语〉与现代中国——阐释及建构》序

2008 年，青海师范大学原校长张广志教授推荐曾任他助手的李健胜跟我读博士，令我受宠若惊。见面认识以后，更是一则以喜，一则以忧。喜的是，健胜 1997 年毕业于兰州大学历史系，2004 年又在辽宁师范大学赵义宝先生那里获得硕士学位，入校前已有副教授职称，且出版过《子思研究》等两部著作，发表过多篇学术论文；这样有基础、有积累的学生能顺利完成学习任务，按时毕业。忧的是，他所研究的思想文化是我不常涉足的领域，我能够指导吗？

果然，进入论文写作阶段，健胜报来的题目便让我犯难。《〈论语〉与现代中国——阐释及建构》，不但跨度大，连是否属于先秦史方向都有些吃不准。

我急忙去同臧振、袁林、王晖、商国君诸教授商量，经反复讨论，最后达成了共识。大家认为当下的史学工作者多不关注现实，所做的东西虽然学术性强，但广大群众不理解，史学的致用功能已在削弱，并有自我边缘化的倾向。现在，健胜愿意力矫时弊，反其道而行之，为什么不支持他呢？于是，他的这个题目在开题时就被通过了。

不出所料，论文初稿刚经过导师组传阅，大家即感到耳目一新。后来，又得到外审专家的好评和答辩委员会的一致肯定。如今，健胜将修改过的稿子交由人民出版社出版，相信此书的发行能为新时期的学术百花园增添一份芳香，并对步履维艰的中国现代化产生助力。

健胜以史料为依据，运用历史分析的方法，梳理了《论语》及其文本定位的流变，评述了不同学派、不同学者对《论语》的解读，从而凸显了《论语》在现当代中国诸领域内所产生的作用与影响，也具体而真实地记录了中国人追求现代化的思想进程。在一定程度上，我们可以说，健胜这部书既是一部《论语》阐释学史，又是一部中国现代化思想史。

"现代性"实际上是一种"态度"，是不同于以往的时代精神和理想。因为近代中国贫穷落后，所以一向具有忧国忧民传统的知识分子大都渴望尽快走出被歧视的泥淖，建设幸福、美好的现代化明天。从健胜的评述中我们可以看到，五四新文化派请进了"德先生"和"赛先生"，宣扬科学与民主；而现代新儒家，从熊十力，到徐复观、杜维明、林安悟，等等，也无不对自由、民主、平等诸进步理念怀抱强烈的追求，更不用说素有民主旗手之誉的余英时了。健胜的字里行间中，跳动着的是一颗颗纯良、执着而有血性的心。研究中国现代化过程中出现的思想流派，首先需要的是理解、同情和宽容，而不是给先贤时彦分别戴上激进主义、科学主义或保守主义的帽子。就这一点而言，健胜的处理可谓恰到好处。

　　然而，现代性又是一场"未完成的设计"，而"自我理解"和"自我依据性"实际上成了把握现代性的两个重要向度。每个人的出身、经历、学养千差万别，难免会对现代性产生不同的认识。胡适作为第二批享受庚款奖学金的留学生，在美一住七年，对美国的政治组织、政党结构及选举系统倍感新奇和兴奋，对竞选总统的大会居然可以由一位工友来主持的民主精神，更是神往之至，反躬自省，发现已变成死工具的文言文不但不利于文学传播，更无法唤起民众，走出愚昧，故而始倡文学革命和白话文运动。这样的深刻体会相信熊十力或钱穆们不会有。到今天，一些久居中国港台或海外的学者对所谓现代病反应敏锐，加之与异质文化终存隔膜，因此大发思古之幽情，试图从中国典籍中寻求疗救世界的药方，其潜在的原因，也恰在他们对腐朽发酵的专制余毒缺乏切肤之痛。《荀子·解蔽》篇曰："欲为蔽，恶为蔽，始为蔽，终为蔽，远为蔽，近为蔽，博为蔽，浅为蔽，古为蔽，今为蔽。凡万物异则莫不相为蔽。"从这个意义上讲，我们固然应该抱着同情的态度，说中国现代化过程中出现的思想流派"皆有所长，时有所用"，但又不能不承认，无论是哪一派，都存在着"不该不遍"的弊端，"皆一曲之士也"。五四新文化派认为，孔、孟之道已不合于现代生活，固守原有价值理念的做法必须改变。现在遭到很多人的批评，被斥为蔑弃祖宗，轻视传统，造成了中华文化的断裂。其中某些分析或有一定的"解蔽"作用。但这是否意味着现代新儒家的学说就"壁立千仞"、崇高无限了呢？看了健胜的书，您就会明白，要得出这样的结论是相当困难的。例如：熊十力认为《论语》中蕴含着改革、民主、平等、革命、社会主义、共产主义之类的现代意识或政治理念；钱穆说："孔子所开示者，乃属一种通义。不受时限，通于古今，而义无不然"；南怀瑾把儒学比作粮食店，把西方文化比作洋面包，强调粮食"不可一日不吃"，而洋面包吃多了胃会出毛病；徐复观视儒学为可以通约于民主、自由的"先见之明"；杜维明把《论语》比作《新约》，把孔子看成耶稣；毛子水坚持"《论语》乃世界第一"；林安悟提出"儒家型马克思主义"的概念；甘阳要建立"儒家社会主义共和国"；等等，充其量也不过是"蔽于一曲而暗于大理"。对于这样一些既无文献学依据，又不作历史分析的、大而无当、似是而非的妙道高论，难道也非要人们"以自己的全部投入"去作他的"信徒和崇拜者"吗？现代新儒家应当清楚，尽管他们自称已经历了三代，"在沟通儒学与现代化方面""做了不少工作"，但效果并不大，影响的范围十分有限。

　　我们当然知道，现代新儒家尊崇孔子，抬高《论语》，有着树立民族自信心、增强民族凝聚力的良好愿望，钱穆、徐复观等人主张以恢复民族创造性作为现代化的基点，的确有利于国人更理性、更客观地对待中华传统文化。但是，任何道德、观念的产生都与一定的社会环境相适应，要从服务于上古农业社会的旧思想中开出具备现代理性的"新"来，岂非缘木求鱼？所以，无论是"嫁接"，还是"转换"，现代新儒家都无法做到得心应手。正如健胜所指出的那样，他们或对典籍"按己意简择"，凡不合口味者，皆斥之为伪，骂其为奸；或对颇有争议的语录做出"合理化解释"；更丝毫不顾孔子言说的历史语境及局限性，硬要将其视作贯通古今、放之四海而皆准的绝对真理。用学术的眼光审视，这些做法不独十分勉强，而且已失之于主观武断，实际上与宋儒以内圣外王之道重构经典的故技十分相似，始终未脱"六经注我"的窠臼。不过，现代新儒家之所以难以服人，除了方法上的缺陷之外，可能更在学理上存在障碍。以鄙人浅见，他们起码有两个坎儿很难逾越。其一：真理究竟是相对的，还是绝对的；如果承认每一时代的真理只有相对性，属于相对真理，那么，世界上是否存在大家必须永远顶礼膜拜的"万代师表"？其二：一般寓于个别，个别是一般中的个别，没有一般就没有个别。每一个个别固然都不同于一般，但是否能用个别的特殊性来抹杀一般或代替一般？对这些问题绕着走是不行的。要是提不出好的解释，其学说便仍等于建在沙滩上。

现代新儒家注重"内圣"功夫，认为内在德性的培育和完善既是儒学优越性的集中体现，也是解决现实问题的重要途径。如果宣传、运用得当，此说在慰安人际、健康身心、稳定社会方面，或能发挥一定的作用。不过，众所周知，作为儒家学说的重要组成部分，除了与德联系紧密的仁，还有一个礼。近年来，尽管对礼的解释新见迭出，玄而又玄，却始终无法否认，等级制度就是礼的本质和核心。在《论语》中，孔子就曾明确表示，严肃"君臣父子"的等级界限乃为政之要。齐景公闻此心领而神会，大加叹赏说："善哉！信如君不君，臣不臣，父不父，子不子，虽有粟，吾得而食诸？"孔子还反复强调："上好礼，则民莫敢不敬""上好礼，则民易使也""博学于文，约之以礼，亦可以弗畔矣夫。"这些都集中反映，提倡礼的目的重在使民敬上、易使和弗叛，或如荀子所总结的，是为了"谨乎臣子而致贵其上"，从而使儒家向往的以层级结构为骨架的秩序型社会得以存续。历史地看，如果老是男女无别、父子无别、君臣无别，上下无别，可能很难进入文明。故而，等级制度的确立在促进人类进步方面曾经发挥过的作用不能低估。但以与时俱进的眼光观察，则又必须承认，这种制度不仅在娘胎里就带有"损卑幼以奉长上"和压抑人的个性的严重弊端，而且早就成了社会继续向前发展的绊脚石。因为现代民主坚信普遍沟通的可能性，认为可以通过谈判、妥协和让步来调整人际关系，而不是诉诸强力。要做到这一点，必须有一个道德上的前设，即人类都以自由人和平等人的身份相处，有关双方都给对方以尊严。

只有如此，才能有心灵的沟通和相互理解，否则，任何真正意义上的谈判都不会成功。试想，在这样的以人与人的平等为基础的现代化社会中，坚持区分君臣父子、君子小人、上智下愚、劳心劳力的旧礼制，还能有存在的余地吗？所以，当一位现代新儒家硬说"礼对个人不是一种外加的束缚，而是自我表达的一种渠道"时，我们便一方面同多数专家一样，发现他"已把古书曲解到了无可容忍的程度"；另一方面也清楚地窥见了他为等级制度回护的良苦用心。对这位现代叔孙通式的学者海外早有非议，国内却一直将其奉为上宾。

如今，中国经济已出现了腾飞，排到了全世界的第二位。我们应加快制度创新，争取政治、经济双赢，早日实现国人百余年的现代梦。可是，与我们的预期相反，在经济崛起的同时，文化复古主义却开始大行其道。除现代新儒家受到热捧之外，大陆土生土长的几个弄潮儿甚至鼓吹要建立儒教国。难怪李零教授会说"达到了疯狂的程度"。仔细推求，在他们身上，看不到五四新文化派和现代新儒家渴望现代化的真诚，反而，却处处透露着对文化糟粕的嗜好。健胜说：这些人的"逆现代性理念往往与其政治诉求关系密切"，故不可与现代新儒家"等而视之"。我认为，做出这样的切割，对认清所谓儒学复兴派的本质将非常有利。

健胜担心"《论语》是否又会成为束缚或制约中国人思想的一个工具""是否又会以被尊奉的名义悬置为某种权力的象征"。基于这样的考量，他在对"以中西之间的通约性全面遮蔽古今之间通约性的认知思路"进行批评的同时，更反对"以中西之争掩盖古今之争的思维逻辑"；在承认中国文化的特殊性"不言自明"的前提下，更反对把特殊性作为一种"自我异质"的借口，进而"抹杀人类在现代社会共同追求的诸如民主、平等、自由等价值取向"。对健胜的看法，我深表赞同，而且十分欣赏他敢于亮明观点的学术态度。无论怎样强调和维护自己的民族性，都不能削弱文化上的求同意识，更不能以复兴为名，重新为保守、落后撑起保护伞。健胜指出：建构中国的现代性，既需要因地制宜，更需要与时俱进。此论不仅允当，更与党和国家领导人一再倡导的创新精神相符合。

健胜痛感于时下多数学者虽都支持文化多元论，但"当考量自身学术主张的现实价值时"，却"又不约而同地走向一元论"，缺少承纳不同见解的"学术气量"，故而他提出，应建立有效的沟通机制，以便各家各派相互交流和融通。这当然是一个不错的设想，但不免多少有些一厢情愿。健胜来自青海省边远的乡村，根子深扎在下层劳苦大众中。他以素朴之心揣度在儒家文化中打熬、历练出来的知识精英，所存的奢望似乎太高。更重要的是，个人和社会集团所认为的真理，都和其所处的社会地位、思想志趣、既得利益等密切相关，若无较为彻底的社会改造和制度转型，要进行平等的对话交流恐怕既缺乏必要的环境和条件，也缺乏内在的自觉和动力。所以，我认为，在坚持理解、同情和宽容的同时，批判仍然不能丢。而健胜此书的缺点恰在于批判的力度稍弱。相信随着岁月的流逝，健胜自己也会意识到这一点，并在未来的修订中予以弥补。我对健胜在学术上取得新的突破满怀期待。

2011 年 12 月

沈斌《唯物史观"坐标系"中的俄国公社：马克思给查苏利奇〈复信草稿〉及〈复信〉研究》序

沈斌是我的学长臧振教授带出来的博士。原来在西安外国语大学学习，本科是日语专业，硕士专攻日本史。他的老师李毅早年毕业于陕西师范大学，发现这个学生大可造就，于是就向母校做了推荐。那时候，系里成立有导师组，提倡发挥集体的作用。所以沈斌也来听我的课，课后进行过不少交流，遂成师友关系。

2011 年，沈斌博士毕业，提交答辩的论文是《二十世纪关于商周公社的研究》，长达 400 多页。不仅对中国学者在商周"公社"问题上的学术见解做了全面总结，更对马克思、恩格斯的相关理论和观点进行了检讨，其间，有相当大的篇幅涉及马克思《给维·伊·查苏利奇的复信草稿》(以下简称《复信草稿》)及《给维·伊·查苏利奇的复信》(以下简称《复信》)。在历史研究日益碎片化的情况下，沈斌仍能从大处着眼，用宏观的理论视野分析具体的历史现象，这便不能不使答辩委员会的专家眼睛为之一亮。记得曾有人问：你为什么选择这样的题目？沈斌的回答是，自己来自浙江嘉善农村，听长辈常议及"人民公社""联产承包"等话题，对乡间的社会结构、土地制度很感兴趣，更关注农民当下的生存环境和状态。虽是很普通的一问一答，我当时听了却颇为感动，就对臧兄说："你这位博士绝不是为了混文凭，而是真有兴趣和情怀。"臧兄应道："兴趣和情怀才是从事科研的前提和动力。"我们都看好沈斌，共同期待他在今后的日子里继续钻研，能不断攀登上新的高峰。

果然不出所料，沈斌探索的脚步始终未曾停歇。他博士毕业后仍回到原工作单位长安大学日语系任教，后来又担任了系主任。渐渐地，他发现这一职务并不适合自己，于是便向领导请辞，决心把精力集中在追求学问上。他曾借赴日交流的机会花费一个多月的时间，把日文版的《马克思恩格斯全集》一页一页地拍摄下来。由于受到日本学者严谨治学态度的影响，他又收集或购置了俄文、英文和德文版的《马克思恩格斯全集》，通过文本比较去发现讹误，去伪存真，已到了如鱼得水、左右逢源的境界。据臧兄相告，对恩格斯的名著《家庭、私有制和国家的起源》，沈斌也几乎收全了从 20 世纪二三十年代到 20 世纪 90 年代的各种译本。他对马克思主义的钻研如此执着，如此肯于付出，实在令人钦佩。功夫不负有心人，《史学理论研究》《当代世界社会主义问题——与宋培军、张秋霞两位先生商榷》发表了他的《再论马克思的"农业公社"问题》和《马克思给查苏利奇〈复信〉及〈复信草稿〉中译文献疑》等文章，而博士论文也在一家出版社正式出版。

2019 年岁尾，沈斌携新写成的书稿来访，名为《唯物史观"坐标系"中的俄国公社：马克思给查苏利奇〈复信草稿〉及〈复信〉研究》。这是他教育部后期资助项目的最终成果，准备结项出版，希望我先行披阅，并为之作序。我因为在年轻时也关心过"公社"问题，就贸然答应下来。谁知初步翻检，即已心知力有不逮。我们过去谈论"公社"，主要依据的是中国材料，对于马克思、恩格斯的相关论述，顶多读过《家庭、私有制和国家的起源》《法兰克时代》《马尔克》等少量文献，具体到《复信草稿》及《复信》，也只能按照收在《马克思恩格斯全集》第一版第十九卷中的中文译本去了解。沈斌却是通过版本比较找出问题，运用语言学知识考订译文，在科学把握原文含义的基础上进行理论探讨，再广泛搜集注释、通信和相关书籍予以论证，对他用心血凝成的学术结晶，我实已没有资格妄加评论。可以毫不夸张地说，在以研究《复信草稿》及《复信》为切入点、深度考察公社问题方面，沈斌已成了专家。"青出于蓝而胜于蓝"，看到沈斌如此之大的进步，我的内心充满了喜悦。

我虽罹患眼疾，仍以喜悦、兴奋的心情通读了全部书稿，对重要的地方做了摘要，并同臧兄进行了交流和讨论。我们的共同看法是，沈斌通过一个具体案例的研究，在全面、准确、科学地领会和掌握马克思主义唯物史观方面取得了成功，为学术界正确认识"公社"问题做出了贡献。

要做到全面领会，就得进行系统研究。沈斌不仅通过辨别三个《草稿》及《复信》的撰写顺序，来梳理文本的整体结构，分析作者的写作意图和思路，而且从当时俄国"民粹派"和"西方派"的争论入手，详细介绍了马克思的阅读情况及同各方精英的通信和交往，从而全景式地展现了这位伟人对俄国公社问题的认识过程，并依态度的转变划分出前后两个发展阶段。由于学术界提供的信息越来越证明公社问题具有世界的普遍性，晚年马克思也对俄国以外地区的公社给予了高度关注，除有专论发表外，更留下了数量可观的读书《摘要》。对于此类材料，沈斌都不放过，一一详加评述，使我们了解到，马克思在写《复信草稿》及《复信》时，已经融入了自己多年来对公社问题的研究心得。为了进一步弄清马克思思想形成的来龙去脉，沈斌还对相关学者的情况及著述做了介绍，其中最主要的人物即有毛勒、赫尔岑、车尔尼雪夫斯基、丹尼尔逊、柯瓦列夫斯基、摩尔根、普列汉诺夫等。事实上，我们不妨认为，沈斌的书已是一部公社问题研究的学术史。

所谓准确，不仅体现在对文本的恰当翻译上，更体现在对文意的正确理解上。试举几例予以说明。马克思在《复信草稿》及《复信》的表述中，使用过 communauté 和 commune 两个词语，前者意义宽泛，经过考订，沈斌认为应译作"共同社会"，而后者却专指已与农业、土地有了密切关系的社会组织，如"农村公社"（commune rurale）、"农业公社"（commune agricole）等，它仅是"共同社会"中的一种形态。

中译本却从来不加区分，将二者都译作"公社"，在沈斌看来，这种做法，应是沿袭了俄文版的错误，必须尊重原文，加以纠正。作为一个学习先秦史的人，我对沈斌的意见感受颇深。多年来，一些上古史专家明知商周时期血缘关系尚未断裂，家族组织普遍存在，却滥用土地关系意义上的"农村公社"一词，并且将马克思归纳的俄国农业公社的特征强加于中国，生搬硬套式地从事研究，遮蔽了无数历史真相。现在，沈斌从源头上寻出病根，至少在古史研究领域能产生拨乱反正的作用。对于马克思在《复信草稿》及《复信》中所描述的俄国农业公社的土地制度，中译本都译成了"公有制"，沈斌也明确提出，这已严重偏离马克思的本意。他在仔细推敲法文手稿的同时，参以德译和日译，将其改译为"共有制"。一字之差，却可能改变科学社会主义学科领域的重要结论。马克思既然希望俄国的农业公社通过改造在一种高级形式下复活，成为社会新生的支点，那么，《复信草稿》及《复信》中所绘制的未来社会究竟是以土地国有为基础的公有制社会，还是以协作和共同占有为基础的个人所有制社会呢？沈斌的研究非常发人深思。最后谈谈所谓的"卡夫丁峡谷"问题。由于《复信草稿》的初稿和三稿都有"可能"或"可以"、"不通过资本主义制度的卡夫丁峡谷"一语，中国学者即将"不通过"演绎为"跨越"或"跨过"，进而发展成落后国家也可以直接进入社会主义的"跨越论"。沈斌在书中对此说进行了有力的批驳。他写道：依据注释，"通过卡夫丁峡谷"，也作"通过卡夫丁轭形门"，出自古罗马的一个典故，意为"遭受奇耻大辱"，马克思和恩格斯在其他文章中曾多次使用这一典故，均严守其固有含义，而译为"跨越"或"跨过"则与原典完全脱节。沈斌进而强调，马克思使用"不通过卡夫丁峡谷"一语，仅是以此比喻不遭受资本主义生产方式的"可怕波折"。而且，此种设想也只有在同西方的"交往"和"接触"中占有资本主义所创造的"一切积极成果"才能实现。而中译本却改变法文手稿中的原文顺序，把不通过资本主义制度的卡夫丁峡谷放在前边，把占有资本主义制度所创造的一切积极成果移到后边，前后倒置改变了主次关系，突显了"卡夫丁峡谷"，为不了解典故原意的人提供了将"不通过"妄断为"跨过"或"跨越"的口实。至于为什么在翻译中会出现这种倒置，沈斌归因于"中文习惯"，我却觉得恐怕也与中国的"六经注我"传统作祟有关，心目中先自有了"跨越论"，翻译也只能围绕着建构这一理论来展开了。

　　系统梳理和准确解读是科学领会与掌握的基础。正是因为基础工作做得好，所以沈斌才能在书稿中对《复信草稿》及《复信》的内容、实质和价值做出令人信服的归纳。沈斌认为，马克思关注俄国及俄国公社，既是希望沙皇俄国的崩溃能够成为西方真正的无产阶级革命的导火索，又体现了他在《资本论》第一卷出版以后对前资本主义社会的关注和理论探索方向的转型；经过修正，马克思提出了保存农业公社、使之在一种"高级形式下"复活、以成为"俄国社会新生支点"的看法，同时又强调，要实现这一目的，必须以欧洲无产阶级革命成功和在"接触""交往"中占有现代资本主义文明所取得的一切成就为前提。在沈斌看来，《复信草稿》及《复信》体现的应是作者既将前资本主义社会与世界资本主义体系相连，又将历史、现实和未来贯通，进行综合考量的策略思想，饱含着对落后国家普通民众的人文关怀，即不希望他们再受资本原始积累和内在矛盾所带来的"可怕波折"，与可以不经过资本主义的跨越论有根本区别。正是在对世界各类公社的研究中，马克思利用否定之否定的辩证法理论，进一步完善了从血缘到地缘、从共有到私有、现代社会所趋向的新制度必然与原生社会形态相似的人类社会发展坐标系；由于在按照唯物史观构建的坐标系中，俄国的"'农业公社'是最早的没有血缘关系的自由人的社会组织……房屋及其附属物——园地，是农民私有的……耕地是不可让渡的公共财产，定期在农业公社各个社员之间进行分配"①。所以，沈斌推定，马克思说的否定之否定，就是从共有制到私有制，再到高级形态的共有制，以农业公社为支点的俄国新生社会，乃至人类的未来社会，应该以协作和生产资料的共同占有为特征，是建立在社会所有制基础上的个人所有制，这与此前他在《共产党宣言》及《论土地国有化》中的观点已大不一样，代表了马克思晚年对人类前途的根本看法，具有非常重要的理论价值和实践意义。对沈斌就《复信草稿》及《复信》所做的分析总结和理性推断，我非常赞成。因为马克思、恩格斯的确曾说过："代替那存在着阶级和阶级对立的资产阶级旧社会的，将是这样一个联合体，在那里，每个人的自由发展是一切人自由发展的条件。"②我相信，建立自由人的"联合体"，才是两位思想巨匠一直不懈追求的目标。

　　读了沈斌的书稿，我个人在认识上也受到很大启发，可算是最早的获益者。就先秦史专业而言，我从沈斌的介绍中得知，实行土地定期重分的农业公社只是公社发展序列中的一个阶段，仅出现在环境条件特殊的个别地区，并不具有普遍性，而各民族在家庭公社走向解体的过程中，却几乎都曾经按亲属等级分配土地。这便进一步坚定了我以前有过的一个想法，即在血缘宗法的影响下，春秋战国之交的中国，已经产生了占不到地或占不到好地的"无田"者，对定期重分土地的村社虽然也有记录，但因其缺乏强制力，根本不足以排斥血缘联系，为了落实税赋和兵役，以应对大争之世的迫切需要，各国不得不纷纷施行授田制，文献中的制土、行田、制地、颁田里等，都指的是国家授田，而所谓的"开阡陌""正阡陌""修封疆"等，则是打破家族局限为承担赋役的个体生产者划定田界，事实上，村社关系还未来得及充分发展，就被授田制和行政关系取代了，随着族的解

---

① 中共中央马克思恩格斯列宁斯大林著作编译局：《马克思恩格斯文集》第三卷，北京：人民出版社，2009年，第585页。

② 中共中央马克思恩格斯列宁斯大林著作编译局：《马克思恩格斯选集》第一卷，北京：人民出版社，1972年，第273页。

体，家族成员很快变成了必须注籍于所在乡里的编户齐民。我的观点当然尚需深入论证，但我不赞成以《复信草稿》中的"农业公社"来改塑中国古史的态度却非常明确。我甚至认为，以俄国公社为蓝本，硬要在中国古代也找出一个典型农村公社阶段的做法不仅徒劳，亦且有害。在先秦史专业范围以外，引发我思考的是如何对待旧时代的遗存问题。恩格斯曾说："在马克思写了那封信以后的 17 年间，在俄国，无论是资本主义的发展还是农民公社的解体都大有进展"①，他还说："原有的那些旧的共产主义的习惯和制度，一部分在 1861 年后被经济发展的进程破坏了，一部分被政府亲自系统地铲除了。"②鉴于情况发生了变化，他便在通信中反复告诉丹尼尔逊说："恐怕我们将不得不把公社看作是对过去的一种梦幻，将来不得不考虑到会出现一个资本主义的俄国③，很难"把大工业嫁接在农民的公社上面"④，"从原始的农业共产主义中发展出更高的社会形态，也像任何其他地方一样是不可能的，除非这种更高的形态已经存在于其他某个国家并且起着样板的作用"⑤，等等，他甚至感到："俄国农民生活的全部陈旧社会结构……对个体农民来说不但会失去其价值，而且会成为束缚他们的枷锁。"⑥而对俄国的真实状况更有切身体会的普列汉诺夫则认为，要消灭沙皇专制，就必须要消灭公社，因为公社正是"沙皇专制制度的基础"。这就等于强调，要想实现社会主义，不仅不能指望跨越，还需要清除旧社会的垃圾。既然如此，旧习保存较多的社会，究竟是历史发展缓慢和迟滞呢，还是独具可以夸耀于人的特殊传统？进而，尽管各民族的生存环境、生活方式及文化面貌有所不同，但最基本的价值观和未来的发展趋向是否也不相同？会不会殊途同归，走上同一条道路？以及怎样才能万流归宗，朝着建立自由人的联合体发展？这都需要我们高度关注，深入探索。所以，从能启人心智方面考量，我认为沈斌的书是一部既有理论高度，又有创新性的好书。特向广大读者朋友郑重推荐。

2020 年 1 月 15 日

① 中共中央马克思恩格斯列宁斯大林著作编译局：《马克思恩格斯选集》第四卷，北京：人民出版社，1995 年，第 447 页。

② 中共中央马克思恩格斯列宁斯大林著作编译局：《马克思恩格斯全集》第二十二卷，北京：人民出版社，1965 年，第 302 页。

③ 中共中央马克思恩格斯列宁斯大林著作编译局：《马克思恩格斯全集》第三十八卷，北京：人民出版社，1972 年，第 306 页。

④ 中共中央马克思恩格斯列宁斯大林著作编译局：《马克思恩格斯全集》第三十九卷，北京：人民出版社，1974 年，第 38 页。

⑤ 中共中央马克思恩格斯列宁斯大林著作编译局：《马克思恩格斯全集》第三十九卷，北京：人民出版社，1974 年，第 148 页。

⑥ 中共中央马克思恩格斯列宁斯大林著作编译局：《马克思恩格斯全集》第三十八卷，北京：人民出版社，1972 年，第 306 页。

卢中阳《指定服役制度与早期国家》序

马克思、恩格斯指出："一切历史的第一个前提……为了生活，首先就需要衣、食、住以及其他东西"[①]，因此，恩格斯说："历史过程中的决定性因素归根到底是现实生活的生产和再生产。"[②]我的人生经历使我直观地感到，马克思主义的这一重要观点经得起实践的检验。而我所从事的学术研究更不断证明，的确如马克思所说："不是人们的意识决定人们的存在，相反，是人们的社会存在决定人们的意识。"[③]中国有句土话，叫"屁股决定脑袋"，可算是话糙理不糙。

在读书和思考中，我还产生了另外一个想法，即上古的政治制度可能全都出自实践，源于传统，系自然产生，绝不是某位圣君贤相的设计。所以，在我年轻的时候，看到嵇文甫先生说中国古代社会具有"早熟性"，虽然很早就进入了文明，但"前后相函，浑融而暧昧，新的混着旧的，死的拖着活的"，便觉得这才符合历史实际。后来读童书业先生的书，见他反复强调："天子建国，主要是周初之事，西周晚期迄春秋中叶，是诸侯立家之时，其后卿大夫之族日强，乃置侧室和贰宗"，始悟典籍所记古制都是后人整齐划一的结果。及至汪连兴先生提出从氏族到国家一般走的都是"先转化后排挤的道路"，我立刻意识到，此论不仅切近自然之理，而且重视新旧消长，要比不能体现变化的家国同构说高明得多。我曾两度入川，跟随徐中舒教授攻读学位，从而得知徐先生早在关注西南少数民族中的"白工"劳役，并将其定名为"指定服役制度"。这不仅坚定了我从传统和实际出发观察古史的信念，更让我懂得了民族材料对先秦史研究的重要性。

孔子曰："周监于二代，郁郁乎文哉！吾从周。"我们就从周代入手，来看看"派白工"式的指定服役是怎样由传统自然地转化成制度的。

周人以小邦崛起于西土，经过灭殷和东征，到处实行武装殖民，又以分封的名义，对新形成的土地占领格局给予承认。就这样，依靠同姓贵族，团结异性贵族，建立起了一个以周天子为共主的新王朝。因为它的体量超过了商代，所以需

[①] 中共中央马克思恩格斯列宁斯大林著作编译局：《马克思恩格斯选集》第一卷，北京：人民出版社，1972年，第32页。

[②] 中共中央马克思恩格斯列宁斯大林著作编译局：《马克思恩格斯全集》第三十七卷，北京：人民出版社，1971年，第460页。

[③] 中共中央马克思恩格斯列宁斯大林著作编译局：《马克思恩格斯选集》第十三卷，北京：人民出版社，1962年，第8页。

要应对的社会公共事务也大大增加。

西周政权赖以建立的意识形态基础是典型的天命观。周人宣称，作为最高主宰的天，随时都在寻找适合君临天下的有德者，在殷末，正是它发现"文王尚克修和我有夏"，才决定"改厥元子""申劝宁王之德""集大命于厥躬"。这就等于昭告世人，周代殷"作民主"是"受命于天"，具有毋庸置疑的合法性。同时，他们还把上下之间"胡不相畏"的原因归于"不畏于天"，进而把天命永续的希望寄托在全社会都"畏天之威"上，由此可知，周人虽将借以吓人的大神由商代的人鬼换成了天帝，但总体上却没有脱离神道设教的窠臼，统治思想的实质仍是"明命鬼神，以为黔首则"和"假威鬼神，以欺远方"，目的则是让"百众以畏，万民以服""听且速也"。明乎此，方能理解周人何以要把祭祀视为政府的第一要务。当时所祭的对象主要是天神和祖宗神。有的每日皆祭，有的按月致祭，有的按季致祭，谓之日祭、月祀、时享。据孙诒让研究，单祭天朝日之礼，即"每岁凡十四举"，贵族花在祭祀上的时间和精力可谓超乎寻常，而一年的祭祀费用据说也多于总收入的十分之一。

周人高度关注的第二件事是战争。武王克商，"遂征四方，凡憝国九十有九国""服国六百五十有二"，仍认为"未定天保""至于周，自夜不寐"。在他死后，果然就发生了武庚、管蔡之乱，"周公、召公内弥父兄，外抚诸侯""临卫攻殷""降辟三叔""凡所征熊盈族十有七国"，又作"新邑"于"东国洛"，"俘殷献民，迁于九里"，这才加强了对殷贵族的控制，并把东夷地区变成直辖领地。但是，由失败者从东方、南方发起的反扑从未停止，而西边、北边则有"狎狁方兴，广伐京师"，其他支系的戎狄肆行横暴的情况也不绝于书。到西周后期，"狎狁孔棘"，竟使"靡室靡家""不遑启处"。如此不懈攻取，奋力拼杀，最终结果却是宣王"尽丧南国之师""及幽王乃废灭"，足证周人一边"假威鬼神"，一边"阻兵而保威"，始终把祀和戎当作"国之大事"，实由形势所迫，不得不然。

"夏启有钧台之享，商汤有景亳之命，周武有盟津之誓，成有岐阳之蒐，康有酆宫之朝，穆有涂山之会"，夏、商、西周一脉相承，流行会盟政治，并渐渐凝固为"五年四王，一相朝"。对于此语，古人素有两解，或谓是指诸侯于五年之间"四聘于王"，一次互聘；或谓是指五载中天子"一巡守，诸侯四朝"。不管是巡守，是朝王，还是互聘，需要铺排的事务都不简单。天子巡守，"居则设张容，负依而坐，诸侯趋走乎堂下"，出则"三公奉轭持枘，诸侯持轮挟舆先马，大侯编后，大夫次之，小侯、元士次之，庶士介而夹道"，即便是诸侯相朝，也会提前"平易道路""堙馆宫室"，待到"宾至"，则由"关尹以告，行理以节逆之，候人为导，卿出郊劳，门尹除门，宗祝执祀，司里授馆，司徒具徒，司空视途，司寇诘奸，虞人入材，甸人积薪，火师监燎，水师监濯，膳宰致饔，廪人献饩，司马陈刍，工人展车"，必使"车马有所，宾从有代""宾入如归"。如何将此类活动组织好，应是早期国家阶段政府所肩负的另一项重要职责。

在古老的部落社会中，早就存在自然形成的道德规范和与之相应的公益劳动，它靠习俗来维持，在文献中常被称为"先王之教"。"雨毕而除道，水涸而成梁""清风至而修城郭宫室"，什么时候该干什么，看看天上的星星和地上的物候变化就明白了，人们就会参与进去，习惯性地干起来。到西周，国家权力延伸到基层，"先王之教"也向"周制"演变，并被加入了诸如"列树以表道，立鄙食以守路"和在境界上派驻"候望之人"等内容，从而使政府需要处理的政事日益复杂。

更重要的是，西周上层贵族都已脱离生产，解决他们的衣食住行所需便成为当务之急。而且天子还具有神性，负有沟通天地的责任，单单"势至重"是不够的，还必须使其"形至佚""心至愉""志无所屈""形不为劳"。为此，他的衣被要"服五采，杂间色，重文绣，加饰之珠玉"，他的食饮要"重大牢而备珍怪，期臭味"，平时即需击鼓而食，歌雍而彻，遇有大祭，侍立于西厢预备奉进祭品的人更多至上百。诸侯及重臣的威势虽逊于天子，但也过着钟鸣鼎食的生活，并同样要把由他们主持的祭祖活动搞得既盛大又排场。因为等级待遇和物质享受都被赋予了宗教和政治内涵，所以不管怎样浪费，怎样繁缛，执政者都会不厌其烦地做下去。

那么，政府如何组织人力、物力，才能应对如上所列的诸种事务呢？依我浅见，周人在当时只是利用了传统的服制，即指定服役制度。因为做到了"通达之属，莫不从服"，才使整个国家机器正常运转起来。

服字甲骨文作 𝄇，金文作 𝄇，像用手按跪踞之人，或推踞人于盘，实为迫令做事之会意。故《诗经》郑笺、《礼记》郑注、《山海经》郭璞注、《楚辞》王逸注、《史记正义》及《尔雅·释诂》等，皆谓："服，事也。"引申为"服事"或"所服之事"。多数的"事"必须调集人力前来始能完成，但有的也可令人分头从事，最后献纳制成品或各地土产。于是，事在一定情况下就会转化成贡，或者说服制原本就包括事和贡两部分。

服制产生的基础是家族社会。周族是一个典型的农业部落，发祥于秦岭迤北的黄土地带。那里土质疏松，土壤有"自我加肥"的能力，适合旱作农业的发展，但同时又面临着生产工具落后，自然环境险恶和灾害频发等困难。在这样的条件下从事开发和种植，既需要深谋远虑，需要尊重老人的经验，更需要凭借集体的力量。因此，血缘性的家族就获得了持久的生命力。另外，灾害的普遍性、危害性和不可预测性还会增加人的恐惧心理，形成恐惧人格，进而导致对权威的依赖和对族内秩序的崇拜，其结果必然会强化家长的地位，使其由生产、生活的组织者、领导者，变为家族财产和家族成员人身的支配者。而家族成员则甘心屈从他的意志，供其驱使，为之奔走，无偿奉献劳动成果。对这种被概括为"有事弟子服其劳"的传统奴役方式，周人最为熟悉，最为习惯，也最为认可，它被当作周初实施统治的蓝本，简直可以说是再自然不过的事情。

由于受到统治者的青睐，服制在西周迅速被推广，实现了全覆盖。

汪连兴先生说文明起源的路径是"先转化，后排挤"，即先把原始时代血缘性的家族保留下来，使之转化为公共权力机构，然后才由地缘关系、政治关系、财产关系逐步排斥和取代血缘关系。周人国家的产生正是走的这条道路。周王室由王族家室慢慢地演变成了国家政权，依照"有事弟子服其劳"的传统，族人很自然地分担起各类职事，"奔走于王家"，接受驱使。故天子凡有差遣，动辄便乎"伯父、伯兄、仲叔、季弟、幼子、童孙，皆听朕言"。在灭殷、东征及历次伐夷讨戎战争中，周之子弟带领本族向外拓殖，充当了武装殖民的急先锋，因能发挥"为王捍卫""为王者斥候"的作用而被称为卫服、侯服，除亲帅其师"以承天子"，战后"献俘""献器"外，周王还要求他们"不忘旧服"，命令他们"更厥祖考服"，继续承担王朝事务，按时参加祭祀和朝会，并"差国小大"接受分派的"职贡"，提供日祭、月祀、时享之品及天子所需等。《尚书·洛诰》曰："汝其敬识百辟享，亦识其有不享。享多仪，仪不及物，惟曰不享。""百辟"指诸侯，"物"指"庭实"，又叫"壤奠"，享而重物，说明朝享在本质上是一种纳贡形式。这正表明，随着征服范围的扩大，原行之于王朝的服制已被带往各地，推广到远方。

不单如此，周人更将服制强加到被征服者身上。由于古代中国地域辽阔，部族众多，将敌对者尽行屠戮或俘虏实难实现。于是，"服之而已"很快成为周人开疆拓土的主要政策和手段，也可视作他们成功的秘诀。西周铜器《中鼐》铭文中"入（纳）史（使）锡于武王作臣"的福人，《兮甲盘》铭文中既出"其帛""其积"，即出丝织品和粮食，又"进人"承担劳役的南淮夷等，都是在军事高压下新被纳入服制范围的国族。文献谓其"以服事诸夏"，应该理解为他们都接受了"服"，被迫承担由"诸夏"摊派的"事"。而曾"陷虐我土"，直到西周后期才低下头来的南夷、东夷二十又六邦则干脆被称为"服子"，说明当时推广服制的办法正是延伸"有事弟子服其劳"的传统，用"仿族"组织，不断对新属民进行编联。周代出自四夷的诸侯被视为子爵，所谓子者，其意即谓已是王之假子。

诸侯是王的子弟，故而"奔走于王家"，为王服事，卿大夫是诸侯的子弟，就得"奔走于公家"，为诸侯服事。依次类推，形成了"王臣公，公臣大夫，大夫臣士"。从宗法的角度看，可谓之大宗以小宗为臣，小宗服事于大宗。周人分封，重在"授民授疆土"。所授之土，即新占领的土地；所授之民，则为随迁的被征服者和封地上的土著。例如，授于鲁的有殷民六族和商奄之民，授于卫的有殷民七族，授于晋的有怀姓九宗，授于申伯的有谢人，授于韩侯的有燕众，等等。这些人被要求"即命于周"，职事于封主，于是，服制所涉及的实际劳作就落到了他们和周族下层民众身上。因为上古完全脱离农业的公务人员尚少，商品经济又不发达，所以贵族需要的一切服务和物品无不仰赖于直接力役和贡纳。举凡耕籍田、生九谷、毓草木、供车服、筑城郭、缮宫室、作山泽之材、养畜鸟兽、化治丝枲、牧牛、圉马、积薪、守燎，乃至膳羞割烹、饭米熬谷、设几布席、进奉酒浆、涤濯器用，等等，都会成为普通劳动者无可逃遁的沉重负担。摊派什么职事，要看与统治者有无血缘关系及血缘关系的远近，看臣服的早晚及熟化程度，也会考虑服役者的经济水平和技术专长。这样一来，所服何事，已体现了政治地位的高低，地位高的可以支配地位低的，地位低的必须服从地位高的，久而久之，便固化为"士臣皂，皂臣舆，舆臣隶，隶臣僚，僚臣仆，仆臣台，马有圉，牛有牧"式的社会等级。随着服役事务的日增，贵族或承担劳役的各族首领渐渐变成某类差役的指挥者和管理者，所任之事会被视作官职。但若追根求源，则必须承认，大夫、士"日恪位著，以儆其官"是一种服，"庶人、工、商各守其业，以供其上"也是一种服，甚至连"诸侯春秋受职于王，以临其民"，天子"崇立上帝、明神而敬事之"，都应从服制的角度去理解，只是他们所服事的对象层级更高而已。"天有十日，人有十等，下所以事上，上所以供神"，只有"国有班事，县有序民""上下有服""以待百事"，周的国家机器才能运转起来，并形成"都鄙有章"的秩序型社会。儒家用五服或九服概括服制，只注目于诸侯之服，并将公、侯、伯、子、男系列化，造成服制就是五等爵的错觉，遮蔽了内外上下人皆有服的历史真相，应该予以纠正。

在长期的推行过程中，服制表现出了十分鲜明的特征。

最首要的是它具有强制性。如果说在原始时代"有事弟子服其劳"还是出于自发的话，在父权制获得充分发展和专制国家形成之后，最初"庶民子来"般的热情就完全消失了。这时，神权政治和宗法制度笼盖了全社会，任何违礼之举都被视为无道，典籍称妻妾子女为孥，并与家内奴隶放在一起，合称为帑，足见其地位卑下，已是受家长绝对支配的活的财产。至于被征服者，他们所受到的强制自然更加严厉。"服之而已"的关键点是"不尔杀"，甚至可以"尚有尔土""宅尔宅，继而居""畋尔田"。个别上层分子还能"迪简在王廷，尚尔事，有服在大僚"，但必须以"攸服奔走，臣我多逊"为前提。倘若"自作不典"，经过再三"教告"，仍"不用我降尔命"者，则要"大罚殛之""战要囚之""离逖尔土"。这正表明，失败一方的内部结构虽未改变，但其人身却"作为土地的有机附属物跟土地一起被占领"了，周人是用超经济的强制，即直接控制其人身的办法，将服制加在了他们身上。

其次是服制具有集团性。西周生产力低下，个体劳动尚未普遍化，土地私有更未出现，个人就像蜜蜂离不开蜂房一样离不开集体。无论是周人，还是被征服者，最基本的组织细胞仍是家族，甚或氏族。当剥削关系出现在大小宗之间或两种族团之间的时候，统治者无法突破狭隘的血缘界限，针对单个人实施奴役，只能利用现成的族的组织，并以所辖各族的族长作为落实剥削的代理人。如分给鲁、卫的殷民六族、殷民七族都是"帅其宗氏，辑其分族，将其丑类，以法则周公，用即命于周"，足见"周迁殷民，皆以族相从"。职此之故，《尚书·梓材》记周公告康叔治理殷民之法，就特别强调说："封，以厥庶民暨厥臣达大家。"以，由也；暨，与也；达，通也。此处语倒，原意实为"以大家达厥庶民及厥臣"。这便充分证明，周人对殷民的剥削必须通过"大家"才能实现。只是戎、夷各部氏族部落尚未解体，统治者需要面对的族团有大有小、进化程度不一而已。

服制的第三个特点可以叫作固定性。贵族对物品和服务的需求是多样的、具体的，被统治者所承担的贡纳和劳役也是多样的、具体的。侯、卫是军事劳役；百工是手工劳役；"甸，田也，治田入谷也"，为农业劳役；"男，任也，任王事"，为各种服务性劳役。但以上仅是后人所做的大致划分，事实上，还要细化到指定某族专贡某物或专服某役，即所谓"制其职，各以其所能；制其贡，各以其所有"。正是在这种意义上，我们按徐老的教导，将服制称为指定服役制度。例如，仅据文献所记，即可见虞阏父以制陶"服事"周武王；楚于盟会中专职"置茅蕝，设望表"，并"与鲜卑守燎"；秦之祖非子为周孝王"主马于汧渭之间"；伯舆之族为周平王养牲；长勺氏、尾勺氏生产酒器；施氏缝制旌旗；繁氏编组马缨；等等。西周青铜铭文中，也有作为族长的"员"为王"执犬"，"谦仲"为王"驭"，"令及奋先马走"，"大"率其族人守卫于王宫门外等记录。甚至击镈、拊磬、缘卢、歌咏、积薪、司火、致饔、献饎等，都有不同的家族专职司掌，并世代相承，以其所服为氏，有的还将所掌职事标识在族徽上。需要指出的是，承担劳役和贡纳的家族，应该都还是农业家族。仅仅因为擅长某种副业，才成为特定事务的承担者。所以，只有"不违农时"才是当时"起役动众"所应遵守的道德准则，除此并无任何量的限度和计算的比例，完全听凭统治者的意愿，必须随叫随到。"天子召诸侯，诸侯辇舆就马""诸侯召其臣，臣不俟驾，颠倒衣裳而走"，《诗经》所谓"颠之倒之，自公召之"，正是这一情况的真实写照。至于"自庶人以下"的普通劳动者，则不仅"明而动，晦而休，无日以怠"，为各种具体的劳作所困，而且更会因分工和身份地位的长期固化而丧失全部自由和主动精神。

就这样，西周统治者凭借强制，通过族长，将劳役和贡纳直接摊派并固定到各族，从而不仅满足了自己的需要，保证了国家机器的运转，而且形成了各色人等"安其所服""皆有等衰""民服事其上，而下无觊觎"的安定局面。由此不难看出，如果说"假威鬼神"和"阻兵而保威"，即祀和戎，是周人确立统治的两大法宝的话，服制则是当时起主要作用的基本制度。因为祀、戎、服的紧密结合，曾经带来过"刑错四十年不用"的好效果，在周贵族的思想上，居然产生了"诱民孔易"的错觉。

但是，出乎他们意料的是服制到西周后期却开始走上了下坡路，进入春秋时期，更出现了以除旧布新为内容的大变动。究其致变之因，盖出自如下四端。

一是上下力量对比发生了变化。西周王室独盛，不仅直接控制自西土至成周的千里之地，而且拥有"其车三千"的军力。相对而言，彼时诸侯皆弱，天子"视形势而制械用，称远迩而等贡献"，将服制强加于四方，是典型的"以大使小，以重使轻，以众使寡"。进入春秋，本末却发生了颠倒。东迁之初，周王直辖区尚有六百里，不久，南阳入于晋，祭地入于郑，伊川为戎所居，从此日朘月削，终于一蹶不振，政教号令不行于天下，武力竟不堪郑人一击，自《左传·桓公五年》周郑繻葛之战"郑人射王中肩"以后，便再无天子命将出征之事。相反，分封的结果却使诸侯及大贵族有土有民，可以组织武装，积累独立之资。郑、卫、齐、鲁、宋可能最早成为千乘之国，继之，齐、晋、秦、楚、吴、越迭兴，兵力皆达数千乘。大小强弱既已今非昔比，当然就会形成尾大不掉。"卫不修方伯之职，鲁不行报聘之礼"，晋不献器，竟无一物"镇抚王室"，不得已，乃由王使四出，求赗、求车、求金。惠、襄之后，王室屡生内乱，更赖诸侯之师协助平定。霸主虽张尊王之帜，却已成为幌子，"礼乐征伐自天子出"一变而为"自诸侯出"，再变而为"自大夫出"，甚至出现"陪臣执国命"。随着权力的下移，以"服事其上"为特色的服制当然也就如冰山消融一样地垮塌了。

二是随着领土国家的形成和扩大，发生了路途过远的新困难，妨碍了指定服役的实施。服制存在的前提是商品经济不发育，只能通过直接劳役和多种实物贡纳来满足统治者的各种需求。与之相适应的国或方百里，或方五十里，面积都很有限，实为分布于各地的统治据点。在这种情况下，众庶"行其政事，共其职贡，从其时命"，可以"既听且速"，并不觉得路途劳顿。进入春秋时期，经济发展，据点之外的鄙野面貌日新，从而刺激了贵族占有更大地盘和控制更多人口的贪欲，于是，"辟土服远"浪潮应运而生，强大的诸侯国由"土不过同"变为"有土数圻"。如果仍旧要求方圆千里内的民众继续承担烦琐的固定劳役，并能召之即来，恐怕就推行不下去了。因为花在路上的时间太多，不仅服役者会不堪其苦，就连统治者也会感到很不合算。

三是家族纷纷解体，服制失去了载体和依托。服制注重"以厥庶民暨厥臣达大家"，抓住族长，各项摊派就有了着落。然而，春秋的情况却是，与"辟土服远"相伴随，对财富的争夺更加疯狂，族间分化十分剧烈。"富族"建都立家，"敝族""每食无余"，以夺位、分室为内容的互斗此起彼伏，导致家族不断解体，无法受到荫庇的"弃人"和个体家庭大量涌现。随着征服程度的深化，戎夷各部的血缘纽带也受到冲击，逐渐"散为民户"。影响所及，人的家族观念日趋淡薄，家长及宗法的权威严重弱化。这些深刻的社会变故打破了服制的组织结构，斩断了贵族用以束缚劳动者的血缘绳索，迫使统治阶级不得不另行设法，对众庶百姓进行新的编组。

四是劳动者对指定服役的反抗成为服制解体的导火索。贵族在统治地位上待得越久，就会越发腐朽和贪婪，甚至连"不违农时"这一基本的原则也不顾了。到春秋后期，他们的过头做法经常遭到反抗。例如，鲁国的成邑为拒绝替孟孙氏养马而集体叛归于齐；卫国因"使匠久"和"使三匠久"发生过两次导致国君被杀或出亡的匠氏暴动；连王城之内也曾有百工起义。至于一向靠"派白工"的办法令人助耕的各类田庄，更因耕者的抵制和怠工而普遍出现"维莠骄骄""维莠桀桀"的荒凉景象。诸侯在拒绝对天子履行服制义务时，或许没有想到会上行下效，现在，连锁反应居然波及基层，连种田做工的人都不听招呼了，他们这才猛醒，旧的办法已完全失灵，再也无法修补了。

既然"民散久矣"，迫不得已，只好进行改革。于是便有了齐国的"相地而衰征"，晋国的"作爰田""作州兵"，鲁国的"初税亩""以田赋"，郑国的"作丘赋"，楚国的"量入修赋"，以及后来秦国的"初租禾"。对各项举措的理解众说不一，其实，最核心之点却都是用按亩征税代替固定的劳役贡纳和用按地域出兵赋代替由族兵组成的"卫服"。其本质则是变靠强制直接控制人的肢体，为通过所掌握的生产资料间接控制人。"周人与范氏田，公孙龙税焉"。可见这时除税吏收税和按乘丘、乡里出兵赋外，产品已归己有，且可自由支配劳动时间。从此，剥削的量有了比例，人身有了自由度。虽然一切都很初步，但由直接控制改为间接控制，就已使社会得到了舒缓，人们从漫长的、固定死板的僵化状态中挣脱出来，极大地焕发了生产积极性。所以，与其说春秋战国经济飞跃的原因是井田制的垮台，不如说是服制的瓦解。战国人孟子把他仅知其"大略"的三种剥削形式分别配给夏、商、周，实际情况却是先有服制中的贡和役，后来才出现了税和赋。古代的赋税制度是在服制衰亡的前提下发展起来的。

最基本的统治模式发生了变化，与之相关的东西都会随之刷新。例如，在旧服制中，各族所任之事长期固定，故民之"生死、出入、往来"皆可依靠族长，通过"审之以事"加以掌控，"不料民而知其少多"。现在，为了在个体农户间合理摊派负担，用"书名于社""异其男女，岁登下其死生"的办法进行户口登记，就非常必要了。而"合十姓百名"重新做了编组的乡里也应运而生。为了征兵，先行乘丘之法，又在战争发展过程中出现了名为技击、武卒或锐士的常备兵及奖励军功办法。要让税收和兵员有保障，就得"制民之恒产"，于是，各国普遍采用授田制，取代了"派白工"助耕贵族田庄的籍田制。管理个体、分散且可以流动的广土众民和应对日趋激化的内外矛盾带来了更为庞杂的公共事务，单靠"伯父、伯兄、仲叔、季弟、幼子、童孙"奔走于左右已不足以应对，况且，天潢贵胄大都"不悦学"，早在"只取不予"的享乐生活中销蚀掉了进取心，因此，迫于亡国灭种的威胁，统治者只好重用有才干的异姓之臣，并以"尊贤使能"作为新的选官标准。异姓之臣无封土，无民人，只享受谷禄和赏赐，缺乏抗上之资，任之即官，去之即民，但他们与国君之间既无血缘感情，又无宗法约束，必须靠大权独揽和运用赏罚、任免、考绩和监督，才能有效控制和驾驭，因此更催生了专制君主、官僚机构和集权制国家。最终，春秋战国便以全新的姿态出现在历史舞台上。

谈论奴役方式，不能回避社会性质。现在，我的师长和朋友多赞成西周封建说，甚至认为由原始社会直接就进入封建社会了，根本不存在奴隶制阶段。然而，我的认识却跟不上，诸多疑问横亘于胸中，未能释怀。最主要的是，周人依靠"杀伐以要利""阻兵而保威""明命鬼神以为黔首则"强行推广服制，明明是用先占有其人身和控制其思想的办法来获取生产者的劳动成果，这同封建制下更多地凭借经济手段进行剥削，能够同日而语吗？在西周，由于各类族团普遍存在，家族成员都会受到族的保护，统治者不能任意捕杀，但作为下层族众，既处在族长的淫威之下，又"作为土地的有机附属物跟土地一起"被高级的贵族占领，双重剥削和控制一起压向金字塔的最底层，我们还能说劳动者的地位比较优越且有一定自由吗？恩格斯曾在《反杜林论》中反复申述奴隶制在历史上出现的必然性，他明确指出："人类是从野兽开始的，因此，为了摆脱野蛮状态，他们必须使用野蛮的、几乎是野兽般的手段。"①我理解"野兽般的手段"就是超经济的强制，而超经济的强制恰是奴隶制的本质。如果说中国没有经过奴隶制阶段，那么，我们的先民是如何摆脱野蛮状态的呢？另外，恩格斯还说："有两个自发产生的事实，支配着一切或者几乎一切民族的古代历史：民族按亲属关系的划分和土地公有制"②，他又说："土地公有制……以可用土地的一定剩余为前提……剩余的可用土地用尽了，公有制也就衰落了"③，这种情况在西周并未发生，试问在土地私有制远未成形、运用经济杠杆进行盘剥还缺乏基础的时候，统治者除了靠超经济强制来榨取劳动力，以满足其衣食住行以外，他们还能有别的选择吗？我知道马克思不赞成把他的学说看成放之四海而皆准的真理，在晚年，他和恩格斯都曾对以前的观点做过反思或修正。恩格斯说："奴隶制是古代世界所固有的第一个剥削

---

① 恩格斯:《反杜林论》，中共中央马克思恩格斯列宁斯大林著作编译局:《马克思恩格斯选集》第三卷，北京：人民出版社，1972年，第220页。

② 恩格斯:《家庭、私有制和国家的起源》，中共中央马克思恩格斯列宁斯大林著作编译局:《马克思恩格斯选集》第四卷，北京：人民出版社，1972年，第172页。

③ 恩格斯:《马尔克》，中共中央马克思恩格斯列宁斯大林著作编译局:《马克思恩格斯全集》第十九卷，北京：人民出版社，1963年，第353页。

形式；继之而来的是中世纪的农奴制和近代的雇佣劳动制。这就是文明时代的三大时期所特有的三大奴役形式"①，这是恩格斯对人类社会历史深入研究后所提出的基本结论，若看不到更充分的理据，我认为不便轻加质疑。

提出上述几点疑问是想向朋友们请教。同时我自己也想从指定服役制度入手，继续深入探索，寻找答案。可惜年纪大了，兼患眼疾，读写困难，不免锐气顿消。所幸我的学生卢中阳聪敏好学，踏实肯干，对先秦史专业情有独钟。于是，便将这一任务交给他去完成。为了探索指定服役制度，中阳曾到北京大学，跟朱凤瀚教授学习半年，又负笈云南，跟随林超民教授进行博士后研究，利用国家留学基金委资助，赴美国亚利桑那大学访学一年，还曾深入边远村寨，开展实地调查，从而不仅拓宽了视野，提升了理论水平，而且掌握了许多新鲜材料。现在，他将所承担的国家社会科学基金成果整理成《指定服役制度与早期国家》一书出版，事实上，已将指定服役制度研究推进到了新阶段。从中阳的书可以看出，指定服役制度不仅古代中原地区有，后来周边少数民族及世界许多民族中也都有，说明就像奴隶制是人类迈不过去的一道坎一样，指定服役制度也具有普遍性。它的出现是历史的必然，或如中阳所说，它是早期国家的基本制度，其他各种制度则是由它生发出来的。与此同时，中阳还发现，指定服役制度并没有随着国家的成熟而消失，相反，却与整个古代社会相伴随，作为一种补充形态，一直在政治统治中发挥作用。可见指定服役制度还具有长期性。对于中阳的意见，我都十分赞成。中阳的书稿原本较长，却受资助出版物在字数上的限制，不得已做了删节，以至于使某些论述显得不够充分，应属美中不足。但基本的看法都已得到了表达，也算差强人意。相信中阳对指定服役制度的研究一定会取得更大成绩，到那时，再来修订这部书，就会使它变得更加丰满和完善。

2020 年 8 月

---

① 恩格斯：《自然辩证法》，中共中央马克思恩格斯列宁斯大林著作编译局：《马克思恩格斯选集》第三卷，北京：人民出版社，1972 年，第 519 页。

《周代国野制度研究》修订版后记

2019 年是中华人民共和国成立 70 周年。我是在中华人民共和国成立以后接受教育，进入历史研究领域的，因此，很愿意将自己放进 70 年历史学发展的大背景下，梳理一下个人学术思想逐步形成的大致脉络。

中华人民共和国成立以来，历史学发展的道路虽有曲折，但成绩是巨大的，有很重要的经验值得总结。我们不妨以改革开放为界限，将历史学 70 年的发展历程划分为前后两个阶段。

1949 年以后，随着中华人民共和国的成立，人们的精神面貌和思想意识发生了深刻的变化，历史学也在其发展的第一个阶段上，完成了从传统史学向现代史学的跨进，从历史观到方法论，以及对历史学功能的认识，等等，都实现了重大飞跃。其主要表现是：

（1）学术界普遍认识到，历史与现实是相联系的，现实由历史发展而来，历史学从根本上说，应该服务于现实。如果不食人间烟火，对现实不发生任何作用，历史学就会因失去生命力而萎缩。正是有了这种新认识，学者不再把研究看作自己的名山事业，而开始考虑如何运用历史知识为人民服务；不再从兴趣出发，而开始转向选择能够揭示历史规律、提供历史经验、启发人类智慧的重大课题。

（2）摒弃了认为"愈古的时候愈好，愈到后世愈不行"的"历史退化论"[1]，使进化的历史观获得普及。这一进步不仅使许多历史学家克服了只知"祖述尧舜，宪章文武，发扬周孔"和"书不读秦汉以下"的片面性，开始参与到中古以后，特别是近代史的研究中来，更有助于全社会清理封建文化传统，摆脱崇古迷信，促进思想解放，坚定前进的步伐。

（3）随着历史唯物主义的深入人心，"不是人们的意识决定人们的存在，相反，是人们的社会存在决定人们的意识"[2]，成为大家自觉尊奉的信条。于是，生产工具、生产技术的演变，农史、手工业史乃至整个经济史，备受重视，并发展为成熟的学科分支。旧史学只突出政治史、军事史，被讥为"相斫书"，线条单一、内容狭窄的格局大为改观。

---

① 顾颉刚：《当代中国史学》，沈阳：辽宁教育出版社，1998 年，第 115 页。

② 马克思：《〈政治经济学批判〉序言》，中共中央马克思恩格斯列宁斯大林著作编译局：《马克思恩格斯选集》第二卷，北京：人民出版社，1972 年，第 82 页。

（4）唯物史观认为历史前进的决定性因素是生产力、生产方式的发展，当然就十分重视直接生产者的地位和作用。中华人民共和国成立以后，由普通人参与的生产活动和阶级斗争进入研究的视野，英雄史观被打破，以叙述帝王将相家谱及事功为主的旧史学传统得到改造，人们普遍意识到，从根本上说，人民群众才是历史的真正创造者。与此同时，史学界对少数杰出人物的特殊活动也高度重视，并就历史人物评价问题展开过全国性的大讨论，倾向于承认是来自不同层面的合力推动了社会进步，主张对那些为中华民族的发展做出过贡献的人给予历史的肯定。

（5）唯物史观不仅认为历史是进步的，而且强调诸种历史因素之间有因果关系，有公例可寻，即存在不以人的意志为转移的客观规律性。在这种观点的影响下，历史学家开始重视探寻事物的内在联系，考察促成事变的政治、经济背景，分析事变的前因和后果，总结重要的经验和教训，从而增加了文章或著作的深度，提高了研究水平。

（6）扩大了研究范围。学者既克服了把汉族历史等同于中国历史的大汉族主义，开始投入力量，对少数民族历史及民族关系史展开研究；也克服了以天朝上国自居，把其他国家视为蛮夷之邦的封闭心态，建立了一支颇具规模的从事世界通史及地区史、国别史研究的学术团队。

以上我所做的几点概括可能既不全面，也不准确，但从中仍可以看出，中华人民共和国成立后，历史学曾经取得了显著的进步，结下了累累硕果。如果看不到时代巨变所带来的学科的新生，反而像有些人所调侃的那样，说中华人民共和国的历史学只开了"五朵金花"，显然是不负责任的，未免失之于肤浅。

就先秦史而言，20世纪五六十年代讨论最多的是古史分期问题，其核心是奴隶社会和封建社会的分期。围绕着中心议题，又带动了对铁器与牛耕、众、庶人、民的身份，土地制度，村社制度及早期国家形成的研究。这些工作的开展不仅有助于人们更加科学地认识上古史，而且也以中国的材料为历史唯物主义的基本原理提供了佐证。另外，当时的学风总体上是开放的，奴隶制究竟什么时候过渡到封建制，就出现过八种说法，都可以在报刊上发表意见，西周封建论、战国封建论和魏晋南北朝封建论各有代表性著作行世，形成了范文澜、翦伯赞、郭沫若、尚钺各展其长、平流竞逐的好局面。正是各抒己见和百家争鸣，一度带来了先秦史园地的学术繁荣。

我自幼喜欢历史，在中学老师的鼓励下，于1965年考入了北京大学历史系，那时虽然年轻，但因为专业思想牢固，所以便不能不为流行的学术热点所吸引。有的同学还就秦始皇、曹操评价问题写成论文，向外投稿。一些重要的争鸣文章和汇集这些文章的论文集也被老师指定为参考资料，要求学生阅读。在我心中留下深刻印记的学术观点主要有三个：一是嵇文甫先生提出中国古代社会具有早熟性，在原始社会尚未解体的情况下，就已产生了文明，"前后相函，浑融而暧昧，新的混着旧的，死的拖着活的"[①]；二是侯外庐先生强调早期的剥削关系只出现在两种族团之间，并不针对个人[②]；三是斯维至先生认为中国古代早期的社会组织应该是家族公社，而不是农村公社[③]。我出生在北方一个典型的聚族而居的村子里，小时候进过祠堂，耳濡目染，分得清同姓中与谁家支分近，与谁家支分远，自然而然，就产生了应抓住血缘与地缘长期相互消长来研究古史的想法。另外，系上参加过全国少数民族调查的顾文璧老师曾向我们介绍过在边远省区仍有保留的"活化石"，使我知道了"派白工""乌拉差"之类的原始、粗放的奴役方式，不由得意识到，殷周社会与这些少数民族发展水平相当，会不会也存在类似的情况呢？于是，以民族史为蓝本来观察和研究先秦历史，成了我终生不懈的学术趣向。

我们首先肯定发展和成绩，并不是要回避问题。正如任何事物都有两面性一样，中华人民共和国成立后头几十年的历史学也存在过严重的失误和偏差。最主要的是，教条主义日益严重，历史唯物主义走向简单化、公式化，"论从史出"和"以论带史"终于演变为"以论代史"；左的倾向渐渐成为主流，政治运动不断干扰学术界，把不同学术观点当作思想政治问题进行批判；把"以阶级斗争为纲"这一错误的政治口号运用到史学研究中，任意拔高农民战争在历史上的地位，甚至主张用农民战争史统帅整个中国历史；与此同时，又否定一切帝王将相的历史作用，连一些著名的文学家也因被贴上了"有历史局限性"的标签而失去光辉，传统文化遭受无情践踏，历史虚无主义占了上风。在先秦史领域，则表现为将战国封建论定为一尊，致使其他学派噤若寒蝉，各项研究只好纷纷改弦易辙，向统一的模板靠拢。到"文化大革命"起来，更出现了借"为革命研究历史"之名，滥用历史、颠倒是非、大搞影射史学的情况。一些学者还在批林批孔、评法批儒、评《水浒》批宋江中充当阴谋家篡党夺权的工具，不仅给国家带来了灾难，也使历史学的名声受到玷污。

我不无遗憾地观察到，上述活动的参与者都没有公开做过认真反思，而是轻描淡写地将责任推给时代。他们完全忘记了他们曾经积极鼓吹过的一个观点：外因通过内因起作用。然而，"沉舟侧畔千帆过，病树前头万木春"，前进的力量不会理睬少数缺乏自省者的怨天尤人，随着改革开放的滚滚春潮，历史学也迎来了自己明媚的春天，从而进入了以思想解放为特征的第二阶段。研究的禁区被冲破，

① 稽文甫：《中国古代社会的早熟性》，《新建设》1951年第4卷第1期；历史研究编辑部：《中国的奴隶制与封建制分期问题论文选集》，北京：生活·读书·新知三联书店，1956年，第68页。

② 侯外庐：《中国古代社会史论》，石家庄：河北教育出版社，2000年，第176页。

③ 斯维至：《释宗族——关于父家长家庭公社及土地私有制的产生》，《思想战线》1978年第1期。

持各种意见者畅所欲言，不同观点、不同体裁的史学著述广为流行，国外的史学理论和研究方法大量引进和移植，很快就形成了生动、活泼的新局面。更令人欣慰的是，教条主义得到纠正，唯物史观开始向科学和理性回归。

多数学者认识到，以长远的眼光看，政治不是目的，而是实现不同时期经济目标和社会目的的手段，因此，正确的提法应该是为人民服务，而不是为政治服务。历史的本质是真实，如果以政治需要为借口，不惜弄虚作假，甚至肆意篡改，必将不仅破坏历史科学，也会破坏社会主义政治。中华民族有数千年的文明史，有它的特点，有它的许多珍贵品，我们应该用灿烂的古代文化和杰出的历史人物进行爱国主义教育，为建设社会主义精神文明贡献智慧和力量。但历史学最重要的作用是总结经验教训，揭示客观规律，提供战略性的历史眼光，以便全面地、正确地、有说服力地对现实问题做出判断，形成宏观决策和解决办法。它同应用性学科不同，不能直接产生物质财富，却能在较长的时段上显示出巨大作用。因而，不能要求历史学立竿见影，更不能简单地与商品和市场挂钩，用经济指标来衡量其价值。

改革开放以后的史学界，不仅在如何为现实服务方面端正了态度，纠正了偏差，更在如何正确理解和运用唯物史观上产生了思想的飞跃。比较一致的意见是，马克思主义的立场、观点、方法，应成为历史研究的向导，不能将其变为简单的公式和僵死的教条；生产力对生产关系、经济基础对上层建筑确有决定性作用，但生产关系、上层建筑的演变还会受到其他社会因素的制约，不能将生产力发展对历史的推动作用绝对化；历史是客观的，有其自身的规律性，但历史活动又有人的参与，主观可以影响客观，因此，历史规律不会像自然规律那样单纯，它常常是通过偶然实现必然，我们必须充分估计到历史研究的复杂性；人民群众是历史的主人，但少数杰出人物的特殊贡献也不能忽视，甚至往往"是人的恶劣的情欲——贪欲和权势欲成了历史发展的杠杆"[①]，研究者应把历史看作各种社会合力共同进行的创造性活动，评价历史人物时，不能仅以出身和善恶定功过；在阶级社会里，各阶级之间既矛盾对立，又相互统一，强调阶级斗争的存在和作用固然不错，但不能将其任意无限拔高，完全无视或抹杀统一性，更不能将"以阶级斗争为纲"这一错误的政治口号移用到学术活动中，把阶级斗争说成是历史发展的唯一动力。

上述观点澄清了对马克思主义的曲解，在一定程度上克服了片面性，是历史学界为全面地、准确地、科学地领会和掌握唯物史观做出的努力和探索，改革开放以后，人们的史学观念发生了新变化，达到了一个新高度，这恰恰证明：只有

---

① 恩格斯：《路德维希·费尔巴哈和德国古典哲学的终结》，中共中央马克思恩格斯列宁斯大林著作编译局：《马克思恩格斯选集》第四卷，北京：人民出版社，1972年，第233页。

坚持马克思主义，才能发展马克思主义，而马克思主义必须在发展中才能很好地坚持。与此同时，大家还清醒地意识到，作为一门发展的科学，马克思主义不是一个封闭孤立的体系，它在广泛吸收前人研究的基础上诞生，也应不断吸收各门科学提供的新成果丰富自己。正是有了心态上的开放包容，国外不同学派的史学理论纷纷被介绍引进，年鉴派史学、边疆史学、近代化史学、计量史学、社会史学、比较史学、人口史学、生态史学、城市史学等都在中国史坛取得了一席之地。

思想解放所产生的效应是显著的，也是积极的和健康的。对现代化面临的问题，历史学都试图运用自己的知识和智慧，做出合乎科学、合乎规律、合乎逻辑的回答。像亚细亚生产方式、历史发展的真正动力、中国古代存在周期性循环的原因、洋务运动的历史地位、中国近代史的分期、辛亥革命的再评价等，都曾成为大家热烈讨论的中心。中国史学界第六次代表大会公布，仅改革开放头二十年，就已累计出版史学著作、回忆录、地方史、资料集两万多种，发表各种史学论文不下二十万篇，反映了广大学人服务社会、参与现代化建设的高度热情。而由于实行跨学科研究，历史学也从其他学科借用了新概念、新方法、新模式来改造自己，从而使这门古老的学问在投身现实的过程中焕发了青春。

思想解放在先秦史领域最重要的体现是打破了因为将战国封建论定为一尊而形成的困局，久已噤声的各种分期说重新登场，纷纷著文出书，阐扬自己的观点。因为老一辈史学家多主张西周封建论，所以渐渐地，这一学派占了上风，并派生出中国不存在奴隶社会说。但如果据此判定史学界已就分期问题达成共识，似乎为时尚早。对不同分期说的论证不断推动相关研究走向深入，除以前即有较多关注的劳动者的身份地位问题、土地制度问题、村社问题等，新时期引起高度重视的则是文明起源、国家形态及基层社会结构。从国外引入的酋邦理论、早期国家理论及分层理论，有助于提升讨论的学术水平。

我于 1970 年离开北大，到河北省定县（今定州市）接受"贫下中农再教育"，并就地消化，成为县革命委员会的一名干事，虽经磨难与波折，但内心向往学术的热情却未曾熄灭。其间，曾配合河北省文物工作队做过考古发掘与整理，又在1976 年设法调入高校教书，算是较早回归了学术队伍。非常幸运的是，系领导正式派我给孙作云教授当助手，孙先生去世后，又受到孙海波的高足郭人民教授的关爱和悉心指导。在他们的无私帮助下，我不仅过了"教学关"，而且掌握了从事科研的基本方法，对先秦历史有了系统的了解，对先秦领域存在争议的问题，也渐渐有了自己的看法，不再人云亦云，被动盲从。在科学的春天里，史学园地异彩纷呈，一些重要的观点带有创新性，拜读以后，对自己的学术思想也产生了很大影响。它们分别是林沄先生主张国家起源于邑群，即都鄙群[①]；王玉哲先生指

---

① 林沄：《关于中国早期国家形式的几个问题》，《吉林大学社会科学学报》1986 年第 6 期。

出，商周时期的国家是一种点和面的结合[①]；童书业先生强调：天子建国，主要是周初之事，西周晚期迄春秋中叶，是诸侯立家之时，其后卿大夫之族日强，乃置侧室和贰宗，儒家所讲的分封制是经后人概括而被整齐划一的结果[②]。我曾两次负笈入川，跟随徐中舒教授攻读学位，从而得知徐先生早就注意西南少数民族中的白工劳役，并将其定名为指定服役制度，这更大大提升了我参照民族材料研究先秦史的兴趣和信心。在理论方面，我还想谈到汪连兴先生的一个见解，他在文章中宣称：从氏族到国家一般走的都是"先转化后排挤"的道路，即血缘性组织先转化为国家机关，经过很长一段时间，地缘关系、财产关系和政治关系才将血缘关系逐步排挤出去[③]。老实说，这很可能是近年来先秦史研究中最重要的观念上的突破。因为"每一代一方面在完全改变了的条件下继续从事先辈的活动，另一方面又通过完全改变了的活动来改变旧的条件"[④]，早期国家起源和发展的过程是动态的，汪先生要求研究者去揭示这个新旧消长的运动规律，要比未能体现变化的家国同构说更加高明。

在前辈和同行师友的影响下，我开始致力于周代国野制度和指定服役制度的研究，并对中国文明早熟的原因做了初步探讨。我认为西周国野之分就是王玉哲先生所说的点面之分，国是天子、诸侯的直辖区，野人则以不同形式不同程度地臣服于各国，属于间接统治区。国、野关系是在两种族团之间结成的奴役关系。经春秋至战国，野人转化为承担各类义务的受田小农，国人则因失去统治部族成员资格而与野人趋于一致，不管是"市井之臣"，还是"草莽之臣"，"皆谓庶人"，间接统治都变成了直接统治，国野界限也就不复存在了。从国野对立到国野制度的消失，恰恰代表了我国由早期国家过渡到领土国家的全过程。

如果说国野制度是早期国家的外在形式，那么，指定服役制度则是更能反映国家本质的核心内容。这一制度在各类材料中一律叫"服"，甲骨文、金文字形皆像用手按跪跽之人，实为迫令做事之会意，起源于本家族内的"有事弟子服其劳"和对家长兼巫师的供养，进而推及被征服的外族人身上。因为商品经济不发达和各项制度尚在草创，所以统治者的全部需求皆仰赖于直接劳役和实物贡纳，而且以指定某族专服某役或专贡某物的形式固定下来，世代相传，长期不变。分派所服之事，自然会考虑血缘的贵贱、臣服程度的深浅、经济文化的发展水平及各族团的技术专长，即"制其职，各以其所能，制其贡，各以其所有"，于是，

---

① 王玉哲：《殷商疆域史中的一个重要问题——"点"和"面"的概念》，《郑州大学学报》（哲学社会科学版）1982 年第 2 期。

② 童书业：《春秋左传研究》，上海：上海人民出版社，1980 年，第 119—125 页。

③ 汪连兴：《荷马时代·殷周社会·早期国家形态》，《社会科学战线》1994 年第 5 期。

④ 马克思、恩格斯：《德意志意识形态》，中共中央马克思恩格斯列宁斯大林著作编译局：《马克思恩格斯选集》第一卷，北京：人民出版社，1972 年，第 51 页。

服制又成为身份地位的体现，在服事过程中，地位低的必须臣事地位高的，从而造成了"天有十日，人有十等""以待百事"式的序列化等级。在西周，已经实现了"通达之属，莫不从服"，只有"人皆有服"，才能形成统治者所追求的"上下有服，都鄙有章"，儒家仅以上层贵族所服之事为关注对象，将其归纳为五服或九服，无疑是把指定服役制度大大窄化了。春秋战国经济飞跃的原因正是服制的解体，绝不是所谓井田制的垮台。用履亩而税和按乘丘出兵赋取代一切由统治者说了算的直接劳役和贡纳，开始使剥削由粗放和自然生成走向制度化，第一次规定了比例，也第一次给人留下了自由度，这对焕发劳动者的积极性起到了相当大的推动作用。孟子把他仅知其"大略"的三种剥削方式分别配给夏商周三代，实际情况却应该是先有服制中的贡和役，后来才出现了税。

在学习先秦史的过程中，我进一步坚定了对历史唯物主义的信念。马克思反复强调："人们为了能够'创造历史'，必须能够生活。但是为了生活，首先就需要衣、食、住以及其他东西。"[①]正是基于这个最朴素的道理，他们才提出："历史过程的决定性因素归根到底是现实生活的生产和再生产。"[②]这就告诉我们，要对某一时代的历史活动做出正确判断，必须不脱离该时代"生产物质生活"的基本条件。而活跃于春秋战国的儒家，却把直到他们那时才会有的分散劳动、个体家庭、土地私人占用等搬到西周，结合礼崩乐坏后残剩的已"不足征"的文献，试图利用建构禹、汤、文、武盛世历史的办法，来宣传自己恢复周礼、重建秩序型社会的政治理想，这样形成的儒家典籍，虽不能说没有史料价值，但如果用西周"生产物质生活"的基本条件作为尺度加以衡量，就不难发现，其中许多地方存在着时空的错位。所以，我坚持认为，要书写真的西周史，还是要先对材料下一番"剥离假象，寻求成因"的功夫。不是说要抛弃经典，而是说要把经典中符合周代"生产物质生活"基本条件的部分挖掘出来。

研究中我还发现，早期剥削的实施，均以强制为前提，主要靠的是"杀伐以要利"、"阻兵而保威"和"明命鬼神以为黔首则"[③]，即通过先占有其人身和控制其思想来获取生产者的劳动成果，故而周人才把祀和戎始终当作国之大事。这同封建制下更多地依赖经济手段进行剥削大不一样。再者，由于各类族团普遍存在，一般家族成员虽会受到族的保护，但更是既处于族长的淫威之下，又"作为土地的有机附属物跟土地一起"被高级的贵族所占领，双重剥削一起压向金字

---

① 马克思、恩格斯:《德意志意识形态》，中共中央马克思恩格斯列宁斯大林著作编译局:《马克思恩格斯选集》第一卷，北京：人民出版社，1972年，第32页。

② 中共中央马克思恩格斯列宁斯大林著作编译局:《马克思恩格斯全集》第三十七卷，北京：人民出版社，1971年，第460页。

③ 陈奇猷:《吕氏春秋校释·诚廉》，上海：学林出版社，1984年，第634页；王文锦:《礼记译解·祭义》，北京：中华书局，2001年，第688页。

塔的最底层，我们还能说劳动者的地位比较优越吗？另外，更关键的是，恩格斯曾经在《反杜林论》中反复申述奴隶制在历史上出现的必然性，他明确指出："人类是从野兽开始的，因此，为了摆脱野蛮状态，他们必须使用野蛮的、几乎是野兽般的手段。"①我理解"野兽般的手段"就是超经济的强制，而超经济的强制恰是奴隶制的本质。如果说中国没有经过奴隶制阶段，那么，我们的先民是如何摆脱野蛮状态的呢？恩格斯还说过："有两个自发产生的事实，支配着一切或者几乎一切民族的古代历史：民族按亲属关系的划分和土地公有制。"②同时，他又强调："土地公有制……以可用土地的一定剩余为前提……剩余的可用土地用尽了，公有制也就衰落了"③。翻一翻《左传》就可以知道，"剩余的可用土地用尽"的情况在中国古代顶早可以确定在春秋晚期。而"大地产是中世纪封建社会的真正基础"④。在土地私有还不可能出现、运用经济杠杆进行剥削还缺乏基础的时候，统治者除了靠超经济强制来榨取劳动力外，他们还能有别的选择吗？所以，我相信奴隶制不仅存在，而且具有普遍性，人类很难迈过这道坎，只是在不同地区的不同民族中，表现形式会有不同而已。总之，就我目前粗浅的认识水平，我还不愿意因中国有某些特殊就去否定奴隶制这个一般，进而认为中国从未有过奴隶社会。我主张在分期问题上继续讨论，只有讨论，才能使各项研究走向深入。如果回避社会性质，或将战国封建论独尊变为西周封建论一家独大，都会妨碍学术水平的提升。西周封建论和"无奴论"的倡导者都是我最尊敬的师长和好朋友，我诚心地希望他们在讨论中帮助我解惑释疑。但既是朋友，我也想善意地向这些师长进上一言：不要无意间为中国自古特殊论制造历史依据。

我知道马克思不赞成把他的学说看成放之四海而皆准的真理，在晚年，他和恩格斯都曾对以前的观点做过反思和部分修正。恩格斯说："奴隶制是古代世界所固有的第一个剥削形式；继之而来的是中世纪的农奴制和近代的雇佣劳动制。这就是文明时代的三大时期所特有的三大奴役形式"⑤，这是恩格斯运用历史唯物主义对人类社会进行深入研究后所得出的基本结论，如无充分理据，最好不要轻加质疑。

---

① 恩格斯：《反杜林论》，中共中央马克思恩格斯列宁斯大林著作编译局：《马克思恩格斯选集》第三卷，北京：人民出版社，1972年，第220页。

② 恩格斯：《马尔克》，中共中央马克思恩格斯列宁斯大林著作编译局：《马克思恩格斯全集》第十九卷，北京：人民出版社，1963年，第353页。

③ 恩格斯：《自然辩证法》，中共中央马克思恩格斯列宁斯大林著作编译局：《马克思恩格斯选集》第三卷，北京：人民出版社，1972年，第519页。

④ 马克思：《对民主主义者莱茵区域委员会的审判》，中共中央马克思恩格斯列宁斯大林著作编译局：《马克思恩格斯全集》第六卷，北京：人民出版社，1961年，第290页。

⑤ 恩格斯：《家庭、私有制与国家的起源》，中共中央马克思恩格斯列宁斯大林著作编译局：《马克思恩格斯选集》第四卷，北京：人民出版社，1972年，第172页。

　　我的《周代国野制度研究》一书由陕西人民出版社于1991年出版，至今已近30年。当时因条件所限，印刷不精，发行不广，错误百出，早想修订重版，一直没有机会。等到稍得宽余，却又罹患眼疾，几乎无法读写。2018年，在天津遇到朱凤瀚先生，他告诉我，可以依原稿重印，再写一个前言或后记，谈谈自己的修订意见。这使我茅塞顿开，受到很大鼓舞。陕西师范大学人文社会科学高等研究院院长李继凯先生、副院长李胜振先生又答应帮助解决一切出版事宜，让我倍感温暖，心里有了底气。于是，乃将修订工作提上日程，经历一度春秋，始克告竣。其做法是，先由我的学生黄明磊将纸质文稿重新打成电子版，再印成大字本，逐一核对引文，依当下习惯调整注释，并补充部分材料，然后由我通读定稿。在基本保持原貌的同时，也略有添增，主要是加上了对指定服役的论述，把它当作西周统治者剥削下层国人和野人的主要方式。在重版前匆匆草成这篇后记，除向朱凤瀚、李继凯、李胜振诸先生及黄明磊表示诚挚感谢外，更想借机直抒胸臆，以求得同行师友的批评指教。

2020 年 1 月

李秉谦《中国私立大学史鉴》序

秉谦积十年之功，著成五卷本的《中国私立大学史鉴》，命我作序，披阅之余，既感激他的信任，又深感惶恐不安。因为我虽学的是历史，但是对秉谦所涉足的教育史领域并不熟悉。盛情难却，只好结合自己的专业谈一点学习体会。

古今中外的历史都证明，学校教育作为文化知识传承的重要途径与工具，在人类社会发展中始终发挥着无可替代的作用。

就我国而言，学校大致在殷、周就已经产生了。不过，那时实行"学在官府制"，一方面，只有贵族子弟可以接受教育，学习礼、乐、射、御、书、数，以便继承先辈的职位，继续做贵族；另一方面，所有的典籍均藏于"盟府"，一般人难以得见。这种办法维持的时间相当长久。可是，到了春秋，却出现了社会的大变动，礼乐制度崩坏，负责行礼、奏乐和典守藏室的太史、乐官四处流亡，"畴人子弟分散"，由此引发了我国历史上第一次档案大解密，典籍落入民间。正是在这一情况下，孔子才有机会熟读精研，并加以收集、整理，编定六经，用作教材，兴办私学，教授门徒。孔子办学的原则是"有教无类"，即不论是贵族还是平民，是国人还是野人，只要"自行束脩以上"，愿意来学，他都乐于教诲。这就把旧式官学教育讲究血统和出身的限制彻底打破了。自此私学勃兴，犹如雨后春笋，很快即以老师为中心，以师承为纽带，以师法为特征，形成了不同的学派。各派相互批评辩难，逐渐出现了百花齐放、百家争鸣式的学术繁荣。在百家争鸣中产生了诸子学，以后经过融会，形成了中华传统文化。所以，可以毫不夸张地说：私学是我国古代思想文化开始孕育的温床。

不单如此，私学在教育方面所做的改革也带有根本性。以孔子所办的学校为例，在教育目的上，他突破了贵族养成教育的局限，设立了德行、言语、政事、文学四科，有针对性地培养从政的专门人才和理想化的仁人君子；在教学内容上，他虽然没有放弃旧传统，但突出了其中的诗书礼乐，按照"博学于文，约之以礼"的思想，要求学生"志于道，据于德，依于仁，游于艺"，即把弘道作为最终目标，把德行作为弘道的根据，把仁作为教育的核心贯穿始终，把六艺只看作造就高尚品格的手段，从而使教学的重心在实质上发生了转移；在教学方法上，他强调因材施教，学思结合，倡导以"不愤不启，不悱不发"为原则的启发式教学；至于应由什么样的人来执掌教职，孔子也提出了能"见贤思齐""不耻下问"

"就有道而正焉""温故而知新"即"可以为师"之类，带有学无常师倾向的新主张。正是这些做法的逐一实施，才使旧式贵族教育的影响得到了全面清理。而私学能为官学所不能为，关键在于它有办学自主权。

秦人要集中一切精力完成统一，故而奉行以绝对、极端为特点的"一"的政治，简称"一政"。其中，所谓"一言"，即在禁锢百家言论的基础上，维持法家的独尊，只准用一个声音说话，而且有意让"愚农不智，不好学问"。他们"以法为教""置主法之吏，以为天下师"，最终发展到"焚书坑儒"。因此，伴随着统一的实现和中央集权专制制度的建立，私学和诸子学一起遭到了空前沉重的打击。

然而，文化就像深植于土地中的草木，"野火烧不尽，春风吹又生"，是无法斩尽杀绝的。不可一世的秦王朝覆灭了，残酷的《挟书律》不解自除。至"高皇帝诛项籍"，"鲁中诸儒"已在"讲诵习礼，弦歌之音不绝"。此后有齐国的伏生口授《尚书》，诗学也开始萌芽，有齐、鲁、韩、赵诸家，皆由私家师徒相传。可见私学作为传承文化的载体同文化本身一样，具有顽强的生命力。

汉武帝接受董仲舒的建议，"罢黜百家，独尊儒术""兴太学，置明师"，重建官学体系，在把儒学提高到经的地位的同时，断绝了其他诸子传播和发展的机会。但在儒家内部，却允许经师设立"经馆"，从而使私学得延一线之命。以后，经过魏晋南北朝的清谈、辩论，到唐代"许百姓任立私学"的宽松政策，终于发展出了宋元时期的书院。据统计，宋代的书院多达 203 所，其中名闻天下的有白鹿洞书院、岳麓书院等。宋元工商业发达，现代意义上的城市开始形成。私学和思想界的活跃应视作经济活跃的折射。

无论是秦朝片面、绝对的"一政"，还是形成于汉并为后世所遵行的"霸王道杂之"，其本质都是专制统治，奉行的都是文化专制主义。在这种政治体制中，私学不可能得到健康发展，经馆也好，清谈也好，书院也好，都只是特殊历史背景下的变例，或是先秦优秀办学传统的风流余韵。到了封建社会后期，皇权进一步加强，私学的发展空间便越来越狭小。明朝政府为了通过推行程朱理学来加强思想控制，公然将宋元以来可以独立讲学的书院并入官学或社学，而某些心学派的学术活动甚至受到查禁。在清朝，书院教育所受控制更趋严厉，最后终于被官学完全同化，变成了科举考试的预备场。光绪二十七年（1901 年）八月，清政府照准张之洞等人的奏折，下诏改书院为学堂，至此，绵延近千年的书院彻底退出了历史舞台。

胡适先生在 20 世纪 50 年代的一次演讲中感叹："中国的高等教育虽然发达得很早，但是不能延续，没有一个历史悠久的学校，比起欧美来，就显得落后得多了。"他接着发问道："为什么历史不及我们的国家，会有那么长远历史的大学，而我国反而没有呢？"（胡适《谈谈大学》）这一著名的诘问，意蕴深长，牵动着每个真正的爱国人士的心。秉谦早年毕业于陕西师范大学，后来南下深圳，遨游商海，事业有成，却不向往安逸的生活，以一人之力，四处奔走，或钩稽史料，或调查研究，终于成此百余万言的巨著，就是因为受到胡先生诘问的感染，心中一直存着一个未解开的结。

秉谦书的全名是《一百年的人文背影：中国私立大学史鉴》。可以看出，他在回望古代之后，更想在近百年中为中国教育寻找希望。晚清时期，中国社会发生了"三千年未有之变局"，迫使朝廷实行新政，后来又酿成了辛亥革命，昭告了君主时代的结束，《中华民国临时约法》赋予"国民全体"以平等的权利，私人也可以办学了，于是新式私立高等学堂开始出现。其中由国人自己创办的有中国公学、复旦公学、广州光华医学堂等，由外国人或传教士创办的有东亚同文书院、德文医学堂、焦作路矿学堂等。旧式的以读经为主、服务于科举的官学没有留下可资利用的资源，新式私立高等学校数量虽少，却为此后中国高等教育的发展提供了珍贵的镜鉴。秉谦饱含热情地为每个近世私立教育的先行者立传，历数他们在培育人才方面所取得的成绩，其用意是想借此鼓励当下私立学校的发展，指望通过公私相互补充、相互促进、共同提高，来扭转中国高等教育长期落后的困局。对秉谦的想法，我十分赞成。因为不管什么事，只要是一家独办，就会活力丧失，故步自封，裹足不前。

改革开放以后，国家出台了《中华人民共和国民办教育促进法》，私立学校有了长足发展，在满足人民群众的学习愿望和普及高等教育方面发挥了重要作用。但当下私立大学的举办者更多通过办学来获利。因为义利观没有从根本上解决，所以这些民办大学大都不设或少设专职教师，更不在教学、科研及设备建设上增加投入，以至于目前一般都停留在"三本"院校的水平上，绝少有出乎其类、拔乎其萃者。今年五月，在深圳与秉谦会面，我向他谈及这一现象，两人相对无言，默然沉思良久。最后，我仍奉劝大家都读读秉谦的书。当您凝望近世贤哲们渐渐远去却又仍然高大清晰的"人文背影"时，谁能无动于衷？我和秉谦都对民族教育的振兴满怀期待。

序于 2016 年 8 月酷暑中

李甫运《秦隶书法集》序

甫运先生长我一岁，平日视我如手足，嘘寒问暖，无微不至，间有果桃菜茹之馈，令我感激不尽。金秋时节，他与耀文小弟一起，忽临寒舍，坐定，即以《秦隶书法集》稿本示我，要我作序。又如数家珍般地介绍他对文字及书体发展演变的看法，酒过三巡，茶换五道，尚且意犹未尽。我送他下楼时，正值金乌西坠，红霞满天，微风吹拂中，主客益觉神明开朗，遂携手步于田畔，继续高谈阔论，慨然而有澄清书坛之志。直到暮色转浓，凉气袭来，他才依依不舍地登车归去。

虽然长者所命，不应有违，但我对文字及书法却是外行。经过甫运兄的启蒙，更知其间奥妙无穷，深不可测。送客返舍，即开始补课和学习。积数日，方得略窥蹊径，再展读《秦隶书法集》，大感士别三日，当刮目相看，甫运兄的艺术功力和学术水平都达到了足以令人叹服的程度，谓之炉火纯青，也不为过。

秦人出自东夷，商末周初，千里流转，至于西垂，虽受羌戎熏染，却始终对中原王朝保持着强固的向心力。周孝王时，秦祖非子因善于养马而被列为附庸；周平王东迁，秦襄公率队护送，战功卓著，始受封为诸侯，并被"赐之岐以西之地"；到秦文公，即迁居汧渭之会，遂"收周之余民而有之"，占据了周的全部西土；以后，秦人更加主动地吸收华夏文化，走上了"以诗书礼乐法度为政"的道路。因而，作为文化载体的秦文字，便与殷、周文字一脉相承，具有变化小、稳定性大的特点，与六国文字相比，它的地域性色彩、异体字、装饰性笔画都较少，既不过于简化，也不过度繁化。甫运兄摹写的秦隶，朴素、典雅、均整、平实，笔画已见从圆转走向方折的倾向，这就不仅使秦文字独有的风格得到了充分体现，而且也表明秦隶在中国汉字史中所居的承上启下地位无可取代。由此可证，甫运兄首先是在书法艺术上取得了成功，《秦隶书法集》这部书苑奇葩必将受到广大书友的喜爱和欢迎。

所谓秦隶，原本并不为人所熟知。过去讲文字学史的人常说，秦统一天下后为解决"文字异形"的问题，乃使李斯等订定小篆，"罢其不与秦文合者"，颁行天下，至后，"大发吏卒，兴戍役，官狱职务繁"，乃有狱吏程邈"初为隶书，以趣约简"，在汉朝时，行用极广，故有秦篆汉隶之称。然而，1975 年底，却在湖北云梦睡虎地 11 号墓出土了秦简 1200 余支，其后更有青川木牍、天水放马滩秦墓竹简、云梦龙岗秦墓简牍、江陵杨家山 135 号秦墓竹简、江陵王家台秦墓简牍、沙市关沮秦墓简牍及湖南龙山里耶秦简等陆续面世，字体均为隶书。甫运兄自幼酷爱书法，十多岁即从汉隶开始，迈上了学书历程，曾以多年之功，遍临东汉名碑，常思穷究其源，却未遇确解。故而考古界的新发现便不能不使他为之振奋，其兴趣遂由汉转秦，每有新获实物公布，他都仔细揣摩，上下求索，以期佳境，研究的范围也由简牍波及帛书、铜器、陶器、封泥、印玺等。这部《秦隶书法集》正是他近十年来利用考古成果钻研秦隶的心血结晶。所录虽涉及文献材料和简牍材料两个方面，其字形却无一字无出处，无一字无根据。可以肯定，甫运兄整理秦隶的方法是科学的，态度是严肃的，通过集中书写展现出来的秦的文化面貌当然也就格外真实可靠。这同某些人的花里胡哨和闭门造车相比，高下立见。我以为甫运兄所持守的认真求是的艺术道路才是一个成功书法家应走的必由之路。

除通过书法艺术展现秦隶风采外，从内容上看，《秦隶书法集》又包括评点秦国重大事变和秦隶小史两部分。在前一部分中，甫运兄即通过研究，提出了不少有别于流俗的新观点，如用《新序》"极身无二虑，尽公不顾私"等语评价商鞅，充分肯定魏冉为秦统一奠定基础的功绩，等等，均独具慧眼，极有见地。在后一部分中，他更就秦隶的源流及历史地位发表了重要见解。

首先，甫运兄在排比材料和仔细比较的基础上，将秦隶的源头追溯到《秦公簙》和石鼓文，并且认为，到商鞅变法后期，秦隶在秦国已经广泛使用。属于秦武王时期的青川木牍文字结体定型，点画规矩，起落严谨，书写工整，美不胜收，表明秦隶完全走向了成熟。而时代略早一些的秦封宗邑瓦书则应是从商鞅方升到青川木牍的过渡形态。

其次，甫运兄举出商鞅方升、秦封宗邑瓦书、王命左丞相更修田律、云梦睡虎地所出的几种法律文书、《日书》《遣策》和两个士卒所写的家信、里耶发现的大量政府档案等，作为有力的证据，强调无论统一前的秦国，还是统一后的秦代，上至各级官吏，下至普通百姓，均用秦隶。这就从根本上推翻了曾经流行的官方用小篆、民间用隶书的陈旧说法。

最后，以上述两点为基础，甫运兄得出结论说：秦隶直接从大篆简化而来，其出现和使用早于小篆一百多年，秦始皇"书同文"就是将秦隶推广到全天下，汉隶只是对秦隶的照搬和沿用，所以，秦隶书不仅在秦国走向强大和统一六国的过程中发挥过关键作用，而且更对中华文化的形成和普及具有莫大的贡献。

读《秦隶书法集》至此，始悟甫运兄意欲澄清书坛，洵非虚语。两汉史上并无新创字体的记录，延及西汉后期，隶书的风格才发生了变化。从秦隶到东汉隶书，再到魏晋书体和唐楷，步步走来，脉络清晰可见，处处可证恰是秦隶开启了文字的演进历程。可以说，甫运兄的发现和归纳才让我们找到了中华文字的正源。甫运兄在文字学史上的成就岂可小视？

在陕西师范大学，甫运兄长期领导杂志社，声名远播，工作一向为人所称道。2005 年按时退休，初为脑疾所困，颇显憔悴。走了一段求医之路后，幡然改信求人不如求己之理，谢绝各种治疗建议，终日寝馈于书法之中。一次，我在老校区门口碰见他，敬问起居，始知他每天早上都到鑫泰园的一所空房子里去，排除一切思虑和干扰，连续数小时立于案前，挥毫不辍。如此数年，包括脑疾在内的各种病痛居然不治而愈，消失得无影无踪。当前，甫运兄红光满面，声若洪钟，神采奕奕，令所有的朋友惊叹不已。可见自我调适对于健康才最重要。甫运兄一心一意地献身于书法艺术，书法也给他带来了好运和福音，甫运兄和书法已在形神两方面融为一体了。我相信，只要继续坚持在艺术的海洋里遨游，他的身体就一定会变得更好。所以，写出这篇小文，权作序言，一则是祝贺《秦隶书法集》正式出版，同时也祝愿甫运兄福如东海，寿比南山。

2012 年 9 月

杨文极哲学论文集序言

    杨文极教授是我大学老师郝斌的中学同学，因此，平日相处中，我都对他执弟子之礼。突然，他编定了自选的哲学论文集，打电话要我作序，我便感到惊讶和十分的不相宜，却又不能坚辞，只好简单谈一点我对杨教授的看法及拜读他大作之后的体会。

    杨教授出生于河北省怀安县，在张家口读中学时，就对哲学抱有浓厚的兴趣，1956 年考入中国人民大学哲学系，师从徐琳、肖前、李秀林、陈先达诸先贤，学业大进，得以深入堂奥。1961 年大学毕业，分配到西北政法学院（今西北政法大学）工作。正当他踌躇满志、意欲在理论战线上一显身手的时候，迎接他的却是一波紧似一波的政治运动和长达 10 年的"文化大革命"。在多数情况下，他都成了被批判的对象。大好青春被虚掷，一腔热血化为灰烟，唯有对哲学的挚爱仍深深埋藏在心底里。

    文极教授学术活动的盛期是在进入不惑之年以后才真正开始的。1972 年，西北政法学院一度被撤销，他趁机调入一路之隔的陕西师范大学。1978 年，粉碎"四人帮"的胜利锣鼓音犹在耳，改革开放的号角就已经吹响，在扫尽阴霾的"科学的春天"里，文极教授心中的哲学之根开始发芽、抽条、长叶，并且迅速绽放出一朵朵绚丽的鲜花。在此后的 20 多年间，他撰写或主编著作 14 部、发表论文 60 余篇，此正所谓"蓄之既久，其发必速"。

    一开始，文极教授像"长期飘摇在外的游子刚踏上思想家园的归途"一样，弄不清该如何下手，所写的文章难免也带有左的痕迹。但自身的曲折经历又使他对历史和现实始终具有高度的敏锐感。所以，他能更加迅速地感悟到旧的一套必须抛弃，应从资本主义工业化、现代化的视角去理解作为现代哲学的马克思主义哲学，思维方式也必须从阶级斗争为纲转移到经济建设为中心。与之相关，对许多哲学问题都应做出新的阐释与评价。由于坚持"推陈出新"，常能提出一些有价值的新看法，他的成果理所当然地受到了学术界的一致好评。例如，他作为第一作者、与石倬英教授合著的《德国古典哲学教程》出版后，即被认为是经过多年思考的著作，"改正了 50 年来教程中的错误和不足"，是一种"新的思考、新的努力"；他承担的国家社会科学基金资助项目"实用主义研究"的结项成果以《实用主义新论》为名出版，立即被认为"标志着我国对实用主义的研究走出了

50 年代左的僵化模式，进入了一个新的发展阶段"；他的《"思维和存在的同一性"应当是一个"三者一致"的哲学命题——兼评对"思维和存在的同一性"问题的三种不同理解》一文，也被看作"关于思维与存在同一性问题争论中的第三种意见"，等等。正是这一系列文章中的新观点奠定了杨教授在中国哲学界的地位。

随着年龄的增长和知识的积累，杨教授研究的领域也越来越宽。从德国古典哲学，到马克思主义哲学；从存在主义、实用主义、弗洛伊德主义、想象学、结构主义、解释学，到后现代主义哲学诸流派；从康德、黑格尔、马克思，到詹姆士、萨特、胡基尔、杜威，等等。由于坚持从读原著入手，重视深入理解和准确把握，并能融会贯通，从比较看发展，他便较早摆脱了"革命与反动"二分式的政治批判，也跳出了唯物论与唯心论、辩证法与形而上学、可知论与不可知论、历史唯物主义与历史唯心主义"四个对子"式的哲学批判，率先进入哲学分析阶段。这样一来，杨教授的论著就不仅是新，而且每每带有因"正确解读"所产生的震撼力，新得服人。他的著作销售量大，影响面宽，至今还不断有人从网上求购，道理就在这里。

杨文极教授既重视"文本"的研究，也重视应用。他常在朋友和师生中说：坐而论道，崇尚空谈，不关心民生，不是马克思主义；脱离中国这样一个具体环境去讲应用，也不是马克思主义。他认为，研究文本的目的是要以理论为指导，解决实际问题，目前最要紧的就是要针对经济和社会发展中出现的新情况，创新和发展中国自己的政治哲学、经济哲学、文化哲学、教育哲学、道德哲学和管理哲学等，这项工作才刚刚起步，中国哲学工作者任重道远，大有用武之地。他的一部分文章就如何建设富强、民主、文明、和谐的社会主义现代化国家发表了具体意见，这对宣传贯彻党的方针政策和提升广大民众的生活质量都有重要作用。

杨文极教授不仅是一位优秀的理论工作者，更是一位好教师。他认为，哲学是智慧之学，没有主动思维，是无论如何也学不好的。而以"传道、授业、解惑"为宗旨的传统教学方法，依然是老师讲、学生听，再由老师答疑，从本质上并没有摆脱灌输方式。至于照本宣科和死记硬背，就更会使活的哲学变成僵死的教条，使学生失去起码的学习兴趣，那简直是对哲学的践踏。基于这样的认识，他一贯主张教师和学生应互为主客体，教师的主导地位和学生的主体地位必须同时得到凸显，以师生互动为特征的讨论式、研究式教学应首先在哲学教学中推广。因为这种教学思想就是在他长期的教学实践中总结出来的，他自己更是这一先进教学观念的身体力行者，所以无论是研究生还是本科生，都对他的课充满兴趣，有的人正是听了他的课，最终走上了哲学研究的道路。在他的课堂上，可以说哲学始终都很热。

杨教授的突出业绩不仅受到同行的赞许，也得到了相关部门和社会的广泛认可。他曾获得校级教学优秀奖、陕西省哲学社会科学优秀成果奖、国家教育委员会高校人文社会科学成果二等奖。被推选为中国现代外国哲学学会理事、陕西省外国哲学研究会常务理事、陕西省价值哲学学会顾问。《中国哲学年鉴》《中国社会科学家大辞典》设专条对他进行了介绍。1994 年 10 月，他荣获国务院颁发的政府特殊津贴证书，成为享受国家特殊津贴的专家。

正当杨教授在教学科研阵线上纵横驰骋的时候，由于那时陕西师范大学的博士点还很少、无法增列为博导的他一满六十岁就正式退休了。但是杨教授这样的名师是闲不住的，很快就有北京和南方的高校请他去讲学或参加研究活动。直到近一两年，在校园里才重新见到他的身影。询问之下，才知道得了糖尿病，吃药、注射胰岛素都试过，血糖指标老是降不下来。我患糖尿病的历史要更长些，便以资深糖友的身份劝告说："首先要充分休息，放松身心。锻炼、控制饮食、药物治疗尚在其次。"他听了很赞成，表示一定要"金盆洗手"，什么也不干了。谁知道没过几天，在陕西省社会科学界联合会的机关刊物上就又看到他的文章。当我以"失信违约"相责时，他却笑着回答说："闲着更难受，恐怕还要靠努力进取、不断拼搏来超越自我。"算来杨教授马上就七十五岁了，他却又给自己定了两个计划，即《美国实用主义研究》和《二十世纪中国现代化历程的哲学反思》。这才真正是"生命不息、奋斗不止"。有了新目标，杨教授的血糖指数虽仍很高，但精神却日渐焕发，完全丢掉了疲惫和老态。仔细琢磨，可能还是他的想法对，把精力转移到感兴趣的学术问题上，疾病的压力自然就减轻了。由此我便感到，在人生态度上，杨教授值得我学习的地方是很多的。

杨教授的自选集八十多万字，字字珠玑，处处闪耀着智慧光芒，它的出版不仅是陕西师范大学的一件学术盛事，也必将给思想理论界带来重要的影响。因此，我举双手欢迎这部论文集的诞生，也对陕西师范大学校领导和出版社为出版该书所做的工作表示衷心感谢。

文溪《穿越历史看孔子》序

我饶有兴味地读了《穿越历史看孔子》，感到这是一部相当不错的通俗读物，值得公开出版，推向社会。

该书以《史记·孔子世家》为经，以《论语》为纬，参考其他相关典籍，在叙述人物曲折经历的过程中介绍其思想，从而使孔子形象具有立体感和生动性，布局合理，方法可取。

作者把孔子定位为"我们的朋友、先辈和师长"，并强调指出"他不是神"，而是"情感丰富的普通人"。与目前流行的各种高论、怪论相比，这种看法更加平实可信。由于定位准确，作者在最后部分提出的应向孔子学习的几个方面，也都看得见、摸得着，可望可即，通过努力就能做到。像这样实事求是地介绍孔子，才能真正地弘扬孔子精神，在青少年中更好地发挥应有的教育作用。

该书对孔子言行产生的历史背景进行复原，可以帮助读者读懂《论语》，了解孔子的初衷。书中所勾勒的语境大都较为切当，与孔子的性格特点也相吻合。孔子的思想主要体现在《论语》一书中，《穿越历史看孔子》所引《论语》各条，或以白话译出，或以己意阐释，大致都能忠实于原文，融汇了古今各家的意见，理解比较到位，没有主观臆断之嫌。为了通俗易懂和增加吸引力，作者除将文言译为白话外，还穿插了一些轻松、俏皮甚至带调侃味道的语句。总体看来，这样做使严肃枯燥的话题变得生动活泼，同时又无伤大雅，符合青少年读者的需要，基本上是可取的。

对该书加以肯定，并不等于说我就完全赞成该书所持的立场和观点。最主要的是，作者认为："儒家希望生在一个人人爱人、人人和谐的大同世界，大家相亲相爱像一家人快乐地生活。"这恐怕已经把儒家拔得太高了。事实上，儒家的理想是亲疏有别、尊卑有序的等级社会，他们认为，只有严格区分等级，社会才能稳定，粮食才能吃到统治者嘴里，不然，"虽有粟吾得而食诸？"因为作者对儒家倾注了过多的爱，所以该书采取了多讲仁、少言礼的做法。谈到礼的时候，也把礼说成是行为规范、礼节仪式、文化素养，根本不提它的别异，即区分等级的最本质的功能。于是，在作者的笔下，大儒"谨乎臣子而致贵其上"的一面没有了，孔子完全变成了"暖男"。作为一个严肃的史学工作者，我是不赞成的。

当然，我也深知，在复古主义的大潮中，作者的观点是主流，我的思想已经跟不上形势了。所以，上边所言的两点，仅供作者和读者参考。

2016 年 7 月

祝贺《陕西社科名家风采》一书正式出版

2010 年 8 月，陕西省社会科学界联合会做出了授予张岂之等十四位专家学者"陕西省首届社科名家"荣誉称号的决定。10 月，在陕西省社会科学界联合会第四次代表大会暨成立三十周年庆典活动中，省委、省政府主要领导为他们颁发了荣誉证书。这既是对十四位专家一生工作的充分肯定，也是对以十四位专家为杰出代表的整个社科界的充分肯定，体现了省委、省政府对社科工作的高度重视，使我倍受鼓舞。现在，在陕西省社会科学界联合会党组书记兼常务副主席周敏同志的直接领导和主持下，又编写并正式出版了《陕西社科名家风采》一书，全面介绍了十四位名家孜孜以求、探索真理、爱国奉献的精神和卓著的成就，使我们社科界全体同仁进一步明确了学习的目标和努力的方向。我相信，这部书的出版发行，会对社科界的工作起到积极的推动作用，所以，我们应对周敏同志及全体参编人员表示衷心感谢。

十四位专家学者为什么被大家一致评选为我省的社科名家呢？正如周敏同志在《陕西社科名家风采》一书的序言中所说，是因为他们的工作在国内外产生了重大的影响，填补了学术空白。就我所熟悉的领域而言，像张岂之先生的《中国思想学说史》和《中国思想史》，霍松林先生的《文艺学概论》，何炼成先生的《价值学说史》、《生产劳动理论与实践》及《中国发展经济学》，佘树声先生的《历史哲学》，彭树智先生的《中东史》及《阿拉伯国家通史》，周伟洲先生的《英俄侵略我国西藏史略》，王玉樑先生的《价值哲学》，赵馥洁先生的《中国传统哲学价值论》，石兴邦先生对西安半坡的发掘，袁仲一先生对秦俑的发现及清理，韩伟先生的雍城考古和法门寺考古，等等，很显然，都符合这个标准。为此，他们的著作或成为全国通用的文科教材，或受到学界的一致赞誉，或获得过全国性的奖励，有的实际上已享誉海外，如刚刚过世的韩伟先生就曾被授予"法国骑士荣誉勋位和法国骑士勋章"。从他们所产生的影响来看，他们被授予"陕西省社科名家"荣誉称号是完全当之无愧的。还有几位，如汪应洛、朱楚珠、赵平安教授等，由于对他们所从事的学科专业不熟悉，在这里就不再一一列举了。

十四位社科名家为什么能够取得骄人的成就，从而也使自己的学术影响遍及寰宇呢？在这部书里，他们都谈了自己治学和做人的经验，很值得我们仔细地研究、消化、吸收。我只想举三个例子谈谈我初读此书的一点感受和体会。

第一个例子，霍松林教授从 1953 年到 1956 年，几经修改，出版了《文艺学概论》。一般认为，这在全国是第一部。霍先生自己说："是不是第一个，不敢肯定。但确实在 1953 年就被选为交流教材在全国高校中使用，这应是最早的。"更重要的是，该书最早系统、全面地提出了形象思维理论，很快为文学界广泛认可。同时，在 1965 年，也有一个叫郑季翘的人在《红旗》杂志上发表长文，给霍先生的形象思维戴上唯心主义的帽子，而郑季翘的文章据说受到过毛主席的肯定（后来经刘锋焘同志考证，这是郑本人自吹的，并无确凿证据）。在极左的年代里，仅凭被《红旗》杂志点名，就有可能陷于灭顶之灾，所以，霍老又成为全国著名的批判对象。

第二个例子，何炼成先生早在 1963 年就发表了《试论社会主义制度下的生产劳动和非生产劳动》等三篇系列论文，认为从事科、教、文、卫工作的知识分子也创造了价值，虽然没有从事生产劳动，但也应划入劳动者的范畴。这在当时的形势下，也属于一种振聋发聩的异响，引起了经济学界的大讨论。何先生因此而被视为"新中派"的代表人物。

第三个例子，1954 年，佘树声先生在《人民日报》上发表了《关于贾家的典型性及其他——向李希凡、蓝翎两同志商榷》一文，指出《红楼梦》所反映的时代，并不存在资本主义萌芽，因此，《红楼梦》所体现的矛盾也不是资本主义与封建主义的矛盾，而只是封建社会内部的矛盾。后来，国内掀起关于明清资本主义萌芽的研究和讨论，应与该文的诱发有关。

从这三个例子中，我们可以看出些什么呢？

我觉得，第一，可以看出社科名家们的创新精神。形象思维是创新；知识分子的劳动也是劳动，是创新。所以，张岂之先生的治学理念中就有"日新"一条，即不仅要创新，而且要不断地创新。霍松林先生的治学四字诀中用的是"求新"，即学术观点一定要力求其新。可以说，只有创新的学术才有旺盛的生命力，才能产生全国性的影响。或者也可以说，只有坚持创新精神，才能成为社科名家。

第二，可以看出社科名家在任何情况下都坚持真理的求真精神。"文化大革命"期间，霍先生、何先生都因学术问题或被打成坚持唯心主义的反动学术权威，或被诬为孙冶方反动经济理论在陕西的代表，多次遭到批判和凌辱。而佘树声先生则在 1957 年就被划为右派分子，他曾给我讲述过被劳教和靠拉煤土、看自行车谋生的悲惨经历。但无论环境多么恶劣，他们都没有想到要修正或放弃自己的观点。这就是张岂之先生治学理念中的"守正"，霍先生的治学四字诀中直接用的就是"求真"二字。反过来，假如上述三位先生一遇逆境就不再坚持，或者违心地顺着别人说，他们的学术影响很可能也就大大削弱。所以，求真，坚持真理，也应是成为社科名家的必要条件。

第三，可以看出社科名家实事求是的科学态度。很显然，承认知识分子的工作也是劳动，甚至是更有价值的劳动，因而应把他们划入劳动人民的行列，这样做，要比不承认他们的工作是劳动更符合实际；同样地，用形象思维分析文学作品，也要比用大讲规律的逻辑思维来分析，更符合实际；至于资本主义萌芽问题，在中国古代，由于长期实行重农抑末政策，由于贵重于富的观念笼罩社会，由于流行炫耀式消费，故而可以说是有商人，有市民社会，却始终没有形成资本市场，因而，今天看来，佘树声先生对《红楼梦》的分析，肯定也比李希凡、蓝翎的分析更符合实际。社科名家的重要学术成果之所以有强大的影响力和生命力，不为别的，就因为他们讲的是实话，不是假话，秉持了实事求是的科学态度。

鉴于以上几点，在《陕西社科名家风采》公开发行之际，我最想说的话就是我们都要学习社科名家求新、求真、求实的精神和作风。只有这样，我们陕西的社会科学才能走向繁荣，我们社科界的学术影响力才能得到整体提升。

还有一个现象，非常发人深思，不妨略谈几句，以供同志们参考。社科名家的学术观点虽然经得起历史的检验，但在起初，或在一定的时段内，却是不被理解甚至被严重误解的。这既与所处的时代有关，恐怕也与大众的认识水平有关。社科名家是学术精英，是先知先觉者，虽不能绝对地讲"真理往往在少数人手里"，但起码可以说真理并不一定就在多数人手里。这就有一个如何对待新奇学术见解的问题摆在大家面前。求同存异的口号喊了许多年，一深入具体操作层面，却总是只追求同，而排斥异。这恐怕不是一个好办法，需要下大力气加以扭转。我认为，只有容忍不同声音，新的学术幼芽才能获得良好的生长环境，其中一些，就有可能长成参天大树。只有长期坚持这样做，真正的学术繁荣才会到来，学术水平的大幅度提高才能成为现实。到那时，我相信，陕西还会有更多的社科名家涌现出来。

2011 年 7 月

第五编

在"开创'精神丝绸之路'的新纪元暨第八届池田大作思想国际学术研讨会"上的讲话

尊敬的校长、尊敬的各位贵宾：

大家上午好！陕西师范大学成立于 1944 年。池田大作先生的首次访华是在 1974 年。今年，适逢陕西师范大学 70 周年校庆，同时也是池田大作首次访华 40 周年。我们在这里相聚，举行开创"精神丝绸之路"的新纪元暨第八届池田大作思想国际学术研讨，意义非常重大。一方面，可以通过研究，传播池田大作的思想；另一方面，也可以以这种形式纪念一次伟大外交活动的开端，纪念一所学术殿堂的诞生。有鉴于此，我首先衷心地祝愿这次会议圆满成功。同时，也对海内外的来宾表示热烈的欢迎和衷心的感谢。希望各位在西安期间心情愉快，身体健康！

我想，各位可能多次来过西安，对西安的了解一定不少。尽管如此，我还是要用三句话、从三个方面向各位再介绍一下这座古城。

第一句话，西安是中华文明的发祥地。距我们南边十几千米，就是著名的秦岭。我们处在黄土高原的最南端。因为再往前面，秦岭一挡，黄土高原几乎到此为止了。多数学者主张黄土高原风成说。也就是在北方蒙新高原上，能够吹走的物质，都被强烈的季风携带着向东南吹送，使当地只剩下了不能吹走的石头，即鹅卵石，形成了戈壁，或者叫作石漠。在向东南吹送的过程中，颗粒较大、比重较重的就先落下来，变成了沙漠，如毛乌素沙漠、腾格里沙漠、塔里木沙漠等。而黄土呢，则是吹送得最远的一部分。为什么吹送得远，值得思考。我想，主要是两个原因：一个原因就是它的团粒结构非常细微。第二个原因就是它轻。轻，则意味着它里面包含的腐殖质成分多。所以，著名美籍华裔历史学家何炳棣先生就提出了"中国的黄土有自我加肥能力"的观点。正是在这样一片得天独厚的黄土地上，我们的先民，选择耐旱的作物——粟，在很早的时候，就发明了原始的农业种植，开始过上了村落定居生活。由村落形成邑群，由邑群形成国家，出现了中国最早的文明。可以说，中华文明不仅是农业文明，而且是有别于埃及、两河流域的旱作农业文明。他们靠大河定期泛滥通过灌溉来种麦，我们种植的则主要是粟，即现在俗称为小米的一种作物。所以我觉得，西安及关中不仅是中国文明的发祥地，而且从世界文明类型来说，它有着自己独特的起源。这是我讲的第一句话。

第二句话就是，西安是丝绸之路的起点。这一点，我想我们在文献当中，都看到过非常多的记载。我现在要说的是，在这些年，我们西安建起了一座大唐西市博物馆，是由我们学校一位退休的胡戟教授负责创办的，企业家吕建中先生是主要的出资人。经过数年的努力，已经收集到了一千多方的唐代墓志和碑刻。现在精选了五百方展出，并且和北京大学合作，出版了《大唐西市博物馆藏墓志》这样一部书，共有三大册。在新出的这五百方墓志里面，就有一部分，是反映当时丝绸之路情况的新材料。比如说，有一块叫作安备墓志。这个安备，墓志上清清楚楚地记录，他是粟特人，用我们今天的话说，在人种学上是白种人。他是粟特人，但是他到了中国，而且历仕西魏、北周和隋，受到相当的礼遇。还有一个墓志，叫作安夫人墓志。这个安夫人的名字，叫康敦，姓康。从这个墓志的记载，我们可以看出，她是康居国的人。但是她的丈夫是安公，属中亚安国人。也就是说，丝绸之路不仅加强了中西之间的经济交流、文化交流，而且促进了人种之间的交流：来自不同西域国家的人，在洛阳这个地方，喜结连理，繁衍后代，这对人种的改变起到了很大的作用。因此，我觉得，丝绸之路还有很多新内容有待发掘，还有很多新问题等着我们去研究。正是因为在这些墓志里面发现了很多新材料，所以学者们感到有必要对丝绸之路进行重新审视。胡戟教授推动了这项工作。目前他正在乌兹别克斯坦进行考察。据他说，有大量新发现。我想，丝绸之路研究的深入以及发现的增多，对我们进一步宣传、弘扬池田大作先生提出来的精神丝绸之路会有极大的好处，或者说会提供更坚实的基础。

第三句话，我想说，西安也是当前西部改革开放的中心。过去，有个西北局，管西北五省区，在西安办公，西安向来都是西北五省的首府。现在西北局撤销了，但在西北五省人的心目当中，仍然把西安看作首府。我们学校招收的学生多来自西北，他们并不特别向往去北京，也并不特别向往去上海，他们向往的就是西安，能到西安，就感到非常满意了。同时，西安也是西部和中、东部联系的纽带和桥梁。所以现在经由国家批准，在西安设立了保税区，设立了港务区。将来的进出口贸易，西北五省在西安办手续就可以了，由此直接进入中亚，走向世界。丝绸之路的起点，在新时代也焕发出了青春。张高丽副总理最近到西安，主持了"一带一路"协作讨论会。各省的负责人会聚在一起，研究在改革开放的形势下，怎么样搞好"一带一路"建设，以西安作为中心，来扩大改革开放，加强同世界各国之间的交流。我想，他们的会商一定会推出新举措。

从这三句话来看，我觉得西安下一步发展的前景，肯定非常广阔。各位虽然多次来西安，每次来，都会有新感受。我相信再过若干年，大家再来西安，肯定会为西安的新气象感到惊讶。刚才在休息室，我跟校长先生谈到，池田大作 1974 年第一次访华的时候，我大学毕业才刚四年，年纪还轻，但非常关心国家大事。

看到周总理在病房里面接见池田先生，在心中留下了非常深刻的印象。从那个时候开始，我虽然不是研究池田大作思想的专家，但是对池田大作在中日友好之间发挥的巨大作用，一直有所关注。

据我个人的看法，池田大作先生的伟大之处可归纳为下面四点：第一，池田先生从小就痛恨战争，热爱和平。他的大哥是在缅甸战死的。从自己家庭的遭遇当中，他醒悟到战争是对人类最大的伤害。池田先生还认为，战争使杀人成为义务，必然导致道德堕落，因为杀人可为，便没有什么不可为，奸淫、掠夺、吸毒，都会随战争而流行，战争除带来恐怖，还会使伦理败坏。后来他受到户田前辈的帮助和教育，坚定地走上了反对战争这条路。在 1957 年的时候，就促成了《禁止原子弹、氢弹宣言》的发表。对这个宣言，年纪大点的人都记得，在当时产生了世界性的反响。所以我对池田先生痛恨战争、热爱和平的鲜明态度表示最大的敬意。

第二，因为我是学历史的，所以我特别关注池田先生对中国历史的看法。最主要的是他认为中国文化的基本特点是尚文，就是崇尚文化，而不是崇尚武化，但尚文又不意味着文弱，更不意味着软弱。这种观点包含着非常深刻的含义。从中国的历史来讲，尽管有过武人当政的崇武时代，比如战国时期、魏晋南北朝时期、五代时期以及近代的军阀割据时期，等等。但都非常短暂。它很快就会被尚文的文化所替代、所淹没。这就反映了中国的尚文文化具有持久的生命力。为什么会如此，应是文化学者、历史学者需要探讨的一个基本问题。同时，池田先生还提出，文化就意味着要以自己的文明去影响那些相对还比较落后的地区。中国在古代的时候，正是通过朝贡体制的建立，把自己的文化传向了周边。像这样一种崇文并愿意把崇文文化推向周边的国家，池田先生认为，是不会主动侵略别人的，是不会主动发动战争的，近代以来，中国与他国之间的战争都是自卫战争。我觉得池田先生对中国历史和中国文化的这种看法，中国学者望尘莫及。因此，我们应该从历史学这个角度多向池田先生学习。

第三，我知道池田先生最主要的一个观点，就是要对话，要交流。人与人之间，团体与团体之间，国家和国家之间，都要通过交流来解决问题。池田先生指出：世界分裂和对立的原因之一就是相互缺乏了解，彼此没有交往，连对方想什么都不知道，就会产生意想不到的误解，并且，一个误解又会招致另一个误解。我觉得池田先生主张交流和对话的思想，抓住了现代民主的真谛。现代民主政治，实际上并不复杂，或者说十分简单，就是承认人和人可以通过交流，通过让步，通过妥协，最后达成协议，解决问题。我觉得这就是世界现代民主政治最关键的一点。相对而言，任何形式的专制，都不赞成对话，都不赞成交流，都认为妥协、让步是软弱的表现。他们都强调矛盾无处不在、无时不有，都主张阶级之间要进行斗争，民族之间要进行斗争，在他们眼中，民族有优劣，人群分阶级，统治者与被统治者的关系不可调和，革命就是一个阶级消灭另一个阶级。所以我认为，民主和专制最根本的区别，就在于一个承认可以谈判，可以对话，可以妥协；一个不承认对话，不承认谈判，不承认妥协。由此可见，池田先生提出来"对话"两个字，虽然非常简单，但抓住了民主政治的核心，道出了民主政治的真谛。我对池田先生的这一观点表示赞佩和尊重。他同汤因比对话，同金庸对话，都是想在东西之间、中日之间架起沟通的桥梁，通过相互理解、相互学习达成友好、和平与合作。他对世界进步所起的推动作用不可小视。

第四，当然就是池田先生对中日友好所做出的巨大贡献。我个人认为，他是中日邦交正常化的举旗人。他最早举起了这面旗帜，并为中日邦交正常化做出了巨大努力。同时，他也是恢复中国在联合国合法席位的推动者。他提出，日本的外交政策不能光着眼于美国，而应该支持恢复中华人民共和国的合法席位。而且，他更是中日经济、文化交流的组织者。他十次率团访华，促进了很多贸易、文化合作协定的签署。他见过毛泽东、邓小平、胡耀邦、胡锦涛等历届中国领导人。此外，他还是中日青年世世代代友好下去的铺路石。这是他自己的话，他说：他愿意做中日青年友好的铺路石。我想，正是他奠定了这样一个基础，所以我们中日青年之间和学者之间的友好，不仅没有受政治变幻的影响，而且一直都在不断地加深。随着时间的推移，这种友好关系必然会越来越紧密。

我觉得，要交流，要对话，最根本的问题，是平等。用池田先生的话说，就是要克服自我中心主义，以爱作为最高的伦理。如果一方认为自己是高高在上的，别人是处在你之下的，任何的交流，任何的谈判，都不可能成功，妥协和让步就不可能达成。在这一点上，我觉得无论是日本，还是中国，都应该宣传爱，贯彻平等的精神。只有有了真正的爱心和平等，我们才能真诚地对话，才能真正实现友好和交流。从历史的角度看，日本应该对妄图建立"大东亚共荣圈"的帝国主义思想和侵略罪行进行深刻反省。作为一个学者，要正确地认识中国古代的传统文化。朝贡体系符合当时的需要，曾在传播文明方面做出过积极贡献。但它不适合于现代社会，不符合建设社会主义市场经济的需要。我们一定要在平等精神指导下，同不同的国家及来自五湖四海的朋友平等地进行对话。这样，我们才能够走出国门，以新的姿态自立于世界民族之林。我们学校，是一个文科很强的学校，应该积极主动地传播文明、传播先进文化。正是出于这样的考虑，才成立了池田大作香峰子研究中心。在2007年，首次实现了对日本创价大学的访问，受到热情接待。2010年，日本创价大学又组织青年学者到我校访问，实现了中日青年学者相互之间的深入交流。同时，日本创价大学又向我校的研究中心赠送了大批的书籍，使这个研究中心获得了丰富的精神食粮，更加便于认识、了解、研究池田大作和香峰子的伟大思想。我们非常愿意，通过今天的会议，进一步推动陕西师范大学和日本创价大学相互之间的合作。我们大家紧密携手，宣传池田大作的“精神丝绸之路”，必将为中国的繁荣发展，为世界和平，做出应有的新贡献！

我的发言就到这里，谢谢各位！

2014 年 10 月 18 日

在"中国莒文化高层论坛暨纪念陵阳河遗址考古发掘三十周年学术研讨会"上的发言

各位代表：

下午好！

莒县县委、县政府集中财力、物力、人力，兴建了规模宏大、设备一流的博物馆，这在全国县级单位中都是少见的。县领导肯在文化建设上投资，说明他们具有长远的眼光。我相信博物馆必将在教育人民、弘扬传统、稳定社会方面发挥不可估量的作用。值此新馆开馆之际，县上又决定举办"中国莒文化高层论坛暨纪念陵阳河遗址考古发掘三十周年学术研讨会"，为我们历史学、考古学和从事《文心雕龙》研究的专家学者提供了进行交流的平台。在此，我代表与会人员对莒县人民重视文化的举措表示赞佩，对会议主办者的热情接待表示衷心感谢。

近几十年来，同兄弟省区相比，山东的文物考古工作取得了更为突出的成绩。最主要的收获是基本厘清了山东考古学文化的发展序列。从距今40万年前的沂源人，到距今约5万年前的乌珠台人，再经以后李、小荆山为代表的新石器早期文化、北辛文化、大汶口文化、龙山文化、岳石文化、山东商文化、西周春秋时期的诸侯邦国文化，最后融为齐鲁文化，始终连续不断，以大量的遗址和实物生动再现了该地区先民奋斗、创造、斗争、交往的发展历程。

把莒县文化放到这个发展序列中衡量，有两个时期考古发现内容丰富，应该引起我们的高度重视。

其一就是以陵阳河、大朱村、小朱村所发现的遗址、墓葬为代表的文化阶段，在考古学上，它属于大汶口文化三期，略早于被视为大汶口与龙山文化分界的日照东海峪。根据考古资料和上午的发言，我们知道，这时莒地已以农业经济为主，但渔猎活动仍占有重要地位，制陶、制骨和房屋建造技术都达到了较高水平。因为粮食有了剩余，所以饮酒之风甚盛，出现了以储酒器、滤酒器、饮酒器相配套的随葬品，从器物中的残留物分析，当时应该已经掌握了利用微生物发酵的酿酒技术。陵阳河共发现墓葬50多座，有的长4米，宽3米，规模宏大，建有木椁，随葬品丰富，有大口尊、瓮、漏缸、高足杯等，单高足杯的数量就多达一百多件；有的却狭小简陋，随葬品甚少或根本没有。在一座较大型的墓中，出土了制作精良、吹起来仍呜呜作响的黑陶牛角号，还有标枪头、箭镞和石钺等。种种迹象说明，这时已经出现了阶层分化，部族长老和军事首领取得了较为特殊的身份，或者说已经露出了文明的曙光。

让陵阳河名扬天下的刻画在大口尊口沿下的陶文，有的像石钺，有的像石锛，最受人们关注的则是日、月、山或日、山组合在一起的图案。对于陶文的性质，已有许多讨论，有的说是文字，甚至说是已由独体发展到复体的较为进步的文字，代表了汉字发展序列中的一个阶段；但有人仍认为那只是一种刻画符号。上午，陵阳河发掘工作的主持者王恩礼先生说，由于陶文只出现在酒器上，且多被涂上朱砂，故而很可能与酿酒过程中的辟邪仪式有关，并且指出，据北魏贾思勰的《齐民要术》，直到中古时期，酿酒业中也仍用在酒缸上画一把刀来达到避邪的目的。我想，我们大家都会感到，王先生的意见带有很大的启发性。这次来莒县，通过对博物馆藏品的仔细观察，我个人以为，陶文样式虽多，但 🜲 形是最基本的。通常总说上为日，下为山。考虑到莒地与日照相邻，已濒临海隅，于是便暗想，将此陶文的上部理解为太阳，固然不错，但对其下半部，倘若视为简化的海浪，似乎也不至于距离事实太远。《山海经·大荒南经》曰："东南海之外，甘水之间，有羲和之国，有女子名曰羲和，方日浴于甘渊。"日浴当作浴日，郭璞注云："羲和者，盖天地始生，主日月者也……作日月之象而掌之，沐浴运转之于甘水中，以效其出入旸谷、虞渊也。"由这一记载可知，早期的巫师们曾用将日的模型——象，不断从水中托起来，沉下去，再托起来，循环往复，无休止运转的办法，来导引和迎送太阳，以便帮助太阳脱离海面，正常升起，并顺利完成一天的行程。郭璞本人就是一个学者兼巫师，他的话要比儒生们的迂腐常谈可信得多。因此，我们似乎也可以推定，盛酒的大口尊和器壁上的陶文都与古人十分虔敬的迎日活动有关。这样想虽不免会有猜谜之嫌，但至少可为正确认识陵阳河遗址所代表的古莒文化多提供一条思路。

莒县文化获得重要发展的第二个时期应是春秋时期。那时，这里是莒国的所在地，至今仍有莒人所筑的夯土城墙残留在地表以上。1963 年，在莒县天井汪发现过一批形制较大的春秋青铜器，作器者为"簹（莒）之仲子平"；1975 年，在莒南县大店镇老龙腰，发掘过两座属春秋晚期的莒国墓。在今天的会议上，据山东的考古学专家刘延常先生介绍，实际上，以莒县、莒南为中心，北到临朐，东北到诸城，西到沂水、沂南，莒人的墓葬或遗址均有分布。

综合各方面的材料，我们可以对春秋莒国有一个大致的了解。西周末年，郑桓公向史伯请教"何所可以逃死"，史伯在回答时指出："当成周者，南有荆蛮、申、吕、应、邓、陈、蔡、随、唐；北有卫、燕、狄、鲜虞、潞、洛、泉、徐、蒲；西有虞、虢、晋、隗、霍、杨、魏、芮；东有齐、鲁、曹、宋、邹、莒"；此皆"不可入也"。由此证明，莒虽不是大国，但也不可小视，绝非普通附庸可比。李明杰先生提供给这次会议的论文提到，春秋时，莒国曾"入向""灭郳"

"伐杞，取牟娄"，故顾栋高《春秋大事表》引赵孟何的说法便认为："莒虽小国，东夷之雄者也。"这也表明深入研究莒文化对复原春秋历史具有重要意义。

春秋时，齐鲁为东方大国，莒与齐、鲁的关系乃莒国史的重要内容。为了图存和发展，他们曾经互为政治联姻，莒地也常是齐鲁政治人物的避难之所，最重要的便是公子小白奔莒，回国后成为著名的齐桓公，因此，鲍叔牙便有"毋忘在莒"之谏。然居地相逼，疆场之争就在所难免。莒鲁之间，为争郓、争鄎、争郠屡次交锋。莒国时而倚齐抗鲁，时而诉鲁于晋，外交与军事手段并用，堪称十分活跃。莒齐之间，也并非始终相安无事。齐庄公袭莒，华周、杞梁战死，杞梁妻善哭的故事即由此而起。《左传》鲁昭公以后，莒之事迹不见，大约已在列国辟土服远的过程中归于灭亡了。

从考古材料来看，莒国墓多近方形，底部有夯筑土梁将其分为两部分，一边放置棺椁，一边为藏库。棺椁层数有呈偶数的情况，并不以一、三、五、七、九的奇数排列为限。高肩的罐和底足实心的鬲为常见的典型陶器。种种现象反映，莒文化应是一种有着鲜明个性的地方文化。

除以上两段之外，战国及秦汉以后的莒县文化，值得称道的地方仍有很多，如这里是《文心雕龙》的作者刘勰的故乡，也是中国共产党一大代表王尽美的出生地等。因为我是从考古学和先秦史的角度进行观察的，所以，后边的部分便不再一一论及。总之，莒县是块宝地，文化的积淀深厚，热爱文化的传统也悠久绵长。相信在和平安定的环境中，古代文化的优秀因子必将得到发扬光大。

与会代表经过热烈的讨论，在对莒文化研究的成果加以充分肯定的同时，也感到还有一些问题是有待进一步探讨的。首先，莒文化这一叫法怎样使用，就需要斟酌。陵阳河在莒县，但属史前时期，依照考古学的惯例，应为大汶口文化；而莒文化与齐文化、鲁文化一样，是历史时期的文化概念，因为莒国后来灭亡了，所以它似应专指西周春秋时的莒国文化。如果希望涵盖的内容更宽泛一些，不妨把莒地的文化都叫作莒县文化。其次，陵阳河文化属大汶口文化第三期，生活在这里的人们后来命运如何，与创造了龙山文化、岳石文化的群体之间是什么关系，恐怕也需要弄清楚。最后，关于莒国建立者的姓，素来有三种说法，史伯说：祝融其后八姓，"曹姓邹、莒，皆为采卫"。这位西周史官的话应有一定根据，如此一来，莒人究竟是东夷，还是变服从俗的中土之人，也不能最终确定。如果以这些疑问为切入点，再作深入挖掘，莒文化的面貌就会变得更加清晰。我们期待这一目标早日实现。

2009 年 9 月 7 日

在"辉煌雍城
——全国（凤翔）秦文化学术研讨会"上的发言

各位代表、各位领导：

上午好！全国秦文化学术研讨会今天在凤翔开幕了，我代表陕西省社会科学界联合会对大会的顺利召开表示衷心祝贺，对从海内外汇聚到陕西的贵宾表示热烈的欢迎！

凤翔，因周族将兴，凤鸣岐山，翱翔而南得名。自唐至德元年（756年）改为凤翔郡，次年升为凤翔府，到民国二年（1913年）罢府，以凤翔县隶属于关中道，1157年之间，凤翔一直是西府地区政治、经济、文化的中心，具有十分重要的历史地位。

秦自襄公被列为诸侯，即大举东迁，从甘肃进至汧、渭之会，立刻发现了凤翔这块宝地，在此建立雍城。雍故城东西3300米，南北3200米，面积约10平方千米。城内已发现有宫殿、凌阴、宗庙遗址等，完全可以想见当初的壮观与巍峨。秦德公元年（前677年）初居雍城大郑宫，到秦献公二年（前383年）迁居栎阳，前后近三百年（294年），秦国一直以雍为都城。居雍期间，秦人至少在三个方面取得了重大进展：①扩地及之于岐，遂收周之余民而有之，占有了周的全部西土，实现了秦人与周人的有机融合，从此，未迁走的周人都成了秦人；②从"初有史以纪事""初志闰月""初作伏祠""磔狗邑四门，以御蛊灾"，发展到"诗书、礼乐、法度以为政""民多化者"，完成了对周文化的学习和吸收；③通过"伐邽冀戎，初县之""灭小虢""初县杜、郑"，灭荡社亳王，使梁伯、芮伯来朝，再到"用由余谋，灭国十二，开地千里""伐茅津之戎"，扩地东至于河，使秦成为西部地区的霸主。不难看出，以上三件事对秦以后的发展影响巨大，甚至可以说，秦国的富强之基正是在雍城打下的。

秦人出自东夷，自以为主少昊之神，故秦襄公作西畤，秦文公作鄜畤，所祠皆为白帝。但进入岐周地区后，却陆续作密畤、吴阳上畤、吴阳下畤等，开始祭青帝、黄帝和炎帝，这种兼祠诸夏族传统祖神的做法，表现了秦人在文化上的包容开放心态。然而，毋庸讳言，当秦人开始大量吸收华夏文化时，东方各国却出现了礼崩乐坏，他们所学的很可能只是残余和皮毛，相对而言，秦国始终没有成为真正的礼乐之邦，正是在这个意义上，到秦孝公时，东方诸侯仍对秦国"夷狄遇之"。文化上积淀不厚，固然不能说是优点，但没有因袭的负担，却正好为采纳新的政治学说提供了便利。

秦自孝公之后，即积极地以商鞅及商鞅学派的思想作为统治思想。在这种思想的影响下，所形成的统治模式围绕着一个"一"字展开，可以叫一的政治，简称"一政"。其中，所谓"一务"即以农战为唯一任务；所谓"作一"，即"止浮学事淫之民"，令民皆"抟之于农"；所谓"一赏"，即"利禄官爵抟出于兵，无有异施"；所谓"一刑"，即无论何种刑事案件，均按军法从事；所谓"一教"，即通过教化，形成"民间闻战而相贺""起居饮食所歌谣者"皆"战也"的集体情绪亢奋；所谓"一言"，即禁锢百家言论，维持法家的独尊，只准用一个声音说话。"一政"能把人力、物力集中到一个方向，短期内易于就功，适应了战国大争之世的需要，并使秦凝聚成了雷霆万钧之势，最终以"虎视何雄哉"的姿态扫平六合，完成了"天下归一"的宏伟大业。但在政治上一刀切，就是走极端，武断、片面所造成的最大的负面效果则是秦朝的短命而亡。所以，秦人留给我们的既有经验，也有教训。

历史学是明白学。今天研究秦文化，就是要以理性的态度，总结经验，吸取教训，更加清醒地办好当下的事。这次会议群贤毕至，高朋满座，我相信必然会在两个方面都取得丰硕的成果。

谨祝大会圆满成功！祝各位代表精神愉快，身体健康！

谢谢各位！

2016 年 8 月 25 日

首届"丝绸之路·太湖文明"全国学术研讨会开幕式发言

各位代表、各位领导：

上午好！

首届"丝绸之路·太湖文明"全国学术研讨会今天顺利开幕了。我代表中国先秦史学会向全体与会人员，表示热烈欢迎和衷心感谢！

浙江省平原与丘陵、山脉交错，河湖遍布，气候温暖，雨量丰沛，土地肥沃。1974年建德人的发现，说明距今五万年前，这里即有人类活动。到了新石器时代，全省经发现的古遗址已不下千处，已发掘的地点也多达近百处。考古材料反映，这时的古文化大致可分为杭嘉湖、宁绍、金衢、温台四区。湖州所在的杭嘉湖地区，史前遗址分布最为密集，其发展序列应该是从马家浜文化，经由崧泽文化，过渡到良渚文化。1979年，桐乡罗家角遗址的发掘把马家浜文化的年代上溯到距今7000多年，从而改变了过去认为马家浜文化是从河姆渡文化发展而来的模糊认识，确立了钱塘江两岸的古文化存在着不同演进序列的新看法。

杭嘉湖平原的考古学文化，不仅自成序列，而且具有鲜明特征。1986年以来，先后在余杭反山、瑶山和汇观山发现大型土台，应为祭坛与大墓复合遗址，出有棺椁和大量玉器，有人称之为良渚王陵。在反山、瑶山的周边地区，集中了五十多处良渚遗址，形成了大致可以分出层级的遗址群。其中，钱山漾发现有水稻谷粒，经鉴定，有粳稻和籼稻两种。另有用以翻土的扁平穿孔石铲、带两翼形的耘田器等。更值得注意的是，在这里发现了绢片、丝带和丝线等。种种迹象表明，到新石器时代后期，杭嘉湖地区已进入了以农桑经济为基础的古国阶段。

中国丝织业历史十分悠久。甲骨文不仅有蚕、桑、丝、帛等象形字，而且还有记录祭祀蚕神、派人察看蚕事的卜辞。到了周代，《诗经》更生动描绘了当时采桑养蚕的情况，如《豳风·七月》曰："春日载阳，有鸣仓庚。女执懿筐，遵彼微行，爰求柔桑。"这与战国青铜器上的采桑图相互印证，把当时妇女的劳动场景表现得惟妙惟肖。而《魏风·十亩之间》所谓"十亩之间兮，桑者闲闲兮"，更反映了当时植桑的规模相当可观。《孟子·梁惠王上》说："五亩之宅，树之以桑，五十者可以衣帛矣。"可以肯定，在战国期间，丝织品已成为老年人御寒的必需品。

　　那么，中国丝织业的发源地在哪里呢？应该说钱山漾的发掘，已把这个问题解决了。截至目前，该遗址发现的丝织品是蚕丝最早的实物标本，属于殷商之前的新石器时代。我们完全有理由推测，养蚕和丝织很可能是以杭嘉湖地区为起点，走遍中国，然后走向世界的。

　　当前，对"一带一路"的研究方兴未艾，我们既应弄清丝绸之路起点及沿线的历史，更应重视养蚕制丝的发明、发展史。明清以来，东南成为中国最重要的丝织品生产地和集散地，产于湖州南浔的"辑里湖丝"更一跃成为中国丝在世界上带有标志性的产品。丝绸之路的起点事实上发生了转移。这一情况的形成既有地理环境和交通条件方面的原因，更与杭嘉湖地区深厚绵长的农桑文化传统有关。今天，我们在这里召开"丝绸之源·太湖文明"全国学术研讨会，就是要通过研讨，充分认识该地区在中华文化发展史上的地位和作用，推动湖丝产业发展，为"一带一路"倡议的实施作贡献。本次会议所具有的历史意义和现实意义显而易见，必将产生十分广泛的社会影响。为此，我谨代表中国先秦史学会深切感谢承办方湖州发展研究院做出的周到安排。预祝大会圆满成功，祝各位代表身体健康、精神愉快、家庭幸福。

在徐中舒教授诞辰 120 周年纪念大会上的发言

各位领导、各位老师和各位朋友：

今天是徐老诞辰 120 周年纪念日。徐老逝世于 1991 年，屈指算来，他离开我们已经 27 个年头了。27 年来，他的音容笑貌时刻萦绕在我的心头。四川大学专门组织纪念活动，使我们能够重新相聚，一起回顾徐老的道德文章，我感到特别激动和高兴。因而，作为受邀代表，首先想到的是要对会议的主办方表示衷心的感谢。另外，也觉得责任十分重大。这次会议，实际上具有继往开来的意义，我们应该通过检讨和总结，把弘扬徐老学术思想的工作推进到一个新阶段。

我们都知道，徐老毕业于清华大学国学研究院，师从王国维、梁启超、赵元任、李济诸先生。很早就以《耒耜考》《豳风说》《金文嘏辞释例》等名文蜚声史坛，先后被暨南大学、复旦大学、北京大学、武汉大学、燕京大学、中央大学聘为教授。抗日战争时期入川后，他对边地民族的历史与考古产生浓厚兴趣，进行了许多开创性的研究，长期担任着四川大学历史系主任，又兼任西南博物院院长、四川省博物馆馆长、中国科学院历史研究所学术委员，被公认为西南地区在学术上首屈一指的泰山北斗。1976 年，结束了十年浩劫，迎来了科学的春天，已近八十高龄的徐老激情喷涌，除重任系主任外，还在助手的协助下主编《殷周金文集录》，整理出版《历史论文选辑》，招收先秦史、古文字学、考古学、宋史等方向的研究生，接受教育部的委托举办先秦史师资培训班。诸项工作齐头并进，也没有影响个人的科研活动。正是在这一时期，他发表了《试论岷山庄王与滇王庄𫏋的关系》《论商於中、楚黔中和唐宋以后的洞》等多篇影响深远的学术论文。1982 年，中国先秦史学会正式成立，徐老被推举为首任理事长，当之无愧地成为新时期整个先秦史学界的领袖和导师。

我有幸参加了始于 1979 年的先秦史师资培训班，后又于 1985—1988 年在徐老及罗世烈教授的指导下攻读博士学位，得以随侍左右，亲聆教诲，领略了大家风范。尤其是在 1979 年，培训班在靠近望江公园的平房院里有专用教室，徐老每周两次，离家步行前往授课，从不间断，讲稿都一丝不苟地用毛笔写在棉纸上，亲自大段大段地在黑板上做板书，其敬业精神实在令人感动。

至于徐老的学术思想，值得学习和继承的地方更是数不胜数。择要言之，我体会最深的可举出三点。一是博大精深。徐老用功最多的是先秦史，但同时又在古文字、考古学、古器物学、民族学等领域多有建树，还整理过明清史料，讲授过中国近代史和明清史，对印度史及东北亚诸国历史也十分关注。由于视野宽阔，功底扎实，便常能于比较中获得启发，提出新的见解，又能通过互证达到左右逢源，得出令人信服、开人心智的重要结论。这种由博大入于精深的科研办法有助于克服历史研究的碎片化，正是我们今天所应提倡的做学问的必由之路。二是重视民族材料。王国维提出二重证据法，主要解决了地下材料和传统文献相结合的问题，徐老在此基础上进一步发展，尤其重视少数民族这块"活化石"。他说："我研究古文字和先秦史，常以考古资料与文献资料相结合，再参以边地……的历史和现状进行互证，往往易得其实，自觉尚无自相抵牾者。"可算是独到的心得。他还在给培训班讲课时告诉大家：人在本质上是相似的，如果生活的环境也相接近，那么，处于同一文化水平上的社会都可以拿来比较。徐老倡导的以少数民族的历史和现状为蓝本、借以窥破先秦历史真相的学术理念成了弟子们自觉坚持的不二法门，也是四川大学历史学有别于多数名牌大学的一大学术特色。三是坚持创新。徐老为人质朴忠厚，言辞、文字不尚华丽。但无论是讲课，还是写文章，都能产生引人入胜的奇效，这是为什么？其实很简单，就是因为徐老所言所写，无一不带有创新性，讲的都是个人创见。据我所知，他以豳风为鲁风的观点已由北京农业大学（今中国农业大学）夏纬瑛教授等从物候及农学的角度加以坐实；他在马王堆帛书《战国纵横家书》发现前就指出，苏秦的年辈晚于张仪，活动的地区主要在燕、齐；他将战国争霸的历史划为四个阶段的做法一直为大学中国古代史教材所采用；他认为中国古代农业先由东西两高地开始发祥，然后向中间低地区推进，这一理论为文明探源工程指明了方向；他强调高阳氏代表仰韶文化，高辛氏代表龙山文化，两种文化由独立发展，到接触融合，进而形成了以龙山为主的中国传统，这一见解，也正在为大量的考古发现所证明。至于他的《巴蜀文化初论》《巴蜀文化续论》及对岷山庄王与庄𫏋关系的研究，更被公认为是西南地方史的开山之作。今天，我们必须看到，徐老留给我们的不仅是一系列的丰硕成果，更是一种锲而不舍、老而弥坚的创新精神。

徐老曾将分工具体、指定某部分人专服某役，且世代相传、长期不变的服役形式定名为指定服役，并认为殷周时期和西南民族地区一样，也流行过这种剥削制度。我于1999年写《指定服役制度略述》予以介绍，后又撰成《服与等级制度》及《中国古代等级制度述论》，同时指导卢中阳博士完成了以《商周指定服役制度研究》为题的博士论文，现已在台湾正式出版。我们认为，徐老关于指定服役的论述极其重要，应该继承和发展。我们目前的认识是，殷周时期人皆有服，所谓五服、九服只是其中几种最重要者，后被儒家概括归纳成了分封制或服制；指定服役源自族内的"有事弟子服其劳"和对酋长、巫师的供养与馈赠，后来又推及被征服者身上；指定服役包括役和贡，即指定某族专服某役或专贡某物，两者可以相互转化；春秋战国时期，死板、固定、缺乏起码灵活性的指定服役才为履亩而税和按乘丘出兵赋所取代，春秋社会大变动的根本原因与其说是井田制的瓦解，不如说是指定服役制度的衰落；先秦许多重要制度皆由指定服役制度演变而来，如官制、兵制、工商食官制、分封制、等级制，等等。因此，研究指定服役，不仅是一个具体的历史问题，同时还是一个学理问题和方法问题；世界各民族最初都有指定服役，它是后来各种赋税制度的基础和出发点；春秋战国以后，指定服役制度在中国已不占主导地位，但以残余的形式长期保留，并在元朝和清朝出现过重新抬头的趋势。我们希望，通过对指定服役开展深入研究，在弘扬徐老学术思想方面，做出自己应有的贡献。

徐老已离我们远去，徐老留下的学术遗产却至为丰厚，需要有人继承。如何继往开来，扩大徐老的学术影响力，徐门弟子既当仁不让，又任重而道远。我相信，组织这样的纪念活动和学术会议，定能起到相互启发和联络协调的重要作用。我虽年逾古稀，目疾日甚，仍愿与前辈及年轻朋友共勉，与各位携手一起迈向未来。

徐老的学术精神永放光芒。

祝愿母校蒸蒸日上、事业兴旺。

祝与会各位代表身体健康、家庭幸福、万事如意！

谢谢大家！

2018 年 10 月 20 日

在常金仓教授安葬仪式上的讲话

常金仓教授曾是由我经手引进到陕西师范大学的优秀学术带头人，相识后，交往日繁，时常为他的诚朴质直所感动，遂成为挚友。今天，我们在这里为他举行安葬仪式，常嫂要我发言。我很愿意趁机同老常说几句告别的话，在送他平安上路的同时，也借以舒缓一下几个月来淤积于心中的悲痛。

我所认识的老常，一直是干劲十足的。他在很年轻的时候，就同李孟存教授合作，编写了《晋国史》。以后，又出版了《周代礼俗研究》《穷变通久——文化史学的理论和实践》《周代社会生活述论》《二十世纪古史研究反思录》等四部著作，发表了三十六篇高水平的学术论文，其中有的刊登在《中国社会科学》等顶尖级的杂志上。如果我没有记错的话，老常是陕西在《中国社会科学》发表史学文章的第一人。老常对史学界的贡献不可谓不丰厚，在我眼中，老常是一位令人钦敬的史学界的猛将。

我所认识的老常，不仅具有不凡的智虑，而且具有超越前人的雄心和勇气。他把自己写作的目标定位在谋求历史学的整体改造上。进而认为，处于叙述事件、评价人物水平上的历史学是一种肤浅、粗糙的历史学；只有文化现象才具有极大的稳定性和齐一性；而历史学要成为一门科学，就首先必须以具有稳定性和齐一性的事物作为处理对象。为了更好地捕捉历史的本质，老常构建了文化要素理论，主张把一种文化现象分解为若干相对单纯的元素，再通过考察这些元素的固有属性和组合方式来还原历史。今天，在同老常告别的时候，我深切地感到，老常对历史学进行整体改造的任务虽没有完成，但他确实已经给我们提供了一把打开新史学大门的钥匙。

老常既重视理论，也重视实践。通过对人类早期历史的深入研究，他发现，即便是最不成熟的社会，也普遍存在着四种社会组织力或控制力，即血缘关系、礼仪风俗、原始宗教和习惯法。而在早期中国，因为图腾崇拜没有转化成为地方或政府的守护神，原始巫术又受到无情的摧残，所以我国法治实践虽起源很早，但因自身的不成熟而归于失败；这就使中华文明走上了以礼为主、礼法相辅的轨道。我们不能不承认，老常这样讲先秦史，才真正讲到了根子上。由于立意高远，故而便能洞若观火。老常陆续提出的一些见解，如施舍聚民、典范政治、历史的神话化等，可以说处处都凸显了中国社会独具的特征，处处都能给人带来有益的启迪。

老常脸黑、心热，对人类充满了爱。他爱家人，爱朋友，更爱学生。教书认真负责，指导论文一丝不苟。他曾对我说："让学生做的题目，咱自己总得先做一下。不然，怎能知道深浅呢？"这同某些人自己从未写过文章，却觍着脸指导一大堆博士的情况相比，岂非高下立见？除了关心学业，老常还关心学生的生活。我几次碰见老常请学生吃饭，师生一起谈论文，谈工作，谈婚姻，谈理想，无所不谈。我听说有的学生就是在老常的资助和鼓励下，才读了研究生，获得了博士学位，又当上教授的。据我观察，老常对于学生的关爱很可能超过了家人。站在学生的立场上想，能够随老常学习几年，应该是一种难得的福分。

就是这样一个有理想、有抱负、有干劲、有大爱的老常，却突然离我们而去了，事前一点迹象也没有，一点信息也没透，让所有的人都感到意外，感到难以接受。"彼苍者天，歼我良人"，悲痛之余，除怨恨上天的不公之外，我们实际上又十分无奈。记得 2005 年在大连海韵广场上，咱俩面对浩渺的大海，就中国传统文化的得与失促膝交流，达成了共识，曾令我兴奋不已。如今，正值复古主义盛行、狭隘民族主义猖獗之际，您却丢下我甩手拂袖而去，让我郁积于胸中的学术苦闷该向谁倾诉呢？

当然，苦海无边，回头是岸，及早告别这纷乱的尘世，对您来说，未始不是一种解脱。所以，最后我想说："老常，请您一路走好。"您能这样痛痛快快地放下，顺顺当当地往生，或许正是老天对您的奖赏。就此点而论，天又是公平的，我们祝您早日进入西方极乐世界。

同时，也请您放心，您所提出的从整体上改造旧史学的目标已为史学界众多的有识之士所接受，您的事业后继有人。终有一天，一部用文化要素分析法建构起来的新史学将会呈献在您的陵前。

鲸鱼沟，竹木葱郁，山灵水秀，远处若隐若现的山口就是通向天堂的门阙。老常兄弟，在这里安息吧！我们会始终怀念您。

2011 年 11 月

中西史学比较的实践与思考
——在"2018年史学理论与史学史学术研讨会"上的发言

尊敬的大会主席，各位代表：

上午好！

今天到会的人员都是从事史学理论和史学史研究的专家，我自己做的是先秦史，所以很有可能就我一个人是外行。但我还是主动跑来参会，其中很重要的原因就是想借机拜会一下刘先生和其他几位前辈，以便聆听各位的高论和教诲。会议安排我在大会上发言，让我感到非常的惶恐，辞不获免，就临时拟了一个题目，谈谈自己在从事中西比较研究过程中的一些思考和困惑。

刘先生今年九十岁，比我大十八岁，我们几乎可以算是两代人，但是多年以来，两人相交莫逆，算得上是忘年交。刘先生对我爱护备至，我也对刘先生十分尊敬。

我之所以尊敬刘先生，是因为他在我心目中属于不可多得的史学大家。刘先生的"大"，主要是体现在一个"通"字上。刘先生做学问，非常注意将经学和史学贯通，将历史和哲学贯通，将中国历史和西方历史贯通，将古代同现代，甚至是同当下贯通。我想，正是因为有了这四个贯通，才使刘先生所谈的都是具有重要意义的大问题，刘先生勾画出来的历史发展的趋势，都是当今应该关注的大趋势，刘先生的每一项成果，无论是文章，还是著作，出版以后，都曾对史学界起到了促进和引领作用。

我来自陕西师范大学，这所学校虽然僻处西北，但也曾经是史学理论方面的大家朱本源、何兆武等先生长期执教的地方。因此，素有重视理论的优良史学传统。正是在朱先生、何先生等前辈学人的影响下，更是在刘先生的启发和帮助下，我这些年也在朝着贯通的方向努力。每写一篇文章，我都要先把《诗经》《尚书》《左传》《国语》重读一遍，旁及《论语》、《孟子》和"三礼"，尽可能地去发掘经学当中的史学价值和思想价值。在对历史问题进行分析的时候，我特别注意绝不简单地肯定或否定，而是注意考察"是中有非"和"非中之是"，更重视"昨日之是"何以会变成"今日之非"。这一做法应该说是受到了刘先生的影响，也带上了一点哲学分析的味道。在近年所写的文章中，我还非常注意以西方文明作为蓝本来进行参照。比如，我写的《中国古代引礼入法的得与失》一文，曾将中华法系同古希腊城邦法、罗马法及英、美法律进行比较；而《中国古代等级制度的起源与发展》一文，则同英、法、美等国等级制度的演进和衰落做了比较，等等。通过这些工作，我深切地体会到，比较研究不仅如刘先生所说，可以"明异同，辨一多"，既避免"蔽于异，而不知同"，也避免"蔽于同，而不知异"，更可以在世界发展的坐标图上找到自己的位置，剥离假象，判明是非，端正方向。另外，我也始终牢记，刘先生关于历史学应同时具有"求真"与"致用"两大功能的教导，通过本专业的学术研究来观照现实。在上边提到的两篇文章中，我都以历史主义的方法，对中国法制建设的现状以及人们对等级制度的态度，表达了自己的认识和担忧。

　　虽然与刘先生以及其他几位先生相比，我仍然远远不可望其项背，但这几年的实践也使我充满信心，我感觉我已经在沿着刘先生及其他几位前辈的脚步往前迈进，我从内心里为此感到骄傲和自豪。或许，正是因为刘先生认为我还算是一个可教的学生，所以就支持我出面，在陕西师范大学成立了中西史学比较研究中心。他坚持自己只做名誉主任，不到陕西师范大学来兼职，只在背后出谋划策，而让他的弟子王成军同志大力协助我开展工作。在刘先生的亲切指导下，我和成军同志做了一些具体规划。我们的想法是通过招收中西史学比较方向的博士生、出版中西古代史学比较实践与探索丛书，组织和带动年轻教师渐渐在陕西师范大学形成比较研究的浓厚风气。总体上来看，这些工作通过几年的努力，取得了一定的进展，但也面临着不少问题和困惑。第一，博士生毕业三人以后，学院没有安排继续招生；第二，丛书出版了两部，由于原定的作者未按时交稿，至今仍无新作推出；第三，年轻教师热情很高，但教学任务重，生活压力大，行动上跟进不够紧。造成这种局面的原因是多方面的。首先，这些年高等学校不断地检查评估，造成了重项目、轻实际学术水平的不良导向，很少有人愿意坐下来，在"大"和"通"上下慢功夫；其次，由于"走出疑古、回到乾嘉"等口号的影响和新文化史的冲击，综合研究和史学的致用功能被严重忽视，选题朝着小型化、具象化、工具化的方向发展，考古学、古文字学、考据学和为小而小的社会生活史研究挤压、取代了历史学；最后，年轻人为职称、职务晋升考量，自觉不自觉地围着项目和风气转，在一定程度上迷失了自我。所有这些，都成为正常地开展学术研究，尤其是开展比较研究的严重阻碍。

　　上述现象的存在使我深切感触到，在当前的形势下，宣传和弘扬刘先生的史学思想尤为重要。历史研究离不开考证，好的考证可以为学术观点的建立提供坚实的基础，也是求真精神的具体体现。但是，历史学更需要综合。好比是盖房子，考证是准备砖瓦，综合才是起梁架屋，使房子最终成型。我们都知道，不成形的房子是无法搬进去住的。所以，要想使史学凸显其致用功能，展示出独具的意义和魅力，除了综合，别无他途。而做好综合的本质，恰在于贯通，不贯通，就无法进行好的综合。基于这样的考量，我觉得这次会议应该在如何继承和提倡刘先生以贯通为特色的史学思想方面，展开重点的讨论，最好能够拿出具体的措施，在会后加以宣传和落实。

　　我的几点不成熟的思考，就向大家汇报到这里。谢谢各位。

2018 年 12 月 15 日

要建设新道德，不要恢复旧道德
——在"周秦伦理文化与现代道德价值国际学术研讨会"上的发言

一定的道德与一定的社会环境相适应。有什么样的历史环境，就有什么样的道德。

周秦是一个家族社会，秦汉以后，仍是一个"像蜜蜂离不开蜂房一样离不开一个更大整体"的小农社会。血缘关系是构建人际关系的基础和纽带，道德的核心是家庭伦理，移孝作忠，转化为社会道德则是忠君思想。

家庭伦理及由之延伸出来的忠君思想影响了中国几千年，形成了自己的一套体系。其基本理论是："有夫妇然后有父子，有父子然后有君臣，有君臣然后有上下，有上下然后有礼义，礼义备，则人知所措。"其核心内容是"尊卑之差，上下之制"。其直接目的是"谨乎臣子而致贵其上""礼义立则贵贱等矣""上好礼，则民莫敢不敬""上好礼，则民易使也""博学于文，约之以礼，亦可以弗畔矣"；下民敬上、易使、弗畔，臣宰谨遵职守而不逾越，这是周秦以来儒家所向往的秩序。一方面，在一定的历史时期，有秩序比没有秩序好，哪怕这种秩序还带有很强的强制性。因为"无论哪一种社会形态，在它们所能容纳的全部生产力发挥出来以前，是决不会灭亡的；而新的更高的生产关系，在它存在的物质条件在旧社会的胎胞里成熟以前，是决不会出现的"。我们不能企望超越社会发展阶段，提前建立新秩序。但另一方面，又必须看到，儒家借伦理道德维护社会秩序的出发点是加强专制集权，而不是保障基本人权，相反，它恰恰是以扼杀个性，否定独立人格为前提的。

正是由于后面这一点，到五四新文化运动兴起，自周秦以来逐步形成的儒家伦理道德便成了民主、科学和个性解放的对立物而受到批判。陈独秀说："儒者三纲之说，为一切道德政治之大源。君为臣纲，则民于君为附属品，而无独立自主之人格矣；父为子纲，则子于父为附属品，而无独立自主之人格矣；夫为妻纲，则妻于夫为附属品，而无独立自主之人格矣。率天下之男女，为臣、为子、为妻，而不见有一独立自主之人者，三纲之说为之也。缘此金科玉律之道德名词，曰忠，曰孝，曰节，皆非推己及人之主人道德，而为以己属人之奴隶道德也。"李大钊说："中国的大家族制度，就是中国的农业经济组织，就是中国两千年来社会的基础构造。一切政治、法度、伦理、道德、学术、思想、风俗、习惯，都建筑在大家族制度上作他的表层构建。看那两千余年来支配中国人精神的孔门伦理，所谓纲常，所谓名教，所谓道德，所谓礼义，哪一样不是损卑下以奉尊长？哪一样不是牺牲被治者的个性以事治者？哪一样不是本着大家族制下子弟对于亲长的精神？"鲁迅说："凡事总须研究，才会明白。古来时常吃人，我也还记得，可是不甚清楚。我翻开历史一查，这个历史没有年代，歪歪斜斜的每页上都写着仁义道德几个字。我横竖睡不着，仔细看了半夜，才从字缝里看出字来，满纸都写着两个字：吃人。"后来，随着中国共产党领导的新民主主义革命的胜利，新文化运动旗手们提出的破除纲常伦理束缚的目标，应该说大体实现了。但批判很不彻底，旧的影响根深蒂固，以至于一提道德建设，便马上想到孔孟程朱，似乎除了始自周秦后又逐渐完备起来的家庭伦理和忠孝节义外，就再也没有其他道德可言了，除了恢复传统，就再也没有别的道路可走了。

马克思说："我们越往前追溯历史，个人，也就是进行生产的个人，就越表现为不独立，从属于一个更大的整体。"①依照此理，人类越往后发展，个人的独立性就应该越强，所能获得的自由也应该越多。必须承认，现在已进入新时代。商品贸易的高度发展，科学技术的突飞猛进，信息网络的全面覆盖，已使各国联为一体，经济市场化、政治民主化、思想多元化代表着世界进步的潮流。就中国而言，传统农业社会早已被超越，社会主义市场经济正在确立，产业结构发生了巨大变化。与之相应，血缘关系断裂，家庭小型化，家庭成员相疏离，成了不争的事实。不顾变化了的环境，硬要恢复以家庭伦理为基点的始自于周秦的旧道德，岂非"持方枘欲纳圆凿"？

新时代，新环境，呼唤新道德。这种道德所要适应的不再是农业与手工业结合的自给自足的小农的乡村，而是实行自由消费的日益全球化的大市场。道德的主体不再是依赖于家庭、由血缘关系相维系的人，而是以独立身份进入不同职场且可以流动的社会成员。为此，新道德的内容也应以职业道德、商业道德和社会公德为主，而不应继续注目于家庭伦理和由之延伸出来的三纲五常、忠孝节义。道德可以抽象继承，周秦以来的某些文化传统经过批判和选择，可以古为今用，但绝不是照抄照搬。同时，人的独立性的增强和价值取向的多元化必然带来新的社会矛盾，这些矛盾也只能在民主和法治的轨道上妥善解决，再也不能仰仗源自家长制父权的专制独裁了。这样一看我们就会明白，建设新道德所要面对的问题，在周秦文化里是没有现成答案的。

当前，一些知识界人士，一边充分享受着新文化运动和新民主主义革命的积

---

① 中共中央马克思恩格斯列宁斯大林著作编译局：《马克思恩格斯全集》第四十六卷上册，北京：人民出版社，1979年，第21页。

极成果，一边一再从旧有文化中寻找资源，开出许多自以为是的治世条陈。我们很想提醒这些朋友，当你卖力强化某些旧有意识形态的合法性时，你是否意识到，你也就强化了由古代社会遗留给今天的种种不合理特权的合法性？而特权不消失，就不可能有公平和正义，没有公平和正义，也不可能实现真正的和谐。

2007 年 7 月 14 日

如何树立文化自信

——在"'黄帝陵·文化自信'清明学术交流会"上的发言

习近平主席在提出"四个全面"（全面建设社会主义现代化国家、全面深化改革、全面依法治国、全面从严治党）、"五位一体"（经济建设、政治建设、文化建设、社会建设、生态文明建设）治国理政新理念的同时，又强调要树立"四个自信"（中国特色社会主义道路自信、理论自信、制度自信、文化自信），其意义非同凡响。中央将"文化自信"与"道路自信、理论自信、制度自信"并列，充分体现了对文化作用的高度重视，预示着过去在看待中华传统文化方面曾经出现过的错误和一直存在着的偏差都将被彻底抛弃。同时，树立"文化自信"，是时代发展的需要，是大势所趋，合乎世界潮流。首先，"冷战"结束以后，意识形态的引领作用转弱，人民对美好生活的向往成为我们的奋斗目标，广大群众普遍渴望用中华传统文化凝聚人心，共同奔向新的未来；其次，由于步入现代化，世俗生活获得了极大的改善，但随之也出现了追逐物质利益、贪图享受的不良风气，义和利的天平开始朝利的方向倾斜，甚至造成社会道德缺失，迫切需要通过提倡重视德、义的传统文化加以扭转；最后，改革开放以来，中国已由一个农业国变为制造大国，GDP 持续高增长，成了世界第二大经济体，与之对应，欧美国家长期不同程度地实行福利主义政策，负面效应因积累而突显，造成活力不足，经济低迷，在金融危机面前，应对乏术。中国及东亚经济的腾飞固然与引进外资、国外先进技术、管理方式及管理经验有关，但也反映，重视集体主义，讲究秩序和奉献的东方文化，较之西方的个人主义、自由主义而言，有其自身的优越性。我们应该理直气壮地树立"文化自信"。

那么，我们怎样才能树立"文化自信"呢？我认为最重要的是要善于反思。反思出自信，反思能使自己更强大。可以毫不夸张地说：任何文化都是在不断反思中逐步走向成熟的。

要反思就得进行分析。许慎《说文解字》云："分，从八从刀，刀以别物也""析，从木从斤，破木也。"仅从字形、词义探究，便知分析犹如破木，先将树干截为数段，再用一分为二的办法越劈越细。分析中国传统文化也当如此，既要划分阶段，又要总结不同阶段上文化的特征和优劣；既要用发展的眼光看问题，又要坚持两点论，不能用一点论。一点论会走向极端，说好即一切都好，说不好即一切都坏，这不合常理，是非理性的表现。"文化大革命"中对儒家文化只许批判，不许继承，我们有过非理性的惨痛教训。今天不能矫枉过正，走向另一个极端。

让我们先对中国传统文化的发展做一个简单的分期，就像"破木"一样先将树干截为数段。

中国传统文化的形成可以追溯到殷周时期。因为那时文化的主要载体是礼、乐，我们可以将其称为礼乐文化。殷周礼乐文化的内容主要保留在甲骨文、金文及《诗》《书》《易》《礼》《春秋》这五种典籍中，既是上古政治智慧的结晶，也有明显的历史局限性。例如，《诗》与乐相配，在祭祀和宴飨中吟唱，《易》是卜筮的记录，《书》是文诰和贵族言论的集结，《春秋》略依年月记诸侯行事，《礼》讲长幼之序、上下之差和周旋之节，显然是史官的记录和保存，而非学者深入思考后的创作；由于涉及的都是上层人物的宗教及政治活动，故贵族化倾向和神秘色彩浓厚，充满官气和鬼气；其文字也古奥难明，呆滞死板。因此，可以说殷周礼乐文化为中华传统文化的形成提供了思想资源，还不能说中国的传统文化就此已经形成。礼乐文化必将为新的文化所代替。

西周行"学在官府"制。一方面，只有贵族子弟才可以受教育，学习礼、乐、射、御、书、数，以便继承父辈的职位，继续做贵族；另一方面，所有的典籍均藏于盟府，一般人难以得见。这种办法推行了几百年。可是，春秋时期却出现了社会的大变动，礼乐制度崩坏，负责行礼、奏乐的太史、乐官四处流亡，"太师挚适齐，亚饭干适楚，三饭缭适蔡，四饭缺适秦。鼓方叔入于河，播鼗武入于汉，少师阳、击磬襄入于海""畴人子弟分散"，由此引发了我国历史上第一次档案大解密，典籍落入民间。正是在这一情况下，孔子才有机会熟读精研，并加以收集整理，编订六经，用作教材，兴办私学，教授门徒。孔子办学的原则已不同于以往，叫作"有教无类"，即不论是贵族还是平民，是国人还是野人，只要是"自行束脩以上"，愿意来学，他都乐于教诲。这就把旧式官学教育讲究血统和出身的限制彻底打破了。自此私学勃兴，如雨后春笋。很快即以老师为中心，以师承为纽带，以师法为特征，形成了不同学派。各派互相批评辩难，逐渐出现了百花齐放、百家争鸣式的学术繁荣。在百家争鸣中产生了诸子学。

与西周官学相比，诸子学具有鲜明的时代性和先进性。首先，诸子书是私家著作，是学术自由的结晶，是对历史和现实经过个人核实后的理解，是知识和思想的创新，而不再是单纯的官方行为的记录。其次，诸子都有远大的政治理想和"治国平天下"的政治设计，由此形成了各自的政治论，如孔子的"克己复礼"、墨子的"兼爱""非攻"、孟子的仁政、荀子的礼治、韩非的法治及老子的无为而治，等等；因为他们都把理想的实现寄托在君子身上，所以诸子书中，还有以如何成为君子和如何看待人生为中心的人生论；为了增强说服力，诸子已懂得要将社会的演进和人生的变化放进大自然的总规律中来考察，于是，又出现了不同的宇宙论；以政治论、人生论和宇宙论为主体的诸子学不再一味通过神道设教服务于贵族政治，相反，还对僵死的旧制度多有批评，从而去掉了"官气"和"鬼气"，显现出鲜明的人道立场和强烈的社会责任感。最后，诸子学是平民学，文章几乎是用当时的口语写成，不仅通俗易懂，而且气势雄浑，转折多变，又常穿插寓言或故事，化深奥为浅显，十分生动活泼，便于阅读和传诵。雅斯贝尔斯把公元前 8 世纪到公元前 2 世纪称作"轴心期文明"，认为正是在这一阶段，印度、中国和希腊等地都出现了原创文化。现在可以看得很清楚，诸子学就是中国的原创文化。这不仅是因为它具有创新性，而且后世所讨论的基本问题在诸子学中都已经提出，到了今天，我们还要从中汲取营养，寻求启迪，或为如何阐释其思想而争论不休。正是诸子学奠定了中华文化的基础。

诸子是引领时代的精英，走在时代的前边。但走得太快，或改得太猛，也会与社会实际相脱离。儒家罕言天命，"不语怪力乱神"，不借迷信进行包装，结果孔子厄于陈、蔡，孟子困于齐、梁，长沮、桀溺、荷蓧丈人、晨门者等隐逸之士讥讽他们，司马迁也认为他们的做法是"持方枘欲纳圆凿"，终不能入。法家以"农战"为"一务"，主张"一切一断于法"，短期效应不错，秦国以此为统治思想，完成了对中国的统一。但一味搞严刑峻法，又招致天下反抗，竟使秦朝二世而亡。正因为如此，西汉建立后，在反思秦朝灭亡教训的思想大潮中，春秋战国的百家争鸣转化成了百家交融，由相互批评变为相互吸收，由攻彼之短，变为取彼之长，补己之短。

到汉武帝时，交融基本完成，形成了以董仲舒为代表的汉代新儒家，并由汉武帝颁诏，罢黜百家，独尊儒术，将其奉为统治思想。从此，中华文化的基本体系得以奠定，并被请进了天子的殿堂。

这个被定为一尊的文化体系虽然还叫儒术，但已取得经的地位，所以被称为经学。更重要的是，它已经经过了重构和改造，与以孔、孟、荀为代表的古典式儒家思想有很大的不同。它是百家交融的产物，对各家各派都有吸收。特别是借用了阴阳家的宇宙图式，发展出天人感应、天人合一理论，试图用新的外衣来包装整个学说，不再是简单的"不语怪力乱神"。它重视道德教化，通过"变秦""更化"，否定了秦的"一切一断于法"，但又不轻视刑罚，主张"德刑并用"，只是强调德主阳，刑主阴，应该使政治顺乎阴阳，做到"德主刑辅"。它所重视的道德教化其基础是家庭伦理，其核心是孝，移孝作忠，转化为政治道德，就是忠君思想，忠与孝进一步延展，演化为社会道德，就是仁、义、礼、智、信。不过，董仲舒在建构这一文化体系时，更重视用阴阳学说阐释忠孝伦理，认为父与子之间，父为阳，子为阴；夫与妻之间，夫为阳，妻为阴；君与臣之间，君为阳，臣为阴。而阴为阳辅、阳为阴主又是阴阳之大顺，永远不可违背，故而父为子纲，夫为妻纲，君为臣纲，王道三纲可求于天，天不变，道亦不变。汉儒所强调的道德伦理虽可分为家庭伦理、政治伦理、社会伦理几个方面，但始终贯穿着一条线，即努力恢复"尊卑之差，上下之制"，其目标也只有一个，即"谨乎臣子而致贵其上"，在新的条件下，重建秩序型社会。为了体现尊卑上下，需要做出各种制度性的规定，这些规定就是礼。礼的本质是别异，即用一切手段体现等级，把人区别开，从而使在下位者既不敢犯分越礼，更不敢犯上作乱。

经董仲舒改造的汉代经学适应了统治阶级的需要，影响了以后两千多年的历史。故而，他被推崇为"儒者宗"。刘向说他"有王佐之才，虽伊、吕亡以加，管、晏之属，伯者之佐，殆不及也"。董氏在中国传统文化发展中有着重要的地位。但是由于去古未远，他的学说从理论建构上来看，仍是十分粗疏的。他只是利用天意来说明纲常伦理的权威性和合理性，并在很大程度上借助交感巫术解释天人感应。在他看来，"天亦人之曾祖父也""天亦有喜怒之气，哀乐之心""天不言，使人发其意"，这个人就是天子。于是，董仲舒断言："唯天子受命于天，天下受命于天子""以人随君，以君随天"，这就是永恒的法则，即他所谓"天不变道亦不变"的"道"。

事实却不以他的意志为转移。东汉以后，佛教传入，发展到唐宋，已有许多人信佛不信天了。仍如董氏那样，把纲常说成是天意、天命，便不足以服众。到了宋代，又有程颢、程颐、张载、朱熹前后相承，发明了天理，认为万物皆有其理，"天地之性"就是天理，它才是社会道德的源泉，一切封建道德的规范、原则、仪节都是天理在人间的展现。程、朱等人还指出，恶在人身上的具体体现就是人欲，"天理人欲，不容并立"，两者的关系是"此胜彼退"、一方吃掉一方的关系。所以他们特别强调，要完善自身道德，必须"穷天理，灭人欲"。于是，中国传统文化又被推进到了理学阶段。

理学家号召人们用格物致知的办法去穷尽天理，结果却出现了只见言谈、不见行动的情况，人尽知"得父当孝，得兄当弟，却不能孝，不能弟"。到了明代，积弊已深，文人学士把主要精力都花在读程、朱之书上，以此为"穷天理"之途，理论与实际严重脱节。在这种情况下，王阳明继承陆九渊，又建立了心学，认为"心即理"，每个人皆有良知，"见父自然知孝，见兄自然知悌，见于孺子入井自然知恻隐"，根本无须外求。因此，他要求人们"致良知""求理于吾心"，做到"知行合一"，即当善的意念刚开始活动时，就按照善的原则去做，把不善的动机消灭在萌芽状态中。

由上可知，中国传统文化自身具有反思机制，它的发展是一个"日新"的过程。同时，这也告诉我们，任何道德都与一定的社会环境相适应，有什么样的历史环境，就有什么样的道德和文化。董仲舒所谓"天不变，道亦不变"，显然是一种落后的历史观。

　　下边，让我们再把"木头"劈开，用一分为二的办法，分析一下中国传统文化的优劣。

　　先看好的方面。

　　大致说来，中华传统文化的历史作用就是"以文化人"。文代表文明，化人就是引导人们摆脱蒙昧、野蛮，进入文明，并不断提高文明水平。这一过程很早就产生了，到诸子时代，开始进行总结和理论建构。荀子说，人和动物的根本区别是"人能群，彼不能群"，即人可用不同的形式结成社会，动物不能。所以人虽然"力不如牛，走不如马"，但牛、马却都为人所用，人正是依靠"群""序四时，裁万物"，实现了"兼制天下"的目标。然而，"人何以能群？"曰："分"，故"分则和，和则一，一则多力"。怎么分？荀子的回答是："制礼义以分之。"即依照礼将男女、父子、长幼、上下、君臣、职业分开。可见，儒家文化中以别异和区分为特征的礼制，是中华民族由野蛮到文明的推进器，怎么肯定都不过分。相反，如果男女不分、父子不分、长幼不分、君臣不分、上下不分，不仅"民乱而不治"，人类还有可能退回野蛮状态去。

　　同时，我们还需承认，中国古代社会是一个"个人像蜜蜂离不开蜂房一样，离不开一个更大的整体"的农业社会，生产力水平有限，灾变异常之多，需要依靠集体的力量去战胜生产、生活中可能遇到的危害和困难。中国传统文化重视忠、孝，强调秩序，有助于维护家族集体的存续，进而也有助于社会的稳定和不断发展。

　　正是在漫长而稳定的农业社会中，中华传统文化不断走向成熟，其中许多东西，经过反复锤炼和自然选择，已经成为具有永恒价值的民族瑰宝。如"己欲立而立人，己欲达而达人""己所不欲，勿施于人"的忠恕仁爱理念，"过犹不及""欲速则不达"的科学精神，"道法自然"的理性态度和"反者道之动"的辩证思想，"民为贵，社稷次之，君为轻"的民本主义，以及追求"刑罪相应"的"刑中"境界，等等。与之相伴，又产生了许多体现民族精神和民族气质的文学、艺术作品，形成了独特的民族风格。所有这些，都已渗透在每个人的心中，应该作为建设中华民族共同精神家园的可贵资料加以珍视。

　　尽管如此，我们恐怕仍不能说，中华文化就已尽善尽美了。譬如，对作为政治文化核心的三纲五常，人们事实上是有不同看法的。"父为子纲"将儿子置于对父亲的依附地位上；"夫为妻纲"将妻子置于对丈夫的依附地位上；"君为臣纲"将臣民置于对皇帝和各级官员的依附地位上，岂不是使多数人都丧失了独立人格？而过分强调等级服从，抑卑幼以奉长上，又必将销蚀个性，妨碍创造，使社会缺乏活力。所以，如果说这种政治文化在历史上还具有伦理价值，在一定程度上起到过增强民族凝聚力的作用的话，到今天它早已成为社会进步的障碍，不值得肯定和欣赏了。

　　既然中国传统文化既有漫长的演变过程，又瑕瑜互见，那么，我们在如何继承传统文化、树立文化自信的问题上，就不能简单从事。

　　首先应该明确，我们所要建设的是"面向现代化、面向世界、面向未来的，民族的、科学的、大众的社会主义文化"。这种文化既应有民族性，又应有时代感。我们处在一个新时代，有着完全不同于旧时代的新特征。就全世界而言，商品贸易高度发展，科学技术突飞猛进，信息网络全面覆盖，已使各国连成一体，形成了地球村。经济市场化、思想多元化、政治上走向民主与法治已成为强大的潮流。就中国而言，虽然起步较迟，但生产力迅速提升，产业结构发生巨变，传统农业社会已被超越，社会主义市场经济正在确立。与此同时，飞机、高铁、高速公路改变了个人的移动能力和速度，血缘关系的纽带作用被弱化，家庭成员相疏离，大家庭不复存在，基层社会结构面临冲击。在这种情况下，不顾变化了的环境，照搬以家庭伦理为基础的传统道德，盲目肯定三纲五常、封建礼制和等级观念，显然有悖于时代精神，也可谓之"持方枘欲纳圆凿"。

　　在论及文化时代感的时候，我们还必须注意，文化虽有历史的惰性，但变是绝对的，不变是相对的。而且，变化的道路有不同，时间有早晚，进度有缓急，大的趋势却并无二致，如从蒙昧、野蛮到文明；从农业社会到工业社会，再到市场经济；从等级到平等；从依附到独立；从专制到民主；从人治到法治；等等，都带有不可逆性，是人类进步的大方向。党中央提出富强、民主、文明、和谐、自由、平等、公正、法治、爱国、敬业、诚信、友善的二十四字社会主义核心价值观，正符合于时代发展的需要。如果对社会主义核心价值观心存抵触，千方百计地为产生于农业社会的旧道德张目，实际就是逆潮流而动，站到了历史的对立面。

　　目标和方向明确之后，就应用理性的态度对待民族文化，通过认真地研究、选择和转换，做到"取其精华，弃其糟粕，推陈出新，古为今用"。古人提出的某些观点和主张，经过锤炼和阐释，已被赋予颠扑不破的永恒价值，不妨直接吸收。如前边谈到的"过犹不及""欲速则不达"，实为古人口中的科学发展观，以爱人为核心的仁学思想，也确实具有鲜明的人道立场，等等，对于这些，当然不可有丝毫的轻忽。而另外却有许多命题，是与思想家所处的历史环境相关的，我们只能撷取其合理内核，抽象继承，不能拘泥地持守其具体意义。例如，在《论语》中，子夏问孝，子曰"色难"。意思是不管父亲是否正确，他责骂你，甚至责打你，做儿子的都应该在脸上挂着愉悦的颜色，否则，就会伤慈父之心，就是不孝。这是提倡"克己复礼"的孔子为维护父家长的绝对权威而提出的有损卑幼的极高标准，因为不合情理，战国人已不赞成，并纷纷起而修正。如《战国策·秦策三》曰："父之于子也，令有必行者，必不行者"，《战国策·赵策二》也说："过任之事，父不得于子。"《吕氏春秋·应同篇》曰："父虽亲，以白为黑，则子不能从。"儒学大师荀子更根据自己的理解对孝的内涵进行了系统归纳。他说："人孝出悌"乃"人之小行"，"上顺下笃"乃"人之中行"，"从道不从君，从义不从父"乃"人之大行"，"可以从而不从，是不子也；未可以从而从，是不衷也"，只有"明于从不从之义，而能致恭敬忠信，端悫以慎行之"，才"可谓大孝"。由此例可知，弘扬孝德并不是始终奉孔子的话为圭臬，而是要抽绎出孝的精神，根据时代的需要，不断加以发展和提升。传统文化中还有一些东西，曾在历史上发挥过一定作用，但是，时代变了，它的合理性已完全消失，甚至走向了反面，成为社会进步的绊脚石。对浸透着等级意识，专门损卑幼以奉长上的封建礼制及作为礼制基础和统率的"三纲"，即应作如是观。康德曾说："要在一切事情上""公开运用自己的理性"。理性就是要合乎常理，顺乎常情。我们必须承认，只有理性的研究才真正有利于民族优秀文化的传播和继承，而一切迎合时尚的妄断和曲解都只会在学术史上徒增笑柄。

我们正朝着全球化的方向努力前行。事实上，社会越进步，相互的交往和交互影响就越大，挡是挡不住的。因此，要树立文化自信，还必须正确对待外来文化。我们常说中国传统文化博大精深，它之所以博大，就是因为具有包容性，可以纳万方，载万物。不同文明不仅应该互鉴，而且应该互相学习。正如习近平主席所说：人类的"一切文明成果都值得尊重，一切文明成果都值得珍惜"。只有在"各美其美"的同时，也做到"美人之美"，才能"美美与共"，实现"世界大同"。树立文化自信是为了积极参与世界先进文化建设，而不是为了冲突和对抗。

2017 年 4 月 3 日

要用理性的态度正确对待传统文化
——在"中国思想文化史研究：理论与方法学术研讨会"上的发言

康德说：要"在一切事情上"，都"公开运用自己的理性"。什么是理性？我看了很多解释，觉得最好的说法是陈乐民教授所指出的英文原意，即"常理常情"。理性的态度就是说话办事均应合乎常理，顺乎常情。试想，假如社会中的每个人言论行为都合乎常理，顺乎常情，那该是一种多么和谐的景象啊！然而，要做到这一点是非常困难的。古往今来，我们看到了太多的非理性。中国古代历史上最有名的例子就是指鹿为马。把鹿说成马，显然不合常理。现代以来具有典型性的例子就是"大跃进"中虚报产量。明明一亩地只能打几百斤，却硬说可以产粮万斤、十万斤，当然也背离了理性。非理性一旦成为气候，谁也挡不住。秦之群臣知道赵高在撒谎，却没有一个人出来揭破他。从中央到地方，从干部到社员，人人皆以为"亩产万斤"是吹牛，但还得层层加码地跟着吹。于是，万斤又被更大的"卫星"超越，直至十万斤。甚至科学家钱学森还在报上发表文章，从扩大光合作用来论证亩产万斤的可能性。北京农业大学（今中国农业大学）农学系主任蔡旭最初连亩产3235斤的报道都不相信，最后浮夸风越来越大，也只得向上级提交了破万斤试验田的种植计划。由此可见，反潮流和坚持理性是多么的不容易。

文化研究中有没有非理性？有。我是亲身经历了"文化大革命"的人，简单说，那时对儒家文化是只能说坏，不能说好。是要彻底批判、坚决打倒的。现在又反过来了，多数研究没有历史感，更无批判精神。所以，我们研究的对象常常随潮汐而沉浮，在不同时期有不同的样态，真面目反而被掩盖起来了。为什么会这样，还在于非理性，有些说法不合常理。

依照常理，我们既应该用发展的眼光看问题，承认中国传统文化存在一个变化的过程，更应该坚持两点论，对传统文化进行实事求是的分析。

中国传统文化源自殷周礼乐文化，经历诸子学，汉代经学，宋代理学，发展到明代的心学。这说明它自身有一定的反思机制，存在一个"日新"的过程。同时也告诉我们，文化虽有历史的惰性，但变是绝对的，不变是相对的。一定的文化必然与一定的社会环境相适应，有什么样的社会环境，就会有什么样的文化，"天不变，道亦不变"是落后的历史观，也不可能有什么万代师表。

我们当然知道中国传统文化十分优秀。它的最大的历史作用就是"以文化人"。文代表文明，化人就是引导人们摆脱蒙昧、野蛮，进入文明，并不断提高文明水平。我们可以把以别异为特征的礼制，看作中华民族由野蛮到文明的推进器。同时，中国传统文化重视忠孝，强调秩序，有助于维持家族集体的稳定，进而也有助于社会稳定和持续发展。正是在漫长而稳定的农业社会中，中华传统文化走向成熟，其中许多东西，经过反复锤炼和自然选择，已成为具有重要价值的民族瑰宝。与之相伴，又产生了体现民族精神和民族气质的文学、艺术作品，形成了独特的民族风格。所有这些，都已渗透在每个人的心中，应该作为建设中华民族共同精神家园的可贵资料加以珍视。

尽管如此，我们恐怕仍不能说中华文化就已尽善尽美了。特别是作为政治文化核心的王道三纲，"父为子纲"将儿子置于对父亲的依附地位上，"夫为妻纲"将妻子置于对丈夫的依附地位上，"君为臣纲"将臣民置于对皇帝和各级官员的依附地位上，其结果，必然使多数人都丧失独立人格。而过分强调等级服从，抑卑幼以奉长上，又必将销蚀个性，妨碍创造，使社会缺乏活力。

既然中国传统文化既有漫长的演变过程，又瑕瑜互见，那么，在如何继承传统文化的问题上，就不能简单从事。

首先应该目标明确。我们是要建设"面向现代化、面向世界、面向未来的，民族的、科学的、大众的社会主义文化"，而不是搞复古。这种文化既应有民族性，又应有时代感。不顾变化了的环境，盲目肯定三纲五常、封建礼制和等级观念，甚至认为只有如此才能填补后冷战时代因意识形态弱化而留下的空档，并能弥补现代化过程中的道德缺失，在我看来，此类看法有悖时代精神，可谓之"持方枘欲纳圆凿"。因为变化的道路有不同，时间有先后，进度有缓急，总的趋势却无二致。如从蒙昧、野蛮到文明，从农业社会到工业社会，再到市场经济，从等级到平等，从依附到独立，从人治到法治，从专制到民主，等等，都带有不可逆性，是人类进步的大方向，今天再为产生于农业社会的旧道德张目，就是逆潮流而动。

目标明确之后，就应用理性的态度对待民族文化，坚持深入研究、选择和转换，做到"取其精华，弃其糟粕，推陈出新，古为今用"。古人提出的某些观点和主张，经过锤炼和阐释，已被赋予颠扑不破的永恒价值，不妨直接吸收。而另外却有许多命题，是与思想家所处的历史环境相关的，我们只能撷取其合理内核，抽象继承，不能拘泥地持守其具体意义。对于在时代发展中其合理性已经完全消失的东西，或原本就是腐朽的部分，则必须大胆扬弃。

社会越进步，相互交往就越多，交互影响就越大。想用中华传统文化筑起新的长城，把外来文化挡在国门之外，是做不到的。以经济腾飞为依据，论证东方文化优于西方文化，抹杀了改革开放，以及引进外资、国外先进技术、管理经验和管理制度的作用，依然是有悖于常理的"非理性"。不同文化不仅应该互鉴，而且应该互相学习。正如习近平主席所说："一切文明成果都值得尊重，一切文明成果都值得珍惜。"①只有在"各美其美"的同时，也做到"美人之美"，才能"美美与共"，实现"世界大同"。

2017 年 4 月 21 日

---

① 习近平：《在联合国教科文组织总部的演讲》，《人民日报》2014 年 3 月 28 日，第 3 版。

如何重建民族精神家园

——浅谈对中华传统文化的继承问题①

重建民族精神家园是全体国民的共同心声，但在怎样建设的问题上，看法并不一致。有人说：应该把"儒教重新定为国教""中国应该拒绝民主化，民主化是一个祸国殃民的选择""中国应该选择儒化，也就是说，根据儒家精神重建中国社会。"②有人说：儒家文化的核心只有一个，那就是礼，要用礼治精神来建设民族的精神家园。有人更要用国学筑起中华民族新的精神长城③。他们的看法对吗？让我们简单介绍一下中国传统文化的形成过程、基本内容和主要特征。

中国早有史官制度的设立，负责保存文献典籍。但由于记录手段落后和历经兵火，真正被保存下来的殷、周文献并不多，主要有《诗》《书》《易》《礼》《春秋》，还有乐。《诗》和乐是祭祀的乐歌及乐谱；《易》是卜筮的记录；《书》是文诰及贵族言论的集结；《春秋》是诸侯行为的记录；《礼》讲长幼之序、上下之差、周旋之节。不能说这些东西没有价值，但是，除了数量少之外，还有几个缺点必须注意：①文献的性质是记录，是保存，而不是创作；②贵族气息、宗教色彩十分浓厚，充满着官气和鬼气；③文字古奥难明，呆滞死板。因此，可以说是为中国传统文化的形成提供了某些珍贵的思想资料，还不能说这就是中国的传统文化。

西周行"学在官府"制，典籍保藏于盟府，一般人难以得见。春秋礼坏乐崩，史官四处流亡，"太师挚适齐，亚饭干适楚，三饭缭适蔡，四饭缺适秦。鼓方叔入于河，播鼗武入于汉，少师阳、击磬襄入于海""畴人子弟分散"，出现第一次档案大解密，典籍落入民间。正是在这种情况下，孔子收集整理，编定六经，并以之作教材，兴办私学，教授门徒。自此私学勃兴，并逐渐形成了百花齐放、百家争鸣的繁荣局面，在百家争鸣中产生了诸子学说。

诸子学同西周官学相比，已有很大不同，具有鲜明的时代及社会特征：①由春秋入战国，自由著述、自由讲学、自由批评和士人的自由流动蔚成风气，由此

① 沈长云：《先秦史研究的 10 个理论问题》，《史学月刊》2011 年第 8 期。

② 康晓光：《我为什么主张"儒化"——关于中国未来政治发展的保守主义思考》，原为在中国社会科学院研究生院的讲演，见北京大学燕南网站。转引自《社会科学评论》2005 年第 4 期，第 7 页。

③ CCTV-10 科教频道 2005 年 12 月 17 日《大家》栏目某著名红学家语。

孕育生发的诸子书是私家著作，是学术自由的结晶，是创造，是知识和思想创新，而不再是单纯的官方记录。②诸子讲的是政治论、人生论，不再一味地大搞神道设教，其中，如孔子所创立的仁学体系和孟子的仁政理想；墨子所提倡的兼爱、非攻和大同精神；老子构建的宇宙论及宇宙论与社会论、人生论之间的逻辑联系；庄子所宣扬的应把心的逍遥置于一切之上的人生观；荀子为证明阶级存在的合理性而提出的"维齐非齐"论和天人相分、人可"制天命而用之"的世界观；韩非等人建立的进化的历史观和"世异则事异，事异则备变"的与时俱进理念；《吕氏春秋》中所反映的"天下非一人之天下也，天下人之天下也""君之所以立，出乎众也"的国家观，等等，在两千多年的历史长河中始终熠熠生辉。③诸子不是为贵族政治服务，相反，对贵族政治有诸多批评。例如，孔子叹"苛政猛于虎"，主张"周急而不继富"；老子认为"民之饥，以其上取食税之多"，他把"朝甚除，田甚芜，仓甚虚"，自己却"服文采，带利剑，厌饮食，财货有余"的统治者比作强盗头子（盗夸），明确警告这些人说：一旦"民不畏威"，则"大威至"矣，"民不畏死，奈何以死惧之？"孟子斥责梁惠王之流"庖有肥肉，厩有肥马，民有饥色，野有饿莩"是"率兽而食人"，并提出了"民为贵，社稷次之，君为轻"的民本思想；荀子把"一人有罪而三族皆夷，德虽如舜，不免刑均"，叫作"以族论罪"，把"先祖常（尝）贤，后子孙必显，行虽如桀纣，列必从尊"叫作"以世举贤"，并把"以族论罪，以世举贤"称为"乱世之治"，进而提倡"内不可以阿子弟，外不可以隐远人"，主张"虽王公士大夫之子孙也"，若"不能属于礼义"，就应"归之庶人"，反之，"虽庶人之子孙也，积文学，正身行，能属于礼义"，就应"归之卿相士大夫"；庄子揭露国君们"轻用民死"，以至于使"死者以国量乎泽，若蕉"，说自己"处昏上乱相"之间，犹如腾猿处于"柘棘枳枸"，且"危行侧视，振动悼栗"而不得丝毫自由。仅此已足以说明，诸子虽好恶殊方，对平治天下各怀歧见，但都具有鲜明的人道立场和强烈的社会责任感。④诸子学是平民学，克服了贵族气息、宗教色彩浓厚的弊端，去掉了官气和鬼气。文章几乎是用当时的口语写成，不仅通俗易懂，而且气势雄浑，转折多变，常穿插寓言或故事，生动活泼，化深奥为浅显，扩大了传播面。雅斯贝尔斯强调"轴心时代"的重要性，认为正是在这一历史阶段上，印度、中国、希腊等地都出现了原创文化。诸子学就是中国的原创文化。到了今天，我们还需要从中汲取营养，寻求启迪，或为如何阐释其思想而争论不休。正是诸子学奠定了中华文化的基础。

　　学者是引领时代的精英，总是走在时代的前边。但也许他们走得太快了，反而与社会实际相脱离。儒家"不语怪力乱神"，不用鬼神包装，结果孔子厄于陈蔡，孟子困于齐梁，长沮、桀溺、荷蓧丈人、楚狂接舆、晨门者等隐逸讥讽他们，司马迁也认为他们的做法是"持方枘欲纳圆凿"，终不能入。法家以农战为"一务"，主张"一切一断于法"，短期效应不错，秦国以之作为统治思想，完成了对六国的统一。但一味搞严刑峻法，走上极端，导致秦朝二世而亡。因此，西汉建立后，在反思秦朝灭亡教训的思想大潮中，春秋战国的百家争鸣自然转化成了百家交融，由相互批评转为相互吸收，由攻彼之短，变为取彼之长，补己之短。

到汉武帝时，交融过程基本完成，形成了以董仲舒为代表的新儒家，并由汉武帝颁布命令，罢黜百家，独尊儒术，定为一尊。从此，中华文化的基本体系正式形成，并被请进了天子的殿堂。

这个被定为一尊的文化体系虽然还叫儒术，但已取得经的地位，且经过改造，已与以孔、孟、荀为代表的古典式儒家思想有很大不同：①它是百家交融的产物，对各家各派都有吸收。②它借用了先秦阴阳家所构建的宇宙图式，发展出天人感应、天人合一理论，试图用一种新的宗教外衣来包装整个学说，而不是简单地"不语怪力乱神"。③它重视道德教化，否定了秦的"一切一断于法"，但不轻视刑法，主张"德刑并用"，只是认为德主阳，刑主阴，应该德主刑辅。④它所重视的道德教化，其基础是家庭伦理，其核心是孝。移孝作忠，转化为政治道德，就是忠君思想，忠与孝再扩大一下，用以处理人际关系，演化为社会道德，就是节和义。⑤董仲舒用阴阳学说阐释忠孝伦理，认为父与子之间，父为阳，子为阴；夫对妻而言，夫为阳，妻为阴；君对臣而言，君为阳，臣为阴。而阴为阳辅，阳为阴主，故而父为子纲，夫为妻纲，君为臣纲，王道三纲上承自天，天不变，道也不变。⑥董仲舒所强调的道德伦理虽可分家庭伦理、政治伦理、社会伦理或忠孝节义几个方面，但始终贯穿一条线，即建立"尊卑之差，上下之制"，目的也只有一个，即"谨乎臣子而致贵其上"。建立一个上下有序的秩序型社会乃其最高理想。⑦为体现尊卑上下，需要做出各种制度性的规定，这些制度性的规定就是礼。换言之，礼就是秩序，而且是带强制性的秩序。杜维明说："礼对个人不是一种外加的束缚，而是自我表达的一种渠道。"他对古书的歪曲真是到了"无可容忍的程度"①。

怎么看待以忠孝节义为内容，以等级尊卑为核心，以礼制为形式的中国传统文化呢？我们的意见是要用两分法。不能只许弘扬，不许批评，更不能像"文化大革命"那样，只许批判，不许继承。两种做法都是政治干扰学术的具体体现，同样有碍于学术繁荣。

首先，我们应该看到，"古者未有君臣上下之时，民乱而不治"，并不是什么原始共产制天堂，如果老是男女无别，父子无别，君臣无别，可能很难进入文明。所以，中国传统文化主张长幼有序，区别等级尊卑，虽带有一定的强制性，但有秩序比没秩序好，中华传统文化的形成和推广，在中华民族摆脱野蛮、不

---

① 何炳棣：《读史阅世六十年》，桂林：广西师范大学出版社，2005 年，第 439 页。

断向文明迈进方面居功甚伟，怎么评价都不过分，可以说中华文化是中国人由野蛮走向文明的推进器。其次，我们必须承认，中国古代社会是一个"个人像蜜蜂离不开蜂房一样，离不开一个更大的整体"的农业社会，灾变异常之多，需要尊重老一代的生产经验和社会经验，需要依靠集体的力量去战胜农业生产可能遇到的危害和困难。中国传统文化重视忠、孝，强调秩序，有助于维护集体的存续，进而也有助于社会的稳定和健康发展。最后，正是在漫长而稳定的农业社会中，中国传统文化中的许多东西，经过自然选择和反复锤炼，已成为具有永恒价值的民族瑰宝，如"己欲立而立人，己欲达而达人""己所不欲，勿施于人"的忠恕仁爱理念，"过犹不及""欲速则不达"的科学精神和平和心态，"民为贵"的民本主义，等等，都可以作为建设中华民族共同精神家园的可贵资料加以珍视和继承。

但是，传统文化、传统伦理也有弊端，三纲使人丧失独立人格，压抑个性。只讲服从，不讲创造，使社会缺乏活力。"上好礼则民莫敢不敬""上好礼则民易使也""博学于文，约之以礼，亦可以弗畔矣"，礼的基本要义是让民敬上、"易使"与"弗畔"，而不是给人提供可以获得充分发展的自由空间。事实上，传统文化所追求的秩序正是在抹杀人的个性的基础上建立起来的。更重要的是，任何道德都与一定的社会环境相适应，有什么样的历史环境，就有什么样的道德。人们常说，现在处于一个新时代。既是新时代，就应有完全不同于古代的新特征。就世界而言，商品贸易高度发展，科学技术突飞猛进，信息网络全面覆盖，已使各国连为一体；经济市场化、政治民主化、思想多元化成了一种强大的潮流。就中国而言，生产力极大提高，传统的农业社会早已被超越，社会主义市场经济正在确立，产业结构发生了巨大变化；与之相应，大家庭不复存在，飞机、铁路、高速公路网改变了个人移动的能力和速度，血缘关系逐渐断裂，家庭小型化，家族成员相疏离，成了不争的事实。在这种情况下，不顾变化了的环境，在建设民族精神家园时简单地恢复以家庭伦理为基础的传统道德，盲目地肯定三纲五常、忠孝节义、传统礼制、等级文化，显然是有问题的，也可谓之"持方枘欲纳圆凿"。

传统文化在汉代以后虽然经历过从魏晋玄学，到程朱理学，再到陆王心学、乾嘉朴学的变化，但"天不变，道也不变"，基本的藩篱并未突破。我们既然处在新时代，面临新环境，就应呼唤新道德。这种新道德所要适应的不再是农业与手工业结合的自给自足的小农的乡村，而是实行自由消费的日益全球化的大市场；道德的主体不再是依赖于家庭、由血缘关系维系的人，而是以独立身份进入不同职场、具有知识、具有现代思想且可以广泛流动的社会成员；为此，新道德的内容也应以职业道德、政治道德、商业道德、学术道德和社会公德为主，而不应只注目于家庭伦理和由之延伸出来的三纲五常、忠孝节义；新道德的准则是以人为本，必须学会尊重每一个人，公平地为大家提供自由发展的空间。当前，有的学者极力通过鼓吹礼制来强化等级制度，这不仅不利于民族精神家园的重建，而且违反了近代以来社会进步的大方向。新道德需要一定的制度作保证，道德建设中遇到的问题都应在民主和法治的轨道上予以解决。

　　建设中华民族的精神家园当然需要继承自身的优秀文化传统，但继承不是照搬照抄，不是复古，而必须通过研究进行选择和转换。有的精华部分颠扑不破，具有永恒价值，可以直接吸收。如前面谈到的"过犹不及""欲速则不达"，实为古人口中的科学发展观，以爱人为核心的仁学思想也具有鲜明的人道立场，对此，当然不能有丝毫的轻忽。但有的命题是与思想家所处的具体社会环境相关的，我们只能撷取其合理内核，"抽象继承"①，而不能拘泥地持守其具体意义。例如，子夏问孝，子曰："色难。"意谓父亲不管是否正确，哪怕是责打你，做儿子的都应始终在脸上挂着愉悦的颜色，否则，就会伤慈父之心，就是不孝。这是主张"克己复礼"的孔子为维护父家长的绝对权威而提出的有损卑幼的高标准。对此，战国人已不赞成，开始起而修正。例如，《战国策·秦策三》曰："父之于子也，令有必行者，必不行者。"《战国策·赵策二》曰："过任之事，父不得于子。"《吕氏春秋·应同》篇曰："父虽亲，以白为黑，则子不能从。"儒学大师荀子更根据自己的理解，对孝的内涵进行了系统归纳，他说："入孝出悌"乃"人之小行"，"上顺下笃"乃"人之中行"，"从道不从君，从义不从父"乃"人之大行"，"可以从而不从，是不子也；未可以从而从，是不衷也"，只有"明于从不从之义，而能致恭敬忠信，端悫以慎行之"，才"可谓大孝"。由此可见，弘扬孝德并不是一成不变地奉孔子的话为圭臬，而是从中抽绎孝的精神，加以提升和发展。中国传统文化中还有一些东西曾在古代发挥过一定的作用，但是，时代变了，它的合理性也随之消失，甚至走向了反面，已成为社会进步的障碍，对此，我们只能按照与时俱进的历史观予以扬弃。对待浸透着等级意识、专门损卑幼以奉长上的传统礼制，恐怕就只能采取这种态度。至于传统文化中的糟粕，尽管不断有人抱定为尊者讳的宗旨曲为之解，但其消极的色彩是无论如何也涂抹不掉的，近来，某些媒体和学术刊物推出的某些新释可能只会在学术史上增加笑柄。还应该提到，在对待中国传统文化的态度上，既要反对民族虚无主义，也必须警惕狭隘民族主义。把国学当作精神长城，拒斥一切外来文化，人为划分两大阵营，沉溺于冷战思维，本身就违背了"他山之石，可以攻玉"的古训。同时，改革就是要把历史上遗留下来的不合理因素从社会生活中剔除，开放就是要打开国门向别人学习，如果对自身传统全面肯定，对世界文化嗤之以鼻，岂不是既不肯改，也不愿学，站到了改革开放的对立面？总之，必须强调，我们所要建设的精神家

---

① 冯友兰：《关于中国哲学遗产的继承问题》，《光明日报》1957 年 1 月 8 日。

园应该既有时代感，又有开放性。只有这样，才能在物质文明、政治文明、精神文明、社会文明、生态文明诸方面与世界对话和接轨，才能使中华民族巍然自立于世界民族之林。相反，复古、守旧、封闭、走回头路，则注定没有前途。

浅谈社会主义核心价值观的培育问题

国家、民族富强的前提是心往一处想，劲往一处使。但要把大家的心劲凝聚起来，又必须有一个共同的价值判断标准。公说公有理，婆说婆有理，你要往东，他要往西，力量就会分散，甚至会互相抵消，最终可能一事无成。

党的十八大报告明确提出了富强、民主、文明、和谐、自由、平等、公正、法治、爱国、敬业、诚信、友善的二十四字社会主义核心价值观，明确了国家、社会、公民三个层面的价值目标、价值取向和价值准则。学习、宣传、践行社会主义核心价值观，不仅可以增强全社会的价值判断力和道德责任感，引导人们辨别什么是真善美，什么是假恶丑，自觉做到常修善德、常怀善念、常做善举，使某些领域道德失范的问题从根本上得到扭转，而且还能形成全民族奋发向上、团结和谐的精神纽带，更好地坚持中国道路，弘扬中国精神，凝聚中国力量。

社会主义核心价值观需要精心培育，才能内化为广大人民群众的自觉行动。中华民族是自强不息、厚德载物的民族，每个人心底都蕴藏着善良的道德意愿和道德情感，这是培育社会主义核心价值观的最深厚的土壤。同时，中华文明源远流长、博大精深，在长期发展过程中形成的优秀传统文化则是滋润心灵、陶冶道德情操的最好养分。

和世界上的许多民族一样，中国也曾有过神权政治阶段。那时候，人们普遍相信灵魂不灭和万物有灵。认为祖先虽死，却仍和天神一起，在冥冥中控制着自己。于是，就通过祭祀求其保佑，通过卜筮与之沟通，统治者借鬼神的名义发号施令，社会关系在很大程度上是神人关系。可是，到了春秋后期，随着生产的发展和知识的进步，天命观的地位就彻底地动摇了。孔子一方面用先"事人"后"事鬼"、先"知生"后"知死"和"敬鬼神而远之"的理性态度，把民众从迷信的束缚下引导出来；另一方面开始把社会关系视为人际关系，并提出仁、义、礼、智、信五项道德准则，希望通过创建伦理观念，在父子、君臣、夫妇、长幼、朋友之间达至和谐。因为这一做法前无古人，具有极大的开创性，所以大家才尊孔子为圣人，又说："天不生仲尼，万古如长夜。"

仁在字形上看从人从二，其本义就是指人与人如何相偶、如何相处。古文字学家用"相人偶"释仁，可谓抓住了这个字的本质。那么，究竟如何相偶或相处才算好呢？孔子在《论语》中讲仁的地方最多，大致都是围绕着"仁者爱人"进行阐发。他认为，从积极方面考量，应该是"己欲立而立人，己欲达而达人"，即自己要站得住，同时也使别人站得住；自己要事事行得通，同时也使别人事事行得通。而从消极方面看，起码也应做到"己所不欲，勿施于人"，即连自己都不想要的事情，千万不要加给别人。他把这两个方面概括为忠和恕，并把忠和恕的有机结合当作自己秉持的一贯之道。对于学生和一般人，他觉得，如果做不到忠，牢记一个恕字，差不多也可以奉行终身了。孔子还要求当时的统治者"节用而爱人，使民以时"，充分体现了他爱惜民力的人道立场。他把"爱人"作为处理人际关系的首要原则，正是因为他懂得人的珍贵。有一次，鲁国的马厩失了火，孔子赶紧问："伤人了吗？"而始终不问马是否有损失。由此可见，孔子的仁学是以人为本的学问。

义者，宜也。遇事处置适宜，为义，处置不适宜、不恰当，为不义。好利者重物轻人，既骄且悭，很难解决好各种关系。因此，孔子便提出一个义字，作为树立正确财利观的核心和前提。他并不简单地否定物质财富，承认"富与贵是人之所欲也"，但同时又坚持："不以其道得之，不处也。"他曾说："饭疏食饮水，曲肱而枕之，乐亦在其中矣。不义而富且贵，于我如浮云。"从这句话可以体会到，他的基本原则就是重义轻利，取之有道，在物质享受和精神生活之间，更重视精神生活，绝不做财富的奴隶。至于对社会财富的分配，孔子的主张是"周急而不继富"，鲁国的"季氏富于周公"，而孔子的学生冉求还"为之聚敛而附益之"，孔子便生气地说："非吾徒也。小子鸣鼓而攻之可也。"这种追求相对公平的立场有助于社会的均衡和稳定。

礼的产生非常早，最初主要指祭祀中的仪节和规矩，后来则指人的行为规范和体现这些规范的制度。孔子强调，每个人都应"非礼勿视，非礼勿听，非礼勿言，非礼勿动"，认为只有"克己复礼"，春秋时已遭到破坏的社会秩序才能得以重建。从这个角度看，他的要求似乎过于死板、僵硬。但在实际上，孔子的礼却是以仁为基础的。他打比方说：就像先有白纸才能绘成绚丽的图画一样，只有懂仁爱的人才能掌握礼的真谛。因此，他在重申行礼必敬、守礼有节的同时，又提出了"礼之用，和为贵"的新看法。他的目的是通过权变和礼让达到和谐，在实现和谐的前提下形成一个新的秩序型社会，而不是通过复礼再回到从前。

所谓智，并不单单是指智慧，它更具有方法论的意义。孔子用"罕言"天命、"不语怪力乱神"和"敬鬼神而远之"来对待传统迷信，以"欲速则不达，见小利，则大事不成"和"过犹不及"为原则，来对待政务，用"不以言举人，不以言废人"来处理选人、用人问题，以及认为"人无远虑，必有近忧"等，都是科学态度的集中体现，可以看作古代的科学发展观。

同样地，孔子所谓信，虽有"与朋友交，言而有信"的意思，但其内容却更为广泛。既包括履行职务时的"敬事而信"，也包括治理国家时的取信于民，还包括先"正身"，然后才能"正人"的从政体验。正因为信的内涵丰富，意义重大，孔子才说："人而无信，不知其可也"，并把"可以托六尺之孤，可以寄百里之命，临大节而不可夺"，作为信的最高标准，而加以提倡。

到了汉代，人们已开始把孔子的仁、义、礼、智、信叫作五常。董仲舒更提出："仁之法在爱人，不在爱我""义之法在正我，不在正人。"这种"爱人正我"的新阐释避免了待己宽、责人严，更好地贯彻了礼让、友善精神，有助于实现真正的和谐，是对五常的重要发展。

经过不断注释，五常的内容日臻完善，并逐渐哲学化，成为指导大众正确处理五种人伦关系的基本原则，维持了中国社会的长期稳定。今天，我们应根据培育社会主义核心价值观的需要，对其加以延伸和阐发，使之能与当代文化相适应，在现代社会中，继续发挥伦理信条和道德引领作用。

同时，我们也应看到，中国传统文化是在农业社会中形成的，既有精华，也有糟粕，更有不少地方跟不上时代的步伐。例如，由董仲舒归纳起来的三纲，主张君为臣纲、父为子纲、夫为妻纲，就一下子把臣、子、妻全置于对君、父、夫的依附地位上，既抹杀了人的个性，又造成了根深蒂固的不平等。对这些与社会主义核心价值观相悖谬的陈旧观念，不仅不能照搬和接受，还应加以反思和批判。正如习近平总书记在山东考察调研时所指出的那样："对历史文化特别是先人传承下来的道德规范，要坚持古为今用、推陈出新，有鉴别地加以对待，有扬弃地予以继承。"①

另外，中国虽早有法律，但以刑法为主，与现代法律制度存在明显差异。二十四字社会主义核心价值观中的民主、自由、平等、法治是马克思主义社会主义学说中最基本的价值追求，我们要让这些先进的理念在中国化为现实，还应对近代以降西方国家所创造的文化加以吸取和扬弃。总之，我们需时刻牢记，我们所要建设的是面向现代化、面向世界、面向未来的，民族的、科学的、大众的社会主义新文化。这种社会主义新文化既应有民族性，又应有时代感。

《陕西日报》2014 年 7 月 11 日

---

① 《习近平在山东考察时强调 认真贯彻党的十八届三中全会精神 汇聚起全面深化改革的强大正能量》，《人民日报》2013 年 11 月 29 日，第 1 版。

谈谈我对孔子"以仁释礼"的看法

孔子是儒家的创始人。孔子立说的突破口是"以仁释礼"。本文想结合春秋的时代背景，谈谈自己对"以仁释礼"的粗浅看法。我觉得，只有正确理解"以仁释礼"，才能把握好儒家思想的实质。

一、孔子为什么要"以仁释礼"

古代的农业都是以家族为单位进行的，"一个家族就是一个生产队"，父系家长既是生产的组织者、领导者，也是家族财富的支配者，家族成员都必须屈从于他的意志，甘心接受按性别、辈分、年龄相区别的族内分层。从中国各类材料所反映的情况看，真正的等级分化应首先出现在父系家长与家族成员之间。与此同时，邻居的财富很快便刺激了人们的贪欲，由抢夺财富或保卫财富而诱发的武装冲突及血亲复仇也开始频繁起来。尽管战争充满血腥，但中国毕竟地域辽阔，部族众多，渐渐地，"服之而已"却作为"古之伐国者"的主要传统流行开来[1]。接受"服"就意味着战败者在"降为臣"之后，已与夏、商、周王室形成了剥削和被剥削的关系。这种被文献称为"服"的剥削制度主要包括劳役和贡纳，其特点是分工具体、指定某族专服某役或专贡某物，且世代相传，长期不变，故而，我们命名为"指定服役制度"[2]。不是别的，正是"服"，把初始形态的族内依附和族间奴役变成了"人有十等"式的序列化的等级。

在中国，成文法形成较迟，用以规范等级的，主要是由传统习俗演化而成的礼。礼与等级如影随形，一表一里，相互依存，应产生于夏之前。所谓周公"制礼作乐"，不过是说他曾对礼做过扩充和整理罢了。礼的功能就是"明贵贱，辨等列"；礼的本质在于"别异"，即让"名位不同"的人"礼亦异数"；极力推崇礼，无非是要固化等级，建立顺而不逆、"上下有章"的秩序型社会，以便实现"治政安君"。

《礼记·祭义》指出：只要"明命鬼神，以为黔首则"，就会使"百众以畏，万民以服""听且速也"。而秦始皇则说："古之五帝三王，知教不同，假威鬼

---

① 上海师范大学古籍整理组校点：《国语·越语上》，上海：上海古籍出版社，1978年，第634页。

② 赵世超：《指定服役制度略述》，《陕西师范大学学报》（哲学社会科学版）1999年第3期。

神，以欺远方。"由此可见，为了构筑以礼为形式、以服为核心的等级统治，上层人士还最大限度地利用了民众的落后和愚昧。正是靠压制和欺骗，才维持了自龙山时代以迄殷周"上下有服"式的等级制。由于古代人知识有限，这种并不难解的神权政治居然给统治者带来了"诱民孔易"的自足，而且至少绵延了一千三四百年。

然而，物盛而衰，乃理之固然。殷周等级制的前提是商品经济极不发育，只能通过具体的直接服役和多种实物贡纳来满足贵族各方面的需求。同时，由于王畿和诸侯国面积有限，"行其政事，共其职贡，从其时命"，众"听且速"①，并不觉路途劳顿。故而，王、侯便能顺利地"以厥庶民暨厥臣达大家"②，把剥削摊派给各个血缘团体。但到平王东迁之后，文武之道坠失于地，社会渐入"礼坏乐崩"之境，再靠"服"这种古老的统治方式，就很难继续维持下去了。

首先，通过争霸和兼并，强大的诸侯由"土不过同"变为"有土数圻"，要求方圆数千里内的劳动者亲履其事，不仅本人会因遥远而不堪其苦，即便是统治者，也会感到很不合算。其次，由于血缘关系断裂，个体家庭涌现和人口流动加剧，以"有事弟子服其劳"为出发点、以家族为单元的服制就失去了存在的基础。最后，商品经济日渐活跃，贵族事神、布政及生活所需也能通过交换弄到手了。与上述三种趋势相伴随，"偕偕士子"对"朝夕从事""不已于行"，却又"终窭且贫，莫知我艰"的怨怒之声不绝于耳③，"民溃"事件和劳动者反抗指定服役的斗争也因"事充、政重"而越演越烈。例如，鲁国的成邑因拒绝替孟孙氏养马而集体叛离④；卫国因国君"使匠久"和"使三匠久"发生过两次匠氏暴动⑤；连王城之内也有百工起义⑥。至于靠庶人助耕的各类公田，更出现了"维莠骄骄""维莠桀桀"的荒凉景象⑦。而且，在许多反抗活动中，失势贵族与民众开始互相利用和合作，往往使事变带上夺权斗争的性质，这便不能不使统治者受到空前的政治压力。

既然"上失其道，民散久矣"⑧，迫不得已，各国只好改革，用新办法取代旧

---

① 杨伯峻：《春秋左传注·襄公二十八年》修订本，北京：中华书局，2016年；王文锦：《礼记译解·祭义》，北京：中华书局，2001年。

② （清）孙星衍撰，陈抗、盛冬铃点校：《尚书今古文注疏·梓材》，北京：中华书局，1986年，第384页。

③ 余冠英：《诗经选·小雅·北山》，北京：人民文学出版社，1979年；余冠英：《诗经选·邶风·北门》，北京：人民文学出版社，1979年。

④ 杨伯峻：《春秋左传注·哀公十四年》修订本，北京：中华书局，2016年。

⑤ 杨伯峻：《春秋左传注·哀公十七年》修订本，北京：中华书局，2016年；杨伯峻：《春秋左传注·哀公二十五年》修订本，北京：中华书局，2016年。

⑥ 杨伯峻：《春秋左传注·昭公二十二年》修订本，北京：中华书局，2016年。

⑦ 余冠英：《诗经选·齐风·甫田》，北京：人民文学出版社，1979年。

⑧ 杨伯峻：《论语译注·子张》，北京：中华书局，1980年。

服制。于是便有齐国的"相地而衰征",晋国的"作爰田""作州兵",鲁国的"初税亩""以田赋",楚国的"量入修赋",郑国的"作丘赋",秦国的"初租禾"①。对各项举措的理解众说不一,其实,最核心之点都是用按比例征税代替固定的劳役、贡纳和用按地区出兵赋代替由族兵组成的"侯服""卫服"。《左传·哀公二年》云:"周人与范氏田,公孙尨税焉。"除税吏抽税和按乘丘出赋外,产品尽归己有,且可支配剩余劳动时间,这就使剥削的量第一次有了限度,人身第一次有了自由。虽很初步,但社会毕竟已从漫长的固定、死板状态中挣脱出来,从而极大地焕发了人们的生产积极性。所以,与其说春秋战国经济飞跃的原因是井田制的垮台,不如说是服制的瓦解。战国人孟子把自己仅知其"大略"的三种剥削方式分别配给夏商周三代,实际情况却是,先有服制中的役和贡,后来才让位给较灵活的税和赋②。

"人有十等""以待百事"式的"服制"走向解体,整个社会的行为方式由死变活了,这样一来,再单靠礼的庄敬、威严、神秘就很难收到使人"莫不承听""莫不承顺"的效果,一些意识到"猛政"时代将要到来的列国执政,随即开启了以刑驭民的新篇章。郑人"铸刑书""用竹刑"③,晋人"铸刑鼎"④,楚国则有《仆区之法》、《茅门之法》和《将遁之法》⑤,大致都是把在大蒐中所定的军规固定下来,"以为国之常法",用以管民。新的做法填补了因"礼坏"而造成的管理空档,遏止了"民闻公命,如逃寇仇"的颓势,更为战国变法奠定了基础。

当此"庶民罢弊""民无所依"之际⑥,部分灵活的统治者还看到了"获民""得民"的重要性,并突破礼制关于"家施不及国"的规定⑦,采取种种特殊政策,处心积虑地同公室及其他对手争夺民众。如晋之六卿皆计亩而征,但范、中行氏以百六十步为亩,智氏以百八十步为亩,韩、魏以二百步为亩,赵氏以二百四十步为亩,亩积越大,耕者得利就越多,而且,赵氏还常全部免税,只令属民出军

---

① 上海师范大学古籍整理组校点:《国语·齐语》,上海:上海古籍出版社,1978年;杨伯峻:《春秋左传注·僖公十五年》修订本,北京:中华书局,2016年;杨伯峻:《春秋左传注·宣公十五年》修订本,北京:中华书局,2016年;杨伯峻:《春秋左传注·哀公十一年》修订本,北京:中华书局,2016年;杨伯峻:《春秋左传注·襄公二十五年》修订本,北京:中华书局,2016年;杨伯峻:《春秋左传注·昭公四年》修订本,北京:中华书局,2016年;《史记·六国年表》,北京:中华书局,1959年。

② 杨伯峻:《孟子译注·滕文公上》,北京:中华书局,1960年。

③ 杨伯峻:《春秋左传注·昭公六年》修订本,北京:中华书局,2016年;杨伯峻:《春秋左传注·定公九年》修订本,北京:中华书局,2016年。

④ 杨伯峻:《春秋左传注·昭公二十九年》修订本,北京:中华书局,2016年。

⑤ 杨伯峻:《春秋左传注·昭公七年》修订本,北京:中华书局,2016年;(清)王先慎撰,钟哲点校:《韩非子集解·外储说右上》,北京:中华书局,1998年。

⑥ 杨伯峻:《春秋左传注·昭公三年》修订本,北京:中华书局,2016年。

⑦ 杨伯峻:《春秋左传注·昭公二十六年》修订本,北京:中华书局,2016年。

赋①。齐国的陈氏以容积较大的家量贷出粮食，却以容积较小的公量收之，又使"山木如市，弗加于山；鱼盐蜃蛤，弗加于海"，居然引得民众"归之如流水"②。其实，鲁国的季孙氏在"三分公室""以作三军"时，"使其乘之人，以其役邑入者无征"③，也是只责军赋而不征税，与晋国赵氏的做法如出一辙。这样一来，很快便有一些家族异军突起，变得不胜其富，而公室和其他家族则相形见绌，有的竟沦为"敝族"，甚或"降在皂隶"。一方面是"筚门圭窦之人而皆陵其上"④；另一方面却有人不断哀叹："于我乎，夏屋渠渠，今也每食无余。于嗟乎，不承权舆！于我乎，每食四簋，今也每食不饱。于嗟乎，不承权舆！"⑤真可谓"高岸为谷，深谷为陵"⑥。由于"富而不骄者鲜"⑦，于是，"大夫而设诸侯之服"⑧，"自大夫以下皆僭"⑨，影响所及，连商人也能"金玉其车，文错其服""结驷连骑，束帛之币"，而四出聘享，"所至，国君无不分庭与之抗礼"⑩。正是出自对现实残酷性的深刻体察，史墨才结合"三姓之后，于今为庶"的历史，提出了"社稷无常奉，君臣无常位"的政治论⑪。后来，田氏代齐，三家分晋，他的话全部得到了有力验证。

　　孔子生于鲁襄公二十二年（前 551 年），卒于鲁哀公十六年（前 479 年），赶上了新与旧的大交替，真正算得上是"据乱世"。简单梳理他对耳闻目睹的诸种事变所持的看法，将有助于认识这位圣人的真面目。据《左传·成公二年》记载，卫国的新筑大夫仲叔于奚曾救过正卿孙桓子，"卫人赏之以邑，辞，请曲悬繁缨以朝，许之"。这本是一件往事，仲尼闻之，却评论说："惜也，不如多与之邑。"并借题发挥，讲了一套关于"唯器与名，不可以假人"的大道理。《左传·昭公二十九年》载："晋赵鞅、荀寅帅师城汝滨，遂赋晋国一鼓铁，以铸刑鼎，著范宣子所为刑书焉。"对此，孔子反应十分强烈，居然发出"晋其亡乎"的感叹。在他看来，只有"贵贱不愆"，才是最重要的"度"，将法律条文铸到鼎上，公布出去，就会形成只问是否违法，而不问贵贱的新型是非标准。"民在鼎矣，何以尊贵？""贵贱无序，何以为国？"因此，他便将"铸刑鼎"视为"晋国之乱制"

① 吴树平：《从临沂汉墓竹简〈吴问〉看孙武的法家思想》，《文物》1975 年第 4 期。
② 杨伯峻：《春秋左传注·昭公三年》修订本，北京：中华书局，2016 年。
③ 杨伯峻：《春秋左传注·襄公十一年》修订本，北京：中华书局，2016 年。
④ 杨伯峻：《春秋左传注·襄公十年》修订本，北京：中华书局，2016 年。
⑤ 余冠英：《诗经选·秦风·权舆》，北京：人民文学出版社，1979 年。
⑥ 余冠英：《诗经选·小雅·十月之交》，北京：人民文学出版社，1979 年。
⑦ 上海师范大学古籍整理组校点：《国语·鲁语下》，上海：上海古籍出版社，1978 年。
⑧ 上海师范大学古籍整理组校点：《国语·晋语》，上海：上海古籍出版社，1978 年。
⑨ 《史记·孔子世家》，北京：中华书局，1959 年。
⑩ 《史记·货值列传》，北京：中华书局，1959 年。
⑪ 杨伯峻：《春秋左传注·昭公三十二年》修订本，北京：中华书局，2016 年。

而严加谴责。《左传·哀公十一年》和《国语·鲁语下》都记有"季康子欲以田赋"一事，曾"使冉有访诸仲尼"，而"仲尼不对"，却私于冉有曰："若欲行而法，则周公之典在""若不度于礼，而贪冒无厌，则虽以田赋，将又不足"。以此推之，"君子"斥鲁国"初税亩"为"非礼"，所代表的恐怕也是孔子的意见。《左传·哀公十四年》，齐陈桓子弑其君壬于舒州，这时孔子已经七十一岁了，闻讯后沐浴斋戒了三日，三次上朝请求伐齐，以惩治乱臣贼子，并替鲁君分析形势说："陈恒弑其君，民之不与者半，以鲁之众加齐之半，可克也。"哀公不能决，他又去拜求"三桓"，仍无结果，只好叹道："吾以从大夫之后也，故不敢不言。"上述四事足以证明，孔子的政治立场是保守的。

而且，我们还很容易发现，孔子所保所守，不是别的，正是殷周以来占统治地位的以服为中心的等级制。在政治上，他反对"贵贱无序"，坚持"贵贱不愆"，反对"度于刑"，坚持"度于礼"，认为只有民"能尊其贵"，贵才能守其业；在经济上，他赞美"籍田以力，而砥其远迩""任力以夫，而议其老幼"式的固定劳役①，反对任何有违"周公之籍"的改作；在文化上，他讨厌"郑声之乱雅乐"，武断地把"诗三百"概括为"思无邪"②，要求人们不可胡想乱来，并将不同意见视为"异端"③，试图随时加以扑灭。据此可知，他的目的就是要恢复老一套。他一边对"季氏八佾舞于庭""三家者以雍彻"之类的越礼行为进行抨击④，一边叹息自己久矣"不复梦见周公"⑤，并明确表示："殷因于夏礼，所损益可知也；周因于殷礼，所损益可知也""周监于二代，郁郁乎文哉，吾从周。"⑥还说，假如有人用他，他就能使周文武之道在东方复兴⑦。他的梦境确定而清晰，想抹也抹不掉。

孔子的政治立场是保守的，政治态度却是积极的。他不愿意做一个只被挂着而不给人吃的匏瓜⑧。但年过五十，尚"温温无所试"，故而，连"公山不狃以费畔季氏"，派人召他，他也想去干上一番，并自我解嘲说："盖周文武起丰镐而王，今费虽小，傥庶几乎？"⑨后却因故未行。直到鲁定公派他做中都宰，这才有

---

① 上海师范大学古籍整理研究所校点：《国语·鲁语下》，上海：上海古籍出版社，1978年。

② 杨伯峻：《论语译注·阳货》，北京：中华书局，1980年；杨伯峻：《论语译注·为政》，北京：中华书局，1980年。

③ 杨伯峻：《论语译注·为政》，北京：中华书局，1980年。

④ 杨伯峻：《论语译注·八佾》，北京：中华书局，1980年。

⑤ 杨伯峻：《论语译注·述而》，北京：中华书局，1980年。

⑥ 杨伯峻：《论语译注·为政》，北京：中华书局，1980年；杨伯峻：《论语译注·八佾》，北京：中华书局，1980年。

⑦ 杨伯峻：《论语译注·阳货》，北京：中华书局，1980年。

⑧ 杨伯峻：《论语译注·阳货》，北京：中华书局，1980年。

⑨ 《史记·孔子世家》，北京：中华书局，1959年。

了施展的机会，居之一年，"四方皆则之"，于是，"由中都宰为司空，由司空为大司寇""摄行相事""会于夹谷""堕三都""诛鲁大夫乱政者少正卯""与闻国政三月，鬻羔豚者弗饰贾，男女行者别于涂"，因此而"有喜色"。正思大展宏图，齐国却用女乐贿赂季桓子，桓子受之，"三日不听政，郊，又不致膰俎于大夫"，无奈，"孔子遂行"，周游列国，以弘其道，虽"皇皇如丧家之犬"，终不肯与隐者为伍，并坚信："苟有用我者，期月而已可也，三年有成。"晚年归鲁，临死前仍惦记着"君子病没世而名不称焉"①。他在政治上的追求不可谓不执着。

那么，孔子救世的办法又是什么呢？概括说来，他四处推销并身体力行的政治主张就是"正名"和"复礼"。两者互为因果，密不可分。那时候，最大的名实问题就是位与礼相背离，"上下有礼"变成了"下有上礼"。先后上下的次序都乱了，焉能继续"有制于天下"？故当子路问他"为政奚先"时，他便明确回答说："必也，正名乎？"并解释说："名不正则言不顺，言不顺则事不成，事不成则礼乐不兴，礼乐不兴则刑罚不中，刑罚不中则民无所措手足。"②很显然，孔子是想从治理乱源入手，通过对名实应该相符的强调，达到复兴礼制的目的。由此点看来，正名是因，复礼是果；正名是手段，复礼是目的。

要实现名实相符必须有个好的切入点。齐国的陈氏用"厚施"使民歌舞称颂其德，引起国君的警惕，问计于晏婴，晏婴说："唯礼可以已之。"③孔子与晏婴一样，也认为只有"导之以德，齐之以礼"④，才能使人从内心服从，不做过分之事。他觉得，像樊迟的非"学稼"即"为圃"，简直就是抓了芝麻，丢了西瓜，所以就强调："上好礼则民莫敢不敬，上好义则民莫敢不服，上好信则民莫敢不用情"⑤，从复礼、守礼入手，自可做到民敬、民服、民力可尽，而且名正言顺，哪里用得着自己种庄稼呢？他希望学生和世人都从我做起，"克己复礼"。在他看来，倘若每个人都"非礼勿视，非礼勿听，非礼勿言，非礼勿动"⑥，不仅颠倒了的名实关系可以再颠倒回来，长期坚持下去，也就进入仁的理想境界了。从他这些语录所隐含的逻辑来看，似乎又变成了"复礼"是因，"正名"是果；"复礼"是手段，"正名"是目的。所以我们称之为互为因果。

---

　　①《史记·孔子世家》，北京：中华书局，1959年。关于孔子杀少正卯一事，除《史记·孔子世家》外，《荀子·宥坐》、《尹文子·大道》篇下、《吕氏春秋》、《说苑》、《孔子家语》等均有明确记录。虽阎若璩《四书释地》、崔述《洙泗考信录》、梁玉绳《史记质疑》力辨其无，却苦无确证，至今信疑参半，本文姑且采其一说。

　　②杨伯峻：《论语译注·子路》，北京：中华书局，1980年。

　　③杨伯峻：《春秋左传注·昭公二十六年》修订本，北京：中华书局，2016年。

　　④杨伯峻：《论语译注·为政》，北京：中华书局，1980年。

　　⑤杨伯峻：《论语译注·子路》，北京：中华书局，1980年。

　　⑥杨伯峻：《论语译注·颜渊》，北京：中华书局，1980年。

至于正什么名，孔子也有清楚表述。齐景公问政于孔子，孔子对曰："君君臣臣父父子子。"①殷周等级制度的基础是亲亲和尊尊的结合，君臣关系是父子关系的转化，所有等级关系皆由君臣父子关系推衍而来，君臣父子之名既正，各类等级名分随之皆正，一切问题岂不都迎刃而解了吗？所以，齐景公心领神会，盛赞孔子说："善哉！信如君不君臣不臣父不父子不子，虽有粟，吾得而食诸？"他一眼便看穿，孔子要他从君臣父子做起，狠抓正名，归根结底，是要保证等级制剥削能够落实，旧贵族不劳而获的享乐生活不至于泡汤。由于知识精英之毛一直附在统治阶级的皮上，故而他们在对事物本质的理解上往往灵犀相通。

其实，孔子从未隐瞒过自己这种政治观点。他曾反复申论："上好礼，则民易使也"②，"小人学道，则易使也"③；"博学于文，约之以礼，亦可以弗畔矣夫！"使在下位者"易使"和"弗畔"，从而挽救殷周等级制度的覆亡，就是他提出"正名"和"复礼"的出发点。或如极力推崇孔子的荀况所言：大儒之效，恰在于"谨乎臣子而致贵其上"。孔子与叔向、晏婴、蔡墨等，都属于熟悉并挚爱旧的礼乐文化的知识群体，若硬说他们的政治理想是先进的，不是落后的，就与这个群体留恋传统文化的基本价值取向不相吻合了。但是，孔子毕竟是"圣之时者"。他没有简单化地肯定旧制度，而是通过阐释，来发掘、论证旧制度的合理性。他的突破口是以仁释礼，他的办法是述而不作。他试图在不加改作的情况下，为礼制打造一个新基座。

二、孔子怎样"以仁释礼"

孔子虽不另起炉灶，只把活动限定于"述"，但对如何更好地述，却下了大功夫，成绩颇丰，在等级制理论的建构方面，实有开创之功。且看下列诸点：

（1）不谈天人，改谈人人。如前所言，中国以服为核心的等级制源自家族内家长对妻妾子女的奴役，又以建立仿族组织的方式，推及被征服者，转化为普遍的剥削制度。它的后盾是武力强制，它的意识形态基础则是灵魂不灭和万物有灵。笼盖于全社会的看法是，祖先虽死，却仍在冥冥中控制自己，王公贵族通过祭祀、占卜与之沟通，代表祖先发号施令，礼所规范的等级体现神人关系，任何违礼之举都将受到鬼神严惩。因此，人们不唯不敢乱说乱动，而且对礼从内心里怀有天然的敬畏，将其视为"天之经也，地之义也，民之行也"④，无须枉费口舌，去谈

---

① 杨伯峻：《论语译注·颜渊》，北京：中华书局，1980 年。

② 杨伯峻：《论语译注·宪问》，北京：中华书局，1980 年。

③ 杨伯峻：《论语译注·阳货》，北京：中华书局，1980 年。

④ 杨伯峻：《春秋左传注·昭公二十五年》修订本，北京：中华书局，2016 年。

什么合理性。这种全靠习惯和鬼神恫吓维持的礼乃"无理之礼"，即没有必要解说的神示。

到了西周，情况就有点不同了。小邦周竟然灭掉了大邦殷，代之作"民主"。面对这样的新形势，周公等人提出了"敬天保民"或"敬德保民"，认为天随时都在寻找适合于君临天下的有德者①，只因"文王尚克修和我有夏""闻于上帝"，帝才"申劝宁王之德""集大命于厥躬"②。这就不仅从众神中抽象出了有别于祖先神的天或帝，为周人统治各族树立了新权威，而且通过对天命可以依德转移的认肯，突出了人的能动作用，淡化了礼乐政治的宗教色彩。但是，周人心目中的天或帝可以"命哲，命吉凶，命历年"，可以"改厥元子"③，乃是一个典型的有意志的人格神，决定着王朝的兴衰。进而，他们还把人与人"胡不相畏"归因于"不畏于天"④。这样，"受命于天""于时保之"的希望就只有寄托在让大家皆"畏天之威"上边了⑤。所以，总体上看，周人并没有脱离神道设教的窠臼，只是将借以吓人的大神由人鬼换成了天帝。

进入春秋时期，王室衰微，权力下移，王命不行，与之相应，人们对天及天人关系的看法也出现了新变化。虞国的宫之奇引《周书》曰："皇天无亲，惟德是辅。"⑥晋国的韩简引《小雅·十月之交》曰："下民之孽，匪降自天；噂沓背憎，职竞由人"⑦；周内史叔兴曰："吉凶由人"⑧；随大夫季梁曰："夫民，神之主也。是以圣王先成民而后致力于神。"⑨郑执政子产曰："天道远，人道迩，非所及也。"⑩很显然，重人、重德的观念在发展，天命的主宰地位开始动摇。在这种情况下，单用"畏天之威"的办法已难将人纳入上下"相畏"的礼制轨道了。于是，孔子明智地采取了"罕言命"的态度⑪，主张先"事人"，后"事鬼"，先"知生"，后"知死"。他仍十分重视祭祀，却"敬鬼神而远之"⑫。在"论六经"时，他把"国殊窟穴，家占物怪，以合时应"的卜筮及巫术活动记录，都视作"機祥不法"的文字和图籍，采取"记异而说不书"的办法处理，进行了一次净化，

---

① （清）孙星衍撰，陈抗、盛冬铃点校：《尚书今古文注疏·多方》曰："天惟时求民主"，北京：中华书局，1986年，第462页。

② （清）孙星衍撰，陈抗、盛冬铃点校：《尚书今古文注疏·君奭》，北京：中华书局，1986年，第451页。

③ （清）孙星衍撰，陈抗、盛冬铃点校：《尚书今古文注疏·召诰》，北京：中华书局，1986年，第395页。

④ 余冠英：《诗经选·小雅·雨无正》，北京：人民文学出版社，1979年。

⑤ 余冠英：《诗经选·周颂·我将》，北京：人民文学出版社，1979年。

⑥ 杨伯峻：《春秋左传注·僖公五年》修订本，北京：中华书局，2016年。

⑦ 杨伯峻：《春秋左传注·僖公十五年》修订本，北京：中华书局，2016年。

⑧ 杨伯峻：《春秋左传注·僖公十六年》修订本，北京：中华书局，2016年。

⑨ 杨伯峻：《春秋左传注·桓公六年》修订本，北京：中华书局，2016年。

⑩ 杨伯峻：《春秋左传注·昭公十八年》修订本，北京：中华书局，2016年。

⑪ 杨伯峻：《论语译注·子罕》，北京：中华书局，1980年。

⑫ 杨伯峻：《论语译注·先进》，北京：中华书局，1980年。

致使"天道命不传"①。如此一来,他所谓的天几乎就成了"四时行焉,风雨生焉"的自然之天了②。他自己"不语怪力乱神"③,偶或叹息命运,亦为习惯使然。他甚至以"由己率常"为大道,认为国君掌握了这一点,可以不失其国④。基于新的理念,孔子开始以仁释礼。许慎《说文解字》曰:"仁,亲也,从人二。"郑玄注《中庸》曰:"读如相人偶之人。"段玉裁《说文解字注》云:"独则无偶,偶则相亲,故其字从人二。"据此,以仁释礼的关键就是把礼所体现的等级看成人与人相处的方式,从而剥去套在礼制身上的神人关系、天人关系的旧装,换上人际关系的新衣。孔子大肆宣扬仁,与他对天命鬼神的"罕言"、"不语"和"敬而远之"形成鲜明对照,并通过讲学和周游,去引领时代潮流,使人们逐渐从神道设教的恐怖中获得解脱。仅就此点而论,所谓"天不生仲尼,万古如长夜",并非没有道理。而章太炎称"孔子之功"在于"变機祥神怪之说而务人事",也算一语破的⑤。

(2)以仁释礼,沟通忠孝。我们根据汉儒及段玉裁的意见,认为仁讲的是人际关系,即偶,或相人偶。胡适则把仁视为"做人的道理"⑥。冯友兰又说:仁即"性情之真及合礼的流露"⑦。此外,还有许多解释,意思都很接近。在儒家看来,一个人,如果真能很好地处理各种人际关系,就算是有德行和懂得如何做人了。

据《论语·颜渊》载:"樊迟问仁。子曰:爱人。"应当肯定,"爱人"是孔子对仁的最重要的解释,也可看作他处理人际关系的基点。但为什么要爱,如何去爱,却大有讲究。

在《孝经·圣治章》中,孔子对曾子说:要"因亲以教爱。"⑧道理很简单,因为"父子之道天性也",所以爱的第一要义便是"爱父"。"资于事父以事母,而爱同",可将"爱父"之心推及母亲身上⑨。这种以爱父母为主要内容的爱亲之道就是孝道。既然"身体发肤,受之父母"⑩,"子生三年然后免于父母之怀"⑪,要学会做人,基本的东西岂不就是要首先学会孝亲吗?于是,孔子便在《论语》中,通过反复讲孝,来"因亲以教爱"。他尖锐地指出,仅仅"能养"

---

① 《史记·天官书》,北京:中华书局,1959年。

② 杨伯峻:《论语译注·阳货》,北京:中华书局,1980年。

③ 杨伯峻:《论语译注·述而》,北京:中华书局,1980年。

④ 杨伯峻:《春秋左传注·哀公六年》修订本,北京:中华书局,2016年。

⑤ 章太炎:《论诸子学》,朱维铮、姜义华编注:《章太炎选集》,上海:上海人民出版社,1981年,第366页。

⑥ 胡适:《中国哲学史大纲》卷上第四篇"孔子",上海:商务印书馆,1919年。

⑦ 冯友兰:《中国哲学史》,北京:商务印书馆,1934年。

⑧ (唐)李隆基注,(宋)邢昺疏、金良年校点:《孝经注疏·圣治章》,上海:上海古籍出版社,2009年。

⑨ (唐)李隆基注,(宋)邢昺疏、金良年校点:《孝经注疏·士章》,上海:上海古籍出版社,2009年。

⑩ (唐)李隆基注,(宋)邢昺疏、金良年校点:《孝经注疏·开宗明义》,上海:上海古籍出版社,2009年。

⑪ 杨伯峻:《论语译注·阳货》,北京:中华书局,1980年。

不能算孝，因为"至于犬马，皆能有养"①。甚至"有事弟子服其劳，有酒食，先生馔"也不算孝，孝的关键在于"敬"而"无违"②，"劳而不怨"③。孔子说的"无违"就是不违背礼制，而不怨的标准则是"色难"。在他看来，"生，事之以礼；死，葬之以礼，祭之以礼""三年无改于父之道""可谓孝矣"④；至于父母怀怒，"挞之流血"，仍能流露出愉悦的颜色，"起敬起孝"者，那就是孝的更高层次了⑤。而他的学生宰我，要求用"期"来代替"三年之丧"，孔子坚决不接受。他认为，作为君子，父母死去尚未满三年，应该是"食旨不甘，闻乐不乐，居处不安"的，怎能对提前"食夫稻，衣夫锦"的做法心安理得呢⑥？他据此批评宰我忘掉了父母最初对自己的三年抚爱，算是一个不懂得仁、缺乏爱心的人。综观孔子的多次谈话，即可看出，他是紧紧抓住报本反始、慎终追远的人之常情和追求心安的普遍心理，从孝入手，在大力宣扬遵守家礼的必要性。春秋人已经相当开化，这种宣传要比以前的神道设教更贴近生活，更人性化，也更易见到效果。

　　"教以孝，所以敬天下之为人父者也。"⑦而"敬""无违""色难"都强调了对父家长的无条件服从。这对处于解体过程中的家族和趋于衰落的父权来说，无疑是一剂起死良药。但孔子的理想却更加高远。他深知，只有先把合乎天性的"父子之道"讲清楚，才能巧妙地阐释好"君臣之义"，所以，便打算以孝为入仁之门，诱导人们"资于事父以事君"⑧。在《论语》中，有人问到孔子："子奚不为政？"孔子回答说："'孝乎惟孝，友于兄弟，施于有政'，是亦为政，奚其为为政？"⑨可见服务于政治的方法有多种，他是想由养成孝的风气做起，然后去影响家国天下的整体进程。子夏认为"事父母能竭其力"者，"事君能致其身"⑩。又记有若的话说："其为人也孝弟，而好犯上者，鲜矣；不好犯上，而好作乱者，未之有也。君子务本，本立而道生。孝弟也者，其为仁之本与？"⑪子夏、有若都在孔门贤人之列，其所言，可视为是对先生意见的转述。由此我们清楚认识到，

　　① 杨伯峻：《论语译注·为政》，北京：中华书局，1980年。
　　② 杨伯峻：《论语译注·为政》，北京：中华书局，1980年。
　　③ 杨伯峻：《论语译注·里仁》，北京：中华书局，1980年。
　　④ 杨伯峻：《论语译注·为政》，北京：中华书局，1980年；杨伯峻：《论语译注·学而》，北京：中华书局，1980年。
　　⑤ 王文锦：《礼记译解·内则》，北京：中华书局，2001年。
　　⑥ 杨伯峻：《论语译注·阳货》，北京：中华书局，1980年。
　　⑦ （唐）李隆基注，（宋）邢昺疏、金良年校点：《孝经注疏·广至德章》，上海：上海古籍出版社，2009年。
　　⑧ （唐）李隆基注，（宋）邢昺疏、金良年校点：《孝经注疏·士章》，上海：上海古籍出版社，2009年。
　　⑨ 杨伯峻：《论语译注·为政》，北京：中华书局，1980年。
　　⑩ 杨伯峻：《论语译注·学而》，北京：中华书局，1980年。
　　⑪ 杨伯峻：《论语译注·学而》，北京：中华书局，1980年。

孔子师徒是要利用孝子惯于服从的特点，致力于在恢复家礼的基础上，进一步恢复整个礼制，即在恢复家内秩序的基础上，进一步恢复政治秩序和社会秩序。他们的目标十分宏伟，故曰"任重而道远"，他们深知，要把已挣脱枷锁的人身重新禁锢起来并不容易，仁的目标难以达到，故而抱着"死而后已"的决心去追求①。虽心向往之，而不能至，但确实逐渐把一套政治学说的框架搭建起来了，那就是："君子之事亲孝，故忠可移于君；事兄悌，故顺可移于长；居家理，故治可移于官。"②这样，事亲和忠君就得到了良好沟通，并为茫然无措的旧贵族指点了迷津。但儒家仍不以此为满足，他们还告诉士人说："以孝事君则忠，以敬事长则顺，忠顺不失，以事其上，然后能保其禄位。"俸禄和职位保住了，不仅可以"守其祭祀"，对祖先"祭之以礼"，而且还可"扬名于后世，以显父母"。依照此意，孝能转化为忠，忠又有助于孝，两者的关系竟是互补的，孝的作用也因之发展为"始于事亲，中于事君，终于立身"，成了人们一生中须臾都不能轻忽的东西③。

"因亲教爱"和"移孝作忠"具有崇父尊君的倾向，这是毫无问题的。除此而外，我们还想指出，孔子所谓的仁或爱人，完全是一种有等差的爱。最明显的例证是，他曾特别强调："君子而不仁者有矣夫，未有小人而仁者也。"④这一下子就把普通劳动者排除在爱的范围之外了。他甚至认定，民宁可蹈水火而死，也不会"蹈仁而死"⑤，这里的民指的就是他所谓的小人。凡熟悉《论语》者都知道，孔子对君子、小人言之最详，界限分得最清。诸如"君子喻于义，小人喻于利"⑥；"君子上达（达于仁义），小人下达（达于财利）"⑦；"君子固穷，小人穷斯滥矣"⑧；"君子怀德，小人怀土；君子怀刑，小人怀惠"⑨；"君子和而不同，小人同而不和"⑩；"君子坦荡荡，小人长戚戚"⑪；等等，比比皆是。这也难怪，因为随着社会的发展和早期国家走向成熟，以往由服役内容所决定的阶层已朝"或劳心""或劳力"的阶级转化，劳心者"谋道不谋食""学也，禄在其中"，

① 杨伯峻：《论语译注·泰伯》，北京：中华书局，1980年。
② （唐）李隆基注，（宋）邢昺疏、金良年校点：《孝经注疏·广扬名章》，上海：上海古籍出版社，2009年。
③ （唐）李隆基注，（宋）邢昺疏、金良年校点：《孝经注疏·士章》，上海：上海古籍出版社，2009年；（唐）李隆基注，（宋）邢昺疏、金良年校点：《孝经注疏·开宗明义章》，上海：上海古籍出版社，2009年。
④ 杨伯峻：《论语译注·宪问》，北京：中华书局，1980年。
⑤ 杨伯峻：《论语译注·卫灵公》，北京：中华书局，1980年。
⑥ 杨伯峻：《论语译注·里仁》，北京：中华书局，1980年。
⑦ 杨伯峻：《论语译注·宪问》，北京：中华书局，1980年。
⑧ 杨伯峻：《论语译注·卫灵公》，北京：中华书局，1980年。
⑨ 杨伯峻：《论语译注·里仁》，北京：中华书局，1980年。
⑩ 杨伯峻：《论语译注·子路》，北京：中华书局，1980年。
⑪ 杨伯峻：《论语译注·述而》，北京：中华书局，1980年。

因参与管理，虽不耕也无须"忧贫"①，此为君子；那些因必须从土里刨食，不能不"怀惠""怀土""忧贫"，终日"为稼""为圃"的劳力者，自然成为小人。孔子说："唯上智与下愚不移"②，又说："中人以上，可以语上也；中人以下，不可以语上也"③，并把女子和小人看作两种最难对付的人④，由此可见，他内心里始终持守着"民可使由之，不可使知之"的政治原则⑤，压根儿就没打算在普通民众中推销仁。他的仁是仅限于君子群体的，正所谓"君子之德风，小人之德草，草上之风，必偃"⑥，让君子去引导、影响一下百姓，也就足够了。所以，当他坐着车子来到武城时，"闻弦歌之声"，便"莞尔而笑"，不由自主地质疑道："割鸡焉用牛刀？"虽经子游反诘，而以"前言戏之耳"为遁词，勉强遮掩过去，但子游的话又恰恰证明，老师确曾以"君子学道则爱人，小人学道则易使"教育学生⑦。偶或让劳力者接触一下仁道，目的却完全两样，孔子的态度不可谓不鲜明。

在排斥了小人之后，孔子的爱变成了君子之爱，但即使在君子之间，爱也不可滥施。孔子设定的基本原则是："仁者，人也，亲亲为大；义者，宜也，尊贤为大。"⑧

亲亲，即亲其亲者。从"亲亲为大"出发，必然要求君子"笃于亲"和"不弛其亲"⑨，并做到"故旧不遗"⑩。其用意在于督促家长履行"收族"之责，也是对富而"不周急"的"为富不仁者"所提出的委婉批评⑪。但亲亲又包含不准"过其所爱"之意。孔子指出："天子爱天下，诸侯爱境内"，普通贵族只能"爱其家"，一旦"过其所爱曰侵"。所以，当"子路以其私秩粟为浆饭，要（邀）作沟者于五父之衢而餐之"，并自认为是在行仁义时，孔子闻之，却立刻"使子贡往覆其饭，击毁其器"，还亲自责备子路说："鲁君有民，而子擅爱之"，就是仍不懂得仁的真谛⑫。不能"擅爱"的规定不仅适用于生者，也适用于死者，故曰："非其鬼而祭之，谄也。"⑬孔子这样做是要消弭私家与公室争夺民众的斗争，

① 杨伯峻：《论语译注·卫灵公》，北京：中华书局，1980年。
② 杨伯峻：《论语译注·阳货》，北京：中华书局，1980年。
③ 杨伯峻：《论语译注·雍也》，北京：中华书局，1980年。
④ 杨伯峻：《论语译注·阳货》："唯女子与小人难养也"，北京：中华书局，1980年。
⑤ 杨伯峻：《论语译注·泰伯》，北京：中华书局，1980年。
⑥ 杨伯峻：《论语译注·颜渊》，北京：中华书局，1980年。
⑦ 杨伯峻：《论语译注·阳货》，北京：中华书局，1980年。
⑧ 王文锦：《礼记译解·中庸》孔子对鲁哀公问，北京：中华书局，2001年。
⑨ 杨伯峻：《论语译注·泰伯》，北京：中华书局，1980年；杨伯峻：《论语译注·微子》，北京：中华书局，1980年。
⑩ 杨伯峻：《论语译注·泰伯》，北京：中华书局，1980年。
⑪ 杨伯峻：《论语译注·雍也》，北京：中华书局，1980年。
⑫ （清）王先慎撰，钟哲点校：《韩非子集解·外储说右上》，北京：中华书局，1998年。
⑬ 杨伯峻：《论语译注·为政》，北京：中华书局，1980年。

以防田常之祸蔓延。从孔子既有所提倡又有所禁止的行为中即可看出，亲亲在本质上就是主张爱有亲疏，厚此薄彼。孔子的弟子巫马子曾公开宣示孔门教义说："我爱邹人于越人，爱鲁人于邹人，爱我乡人于鲁人，爱我家人于乡人，爱我亲于我家人，爱吾身于吾亲，以为近我也。"[①]于，犹厚也。这套爱的次第生动表明，孔子的君子之爱是以个人为圆心、以家族为本位的，故孔颖达为"亲亲为大"作疏时，便认为"按五服之节，降杀不同"乃儒家爱人的基本特征。而在墨子看来，此种依血缘远近，先爱其亲与家人，后爱乡人，再推及其他人的爱，拒绝"视人之身若其身""视人之家若其家"，必然导致拒绝"视人之国若其国"[②]，正是造成"强之劫弱，众之暴寡，诈之谋愚，贵之傲贱"及"大家之乱小家""大国之攻小国"等，一切祸乱的根源。正因为如此，他才把讲究"远迩亲属""阿亲戚兄弟"的儒家之爱斥之为别，决心"兼以易别"，建立起兼爱理论与之抗衡。

早期国家重尊尊亲亲而不重尊贤。彼时贵族掌控一切，贵者、尊者即被认为是贤者，不必另立歧义。现在孔子居然要以"尊贤为大"替换尊尊，说明时代毕竟有所不同。部分贵族降在皂隶，剩下的虽可世其官位，但其子弟却因"不悦学"而丧失办事能力，相反，原本在野之人，随着私学的兴起，通过学习礼乐，然后出来办事或做官，却成了一种新生力量。既然"世臣""新臣"来源不一，政治格局已变，尊贤思想当然也就应运而生，经常挂在各派学者的嘴上。不过，孔子虽承认"尊贤为大"，但言及尊贤时，仅提出过一些抽象的伦理和方法，诸如"举直错诸枉""举善而教不能""不以言举人"等[③]，远不如墨家"官无常贵，民无终贱""虽在农与工肆之人，有能则举之"的"尚贤"思想来得彻底[④]。他甚至向国君或执政建议，要"兴灭国，继绝世，举逸民"[⑤]，"故旧无大故，则不弃也，无求备于一人"[⑥]。由此可以肯定，孔子的尊贤充其量是在不打破世卿世禄的前提下，适度重视能力，或如孔颖达所指出的，他讲的"尊贤之等"，不过是"公卿大夫，其爵各异"罢了[⑦]。爵异，其爱亦异。族内和族间之爱要讲亲疏，从政治地位上考量，就得区分上下贵贱。所以，孔子固然对上层统治者提出过"勿骄，勿吝""敬事而信，节用而爱人，使民以时"之类的爱人指标[⑧]，但在更多的地方却

① 吴毓江撰，孙启治点校：《墨子校注·耕柱》，北京：中华书局，1993年。
② 吴毓江撰，孙启治点校：《墨子校注·兼爱中》，北京：中华书局，1993年。
③ 杨伯峻：《论语译注·颜渊》，北京：中华书局，1980年；杨伯峻：《论语译注·为政》，北京：中华书局，1980年。
④ 吴毓江撰，孙启治点校：《墨子·尚贤上》，北京：中华书局，1993年。
⑤ 杨伯峻：《论语译注·尧曰》，北京：中华书局，1980年。
⑥ 杨伯峻：《论语译注·微子》，北京：中华书局，1980年。
⑦ 王文锦：《礼记译解·中庸》孔颖达疏，北京：中华书局，2001年。
⑧ 杨伯峻：《论语译注·泰伯》，北京：中华书局，1980年；杨伯峻：《论语译注·学而》，北京：中华书局，1980年。

是要求地位低者虽"居下流"而不"讪上"①，"成人之美，不成人之恶"②，"贫而乐"③，"不怨天，不尤人"④。为了实现这一目的，他不厌其烦地为君子或想挤入君子队伍的人规定了"三畏""三戒""三愆""四道""四恶""九思"⑤，其中就有"畏大人""畏圣人之言""事上也敬""察言观色，虑以下人""戒色""戒斗""戒得""恶不逊""恶称人之恶"诸条目。经过精心规范，行于官场的君子之爱，侧重点便向以下爱上、以下顺上方面倾斜了。如果读《论语》时，能将"己欲立而立人，己欲达而达人""己所不欲，勿施于人"与"三畏""三戒""三愆""四道""四恶""九思"对照⑥，就不难发现，孔子这两句名言也主要是对臣下的教诲。前一句讲要尽忠，后一句讲要隐忍，不要犯分。两者加起来，就是忠恕之道。因为只有落实了这两点，他所担心的"贵贱无序"问题才能解决，他理想中的"贵贱不愆"式的秩序型社会才能恢复，所以他便抱定"一以贯之"的态度"终身行之"⑦。

分析了孔子所说的仁或爱人的特征之后，我们已能懂得他的良苦用心了。既然爱本身就存在着亲疏长幼、尊卑贵贱的差异，那么，坚持复兴等级社会，岂不就理所应当了吗？仁爱之道行于族内、族间和官场，是"五服之节，降杀不同""公卿大夫，其爵各异"的，当然需要有好的制度"辨明此等诸事""节文斯二者"⑧，所以，孔子说："亲亲之杀，尊贤之等，礼所生也。"⑨礼根植于仁，出于有等差之爱。如果把仁看成是洁净的白纸，礼则是绚丽的图案，两者结合，才能使"绘事"完成⑩。但礼虽后于仁，却具有规范仁道的作用，是诱导大家正确施爱的准则。"恭而无礼则劳，慎而无礼则葸，勇而无礼则乱，直而无礼则绞"⑪，"知及之，仁能守之，庄以莅之，动不以礼，未善也"⑫，因此，作为君子，"不

---

① 杨伯峻：《论语译注·阳货》，北京：中华书局，1980年。

② 杨伯峻：《论语译注·颜渊》，北京：中华书局，1980年。

③ 杨伯峻：《论语译注·学而》，北京：中华书局，1980年。

④ 杨伯峻：《论语译注·宪问》，北京：中华书局，1980年。

⑤ 杨伯峻：《论语译注·季氏》，北京：中华书局，1980年；杨伯峻：《论语译注·公冶长》，北京：中华书局，1980年；杨伯峻：《论语译注·阳货》，北京：中华书局，1980年。

⑥ 杨伯峻：《论语译注·颜渊》，北京：中华书局，1980年；杨伯峻：《论语译注·雍也》，北京：中华书局，1980年。

⑦ 杨伯峻：《论语译注·卫灵公》，北京：中华书局，1980年。

⑧ 王文锦：《礼记译解·中庸》孔颖达疏，北京：中华书局，2001年；（宋）朱熹：《四书章句集注·中庸章句》，北京：中华书局，2011年。

⑨ 王文锦：《礼记译解·中庸》孔子对鲁哀公问，北京：中华书局，2001年。

⑩ 杨伯峻：《论语译注·八佾》，北京：中华书局，1980年。

⑪ 杨伯峻：《论语译注·泰伯》，北京：中华书局，1980年。

⑫ 杨伯峻：《论语译注·卫灵公》，北京：中华书局，1980年。

知礼"则"无以立"①。更何况,对国家和社会而言,"君臣、上下、父子、兄弟,非礼不定;宦学事师,非礼不亲;班朝治军,莅官行法,非礼威严不行;祷祠祭祀,供给鬼神,非礼不诚不庄"②。正是基于这样的考量,孔子又坚持认为:"安上治民,莫善于礼"③,"礼者,君之大柄也"④,为政必须"道之以德,齐之以礼"⑤,只有"克己复礼"⑥,才能真正实现仁。

可以说,正是有了孔子,礼的理据才初具梗概。他在用"不语"、"罕言"和"敬而远之"的办法把天命鬼神束之高阁之后,第一次把礼请下神坛,安放于仁的基座上,从此,无理之礼,变成了有理之礼。清儒方以智曰:"礼本周公,义本孔子。"⑦前半句或可存疑,后半句千真万确。我们必须承认,孔子是我国等级制理论的开创者,因而也是中国古代早期最有智慧的政治思想家。

(3)重形式,更重内容,为礼注入灵活性。孔子对三代之礼都做过深入研究,"据鲁,亲周,故殷"⑧,赞赏夏的历法、殷的车制、周的礼服和韶、武这样的古乐,而且"入太庙,每事问"⑨,随时用心学习和观察。他深知,礼正是由一定形式体现出来的,所以,不愿意放过任何细枝末节,他看到礼器的制作已经粗滥,便叹息道:"觚不觚,觚哉!觚哉!"⑩"子贡欲去告朔之饩羊",他很不赞成,立刻批评说:"赐也!尔爱其羊,我爱其礼。"⑪但比较而言,孔子关注的重点已向内容转移了。他觉得,有人把礼搞得只剩下一套徒有其表的"仪"和"器",应是更可悲的事,于是便愤愤然地质问:"礼云,礼云,玉帛云乎哉?乐云,乐云,钟鼓云乎哉?"⑫他认为:"文犹质也,质犹文也。"⑬两者谁也离不开谁,只有紧密结合,使实至名归,才是真正知礼和守礼。

从内容上看,孔子开创了以仁释礼的新路,当然就希望礼能够体现仁爱精神,他说:"人而不仁,如礼何?人而不仁,如乐何?"⑭这似在强调,一点爱心都没有的人不配谈论礼乐。他所谓的爱不是普遍的人类之爱,也不是对等的双向之爱,

---

① 杨伯峻:《论语译注·尧曰》,北京:中华书局,1980年。
② 王文锦:《礼记译解·曲礼上》,北京:中华书局,2001年。
③ (唐)李隆基注,(宋)邢昺疏、金良年校点:《孝经注疏·广要道章》,上海:上海古籍出版社,2009年。
④ 王文锦:《礼记译解·礼运》,北京:中华书局,2001年。
⑤ 杨伯峻:《论语译注·为政》,北京:中华书局,1980年。
⑥ 杨伯峻:《论语译注·颜渊》,北京:中华书局,1980年。
⑦ (明)方以智:《通雅·礼仪》,北京:中国书店,1990年。
⑧ 《史记·孔子世家》,北京:中华书局,1959年。
⑨ 杨伯峻:《论语译注·八佾》,北京:中华书局,1980年。
⑩ 杨伯峻:《论语译注·雍也》,北京:中华书局,1980年。
⑪ 杨伯峻:《论语译注·八佾》,北京:中华书局,1980年。
⑫ 杨伯峻:《论语译注·阳货》,北京:中华书局,1980年。
⑬ 杨伯峻:《论语译注·颜渊》,北京:中华书局,1980年。
⑭ 杨伯峻:《论语译注·八佾》,北京:中华书局,1980年。

甚至只是为给文明时代向前进展所必然产生的坏事"披上爱的外衣"①，但既然已
经开始讲爱，原来被宣称是来自神谕或降自于天的冷冰冰的礼制就有可能走向柔
化，压迫剥削的手段及程度就有可能在爱的名义下受到约束。所以，对孔子用述
和释的办法为礼注入爱，不能简单地视为"伪善"，而应看作对礼意的重要调整
和补充。

为使仁爱精神在礼制中得到贯彻，孔子一方面希望贵族由"贵而无骄"进一
步提升到"富而好礼"②，在征收物品和摊派劳役时，要尽可能"因民之所利而
利之""择可劳而劳之"，施行"惠而不费，劳而不怨，欲而不贪"的惠人政
治③，另一方面又从各国的政治传统中提炼出"和"与"让"，同仁、义、礼、智、
信一起，作为重要的德目，加以提倡，并说："礼之用，和为贵。先王之道，斯
为美"④，"不能以礼让为国，如礼何？"如果孔子的要求能够成为现实，孔子的
仁爱便不再那么虚无缥缈了。因为它至少可以"缓和冲突，把冲突保持在'秩序'
的范围之内"⑤。

但是，孔子的理想毕竟是恢复"礼乐征伐自天子出"的"有道"社会。"天
下有道，则政不在大夫；天下有道，则庶民不议"⑥；天下有道，则"贵贱、长幼、
远近、男女、外内莫敢相逾越"⑦。这就决定了礼的更重要的内容不会是由仁派生
出来的"让"与"和"，而应该是敬。正如孔子所指出的："礼者，敬而已矣。"⑧
他觉得，假如君子都能"正其衣冠，尊其瞻视"，用严肃恭敬的态度履行礼则，
自会收到"威而不猛"、使人"望而畏之"的好效果⑨。所以他就反复告诉学生说：
"礼达而分定"⑩，"上好礼，则民莫敢不敬"⑪，"上好礼，则民易使也"⑫。
这些结论都建立在他对"敬"字作用的深刻洞察上。相反，假如"为礼不敬"，
就会使礼的功能消解于无形，在孔子看来，无论排场多大，都已"无以观之"了⑬。

---

① 恩格斯：《家庭、私有制与国家的起源》，中共中央马克思恩格斯列宁斯大林著作编译局：《马克思恩格斯选
集》第四卷，北京：人民出版社，1972 年，第 174 页。

② 杨伯峻：《论语译注·尧曰》，北京：中华书局，1980 年。

③ 杨伯峻：《论语译注·尧曰》，北京：中华书局，1980 年。

④ 杨伯峻：《论语译注·学而》，北京：中华书局，1980 年。

⑤ 中共中央马克思恩格斯列宁斯大林著作编译局：《马克思恩格斯选集》第四卷，北京：人民出版社，1972
年，第 166 页。

⑥ 杨伯峻：《论语译注·季氏》，北京：中华书局，1980 年。

⑦ 王文锦：《礼记译解·仲尼燕居》，北京：中华书局，2001 年。

⑧ （唐）李隆基注，（宋）邢昺疏、金良年校点：《孝经注疏·广要道章》，上海：上海古籍出版社，2009 年。

⑨ 杨伯峻：《论语译注·尧曰》，北京：中华书局，1980 年。

⑩ 王文锦：《礼记译解·礼运》，北京：中华书局，2001 年。

⑪ 杨伯峻：《论语译注·子路》，北京：中华书局，1980 年。

⑫ 杨伯峻：《论语译注·宪问》，北京：中华书局，1980 年。

⑬ 杨伯峻：《论语译注·八佾》，北京：中华书局，1980 年。

孔子曾说："可与共学，未可与适道；可与适道，未可与立；可与立，未可与权。"①这段话反映他承认礼可以权，即可以变通，只是能够"通权达变"的人不多而已。因为礼的要害是"体爱章敬"，所以权变的原则只能是舍形式而保内容。当林放问"礼之本"时，孔子回答说："大哉问！礼与其奢也，宁俭；丧，与其易也，宁戚。"②针对鲁国行礼中的乱象，他也表明自己的立场，曰："麻冕礼也；今也纯，俭，吾从众。拜下，礼也；今拜乎上，泰也。虽违众，吾从下。"③前一例强调感情的表达重于祭品和随葬品的多寡；后一例强调，服饰可省，对在上位者的敬意不能减。从中可以看出，孔子不赞成因权变损及礼的本质。尽管如此，允许变通，总比不许变通好，从此以后，一向僵化的礼，开始有了一定的灵活性。据《礼记·檀弓上》，子游问丧具，夫子曰："称家之有亡""有，毋过礼。苟亡矣，敛首足形，还葬，悬棺而封，人岂有非之者哉！"此答问可能为后儒伪托，但如果没有孔子权变思想的影响，如此通达、如此注重实际的态度就不可能出现。

上述三点告诉我们，孔子是在礼崩乐坏之际，换一个角度，为等级制度构建了一套更切合实际、更具人文色彩的解释体系，从而使以前全资神谕而存在的礼获得了新的意识形态基础。从这点来看，他提出的正名、复礼的政治主张尽管守旧，但与其说他是一个保守主义者，不如说是一个改良主义者。因为正是通过孔子"述而不作"式的转换和改造，已经"缺有间"的周礼才有可能重新复活。

三、"以仁释礼"的历史命运

孔子对通过"以仁释礼"达到"复礼"的目的曾经坚信不疑。他对季康子说："政者，正也。子帅以正，孰敢不正？"④他以为只要统治者带起头来，那种"君使臣以礼，臣事君以忠"的局面并不难实现⑤。他自己就是个守礼的典范。他不仅"席不正不坐""割不正不食""斋必变食""食不语，寝不言""升车必正立""车中，不内顾，不疾言，不亲指"，而且，与乡党在一起，就做出好像不会说话的恭顺样子；上朝时与下大夫交谈，立即变得温和而快乐；与上大夫交谈，又变成小心而满怀崇敬；及至进入朝廷，则是一副害怕、谨慎的姿态，似乎无处容身，经过国君的座位前边，面色更加矜庄，脚步也加快，说话都有点中气不足了⑥；若在国君身边陪侍，站立时，上身略向前倾，使绅带离身下垂，衣裳下摆接

---

① 杨伯峻：《论语译注·子罕》，北京：中华书局，1980 年。
② 杨伯峻：《论语译注·八佾》，北京：中华书局，1980 年。
③ 杨伯峻：《论语译注·子罕》，北京：中华书局，1980 年。
④ 杨伯峻：《论语译注·颜渊》，北京：中华书局，1980 年。
⑤ 杨伯峻：《论语译注·八佾》，北京：中华书局，1980 年。
⑥ 杨伯峻：《论语译注·乡党》，北京：中华书局，1980 年。

地，视线下不低于国君的腰带，上不超过国君的衣领①。他设想，如此一点点地做下去，就会如火之燎于原，不断扩大影响，逐渐地接近于仁。所以他说："仁远乎哉？我欲仁，斯仁至矣！"②然而，事情的发展却与孔子的预料相反，除鲁国由季氏"僭于公室"，走向了"陪臣执国政""自大夫以下皆僭离正道"之外，"悠悠者天下皆是"，"至大"的"夫子之道"居然"天下莫能容"。不得已，他只好退而修诗书礼乐，并以此为四科，教授门徒，致力于保存与礼制相关的文献和培养或可弘道，或可从政的人才。即使在"陈蔡绝粮"的艰难环境中，虽"从者病，莫能兴"，弟子有愠心，他也不肯稍贬，仍然"讲诵弦歌不衰"③。对这样一位意志坚定的政治理论家、实践家和宣传家，我们自应抱有足够的尊重，给予恰当的历史评价。

转眼到了战国，春秋之乱世演进为"大争之世"④，不仅国与国"争地以战，杀人盈野；争城以战，杀人盈城"，且"率土地而食人肉"⑤；即使在家族内部，也多"用计算之心以相待"⑥，父子相"诮怒"、兄弟"相拂夺"者，比比皆是。至于列国朝廷，则更是"君以计蓄臣，臣以计事君"⑦，因"臣主之利相与异"⑧，而明争暗斗不休。礼原为维护等级秩序的堤防，如规定"天无二日，土无二王，家无二主，尊无二上"，就是要"示民有君臣之别也"；提出"父母在，不敢有其身，不敢私其财"，就是要"示民有上下也"。然而，"以此坊民"，民犹"争利而忘义"，民犹"以色厚于德"，"淫泆而乱于族"，民犹"忘其亲而二其君"，甚至公开暴力而行篡弑⑨。由此可见，连经过孔子改良的、以仁为内容、以礼为形式的等级制理论，也落到了时代的后边，又赶不上人们前进的步伐了。

于是，在历史的召唤下，荀子就以孔门礼学继承者的姿态，对等级问题进行新的阐发。如果说孔子之功在于初创，那么，荀子的贡献则是全面发展。他们两个堪称中国等级制理论的奠基人。

但是发生在身边的战争惊心动魄，刺激太强烈了，人们最直观的反应就是"揎笏干戚，不适有方铁铦；登降周旋，不逮日中奏百；狸首射侯，不当强弩趋发；干城距冲，不若埋穴伏櫜"，正所谓远水救不得近火，"当大争之世，而遁揖让

---

① 王文锦：《礼记译解·玉藻》，北京：中华书局，2001年。

② 杨伯峻：《论语译注·述而》，北京：中华书局，1980年。

③ 《史记·孔子世家》，北京：中华书局，1959年。

④ （清）王先慎撰，钟哲点校：《韩非子集解·八说》，北京：中华书局，1998年。

⑤ 杨伯峻：《孟子译注·离娄上》，北京：中华书局，1960年。

⑥ （清）王先慎撰，钟哲点校：《韩非子集解·六反》，北京：中华书局，1998年。

⑦ （清）王先慎撰，钟哲点校：《韩非子集解·饰邪》，北京：中华书局，1998年。

⑧ （清）王先慎撰，钟哲点校：《韩非子集解·孤愤》，北京：中华书局，1998年。

⑨ 王文锦：《礼记译解·坊记》，北京：中华书局，2001年。

之轨"①，"欲以宽缓之政"，管束"急世之民"，以"犹无辔策而驭悍马"，故"实可以戏而不可以为治也"②。所以，不同程度地流行于七雄间的治术不是孔、荀的礼义，而是法家以"农战"为核心的"一政"，而且最终由贯彻"一政"最彻底的秦国完成了统一。直到西汉朝廷接受董仲舒的建议，施行"变秦""更化"，孔子用"以仁释礼"建立起来的儒家学说才真正成为中国古代政治思想的灵魂和核心。但此为后话，已不在本文讨论的范围之内了。

---

① （清）王先慎撰，钟哲点校：《韩非子集解·八说》，北京：中华书局，1998 年。

② （清）王先慎撰，钟哲点校：《韩非子集解·五蠹》，北京：中华书局，1998 年；（清）王先慎撰，钟哲点校：《韩非子集解·外储说左上》，北京：中华书局，1998 年。

辛亥革命与"顺天地之纪"

据《史记·五帝本纪》，黄帝时代最大的特点是"顺天地之纪"以治民。孙中山在宣传革命的过程中推尊黄帝，既有排满的意图，恐怕也是要弘扬黄帝的精神，即"顺天地之纪"，而不是逆"天地之纪"，从尊重历史发展的大趋势着眼，来推动社会的进步。这一进步是通过1911年的辛亥革命实现的，而"顺天地之纪"的标志则是《临时约法》的制定。

1912年3月11日，南京政府公布了具有国家根本大法性质的《中华民国临时约法》，共7章56条。它明确规定中华民国的主权"属于国民全体"，中华民国的国体为"共和国"，"中华民国人民一律平等"。到1913年4月，第一届国会开幕，为防止袁世凯独裁，参、众两院选出同等人数组成委员会，起草正式的《中华民国宪法》，因起草委员会设在天坛，故又称"天坛宪草"。其第一章即庄严重申："中华民国永远为统一之民主国。"第111条更强调：中华民国的共和民主"国体不得为修正之议题"。这就以法律的形式向世人昭告了君主专制时代的结束，把中国带进到共和、民治的新阶段。

从秦皇、汉武到清末，两千多年的历史长河中虽不乏开明盛世，但皇权政治却毫无例外地都属于君主专制。这种制度也曾流行于世界各地，且与中国具有大致近似的共同特征。其一，是君神合一，或君权神授。皇帝被认为是特殊的生命，身上笼罩着神一般的光环，起码也被视作天地之间的中介，由他受命于天，君临下土，统治万民。天的旨意要通过皇帝传达，天的惠泽要通过皇帝布施，天的威严要通过皇帝的惩罚得以显示。因此，皇帝的地位就至高无上，全体臣民在其面前，除叩头跪拜、彻底臣服外，别无选择。其二，是"朕即国家"。既然皇帝与天神合一，或者是天之子，那么，很容易会把地上的一切都看成是他的赐予，进而把他当作所有事物的主人。土地是皇帝的，牧场是皇帝的，山林川泽、金银铜锡矿藏等等，无不属于皇帝，正所谓"溥天之下，莫非王土"，皇帝拥有绝对的经济垄断权和对财富归属的终裁权。其三，是"天下事无大小皆决于上"。皇帝可以接受或拒绝任何臣民的请求，有权决定臣民的生死，宣战、媾和、用人、立法、司法等等，无不由皇帝总揽。除了天或上帝之外，他不对任何人负责。《战国策·秦策》曰："夫擅国之谓王，能专利害之谓王，制杀生之威之谓王。"堪称抓住了君主专制的关键。其四，是"君之视民如草芥"。与"溥天之下，莫非王土"相应的是"率土之滨，莫非王臣"。臣的古义为奴隶，因而，不管民的身份如何，对帝王而言，却都是奴仆，君上可以对他们生杀予夺。反之，民众也渴求得到权威的庇护，甘心将自己托付给那个高居于金字塔顶的人。

君主制的崛起和发展是人类脱离蒙昧、进入文明的必要条件，同时，它又能把国家从破坏性的地方割据和剧烈的混战中拯救出来，走向相对稳定。因此，它的出现具有一定的历史合理性，甚至可以说充当过推动历史进步的不自觉的工具。但权力过于集中，几乎没有监督，以及完全依赖于国王本人的控制力或强势人物的存在，又极易成为新动乱的根源，而严酷专制、高度统一、等级制、世袭制和强烈的依附关系又扼杀人的个性和生命，使整个社会丧失进步的活力。所以，君主专制终将为民主共和所取代，乃为势所必然。

共和制与君主专制相反，它认为主权属于人民大众，公共官职不能变成任职者的私产，决策必须倾听人民的声音，政府应服务于整体，并代表集体的利益。用今天流行的话说，就是"权为民所赋，权为民所用"。因为这一崭新制度的哲学基础是人可以"利用知识和理性来改变生活"，而非仰赖于天，所以民众也会从专制淫威下解放出来，不再承认人群当中还有在他之上的人。尊重普通人的权利成为时代最强音，贵族世袭和不纳税、不劳动的特权被取消，一切人在享有基本人权这一点上一律平等。

文艺复兴以后，特别是 1848 年欧洲革命之后，君主专制的腐朽之门一扇扇被踢破，追求民主共和的浪潮席卷欧洲，波及全球。在这样的大背景下，辛亥革命的先驱者们于首义之后不久，立即颁布约法，确立共和国体，当然合乎世界发展之潮流，是弘扬黄帝精神、"顺天地之纪"以治民的具体体现。正因为如此，在很短时间内，陈独秀说："宝爱共和之心，因以勃发；厌弃专制之心因以明确"，孙中山也说："敢有帝制自为者，天下共击之"①。袁世凯只做了八十三天洪宪皇帝就一命呜呼了。张勋复辟时，北京十几家报纸一律停刊，表示抗议；上海工人拒不排印唯一替张鼓吹的《国是报》，而讨张通电却"一日之内，高可盈尺"；参与复辟的人士本人遭炸弹袭击，家庭被围攻；这个政令不出都门的小朝廷也仅存在十一天即亡殂于讨伐声中。可见"天地之纪"不可违，"顺之者昌，逆之者不死则亡"。

第二次世界大战以后，世界上的君主制国家多数已走向消亡，少数以君主立宪的形式保留了王位，却使其日益演变为超脱于政党和政治之上、有影响但无实权的国家元首，皇室家族成员的角色也被设定在慈善事业及与全体国民日常生活相关的社会工作领域，而过去曾为其主宰的政治实践活动现在都成了不可涉足的

---

① 孙中山：《中国同盟会革命方略》，广东省社会科学院历史研究室、中国社会科学院近代史研究所中华民国史研究室、中山大学历史系孙中山研究室：《孙中山全集》第一卷，北京：中华书局，1981 年，第 297 页。

禁区。1991 年，苏联解体，其东欧卫星国独立，有人推测，其中一些过去的君主国中，至少有一部分会出现复辟；2001 年，阿富汗塔利班政府垮台，也有消息称：86 岁的前国王查希尔会回国执政；但结果却如清风过耳，均无下文。这一切都表明，死灰不可复燃，君主专制作为一页历史已经掀过去了。在中国，辛亥革命以后虽经历过军阀割据、日伪统治、国民党训政等诸多波折，但追求民主共和的时代洪流却始终滔滔不绝，滚滚向前。1949 年，共产党领导工农大众推翻了"三座大山"，成立了中华人民共和国，并于 1954 年制定了宪法，于 1978 年通过了新宪法。至此，辛亥先贤们在《临时约法》中提出的建国理想才真正化为现实，中华民族也因能"顺天地之纪"、合历史大潮而获得了自立于世界民族之林的实力和条件。

　　2011 年是辛亥革命 100 周年。在纪念中国近代史上这一伟大事件的时候，我首先想起的是《临时约法》。正是有了它，政治回流的路才被堵死，中国人才免于在君主专制体制下吃二茬苦、受二茬罪。为此，我从内心里对辛亥先贤倍感敬仰。同时也清醒地意识到，建国大业虽已实现，由《临时约法》提出、此后几部宪法都一再强调的"主权属于国民""人民一律平等"的建国理念尚未全面得到落实。从这个意义上说，虽然时间过去了一百年，但在如何继承先贤遗志、继续坚持民主共和、反对君主专制方面，需要做的工作还很多，甚至还得对旧制度的变相复辟保持足够的警惕。正如孙中山先生所说："革命尚未成功，凡我同志……继续努力。"①我们应当深悉，任何新制度的成熟都是慢慢磨炼出来的，百年不行，就再加几十年。不过，更应了然于胸的则是，世间万物变动不居，其中或有逆向变化，但大的政治巨变却永远不可逆，从君主专制到民主共和，从划分等级到民无差等，从特权到平权，这都属于后者。"天无私覆，地无私载""天道贵诚"，黄帝"顺天地之纪"而治，辛亥"顺天地之纪"而胜，现实生活中的每个人事实上都随时面临着是顺、是逆的严肃抉择。为了民族的福祉和华夏的昌盛，我衷心地期盼源自黄帝的"顺天地之纪"精神发扬光大，与日月同辉。

　　最后需要顺便提及的是，现在又有一股否定辛亥革命、鼓吹改良道路的风悄然吹起。我们理解某些学者厌恶流血暴力的真情实感，也深知辛亥革命本身存在一定的偶发性、无序性和破坏性，但同时又不能不对历史学家的健忘深表惊异。面对曾经澎湃汹涌的变法浪潮，慈禧太后坚持三纲五常不能变，大清朝的统治不能变，祖宗之法不能变；允许改弦更张者，不过"令甲、令乙"而已。即使号称开明的光绪皇帝，在 1908 年颁布的《钦定宪法大纲》中也明确规定：保留君主特

---

① 广东省社会科学院历史研究所、中国社会科学院近代史研究所中华民国史研究室、中山大学历史系孙中山研究室：《孙中山全集》第十一卷，北京：中华书局，1986 年，第 639—640 页。

权，皇族永远世袭，皇权不可侵犯，法律议案须经皇帝核准实行，人民自由可用诏令限制，媾和由皇帝决定，用人、司法由皇帝总揽。而清室念念不忘的祖宗之法，用乾隆的话说，就是"乾纲独断"。以不放弃专制独裁为前提来搞改良，怎能在中国开创一个民主共和的新阶段？事实上，戊戌变法的失败和六君子的血早已再次证明了"天地之纪"不可违，是大势使然，并非哪个人鼓吹的结果。而在辛亥革命胜利已经百年的时候，又用假设历史的方法，虚拟改良所能带来的花花美景，这恐怕只能算是一个诱人却十分离奇的梦。

2011 年 6 月 25 日

第 六 编

从先秦史研究到陕西社科管理

——《陕西地方志》副主编采访赵世超教授

张世民：请您介绍一下家学渊源或师承源流。北京大学、四川大学、陕西师范大学，都给您的教育人生留下了怎样的学术烙印？

赵世超：我可不是什么书香门第。父母虽都识得一些字，但其身份却是普通农民。我是在1949年以后接受学校教育逐步成长起来的。

记得是在念初中的时候，河南出了个有名的作家叫李准，曾经到我就读的学校做报告，勾起了蕴藏在我心底的文学梦。所以，我就试着写诗、写散文，甚至写过小说，立志要当作家。临到高中毕业填报志愿时，我所选报的十所高校第一志愿全部填的是中文系。高二的班主任李春芳是教历史的，他知道这一情况后就对我说："你这娃，啥都不懂。中文系哪是培养作家的？大学的中文系主要有两个专业。一个是文学专业，主干课程是文艺理论和文学史；另一个是语言专业，讲的主要是音韵、文字、训诂和语法，很枯燥的，学这干啥？历史可不一样，是人文学科的基础，学好了，往哪个方向发展都可以。"边说边亲自动手把我的十个志愿改成了历史系。现在想来，这位老师帮我确定的人生路径，简直太重要了。如果我没有选择历史专业，可能也会到处开讲，把学生往"沟"里引。

就这样，1965年我被北京大学录取时，进的是历史系。那时，翦伯赞是系主任，副主任为周一良和张芝联。齐思和、邓广铭、邵循正、杨人楩、许大龄、商鸿逵等一批知名教授都活跃在教学第一线，汪篯、田余庆、张传玺、魏杞文、王文清、秦文炯等曾为我们授过课，可以说北大历史系名师荟萃，学习条件很好。遗憾的是，进校刚一年，就遇上了"文化大革命"，课堂教学停止了，但大家并没有停止对学问的渴望和追求，都仍在读书，到图书馆借自己喜欢的书，或传阅私藏书籍，对什么感兴趣就读什么。自由读书的好处是有助于拓宽知识面，调动学习的积极性和主动性，但其弊端是缺乏严格、科学、系统的训练。从后一点说，我在北大的五年在一定程度上算是虚度了。

1970年我从北大毕业，先到河北定县（今定州市）接受"贫下中农再教育"，又在县"三支两军"办公室和县革命委员会任干事，但内心始终向往学术研究，并一直在寻找机会。当时正开展"农业学大寨"，修梯田、平整土地、兴办水利搞得热火朝天，大量古代的遗址和墓葬被破坏，亟待抢救性发掘。为此，河北省文物局派员到定县（今定州市），要县里出人予以配合。我和我的同班同学信立祥顺势就把这项工作包揽下来。那段时间，我们清理了一批塔基和小型墓葬，并在河北省文物工作队刘来成同志的带领下，完成了定县（今定州市）八角廊大型汉墓的发掘、整理和报告编写工作，还参加了省文物局在工地现场举办的文物考古短期培训班，填补了自己在这方面的知识空白。

1976 年，为解决两地分居问题，我调入了开封师范学院，即今天的河南大学。中国古代史教研室主任朱绍侯老师安排我去给孙作云教授当助手，让我喜出望外。因为孙作云教授曾是闻一多的研究生，当时已是《诗经》、《楚辞》和神话考古方面的知名专家。在孙先生的帮助下，我较为顺利地过了"教学关"，完成了几篇学术论文，初步掌握了科研方法，进一步提升了从事学术活动的兴趣。然而，还不到两年，孙先生竟溘然长逝，使我失去了一个重要的依靠。研究宋史的周宝珠老师见我陷在悲痛和苦闷中不能自拔，就劝我说："咱系郭人民老师曾做过孙海波的助手，也是先秦史专家，有问题不妨找他请教疑难。"我听了这番劝解，便去郭府拜师。当时郭老师的右派帽子已摘，但还没有获得彻底改正，因而被限定不准教授"阶级性"较强的历史课，只能教点历史文选，颇有空余时间。他见我基础尚不坚牢，提出要给我系统讲授一遍《左传》。在接下来的一年多里，每周三次，从不间断，边讲边议，到这部大经读完，郭老师长期积累的心得也如春风化雨，融入我的胸中，使我在三个方面得到了提高：一是培养了我的古文阅读能力；二是对先秦历史有了系统、整体的了解；三是对先秦史上存在争议的问题渐渐有了自己独立的看法，不再人云亦云，被动盲从。随着改革开放，政治氛围终于轻松起来，郭老师的境况越来越好，也越来越忙了。他觉得百废待举，亟须为学科培养人才，于是，就建议系里送我到外边进修。

在郭老师的关心下，我先后参加了教育部委托四川大学徐中舒教授主持的先秦史师资培训班和国家教育委员会委托华中师范大学张舜徽教授主持的中国文献学研究班，从而得见大家风范。尤其是徐中舒教授，他是史学界重量级的人物，在培训班上，居然以 80 岁的高龄，坚持每周给我们授两次课，讲的都是他一生积累下来的、千锤百炼的学术结晶。对我影响最深的是这样一句话，他说："在研究古代历史时，倘能取民族材料、考古材料、古文字材料同文献相互印证，便会有左右逢源之乐。"这就是现在所谓的"多重证据法"。但在多重证据中，徐老特别强调民族材料，我觉得这一点陕西师范大学做得很不够，需要弥补。

我因仰慕徐老的道德学问，就想多一些机会向他求教。1985 年，我又考回四川大学，做徐老的博士生。然而，徐老的身体却大不如前。历史系成立了由伍仕谦、唐嘉弘、常正光、缪文远、罗世烈五位教授组成的指导小组，指定罗世烈教授作我的论文指导老师，协助徐老开展工作。在徐老的关怀和上述老师的具体帮助下，我完成了 20 多万字的博士论文《周代国野制度研究》。自己虽然投入了一定的精力，但书中更凝结了各位导师的心血，有些地方则是对郭人民老师学术观点的整理与归纳。

我能走上先秦史研究的道路，是多位前辈学者引领的结果，这正应了"学无常师"的名言。北京大学、四川大学、陕西师范大学都是人文荟萃的好学校，但时代不同，风气也随之丕变。当年，无论是声誉远播的大家，还是尚在盛年的学术骨干，都毫无例外地有一个共同特点，即把培育人才当作最大的乐事，愿意主动帮助青年人成长。相比之下，现在各校的校园里可能都少了这些精神，多了一点商业习气。

张世民：陕西是先秦史资源最丰富的省份之一。您致力于先秦史教学与研究，主要有哪些著述？请问在这一研究领域我们还应注意哪些内容？

赵世超：我大约 1974 年进入学术领域，距今也有 40 多年了。虽然成绩不大，但为了介绍得更清楚，我也想用时下流行的做法，将 40 余年的学术活动分为四段。

第一个阶段，1974—1985 年。这段时间主要是发表了《殷周大量使用青铜农具说质疑——与陈振中同志等商榷》《殷周农业劳动组合演变略述》《周代家长制家庭公社简论》等十几篇文章，进行了一定的学术积累。这十几篇文章一方面使自己熟悉了科研方法，进入了学术研究的角色；另一方面也为博士论文的写作打下了基础。

第二个阶段，1985—1988 年，也就是在四川大学读博的三年。我入校的时候39 岁，作为一名真正的"老童生"，那种时不我待的紧迫感很强烈，想趁着这三年认真做一个自成体系的东西。恩格斯研究过家庭、私有制和国家的起源，我以为还应继续研究家庭、私有制和国家起源之后的发展。因为家庭、私有制和国家实际上是人类早期社会的鼎之三足，把它们的起源和发展都弄清了，先秦史整体的面貌也就弄清了，这是一项很有意义的工作。基于这种考虑，我就以《周代国野制度研究》为题进行梳理，从国野问题入手来统领整个先秦史。这篇博士论文尽管存在很多缺陷，但我觉得自己对家庭、私有制、国家早期形态的看法基本得到了表达，而且这些看法到了今天还不过时。

第三个阶段，1988—2004 年。1988 年我从四川大学如期获得博士学位，应陕西师范大学斯维至教授和何清谷教授的约请，正式转来西安工作。当时的王国俊校长把我作为引进人才，在住房、职称、家属调动、孩子上学等方面给予了很多优待，使我得以充分利用西安丰富的先秦史料，安心地在陕西师范大学潜心于学术研究。因此，从 1988 年到 1994 年间，我又发表了十几篇文章，并在中国史学界较早使用"早期国家"这个概念。原想把这些研究补充到我的《周代国野制度研究》中，对这部书进行修订，让它真正成为自己安身立命的学术奠基之作。然而，正当学术思想渐趋成熟，准备在业务上进一步发展的时候，1994 年，教育部突然任命我做校长，千头万绪的行政事务一齐向身上压来，学术活动受到了严重影响。待诸事初定，才暗自定了个硬指标，即至少一年完成一篇论文。1994—2004年，我主要发表了《藏冰新解》《浴日和御日》《铸鼎象物说》《天人合一述论》等文章，除后一篇接近两万字外，前三篇都稍短些，因为从行政工作的空隙里抢时间，只能"短促出击"。

第四个阶段，2004年至今。1999年，我得了非常严重的糖尿病，在治疗过程中又发现了胃癌，感谢疾病，它让我下定了辞去行政职务的决心。几经周折，终于在2004年获得解脱。从领导岗位上退下来以后，我原打算按照孙作云先生的方法，阐释一些古文化现象，选一些文化史方面的小题目做做算了。但是后来反躬自省，既然身体和思想还没有完全衰竭，为什么不去尽一点知识分子应尽的社会责任呢？因此我决定用历史来观照现实，发挥历史学经世致用的作用和功能。

从2004年到现在，除了一些应景之作，我主要写了四篇论文。

第一篇叫《夹缝中的自由》，4.5万字。这篇文章一方面谈了战国时期百家争鸣的特征，即学术自由；另一方面谈了在战国百家争鸣这种学术自由中孕育出来的诸子文化，我认为诸子文化才是中国的原创文化。同时我还提出，我们今天应该让诸子时代的自由精神在更高的层次上获得提升，即螺旋式的提升。更重要的是，在这篇文章里，我着力分析了战国时期学术自由产生的三个历史条件，其中最主要的一个是战国时期两种专制在交替，也就是说，以礼乐制度为核心的古典式专制主义"崩坏"了，而以秦始皇为代表的新的中央集权式的专制主义还没有完全长成，所以政府的控制能力打了折扣，这才让战国诸子有了自由著述、自由讲学、自由批评、自由流动的可能。到了秦汉时期，新的集权统治逐渐成熟了，学术自由就被禁止了，百家争鸣便成了中国历史上的绝唱。在我看来，这是一个很值得我们关注的焦点。

同时我还想到，在中国的近代史上也有一个"夹缝"，就是从清王朝垮台、结束帝制到国民党党天下和训政的确立。这两个"夹缝"在时间的跨度上相差很远，却有惊人的相似。主要的相似性有三点：一是这两个"夹缝"都处在新旧交替时期，旧制度垮台，新制度没有建立起来；二是这两个时期都是分裂时期，前一个是战国七雄，后一个是军阀割据；三是在这两个时期都出现了学术大家，前一个出现了诸子文化，后一个出现了我们今天所能够屈指而数的大师，从陈独秀、李大钊、胡适，到鲁迅、郭沫若，当然更有清华园的梁启超、王国维、陈寅恪、赵元任四位教授，也应包括我的导师徐中舒等，他们都是在第二个"夹缝"中产生的。嗣后，就进入了"没有大师的时代"。这就存在一个对"统一"与"分裂"的辩证认识问题。前者是社会安定的前提，更是社会发展的保障，后者却给人们留下了更大的思想空间。

第二篇叫《拨不开的迷雾》，3万多字，我列举了黄帝和炎帝作为案例来说明历史和文化既相互关联又有区别，不能把两者完全混同。文化是可以传播的，一切物化的崇拜对象，如陵、庙，都是可以人造的，但是历史不能伪造。在这样一个理念下，我经过分析，认为黄帝是被神化了的传说人物或历史人物；各地的陵、庙、故里等都是纪念性建筑，没有必要争论真假；但历代王朝用规范礼制的方法确定下来的公祭地点却有约定俗成的意义，有助于加强统一，应当沿袭和遵守。同时又指出，湖南的炎帝文化肯定与汉代阴阳五行学说流行起来以后把炎帝配成了"南方之帝"有关；浙江缙云县也有黄帝文化，则应是魏晋以后道教中心南移的产物，道教把黄帝封为大神，于是，在南方的浙江就造出黄帝庙和许多黄帝的遗迹。我在这两个案例中讲的道理并不深，甚至很浅显。很多学者都知道，但就是不说。结果使历史和文化相混淆，几乎搅成一团乱麻。我觉得这个现象反映了我们学术界缺乏责任心，因此我认为现在存在着"迷雾"，而且是"迷雾"重重，很难拨得动，所以我才这样命名这篇文章。尽管自己势单力薄，"迷雾"拨不动，但我还是拟了一些题目，准备在有机会时一个一个去做"拨云见日"的工作。

第三篇叫《引礼入法的得与失》，5万字。战国法家通过改革致力于构建"法治"统治，可以说是中国法制发展的重要阶段。但他们彻底否定了教化的作用，这就太片面了，并且主张"以刑去刑，以杀去杀"，主张轻罪重罚，也过于严酷，已经背离了刑罪相应的原则。因此，大规模的战争结束以后，自汉代开始，就通过"引礼入法"来矫正先秦法治的失误，经两汉、魏晋南北朝发展到隋唐，基本上实现了礼与法的结合。法学界认为：礼法结合、以礼统法，这是中国古代法律的基本特征。这个特征好不好呢？也不能简单回答。好的地方有，主要是纠正了先秦苛法过于严酷的一面，既有主观的善意，也有巨大的实践意义，一些执法官吏甚至提出了刑罪相应的"刑中"理念。但也带来了新问题：第一，"引礼入法"以后出现了双重标准，礼也是个判断标准，法也是个判断标准。既然是两个标准，就易造成司法过程中的随意性，最终形成了有法而不循法的情况。第二，"引礼入法"以后，规定要"准五服以制罪"，造成了"抑卑幼以奉尊长"，断案时考虑血缘远近，按五服图判决。犯同样的罪，如果是尊长伤害了卑幼，可以减轻处罚，甚至轻到杀人而不处死，但如果是卑幼上犯了尊长，则要加重处罚。所以中国古代法律有着严重的血缘性，主要是用压制卑幼的办法来巩固尊长的地位。第三，它通过八议、爵减、官当、收赎这四种手段使一些权贵逃避惩处。有爵、有官、有贵族身份可以免罪，家里有钱也可以赎罪，"急于黎庶，缓于权贵"，对权贵温柔轻缓，对普通老百姓则极端严厉，这就是等级性的特点。第四，"引礼入法"以后，法律变成道德警察，以违背礼制为名，干涉人们的日常生活，更造出大量的文字狱，甚至还有"腹诽"罪，不仅管人的外在行为，也管人的内在行为。

第四篇叫《挡不住的诱惑——中国古代等级制度述论》。可以说，每一种古代文明，都有自己的等级制度。我早有兴趣梳理中国古代等级制度的发展脉络，评估其利弊得失，观察其未来走向。三易寒暑，文章终于杀青了，约六七万字。我的基本看法是，等级制度虽是由野蛮进入文明的推进器，并在早期社会中充当过历史进步的不自觉的工具，但它重特权，尚差等，以牺牲民众基本权利为代价，其本质是恶，不是善。因此便与以工业文明、市场经济、民主政治、法律至上为特征的近代社会格格不入。平等与否，实为近代与古代的分水岭，也是鉴别先进与落后的试金石。平等不是平均。平等是相对的，不是绝对的。不平等的能力和努力在自由发挥之后会造成不平等的结果，所以，不能建立平均分配商品的制度，任何开放的社会都不可避免地存在贫富差别。然而，更大的原则却是，人人都是人；人生而平等；后来的不平等都是人为的，或与环境条件有关，因而也是反自然的。国家的目标是实现正义，正义即平等地对待每一个人，让所有公民都从阶级、等级的束缚下解放出来，充分享有政治平等、法律平等、机会平等、宗教平等、性别平等和尊重的平等。这样做不仅是为了让不幸的人们也能在经济发展中获得相应的利益，更是为了调动全社会的潜能，争取进步与繁荣。平等的生活可以激发激情与活力，角色随时转换，大门为所有人洞开，可以产生意想不到的智慧与创造。平等是一个伟大的目标，中国共产党第十八次代表大会的政治报告庄严地将它纳入了社会主义核心价值观。平等没有终点，与已取得的成就相比，总还有更多的地方没有做到。但是，采取行动和不采取行动效果截然不同。只要我们坚定地把平等的程序当作立国的出发点和重要方法，我们就能在广大人口中造成一个近似的平等。

上述几篇文章发表后都曾被国内最重要的文摘杂志转载，我感到自己的劳动并没有白费。但总体上看，我的著述仍嫌偏少。现已出版的只有《周代国野制度研究》《瓦缶集》《中西早期历史比较研究》《春秋史谭》《历史人物评传选》这几部书。

对于您的最后一问，我觉得不太容易回答。因为学术活动的本质是学术自由，各人关注的内容和焦点会千差万别，这才能造成百花齐放式的学术繁荣。但不管研究什么问题，怀疑精神都是不可或缺的，因为怀疑是一切创新的起点。我始终不赞成所谓的"走出疑古"，就是因为这个口号的要害是通过取消怀疑精神而取消创新。我希望年轻人不要上当，不要在学术上走回头路。

张世民：您主掌陕西师范大学校政期间，着重在哪些领域推进了学校发展？在担任陕西省社会科学联合会主席期间，又做了哪些工作？

赵世超：我任陕西师范大学校长近十年，时间不算短，值得称道的东西却不多。如果一定要谈，我想列举以下三点，顶多是三点半。

第一，坚持团结，共谋发展。鉴于历史原因，我担任校长以后，特别注意搞好团结，首先是班子团结。当有人提出不能搞无原则的团结时，我明确回答：对陕西师范大学来说，当下最大的原则就是团结。党委一班人，书记是班长，我和其他常委的一致态度是坚决支持书记带领班子共谋发展，绝不计较名誉、地位和个人利弊得失。对班子中的副职，我始终将他们视为自己的兄姊和同事，不仅放心、放手，而且充分尊重，也时常关心他们的身体、家庭和生活。这样做的结果，不仅在领导层形成了民主议事的风气和亲密合作的氛围，而且很快改变了陕西师范大学的外部形象。

第二，坚持教学科研并重，端正办学方向。陕西师范大学以师范教育为主，长期一条腿走路，认为只有教学才是各项工作的中心，严重轻视科研，甚至公开宣扬"多中心就是无中心"的观点，不承认科研的主体地位。由此造成了学校整体学术水平低，发展后劲不足。我们这届班子经过认真讨论，明确提出"没有高水平的科研，就不是真正意义上的大学"。坚持将"教学科研并重，相互促进、协调发展、共同提高"的办学方针写进了党代会的报告，并制定了切实可行的奖励科研办法。这为近二十多年陕西师范大学学术上的可喜进步奠定了基础。

第三，坚持以人为本，建设高水平的教师队伍。学校的工作中心是教学科研，教学科研的主要承担者是教师。因此，从教的方面说，教师是主体，从学的方面说，学生是主体，以人为本就是要以教师和学生为本。而且，教学、科研专业性强，教师的工作具有不可替代性，如何建设好教师队伍，更是办好高等学校的关键。为此，我们提出了"大力引进，积极培育，确保规模，优化结构，提高质量"的二十字工作方针，坚持执行教师数量正增长、干部数量零增长、工勤人员负增长的人事工作规划，拨付专项资金，为高层次人才搭建工作平台，改善生活待遇。还在每年教师节前后，开展师资队伍建设宣传周活动。通过多年连续不断的努力，陕西师范大学尊师重教的风气开始形成，教师在办学中的主体地位、主动精神也开始凸显。

最后还有一点，我也想说一说，因为没有实现，所以只能算半个。中国早有师范教育，1949年以后，为应对基础教育师资严重匮乏的局面，在政府的推动下，师范教育全面发展，为支撑国民教育体系立下了汗马功劳。但随着时间的推移，它自身的弱点也开始暴露。主要是师范生一进校就被定向了，缺乏远大理想和主动学习的积极性；四年中有相当多的时间花在教育学、心理学、教学方法和教育实习上边，专业知识的储备不及综合性大学多，发展后劲不足；而教育学、心理学、教学方法和教育实习的内容和手段都很陈旧，不能适应教育现代化的需要。为此，在陈至立同志做教育部部长时，就开始积极推进师范院校综合化。其主要改变是，师范院校本科生前四年的课程设置向综合大学看齐，集中精力学好专业知识，然后再和其他大学愿意做教师的毕业生一起，考入国家设立的教师教育中心学习，获得教师资格或教育硕士学位后，应聘到中小学任教。我觉得这样做既可以提高师范大学学生的学术水平，又可以改变基础教育师资队伍的结构，保证教师的质量。况且，现在高水平大学毕业生中想从教的人也确实在增加，新办法有助于打破垄断，引入竞争机制。基于这样的认识，我便积极参加了教育部组织的改革方案制订和研讨、修改工作，并争取部领导同意，将陕西的教师教育中心设在陕西师范大学。然而，随着政府换届，部长易人，这一万事俱备的工作因各种原因而不得不停止，这种做法令人痛惜。我敢斗胆地说一句，师范院校不走综合化的道路，双一流建设在这里就将落空。同时，如果仍坚持用定向的办法由师范院校承包师资培养，基础教育教师队伍不仅女性占比会更大，而且水平也难以获得突破性提升。这是一件关乎民族素质的大事，所以我想借着访谈的机会发一发杞人之忧。

我自 2010 年 10 月起担任陕西省社会科学界联合会主席，到 2018 年 5 月 18 日换届，将近 8 年时间，也算比较长。但社科联实行党组书记负责制，日常工作都是在党组领导下进行的，我只是决策的参与者，并主持了一些相关的会议和活动。

人类的学问一般认为应大致分为自然科学、社会科学和人文学科。自然科学研究人与自然的关系；社会科学研究人和人的关系；人文学科则研究人类自身的发展。依照中国的习惯，后两者常被合称为人文社会科学或哲学社会科学，都归社科联管。所以，我利用一切机会宣传说："三分之二的学科都在社科联，不重视社科联的工作怎么能行呢？"我还举出一些典型的例子来证明人文社会科学的重要性。比如，我常这样向一些人发问："实践是检验真理的唯一标准，最初是由哲学老师胡福明在一篇文章中提出来的，但修改发表后却起到了打破'两个凡是'、开启改革开放新时代的巨大作用，它的社会效益和经济效益应该是多少呢？"我的坚持不懈的宣传可能也起过一定作用。

关于基础学科和应用学科的关系问题，长期存在着争论。近些年，由于急于赶超，强调应用的声浪日益高涨。这有一定的合理性，但也包含有片面性。我认为陕西之所以还被认为是在全国有一定影响的社科大省，主要是基础学科的研究水平较高，对于自己的长项，应该支持它继续发展，而不能有意地忽视或削弱。同时，应用项目也必须有基础理论作支撑，缺乏理论依托的应用项目往往是具体的，只有一定的技术性，影响范围有限。为此，我在向省上有关领导汇报时建议，应该强调应用研究和基础研究并重，让两者相互弥补、相得益彰。

陕西省社会科学界联合会首任主席郭琦同志曾说："我们应该走出潼关上北京，争取全国发言权。"在老一辈的学者中，史念海、霍松林、何炼成、张岂之等，早已誉满海内，侯外庐、何兆武等还从陕西上调到更重要的学术机关任职。可以说，郭琦同志所提的基本目标实现了。这一点，在年轻一辈学者的手上能否做到，恐怕仍需要时间的检验。近些年，研究陕西的学者在增加，呈现出一种良好态势，应予充分肯定，所以，省上对其中不少成果给予了奖励。但是，有人据此进而强调："陕西的就是全国的，今后就是要以研究陕西为主"，似乎又走得太远了。很明显，虽然陕西的可以成为全国的，但并非都是全国的。如果陕西学者甘愿自闭于关中，何谈"全国发言权"？有鉴于此，我曾提请陕西省社会科学界联合会党组，在高度关注研究陕西的同时，更要引导学者参与国家重大项目，甚至还应放眼世界，关心国际热点。作为陕西省社会科学界联合会主席，我看问题的角度可能与别人有些不同。我想得最多的是陕西在全国社科界的影响和地位，我最大的担心是号称社科大省的陕西会不会被挤出第一方阵。我的意见可能也有片面性，但我相信它对陕西社会科学的长远发展是有利的。

张世民：您觉得编纂校志、校史，对学校教育的发展和良好学风的形成会产生影响吗？我们曾提出要编纂《陕西省志·社会科学志》，您认为要做好这项工作需要注意些什么？您对《陕西地方志》期刊有何意见和建议？

赵世超：地方志是专门记载地方情况的书。中国地方志起源很早，可以追溯到《尚书·禹贡》和《山海经》。后来发展成一种专门的学问，并形成了相对稳定的格式。地方志不仅记录地方的山川、地理、形胜、物产，更要叙述各地的政治、经济、社会、人物和风俗，对于以古鉴今、弘扬正气、传承区域性的优秀文化传统，具有不可替代的作用。所以，我们应该高度重视地方志的编写工作。在长期的发展过程中，历代政府和学术界已经认识到了地方志的重要性，曾经创造过名家修志的成功经验。清代陕西一些县的地方志就出自像孙星衍、康海这样的学术名人之手。今天，似乎也应该把社科界的名家吸收到编志队伍中来，这样才能保证地方志的水平和质量。

地方志有全国性的总志、各省的通志和府、州、县志之分。自元以后，著名的山川、寺观、市镇也多有志。延至今日，社会突飞猛进，日新月异，修志的范围更扩及工厂、学校及各个行业领域。我们学校顺势而上，也设立了校史办公室，内部印行过几部书。据我看，这些书只能算志，还不是史。因为它基本上是述而不论，编写者的看法和观点只蕴含在材料取舍和记述之中。要成为真正的校史，必须做到述论结合，那还需要进一步认真研究、咀嚼消化，以期融会贯通。尽管校史尚未成型，但编写工作所产生的积极影响已有所显现。几部志书真实记录了学校自建立以来曲折而壮阔的历史，鼓舞我们踏着前辈的足迹砥砺前行；学校每次重要的决策和成败得失靠着它变得有案可稽，可以帮助我们吸取经验教训，不断迈上新台阶，取得新胜利；而被写进书里的教师、学生的先进事迹也如一个个亮点，渐渐连成一条美丽的光带，将优良的校风、教风、学风真实亲切地传递给一辈又一辈的后来者。另外，校史、校志还可以激发广大校友的自豪感，召唤他们以更大的热情服务社会，回馈母校。总之，我认为编写校史、校志的意义是巨大的，它应成为学校工作的重要组成部分，关键在于我们如何将编写工作做好，做到位。

陕西是社科大省，陕西社科界为地方政治、经济、社会、文化的发展做出了积极贡献，应该给予恰当的评价，因此，编写《陕西省志·社会科学志》正逢其时。但也有一定的难度。哪些该写，哪些不该写，怎么写？哪些人可以入志，哪些人不能，怎么选？可能都会出现见仁见智的分歧，需要认真对待。我想提出三点建议供您参考：一是要实事求是，坚持秉笔直书。首先把事实搞清楚，充分体现志书的客观性。二是要科学分析，透过现象看本质。有些事表面看有道理，但在本质上却是错的；或者从眼前看有道理，从长远看却是错的，我们必须以是否符合广大人民群众的根本利益和长远利益为判断是非的标准，剥离假象，抓住事物的核心和关键。三是要坚持一分为二，既要肯定成绩，也要正视问题和不足。1949 年以后，陕西社科界同全国一样，也走过弯路，我们不能都用"那是时代造成的"这句话来搪塞，而是应该反思，应该总结教训，以便避免重复过去的错误。如果编出的《陕西省志·社会科学志》只有自我表扬，没有自我批评，这项工作就不能算成功。我的想法很不成熟，请您批评指正。

　　对于《陕西地方志》期刊，我虽然看得不多，但已感到这是一本专业性很强的好杂志。每期只不过六十多页，内容却丰富多样。所设《热点聚焦》《特稿专递》《志鉴格致》等栏目，或传达会议精神，或对编志工作提出建议和要求，在宏观上具有指导意义；而《工作研究》《信息快递》等栏目，则有助于同行之间交流经验，以期相互促进和提高。《旧志整理》和《村镇修志》中的文章又通过对个案的分析为地方志工作树立了样板。老实说，我最爱读的还是《各界访谈》和《陕西故事》，老一辈学者的成长经历和学术心得开人心智，让人回味无穷；由历代"老陕"们演出的一幕幕神采飞扬的活剧又令人感动，催人奋进。我手边的几本《陕西地方志》被我置于案头，明明已经看过了，过几天忍不住又要拿起来翻一翻。但"智者千虑，必有一失"，我发现《陕西地方志》偶尔还存在文理不通的病句。建议今后终校稿一定要和作者见面，作者认可后再发，才能使"文责自负"落到实处。

守正与创新：先秦秦汉史研究中的几点体会
——《中国史研究动态》访赵世超先生[①]

问：赵老师，您好。受《中国史研究动态》编辑部委托，想就先秦、秦汉史研究，与您做一个访谈。感谢您在百忙之中接受采访！

答：谢谢！也感谢《中国史研究动态》编辑部的厚爱。我很乐意接受访问，希望借此机会向学术界的朋友们请教。

一、如何认识国家的本质和"早期国家"？

问：您很早就从事对早期文明的研究，并使用了"早期国家"这一概念。我的问题是您怎样看待国家的本质，早期国家产生的原因是什么，它又是怎样发展成熟的？

答：哈哈，您一下子提出了三个问题呀！让我们慢慢来讨论。

恩格斯在《反杜林论》中说："生产力逐渐提高；较密的人口在一些场合形成了各个公社之间的共同利益，在另一些场合又形成了各个公社之间的相抵触的利益……保护共同利益和反对相抵触的利益……建立新的机构……这些机构，作为整个集体的共同利益的代表"[②]，实际上就是国家。

不过文明起源的路径一般都是"先转化，后排挤"，即先由某一强大家族的家室转化为公共权力机构，然后才由地缘关系、政治关系、财产关系逐步排斥和取代血缘关系[③]。所以，恩格斯在《家庭、私有制和国家的起源》中把国家和氏族的不同之处归纳为两点："按地域来划分它的国民……公共权力的设立"[④]，我们只能认为他在这里讲的是国家与氏族的本质区别。所谓氏族，应是指典型的氏族，即发达的母系氏族公社。因为从父系氏族出现之日起，氏族公社就开始迈出了走

① 本文应《中国史研究动态》编辑部之邀撰写。访谈主持人郑先兴，南阳师范学院汉文化研究中心教授。

② 中共中央马克思恩格斯列宁斯大林著作编译局：《马克思恩格斯选集》第三卷，北京：人民出版社，1972年，第218页。

③ 汪连兴：《荷马时代·殷周社会·早期国家形态》，《社会科学战线》1994年第5期。

④ 中共中央马克思恩格斯列宁斯大林著作编译局：《马克思恩格斯选集》第四卷，北京：人民出版社，1972年，第166—167页。

向衰落的第一步；所谓国家，至少也应是指较为成熟的国家。而就国家产生的实际历程而言，无论何处，氏族和国家之间的界限都不是刀斩斧切的。归纳并强调两者之间的本质区别，丝毫不排除氏族社会里早就包含有文明的萌芽，更不等于说一跨进文明的门槛，氏族制的因素就已荡然无存。相反，血缘关系和家族组织在许多民族中都保留得相当持久，学者称其为残余，只表明它们在新社会里已经不能继续发展，绝不是要低估它的影响力。

早期国家既然是"公共权力机构"，当然具有处理社会公共事务的职能。但是，"兵所自来者久矣""五帝固相与争矣"，递兴递废，"胜者为长""长之立也出于争"①，到底哪个家族的家室能转化成代表整体的公共权力机构，凭借的主要是武力。同时，在私有制尚未发展起来的情况下，运用经济杠杆进行剥削就缺乏基础，需要由社会供养的统治者只有用直接占有其人身并控制其思想的办法来获取生产者的劳动成果。这被叫作"杀伐以要利"、"阻兵而保威"和"明命鬼神以为黔首则"②，更概括的说法是"国之大事，在祀与戎"。从这个角度考量，有人说国家"在本质上"是镇压机器并没有错。试想一下，无论是对内，还是对外，无论是"保护共同利益"，还是"反对相抵触的利益"，上古的贵族们何曾离开过祀和戎这一类的麻醉剂和强制手段？不仅中国如此，在全世界恐怕都找不到例外的情况。

夏、商、周号为三代，实际上却是在不同地区各自独立进入文明的，因此，都属于随着原始社会解体而产生的早期国家。其最大的特点就是家族普遍存在，血缘纽带受到重视。周天子分封子弟、姻亲于各地，利用宗法维持上下统属关系，所谓国，或方百里，或方五十里，仅仅是一些统治据点，只是在长期的征服过程中，广大的鄙野才成为间接的统治区。因为分工和商品经济不发育，统治者的全部需求皆仰赖于直接劳役和贡纳，而且以指定某族专服某役或专贡某物的形式固定下来，世代相传，长期不变，所以与国野制度相配合的是"人皆有服"式的"指定服役"制度。天子处理天下事务的方式是朝会，有人称之为"会盟政治"。然而，诸侯有土有民，又可组建军队，很容易造成尾大不掉。可以认为，分封制本身就潜藏着导致周王朝走向衰落的祸根。于是，在春秋战国时期，许多重大的变化连锁式地发生了。最主要的是，由统治据点到领土国家，由分封到郡县，由任亲到任贤，用新型官僚制度取代旧式贵族制度，用禄米制取代食邑制。作为被剥削者，也不再以家族或氏族为单位，而是变成了以五口之家为主的编户齐民。剥削的办法更由指定服役改为履亩而税和按乘丘出兵赋。与之相应，户籍制度、上

---

① 陈奇猷：《吕氏春秋校释·荡兵》上册，上海：学林出版社，1984年，第383页。

② 陈奇猷：《吕氏春秋校释·诚廉》上册，上海：学林出版社，1984年，第634页；王文锦：《礼记译解·祭义》，北京：中华书局，2001年，第688页。

计制度、考绩制度、监察制度和由军法演化而来的法制等等，也都纷纷采用，早期国家终于发展成为以秦、汉为代表的、建立在政治关系和地缘关系之上的相对成熟的国家。

二、如何评价儒家倡导的等级制度？

问：在各种制度中，等级制是国家治理的基本形式，请问，您对儒家一再倡导的等级制度如何评价？

答：孔子首提"君君臣臣父父子子"，并认为"亲亲之杀，尊贤之等，礼之所生也"，在等级制度理论建构方面，具有开创之功。荀子从群论、性恶论、分论、礼论、维齐非齐论五个方面分析建立等级制度的必要性，将孔子的"复礼"扩展为礼治学说，堪称中国等级制理论的奠基人。以董仲舒为代表的汉儒对荀子的礼治思想有继承，有扬弃，其最重要的特点是开始用天地、阴阳、五行以正君臣、父子、夫妻、上下之义，把违背纲常提升到违天意、违阴阳、违五行、违自然的高度，使等级制度带上凛然不可侵犯的神秘色彩。大体说来，用礼来严等级，建立一个"谨乎臣子而致贵其上"的秩序型社会，始终是儒家的政治理想。所以，我很同意您的说法，等级制度的确是古代国家统治的基本形式。

现在让我们用发展的眼光对古代等级制度做一个简单评价。"古者未有君臣上下之时，民乱而不治"[①]。如果任由男女无别、父子无别、君臣无别的情况延续下去，人类就难以走出蒙昧，摆脱野蛮，进入文明。所以，确立体现"君臣上下之义，父子兄弟之礼，夫妇妃匹之合"的等级制度，实为社会向前发展的推进器。同时，等级制度强调服从，可以起到使民敬上、"易使"和"弗畔"的作用，能够减少杀戮和动乱，有利于秩序的建立和国家的稳定。从这些角度看，等级划分是历史的产物，各种形式的等级制度都曾充当过历史进步的不自觉的工具，应该给予适当的评价，而不是简单否定。

但是，历史是动态的，它前进的脚步永不停息，代表近代社会的工业文明和民主制度终将取代古代的农业文明和君主制。真正的民主主义者"始终坚信普遍沟通的可能性"，认为"具有合理知识和正常善意的人都可以超越民族和社会阶级进行沟通"，民主制度在实质上不过是通过谈判，相互让步，彼此妥协，达成共识。然而，要将民主制的理论付诸实施，却得有一个最基本的前提，就是有关双方"必须以自由人和平等人的身份相处""把自由、平等二者视为道德的态度"，而给对方以充分的尊重。相反，如果没有这种态度，"相互理解就几乎不

---

① 蒋礼鸿：《商君书锥指·君臣篇》，北京：中华书局，1986年，第129页。

可能"，任何真正意义上的沟通和谈判都不会成功①。由此可见，平等和民主、自由、法治、工业文明、市场经济、科技进步、思想启蒙一样，都是近代社会的题中应有之义，而等级制度在新时期则成了历史发展的严重阻碍。

另外，我们还应看到，无论哪种等级制度，包括中国古代的礼制，都建立在不平等的基础上。它们重特权，尚差等，对下层劳动群众极尽压榨剥削之能事，以牺牲普通人的基本权利为代价，其本质是恶，不是善。而且，在这些制度中，个人所处的地位往往取决于"出生的偶然性"，当然就会因其荒谬绝伦而令人无法接受。于是，随着受教育面的扩大和个人知识、能力的增长，到社会角色的转换不再难以实现的时候，曾在历史上起过正面作用的等级制，也便失去了继续存在的前提，完全走向了反面。

正是在这样的大背景下，或先或后，世界各国都开启了去等级化的进程。1949年，中国共产党领导全国人民搬掉了三座大山，"中国人从此站立起来了……打倒了内外压迫者"②，劳动人民的社会地位获得大幅度提升，为实现平等奠定了最坚实的基础。

我们深知，平等不是平均。平等是相对的，不是绝对的。平等是指公民之间权利平等，不能指望天生的能力都一样，因此，也就不可能使人在努力之后的结果上实现平等。运动员、歌唱家、科学家、律师、医生、工人、农民或其他人，根据各自服务于公众的水平和资历，得到不同的荣誉、收入和地位，常被视为理所当然。正是不平等的能力和努力在自由发展后造成了不平等的结果，这才决定了不可能建立平均分配产品的制度，任何开放的社会都不可避免地存在贫富差别。同时，如何处理好平等与效率的关系，早已成为政治伦理学界关注的重大课题。然而，更大的原则却是：人人都是人；人生而平等；后来的不平等都是人为的，因而也是反自然的。国家的目标是实现正义，正义即平等地对待每一个人。这样做不仅是为了让不幸和弱势的人们也能在经济发展中获得相应的利益，更是为了调动全社会的潜能，争取更大进步和繁荣。平等的生活可以激发激情和活力，角色随时转换，大门向所有人敞开，可以产生意想不到的智慧与创造。平等没有终点，与已取得的成就相比，我们还有一些地方没有做到。但采取行动和不采取行动效果截然不同。只要我们坚定地把平等的程序当作立国的出发点和重要方法，我们就有可能在广大人口中造成一个近似的平等。

---

① 〔美〕乔·萨拜因著，邓正来译：《政治学说史》下卷，上海：上海人民出版社，2010年，第632—634页。

② 中共中央文献研究室：《毛泽东文集》第五卷，北京：人民出版社，1996年，第343—344页。

三、如何评价秦国的用人制度？

问：最近几年，有关秦国和秦朝的电视剧备受关注，由此想起跟您读书时，您曾讲过秦朝的用人制度。那么，在选人用人方面，秦人有哪些经验教训呢？

答：这也是个好问题。秦以"虎视何雄哉"的姿态"扫平六合"，却又猝然短命而亡，巨大的反差就足以让研究者产生兴趣。

应该看到，秦朝的崛起与善于用人很有关系。穆公西取由余于戎，东得百里奚于宛，迎蹇叔于宋，来丕豹、公孙支于晋，灭国十二，开地千里，遂霸西戎；孝公用商鞅变法改革，使秦国走上了富国强兵的道路；惠文王用张仪、司马错，北收上郡，西并巴蜀，南取汉中，收拔三川、制鄢郢、散六国合纵之效；昭王用范雎，远交近攻，蚕食诸侯，奠定了统一的基础；秦王政文用尉缭、李斯，武用王翦、蒙骜等，离间各国君臣，攻城夺邑，逐个攻灭六国，最终完成统一；这都是秦国用人得当的显例，常为历史学家津津乐道。归纳起来，秦国的用人政策有三个鲜明特征：一是重视客卿，走的是任人唯贤路线，而非任人唯亲；二是用人不疑，一旦看准了，就信任到底；三是能礼下贤者。秦国之所以在用人方面超越六国，既是因为他们原本落后、有急于图强的紧迫感，同时也与他们受周人宗法制影响较小，容易突破"亲亲"观念的束缚有关。秦族僻处西陲时，受周文化的熏陶应该比较少，当他们于春秋初进入岐周地区、开始大量吸收周文化时，周礼却已走向了崩坏，所以，他们学到的只是残余和皮毛，一旦需要打破血缘传统和世卿世禄制，便会因较少心理负担而敢于下硬手。在战国时期的变法改革中，唯有秦国明确规定"宗室非有军功，论不得为属籍""有功者显荣，无功者虽富无所芬华"，使贵族和平民在军功面前一律平等，毫不拖泥带水，就其彻底性而言，这是其他各国都无法企及的。没有血缘关系的人立了功也可以"显荣"，贤者竞相入秦，也就不足为怪了。

但是，秦国的管理都围绕着一个"一"字展开，行的是"一政"。其中，所谓"一务"，即以农战为唯一的任务；所谓"作一"，即"止浮学事淫之人"，令民皆"抟之于农"；所谓"一赏"，即"利禄官爵抟出于兵，无有异施"；所谓"一刑"，即"刑无等级，自卿相将军至于大夫庶人，有不从王令，犯国禁，乱上制者，罪死无赦"；所谓"一孔"，即只以军功"授予官爵"，使谋取富贵的门路绝对单一化；所谓"一教"，就是严格规范教化，不准凭借"博文、辨慧、信廉、礼乐、修行、群党、信誉、清浊"等，获得任何权益，更不准根据这些批评政治，陈述己见，通过"多禁以止慝""任力以穷诈""刑勤以止奸""官爵以劝功"，凝练出"当壮者务于战，老弱者务于守，死者不悔，生者务劝"的统一意志，使"父兄、昆弟、知识、婚姻、合同者"，都以"务之所加存战而已矣"

相激励，最终形成"民闻战而相贺""起居饮食所歌谣者"皆"战也"的集体情绪亢奋；所谓"一言"，即在禁锢百家言论的基础上，维持法家独尊，只准用一个声音说话。在全面实施"一政"的大背景下，秦的用人政策也不可避免地由片面走向偏狭。

秦自孝公变法改革之后，始终以商鞅及其学派的思想作为政治上的指导思想，对其他各家，则采取轻视甚至敌视的态度。保存了商鞅及其学派思想的《商君书》，是从孝公到始皇统一天下后的一百多年间陆续写成的，在成书较早的《垦令》篇里，即提出要惩治"褊急之民、狠刚之民、怠惰之民、费资之民、巧谀恶心之民"等五类有害于农战者，但大致仅以人性为断；后来，打击的对象却很快变成了《诗》《书》谈说之士、处士、勇士、技艺之士、商贾之士，首列儒家学者，其次是道家、游侠和工商，甚至把礼乐、《诗》、《书》、修善孝弟、诚信贞廉、仁义、非兵羞战称作"六虱"，"非兵羞战"指的应该是墨家。只有成书较晚的《君臣》《禁使》《定分》三篇没有禁止儒、墨活动的言论，商鞅学派及该派理论的践行者突然立地成佛了吗？否，他们排斥各家的态度是一贯的。只是这时秦始皇已经做了皇帝，已经搞过了焚书坑儒，"六虱"已被赶尽杀绝，或在《挟书律》的钳制下，不敢乱说乱动，何须再去浪费笔墨、大张挞伐呢？由此可知，秦国在重用客卿、吸引六国人才方面是开放的，在人才的选择上却是封闭的。事实上，到秦为其效力的除法家、权谋家、间谍、军事家以外，少有彬彬文学之士。孔子西行不到秦，荀子在这里做过一次短暂的游历，便匆匆而返。因为有意让"愚农不智，不好学问"，只允许"以吏为师""以法为教"，所以本地成长起来的人物除白起、王翦之类的名将外，几乎就见不到别有专长和建树的人才。如果我们说秦的用人政策既有可取之处，又有严重弊端，相信大家都能接受。

秦的"一政"被《汉书》称为"一切取胜"。据颜师古注："一（壹）切者"，"犹如以刀切物，苟取整齐，不顾长短纵横"。这种"一刀切"的办法能使人力、物力集中到一个方向，短期内易于成功，正因为如此，秦才完成了"使天下归一"的宏伟大业。但是，只关注一点而不计其余，就是走极端，武断片面所带来的后果更为可怕。可以说，也正是"一政"为秦埋下了将自己炸毁的火药桶。秦朝"其兴也勃，其亡也忽"，经验和教训都很典型，值得好好总结。电视剧虽然属文艺作品，基本叙事却不该违背历史唯物主义的立场、观点和方法。

四、如何评价引礼入法？

问：秦人一切"一断于法"，且"刑重而必""刑无等级"，汉以后却又开始引礼入法，发生变化的原因是什么？您对引礼入法的正面作用和负面影响如何评价？

答：中国古代的成文法出自军法。最大的长处是公平，主张法行所爱，不避亲贵；同时强调法律公开，条文不得更动。最大的短处是严酷，主张轻罪重罚，相信以刑去刑、以杀去杀，与刑罪相应原则相悖。优缺点同出一源，即战争的需要。

战国时期，兼并益趋激烈，各国纷纷重用法家，推进改革，构建集权统治，以应对危局。秦国不仅将十五岁以上的男丁驱入战场，而且"举民众口数，生者著，死者削"，使"无得擅徙"，若遇敌军来攻，则以"壮男为一军，壮女为一军，男女老弱者为一军"，分别负责厮杀、构筑工事和后勤供应，实为全民皆兵。同时，又将军队中的"五人束簿为伍，一人逃则到四人"搬用到地方，"令民为什伍，而相牧司连坐。不告奸者腰斩，告奸者与斩敌首同赏，匿奸者与降敌同罚"，均依军法从事。由于秦在商鞅学派理论指导下所建立的是严厉的军事管制，故而秦民"行间无所逃，迁徙无所入"，若"失法离令"，本人及家属均会遭到严惩。正因为如此，在每次出征时，父送其子，兄送其弟，妻送其夫，都要一再叮咛："不得，无返"，否则即会出现"若死，我死"的结局。依靠严法、军管和爵赏，秦人打造了一支"从令如流，死而不旋踵"的虎狼之师，将士"见战也""如饿狼之见肉"，从而攻灭了六国，完成了统一。但这种极端的做法也为秦的短命而亡埋下了伏笔。

随着国内大规模的战争的结束，汉代进入了和平发展期。人民渴望过上安定的正常生活，通过"变秦""更化"结束军事专制的呼声越来越高。经过西汉的试验和选择，渐渐地，引礼入法成了主流的统治思想。引礼入法的过程很长，可能到唐代才告完成，其最具标志性的成果，就是《唐律疏议》的编定。

引礼入法的出发点在于矫秦之失。经反复争论和不断修律，"轻殊死之刑""绝钻钻诸惨酷之科"终被"定著于令"，"事皆施行"，不欲复见刻肌、断体之痛成为朝野共识，秦的凿颠、抽胁、镬烹、车裂之刑被废止，死刑只剩下了绞、斩二法，在隋、唐律中，刑名正式被规范为笞、杖、徒、流、死五级，与肉刑有关的刑名，如黥、劓、刖、宫、城旦舂、鬼薪、白粲、隶臣妾等，均已消失不见。另外，早在汉宣帝地节四年（前 66 年），就由朝廷正式下诏，用允许容隐的办法废止了亲属间的告奸连坐。所有这些都集中反映，自汉至唐确实存在着一种刑罚趋轻的基本走向。而两汉以来法律名家和儒家学者提出的以宽政、疏网、轻刑为核心的政治主张，以及"刑罪相应""宁僭勿滥"的"刑中"理论，也可视为中国法律思想史的瑰宝。在促使中国古代刑法脱离野蛮、步入平允方面，引礼入法的作用不可抹杀。

但是，引礼入法就是用儒家思想统率和规范刑律，由此产生的负面影响同样不可忽视。首先，由于设置了礼与法、情与理的双重标准，不仅增加了司法过程中的人治因素和主观臆断，而且为刑讯逼供、狱以贿成提供了广阔的空间。其次，引礼入法要求"准五服以治罪""凡有狱讼，必先论尊卑上下、长幼亲疏之分，而后听其曲直之辞。凡以下犯上、以卑凌尊者，虽直不右；其不直者，罪加凡人坐"，这样做的结果必然导致"损卑幼以奉尊长"，造成司法不公。再次，礼的功能是对人群进行分等，引礼入法既将体现社会身份的礼制法制化，又将司法量刑与社会等级挂钩，一方面，通过八议、爵减、官当、收赎和赐予铁券丹书等方式对贵族、官僚百般优容；另一方面，又对普通人的犯罪行为毫不宽贷；若是冒犯皇亲或官吏，更要从重量刑，造成官民、士庶、良贱、主奴之间同罪不同罚。法律既然如此明显地"急于黎庶，缓于权贵"，事实上已演变为维护等级特权的工具。最后，礼与德相表里，构成教化，所要解决的是社会伦理问题，法律的作用则是惩治犯罪，引礼入法使礼法混淆，容易把不服从教化也当作犯罪，从而使法律越过边界，干预人们的日常生活和内在行为，充当道德警察。

总而言之，秦的军事专制是用苛法把人民绑在战车上，引礼入法则是借礼法之合力，将人民钳制在秩序中，从本质上看，两者都是专制主义。但前者还可以通过公平执法和严明赏罚激发战斗活力，后者连这一点也做不到了。可以说，引礼入法，有得有失，失抵消了得，最终结果是得不偿失。所以，我只承认引礼入法是中国传统法结构的特点，却不认为这是一种"完美结合"。前辈法学家瞿同祖先生早在《中国法律与中国社会》一书中对古代法律的血缘性和等级性进行了深刻的揭示，他的研究是法律史上迈不过去的一座高山。我相信，只要血缘性和等级性仍然存在，司法公平就不可能真正做到。为此，我热切地期望我国法律工作者能通过"量刑规范化"遏制"同案不同判"，早日实现"有法可依，有法必依，执法必严，违法必究"的宏伟目标。

五、如何认识"百家争鸣"？

问：除了制度问题，您也十分重视思想史研究。请您谈谈春秋战国时期百家争鸣的特点和成因。另外，这场思想解放运动给我们带来了什么样的重要启示？

答：我对春秋战国的百家争鸣很感兴趣，因为从百家争鸣中孕育出来的诸子文化才是中国的原创文化，诸子时代属于雅斯贝尔斯所说的"轴心时代"。因此，就写了一篇四五万字的长文以抒己见，题目叫《夹缝中的自由》，发表时被编辑改为《论战国时期的百家争鸣运动》。

百家争鸣的特点就是学术自由，那时，人们可以自由著述、自由讲学、自由批评和自由流动。有自由就有创造，有自由才能使思想火花竞相迸发，使各种新知泉涌而出，有关哲学、政治、人生、伦理及自然方面的重大问题，春秋战国的哲人都做过深入讨论，以后的学术界，只在如何理解这些命题上有争论，有发展，严格说来，理学也罢，心学也罢，乾嘉之学也罢，都不具备原创性。

但是，秦始皇"重禁文学""焚书坑儒"，汉武帝"独尊儒术""罢黜百家"，秦汉统一王朝成立后，百家争鸣竟成了历史的绝唱。这便说明，在漫长的古代社会里，只有战国时期存在产生学术自由的基本条件。我在文章中指出，百家争鸣是古典专制主义向中央集权专制主义过渡的产物，是由七国并立走向统一时期特有的文化现象，它的出现既是私有制发展的结果，又与土地私有制发展不充分有关。道理很简单，七雄都想击败对手，由自己统一天下，自然会千方百计地吸引人才，争夺人才；私有财产的积累为个人独立提供了基础，但各国行的是授田制，既可以在这里受田，也可以在那里受田，甚至能获得更多的土地赏赐，安土重迁观念尚未出现，人的流动就远较后世简单和轻易。而更大的背景则是，以周礼为骨架的旧的专制统治崩坏了，而新的专制制度尚不成熟，在一个巨大的夹缝中，政府的控制力打了折扣，给学者的自由著述、自由讲学、自由批评、自由流动留下了空间和可能。到秦汉以后，中央集权的各项举措纷纷出台，学术自由受到限制便成大势所趋。对这种演变，徐复观先生在他的《两汉思想史》中做过很好的分析，大家可以参阅。

事实上，在中国近代，也还有一个夹缝，即从清王朝垮台、结束帝制到国民党"训政"的确立。这同战国时期的夹缝在时间跨度上相差很远，却有惊人的相似性。主要是都处在新旧交替时期，都存在分裂割据，却都出现了学术大家。前一个夹缝产生了诸子，后一个夹缝产生了如梁启超、王国维、陈独秀、李大钊、胡适、陈寅恪、赵元任、顾颉刚、鲁迅、郭沫若等许多学术大师。对此，我们似应认真加以思考。

第二个夹缝过后，就进入了"没有大师的时代"。那么，究竟是集权统一好，还是适当分权自治好？这是一个非常尖锐的问题，不能简单地轻置可否。集权统一可以把人民从琐碎的分裂和频繁的战争中拯救出来，这是社会安定和发展的前提，应当历史地加以肯定。但也不能绝对化，像秦汉那样"天下事无大小，皆决于上"的高度集权统一，必然会对学术自由造成扼杀。反之，适当的分权自治则有可能带来学术宽松。所以，我从百家争鸣盛衰演变中得到一个启示，即必须多方面、多角度地观察历史，对一些为国家统一做出过积极贡献的统治者，不能一味拔高而忽略其大搞专制主义的恶的本质，更不能把痈疽当作宝贝，把历史上出现过的一切加强皇权的手段都当作经验加以赞美和弘扬。

六、如何认识巫术在中国传统文化中的影响？

问：您在研究先秦秦汉政治思想的文章中，多次谈到巫术。巫术在中国传统文化中，究竟有哪些影响呢？

答：全世界都曾盛行过巫术文化，中国也不例外。对于巫术活动的思想原则，詹·乔·弗雷泽在《金枝》一书中做过归纳，认为第一是"同类相生"或"果必同因"；第二是"物体一经互相接触，在中断实体接触后还会继续远距离地相互作用"[①]。从前一原则出发，古代的巫师坚持说，通过模拟他便能够实现想要做的事。从后一原则出发，古代的巫师又坚持说，通过曾经与某人或某物接触过的东西（如发、须、爪、衣服、皮、角等），便可对其本身施加影响。建立在上述两大原则基础上的巫术分别叫"模拟巫术"和"接触巫术"。但两种巫术不仅常常合用，而且都承认物体之间能产生某种神秘的感应，因此，也可以统称为"交感巫术"。

我国从五帝以至于夏，巫术文化都占支配地位。颛顼"绝地天通"，羲和浴日，禹铸九鼎等，都应该用巫术理论去解释。那时的战争，既是实力的较量，也是巫法的比拼。胜利者宣称，正是他伸开拥有魔力的手臂，才支撑了太阳初升时不稳的脚步，并走完了一日之中的漫漫长途；也是他用控制敌对者图像的办法，把害人的物怪全部镇压住了，人们进入川泽、山林，才能"不逢不若，魑魅罔两，莫能逢之"[②]。他们在很大程度上是借助巫法"协于上下"，从而受到信任和拥戴，登上了天下共主的宝座。

不管什么事，行之既久，就会起变化。巫术虽然在远古时期产生过巨大影响，但它的认识基础却是错误和虚妄的。巫师把想象的联系与现实的联系相混淆，只具有纯粹的幻想性质。岁月流逝，巫法表演失败的记录越积越多，巫师的破绽终于要为更多精明者所察觉。人类在不断思考中感到自身的脆弱和渺小，同时也逐步丧失了凭借巫师的灵力、用巫法驾驭众灵和指导自然的信心，开始倾向于承认躲在冥冥中的另一个至高无上的大神，才是一切超人力量的拥有者，并转而向它祈祷和祭拜，以求说服或诱使这比人类更有力得多的神灵，去完成已不再幻想可以由自己来完成的事情。商周的帝或天就是新出现的至上神。

种种迹象表明，商周时期，巫术文化已经让位于以祭祀为核心的宗教文化。祭祀由天子主持，祭司们协助他与神交流，利用卜筮等手段接受天的旨意。祭祀

---

① 〔英〕詹姆斯·乔治·弗雷泽著，徐育新、汪培基、张泽石译：《金枝》，北京：大众文艺出版社，1998年，第19—21页。

② 杨伯峻：《春秋左传注·宣公三年》修订本，北京：中华书局，2016年。

的仪式演变为礼，其特点是既威严，又神秘。贵族们深知，只有让每个人都"畏天之威"，才能确立人与人"相畏"的等级秩序，所以，尽管周初出现的"敬天保民"思想含有重民的元素，但殷周政治的本质却是"假威鬼神，以欺远方"①和"明命鬼神，以为黔首则"②，此即通常所说的"神道设教"。

　　然而，到了春秋战国，社会却发生了巨变，礼坏而乐崩，单靠渲染"天威"来使人与人"相畏"已无法实现。于是，孔子以仁释礼，将旧礼所体现的神人关系置换成人际关系，把祭天事鬼的仪节变成人与人"相偶"的原则，通过"变檆祥神怪之说而务人事"③，用旧瓶装新酒的办法，完成了礼制由神学到伦理的过渡，不仅使以前全资神谕而存在的礼获得了新的理论支撑，也使人们从神道设教的恐怖中获得解脱。此后，孟子提出"天视自我民视，天听自我民听"④，把天命说成是民意的体现，发挥了消解天命神性的作用；荀子更以"列星随旋，日月递照，四时代御"等自然之象释天，认为对自然之变，"怪之，可也；畏之，非也"，在此基础上，进而主张人应"明于天人之分""敬其在己者，而不慕其在天者"，尽力做到"制天命而用之"⑤。这样一来，天的威严和神秘就没有了，天人之间的联系也被割断了。

　　儒家摒弃鬼话，改说人话，用知识和理性建构自己的学说，带有鲜明的人本主义倾向，却没有得到各国统治者的青睐。正在这时，同样提倡仁义、节俭，却"尽言天事"，因而被称为"谈天衍"的邹衍，则于齐、燕地区异军突起，而且能使王公大人"惧然顾化"⑥，与儒家备受冷落的情况形成鲜明对照。邹衍又回到神道设教了吗？否。他用阴阳五行释天，没有再把天看作有意志、人格化的至上神。在邹衍为代表的阴阳家看来，一年之内，从冬至到夏至，阳气理应一天天增长（息），阴气理应一天天减弱（消），此谓之阳轨；从夏至到冬至，阴气理应一天天增长（息），阳气理应一天天减弱（消），此谓之阴轨。倘若在阳轨上多做助阳抑阴之事，在阴轨上多做助阴抑阳之事，就能使五行顺利运动轮回，阴阳正常消息，从而带来风调雨顺、疠疾不降、民不夭折的好结果；反之，如行事悖谬，使阳气不能如期伸长，阴气不能如期消退，或阴气不能如期伸长，阳气不能如期消退，则会存在愆阳、伏阴，并酿成干旱、蝗灾、霜雪、霹雳、凄风、苦雨，出现禾稼不熟、五谷不实、民殃于疫之类的惨局，甚至引起暴兵来至，土地侵削。进一步推而大之，长期阴阳不调，又不恐惧敬改，更意味着旧德已衰，新德将兴，

①　《史记·秦始皇本纪》，北京：中华书局，1959年。
②　王文锦：《礼记译解·祭义》，北京：中华书局，2001年。
③　章太炎：《论诸子学》，朱维铮、姜义华注编：《章太炎选集》，上海：上海人民出版社，1981年，第366页。
④　杨伯峻：《孟子译注·万章上》，北京：中华书局，1960年。
⑤　（清）王先谦撰，沈啸寰、王星贤点校：《荀子集解·天论》，北京：中华书局，1988年。
⑥　《史记·孟子荀卿列传》，北京：中华书局，1959年。

于是，"天必先见祥乎下民"，一场除旧布新的"革命"就要开始了。这种新德代旧德的循环就叫五德终始说。

很显然，融阴阳与五行为一体，用五行生克、阴阳消长、五德转移的理论，既解释一年四季的各种变化，又解释历史演进的规律，并借此规范人类，特别是王者的行为，这便是邹衍学说的实质。他不放弃谈天，也不宣扬天人相分，但在构建学说体系时，却使用了大量有关天文、物候、气象、灾变和农业生产方面的知识，使人感到新鲜和"近己"，又提出过"代火者必将水"的预言，抓住了列国之君急于取周天子而代之的心理，所以便能受到欢迎，并在社会上扎根。后来，秦始皇称帝，"齐人奏之"，正好符合新王朝论证其统治合法性的需要，"故始皇采用之"，宣称"周得火德""今秦变周"，正"水德之时"，于是乃下诏依水德定制①，从此，邹衍的学说便进入天子的殿堂，成为皇家制度的意识形态基础。

到董仲舒上天人三策，劝汉武帝变秦、更化时，阴阳五行学说已经四处弥漫，笼盖了一切。所以，史称董氏"推阴阳为儒者宗"，他要弘扬儒家学说，非得和阴阳家结合不可。董仲舒的政见可以概括为三，即承天意，明教化，正法度。强调教化，是要纠正秦人专任刑罚的片面性；既讲法，又讲度，是要重建礼制，提倡"德刑并用""德主刑辅"，这两条我们不去详说。且看"承天意"。董氏一方面把天说成"有欲""有不欲""有喜怒之气，哀乐之心"的"百神之大君"②，并用鼓吹"灾异见天意"③和"圣人传天意"④的办法，重新对接战国时曾经被割断的天人关系；但另一方面，他虽把天还原成有意志、人格化的最高神，却没有赋予他人的形象，反而十分明确地写道："天有十端"，包括"天为一端，地为一端，阴为一端，阳为一端，火为一端，金为一端，木为一端，水为一端，土为一端，人为一端"⑤，实际上是把天看成了由阴阳五行和天地人共同构成的宇宙。由此可见，自战国到秦汉，将天与自然和五行运行的法则相联系，已经成为常识和习惯，董仲舒想退也退不回去了。所以，他除了将十端之间的互动神秘化借以重塑天的权威之外，在对天的解释上，则必须接受阴阳家的说法。

那么，阴阳五行学派的源头又在哪里呢？《汉书·艺文志》说："阴阳家者流，盖出于羲和之官。"据《尚书·尧典》，羲和正是上古时期用巫法表演迎送日

---

① 《史记·秦始皇本纪》，北京：中华书局，1959 年。

② 苏舆撰，钟哲点校：《春秋繁露义证·为人者天》，北京：中华书局，1992 年；苏舆撰，钟哲点校：《春秋繁露义证·必仁且智》，北京：中华书局，1992 年；苏舆撰，钟哲点校：《春秋繁露义证·郊语》，北京：中华书局，1992 年。

③ 苏舆撰，钟哲点校：《春秋繁露义证·必仁且智》，北京：中华书局，1992 年。

④ 苏舆撰，钟哲点校：《春秋繁露义证·郊语》，北京：中华书局，1992 年。

⑤ 苏舆撰，钟哲点校：《春秋繁露义证·官制象天》，北京：中华书局，1992 年。

月的巫师的统称，说阴阳家"出于羲和"，实际等于肯定它与巫术有千丝万缕的联系。试观邹衍的《主运明堂礼》，为了让五行顺利运转，阴阳正常消息，他不仅要求王者在不同的季节到不同朝向的殿里去处理公务，发布有助于生长收藏的政令，而且连所穿的衣服、所打的旗子、所佩的宝玉、所乘的车马、所吃的食物、所用的器皿等，都得与该季的颜色及性质高度一致，这里所蕴含的难道不正是巫术靠模拟让物体相互感应的遗意吗？所以，我们至少可以认为，阴阳五行学说吸收了上古巫术的原理。

董仲舒接受阴阳家对天的解释，当然就接受了巫术思维。他强调行政应遵循"如天所为"的原则，必须"春修仁以求善""夏修德以致宽"，只能在秋冬"修刑以致清"，处决囚犯[①]，也不过是运用巫术的相似律，希望以人事感天，使自然界能顺利实现季节转换，促进作物的生长收藏。而他在主持求雨时，常设土龙或草龙以"收感气之效"，并要求"闭诸阳，纵诸阴"，即关掉南门，禁止举火，大开北门，用水洒人等，则说明他在原理之外，还继承了巫术的方法。限于篇幅，对这个问题，我们就不再多说了。总而言之，我感到，研究先秦、秦汉思想史不能忽略巫术，否则，就会隔靴搔痒，得出似是而非的结论。

七、如何看待古帝研究？

问：近年来，研究传说中的古帝已出现高潮，有的地方还围绕着这些古帝，打造了文化景区。您怎样看待这种文化现象呢？

答：我没有涉足这一领域，因为可信的材料太少，难以系统成篇。曾有一家出版社要我主编一套二百万字的黄帝丛书，我觉得自己实在没有能力熬出这么一大锅无米之炊；试着列了几个研究题目，提供给对方参考，如考古新发现与黄帝研究、阴阳五行学说中的黄帝、道教中的黄帝、黄帝与古代医学、黄帝与古代兵书等等，社领导又不感兴趣，合作缺乏基础，只好搁置一边。

我是河南人，却在陕西工作，豫陕两省都要祭黄，难免会有竞争，我不能为左右袒，但到底还是参加陕西的活动多一些。听来听去，觉得专家学者口中的黄帝实际上有三个：一个是作为中华文明精神标识的黄帝；一个是历史上的黄帝；一个是文化史上的黄帝。常常互不交锋，自说自话。偶有碰撞，也是关公战秦琼，很难将讨论引向深入。

应该承认，三种研究都很必要，只是侧重点和方法各有不同。把黄帝当作中华文明的精神标识，必须论述这一观念的形成过程、历史作用和现代价值。要研究历史上的黄帝，则应甄别文献，收集证据，以求真的态度梳理黄帝事迹，展现

---

① 苏舆撰，钟哲点校：《春秋繁露义证·如天之为》，北京：中华书局，1992年。

黄帝时代的社会风貌，特别应运用多重证据法，重视考古及古文字学提供的新材料。如果研究的是文化史上的黄帝，那就得以文化的流变为主线，先弄清是什么时代、哪种文化、因为何故而成了主流文化，然后再考察这种文化将黄帝改塑成了什么样子，带来了什么样的后果。假如每个人在撰文时都先把自己的目标、侧重点和方法想清楚了，黄帝研究虽因材料缺乏而存在困难，但仍是可以逐步深入的。对其他古帝的研究也是如此。

司马迁在《史记》中说，黄帝死后，"百姓如丧考妣，四海遏密八音"，黄帝崇拜可能出现甚早。那时还没有纪念碑，甚至连文字也没有，各地人民或起土为冢，或建成庙宇，祭酹哭泣，以寄托哀思，这便是黄帝陵庙并不止一处的基本原因。到了战国秦汉，阴阳五行学说流行，黄帝被托祀为中央之帝，太昊被托祀为东方之帝，炎帝被托祀为南方之帝，少昊被托祀为西方之帝，颛顼被托祀为北方之帝，中原很自然地被当成了黄帝之居。但这是文化，不是历史。与少昊氏本源自山东、因被配成了西方之帝、华山就变为少昊之墟是一个道理。后来，黄帝被道教奉为大神，人造的黄帝遗迹更随着道士的脚步而遍布于黄河上下、大江南北。有鉴于此，我主张，既要尊重约定俗成，把黄帝当作中华文明的精神标识；又要尊重学术规范，将文化现象和历史事实分开。为了争名人硬将文化现象考证成真历史的做法，只能给古帝研究增添混乱。

八、如何认识古史分期和商周社会性质？

问："文化大革命"以前，史学界就古史分期和社会性质问题展开过十分热烈的讨论，改革开放以后，却显得有些沉寂。我发现您的文章仍然谈到了周的社会性质。请您就此发表一些看法。

答：在先秦史领域，20世纪五六十年代讨论最多的是商周社会性质和古史分期问题。围绕中心议题，又带动了对铁器与牛耕，众、庶人、民的身份，土地制度，村社制度及早期国家形成的研究。这些工作的开展有助于人们更加科学地认识上古社会，而且也以中国的材料为历史唯物主义提供了佐证。另外，当时的学风总体上是开放的，奴隶制究竟什么时候过渡到封建制，就出现过八种说法，都可以发表意见，西周封建论、战国封建论和魏晋封建论还各有代表性著作行世。只是后来在"文化大革命"中将战国封建论定为一尊，整个讨论才归于沉寂。

改革开放以后，在如何对待社会性质和古史分期问题上，出现了三种态度。一是因害怕落入五种社会形态的窠臼而闭口不谈；二是撇开奴役形式，另立分期标准；三是标准和方法基本未变，但多支持西周封建论，并派生出中国不存在奴隶社会说，认为原始社会一解体，就直接进入封建社会了。

对第一种态度，我只表示理解，却不表示支持。试问，毫不触及社会性质，又怎样去把握历史的本质呢？对于第二种做法，我也唯见其新，未见其是，不敢贸然苟同。在这批学者中，有的把全部中国历史划分为原始民主时代、王权政治时代、皇帝时代、后皇帝时代和现代民主制时代；有的则把古代社会划分为无君聚居社会、王权众庶社会和皇权吏民社会；究其实，无非是"从国体、政体划分中国历史"，这样做岂不是又变成政治标准第一了吗？然而，马克思说："生产关系总合起来就构成为所谓社会关系，构成为所谓社会，并且是构成为一个处于一定历史发展阶段上的社会，具有独特的特征的社会"①，这一结论如何否定得了呢？试想，有哪一种政治制度归根结底不是为了经济的需要才产生出来的？依照政治标准划分，不仅削弱了对事物内在原因的分析，而且会将历史约化成以上层人物活动为主的政治史。第三类学者与我所持的史学观念是一样的，简单说，就是都没有离开历史唯物主义的最基本的原理。因此，我虽然不赞成西周封建论和无奴说，但他们才是我需要请教的老师和同道。

下边，简单谈谈我对西周封建论和无奴说的质疑，诚望相关的朋友批评指正。我在研究中发现，早期奴役的实施，均以强制为前提，主要靠的是"杀伐以要利""阻兵而保威"和"明命鬼神以为黔首则"，即通过先占有其人身和控制其思想来获取生产者的劳动成果，这同封建制下更多地依赖经济手段进行剥削大不一样。再者，由于各类族团普遍存在，一般家族成员虽会受到族的保护，但更是既处于族长的严控之下，又"作为土地的有机附属物跟土地一起"被更高级的贵族占领，双重剥削一起压向金字塔的最底层，似不能轻言劳动者的地位比较优越，甚至具有一定的自由。更为关键的是，恩格斯曾经在《反杜林论》中反复申述奴隶制在历史上出现的必然性，他指出："人类是从野兽开始的，因此，为了摆脱野蛮状态，他们必须使用野蛮的、几乎是野兽般的手段。"②据我的理解，"野兽般的手段"就是超经济的强制，而超经济的强制恰恰是奴隶制的本质。如果说中国没有经过奴隶制阶段，那么我们的先民是如何摆脱野蛮状态的呢？另外，恩格斯认为："有两个自发产生的事实，支配着一切或者几乎一切民族的古代历史：民族按亲属关系的划分和土地公有制③，他又说："土地公有制……以可用土地的一定剩余

①　马克思：《雇佣劳动与资本》，中共中央马克思恩格斯列宁斯大林著作编译局：《马克思恩格斯选集》第一卷，北京：人民出版社，1972年，第363页。

②　恩格斯：《反杜林论》，中共中央马克思恩格斯列宁斯大林著作编译局：《马克思恩格斯选集》第三卷，北京：人民出版社，1972年，第220页。

③　恩格斯：《马尔克》，中共中央马克思恩格斯列宁斯大林著作编译局：《马克思恩格斯全集》第十九卷，北京：人民出版社，1963年，第353页。

为前提……剩余的可用土地用尽了，公有制也就衰落了"①，这种情况在西周并未发生，试问，在土地私有制远未成形、运用经济杠杆进行盘剥缺乏基础之时，统治者除了靠超经济的强制来榨取财富以满足其衣食住行所需外，他们还能有别的选择吗？我知道，马克思不赞成把他的学说看作放之四海而皆准的真理。在晚年，他和恩格斯都曾对以前的观点做过反思和修正。例如，恩格斯说："奴隶制是古代世界所固有的第一个剥削形式；继之而来的是中世纪的农奴制和近代的雇佣劳动制。这就是文明时代的三大时期所特有的三大奴役形式"②，这是恩格斯对人类社会历史深入研究后得出的基本结论，各国的奴隶制自有特色，都很特殊，但不能用特殊去否定奴隶制这个一般。正所谓：白马虽非马，岂可说无马？

九、如何评价改革开放以后的史学界？

问：您对改革开放以后的史学界有何评价？最好是既谈成绩，也谈谈缺陷和问题。

答：改革开放带来了科学的春天，也使史学界发生了巨变。经过对"文化大革命"的反思，多数学者指出，政治不是目的，而是实现不同时期经济目标和社会目标的手段。因此，历史研究应该为人民服务，而不是为政治服务。大家都承认，历史的本质是真实，如果借口政治需要，弄虚作假，肆意篡改，不仅会破坏历史科学，也会破坏社会主义政治。通过弘扬优秀传统文化进行爱国主义教育当然是史学工作者义不容辞的责任，但历史学最重要的作用则是总结经验教训，揭示客观规律，提出战略性的历史眼光，以便全面地、正确地、有说服力地对现实做出判断，形成宏观决策和解决办法。在后一领域，需要史学界去做的事情很多，可谓任重而道远。

改革开放以后的史学界，不仅在如何为现实服务方面端正了态度，更在如何正确理解和运用唯物主义历史观上出现了思想的飞跃。比较一致的意见是，马克思主义的立场、观点、方法应成为历史研究的向导，不能将其变为简单的公式或僵死的教条；生产力对生产关系、经济基础对上层建筑确有决定性的作用，但生产关系、上层建筑的演变还会受到其他因素的制约，不能将生产力发展对历史的作用绝对化；历史是客观的，有其自身的规律性，但历史活动又有人的参与，主观可以影响客观，因此，历史规律不会像自然规律那样单纯，它常常是通过偶然实现必然，

① 恩格斯：《自然辩证法》，中共中央马克思恩格斯列宁斯大林著作编译局：《马克思恩格斯选集》第三卷，北京：人民出版社，1972 年，第 519 页。

② 恩格斯：《家庭、私有制和国家的起源》，中共中央马克思恩格斯列宁斯大林著作编译局：《马克思恩格斯选集》第四卷，北京：人民出版社，1972 年，第 172 页。

我们必须充分估计到历史问题的复杂性；人民群众是历史的主人，但少数杰出人物的特殊贡献也不可忽视，甚至往往"是人的恶劣的情欲——贪欲和权威欲成了历史的杠杆"①，研究者应把历史看作各种合力共同进行的创造活动，评价历史人物时，不能仅以出身和善恶定功过；在阶级社会里，各阶级之间既矛盾对立，又相互统一，强调阶级斗争的存在和作用固然不错，但不能任意拔高，更不能将"阶级斗争为纲"移用到学术活动中，把阶级斗争说成是历史发展的唯一动力。

上述观点澄清了对马克思主义的曲解，使唯物史观开始向科学和理性回归。与此同时，大家还清醒地意识到，作为一门发展的科学，马克思主义不是一个封闭孤立的体系，它在广泛吸收前人研究的基础上诞生，也应不断吸收各门科学提供的新成果丰富自己。正是有了心态上的开放包容，国外不同学派的史学理论被介绍引进，年鉴派史学、环境史学、近代化史学、计量史学、社会史学、心理史学、比较史学、人口史学、城市史学等，都在中国史坛取得了一席之地。

在厘清思想的基础上，对现代化所面临的问题，历史学家也试图运用自己的知识和智慧，做出合乎科学、合乎逻辑、合乎规律的回答。像亚细亚生产方式、历史发展的真正动力、中国古代存在周期性循环的原因、洋务运动的历史地位、中国近代史分期等，都曾成为大家热烈讨论的中心。中国史学界第六次代表大会公布，仅改革开放头20年，就已累计出版史学著作、回忆录、地方史、资料集两万多种，发表各类史学论文不下20万篇，反映了广大学人服务社会、参与现代化建设的高度热情。而由于实行跨学科研究，历史学从其他学科借用了新概念、新方法、新模式来改造自己，从而使这门古老的学科在投身现代化的过程中焕发了青春。

然而，某些不良的风气也开始慢慢滋生。最主要的是，一部分人轻视理论，脱离社会实际，不对重大问题作综合研究，缺乏创新意识。这些学者忘记了历史学本身就是一种理论性研究，也忘记了史学的诞生和发展都根源于现实的需要，现实性，正是历史学的基本属性。他们重求真而轻致用，不懂得仅有个体的、局部的精细解剖还远远不够，只有通过宏观的综合分析，才能发现内在联系，进而使历史获得生命力而变成科学。因此，先秦史从业者虽多，能对现实社会生活中的重大问题从历史与现实的关系上给予科学说明者仍嫌较少。

醉心于复原现象和微观考证的结果是用考古学、考据学代替历史学。我深知正像研究历史必须有"四把钥匙"一样，研究先秦史离不开考古学和考据学。但我也想强调，考古学、考据学不是历史学，充其量只是广义的历史学。不同学科应该交叉互补，却不能相互取代。先秦史领域出现这一情况的原因十分复杂。既

---

① 恩格斯：《路德维希·费尔巴哈和德国古典哲学的终结》，中共中央马克思恩格斯列宁斯大林著作编译局：《马克思恩格斯选集》第四卷，北京：人民出版社，1972年，第233页。

有历史根源、社会根源，也有个人思想根源。但改革开放后悄然兴起的两个口号肯定起了推波助澜的作用。一个叫"走出疑古"，一个叫"回到乾嘉"。怀疑是一切科学的起点，"走出疑古"抽掉了怀疑精神，还有什么科学和创新可言呢？乾嘉学派在研究方法上近于近代的科学认知，应该珍视和继承。但我以私心度之，某些言必称乾嘉的人并没有领会乾嘉之学的真谛，更不是要回归理性，而只是钻进故纸堆，远离现实。两个口号扭结在一起，助长了先秦史研究中的复古主义思潮。四个打破不能继续破了，已被证伪的东西又被证实，连黄帝的生卒年份及所谓八代炎帝的生卒地都已确定下来，像《帝王世纪》《路史》之类本应慎用的书更因可以找到适合自己口味的材料而被奉为至宝。这种混乱或许是口号提出者所始料不及的，但已发展到了可笑又可悲的程度。

　　我赞成您既讲成绩又讲缺点的想法。人类是在不断纠正偏差中前进的，历史学也是这样。因此，存在不良之风并不要紧，关键是要予以正视。我今天说出一些问题，就是要提醒大家注意，出发点是希望历史学健康发展。如有不妥，很愿意接受来自各方面的批评。

2021 年 6 月 21 日

靖 边 访 古

2018 年的夏天似乎特别长，西安市内酷热难当。陕西康隆置业有限公司总经理刘国强先生为陕西师范大学早年毕业生，他邀请我和李甫运教授两家到陕北避暑，从而得以首次访问靖边。"苟富贵，无相忘"，国强已是成功人士，却始终将母校老师挂在心怀，深情厚谊，令人感动。

靖边一名，源自明朝与鞑靼作战时所筑的靖边营，清雍正九年（1731 年），始合安边、宁塞、镇罗、镇靖、龙州五堡以为县，顾名思义，古代曾为边塞之地，其荒僻的程度，由此可想而知。然而，如今行进在平阔的一级公路上，两边的山原川道满是苗壮生长的玉米、谷子，沙柳和白杨不停地拍着手，一排一排地依次退向车后，仿佛在专门列队迎接远方来客。待到登上陕西康隆置业有限公司 22 层的总部顶楼四望，才见巨大的绿色地毯竟已直铺到天际。脚下在张家畔镇拔地而起的新县城里，则是楼堂瓦舍鳞次栉比，格调互异的建筑物在太阳的照射下闪闪发光，争芳斗艳，像是一捧散落在绿海中的五彩珍珠。我们一行人都感到，到了靖边，却觉察不到一点边地的苍凉。

靖边最著名的古迹是统万城。它位于县城以北的红墩界乡，驱车缓行，约一个多小时就到了。这座由十六国后期大夏政权的创立者赫连勃勃所建的城堡，至今仍孑然独立在无定河北岸的一处高地上。趋前细观，方知分为东西两城，四隅都有方形或长方形墩台高出城垣。其中以西城西南角墩台为最高，残剩部分在 30 米以上。西北角墩台次之，东北角的墩台存在开裂，东南角的墩台则已坍塌不见。城墙外还加筑有密集的马面。南垣马面既长大，又宽厚，据当地文物工作者介绍，里面中空，设有储存军用物资的仓库。城垣、墩台和马面一律用苍白色的三合土夯筑而成，夯打精细，夯层清晰，真算得上"坚如铁石，凿不能入"。在西南角墩台的壁面上，可见横列的椽孔和安放立木的柱洞，说明当年墩壁附有板道楼阁结构，状若架于悬崖上的栈道，难怪大夏国的秘书监胡义周在撰写《统万城铭》时，要用"若腾虹之扬眉""似翔鹏之矫翼"加以形容。赫连勃勃名此城为统万，称其正殿为永安，其君临万邦的野心和永远安泰的妄想昭然若揭，但尽管他用残暴的手段和大量的杀戮极力维持，他所建立的大夏政权也仅延续了 25 年。这说明任何专制统治都摆脱不了"其兴也勃，其亡也忽"的历史命运，仰仗军事专制者更会如此。

大夏亡于拓跋魏。后来，驻守此地的宇文泰入主长安，把持西魏朝政，传至其子宇文觉，干脆篡位自立，建立了北周。在隋末的混乱中，贼帅梁师都窃据统万，建立梁国。贞观二年（628 年），唐太宗命柴绍、薛万钧合力攻取，师都为部属所杀，城降，唐于此设立夏州。可是，由于吐蕃在青藏高原崛起，压迫党项羌内徙，夏州又变成了党项族聚居的重要地区。李元昊正式建立夏国后，宋、夏战争日增，为不使这座百雉坚城为敌所用，宋太宗遂下令予以"废毁"，将居民"迁于绥、银等州"。从此，统万城便销声匿迹在浩瀚的毛乌素沙漠中，直至清道光二十五年（1845 年），酷爱历史的榆林知府徐松命知县何炳勋前往寻访，它才又被重新发现。我一边和李教授沿着城垣漫步，一边拾取记忆的碎片，恍然之间，眼前仿佛又出现了夷夏各族十万民众被强驱修城及攻守双方拼死搏杀的场面，耳畔也响起了沉重的夯筑声、惨痛的呻吟声及刀枪撞击与战马嘶鸣。统万城的兴废再次反映，古代任何所谓的文明成果，都建立在大量不文明行为的基础上，甚至伴随着野蛮和血腥。

说句实在话，这次来靖边，让我最感兴趣的并不是统万城，而是发现于该县阳桥畔镇的一座古城址。因为前者经徐松命人踏勘后早已闻名于世，不再稀奇，后者却还没有揭开神秘的面纱。陪我们前去参观访问的是县民族宗教事务局局长赵世斌。他原任文化和旅游文物广电局副局长，对全县遗迹、遗物的分布了如指掌，所以，路就走得特别顺。这天正值雨后，空气清新而透明，车子过处，只留下了均匀的沙沙声，并无半点扬尘，鸟儿在树梢鸣啭，天上飘着洁白的云，红的花、绿的草散发着诱人的淡香，但我们却顾不上在夏日晴和的旷野里陶醉流连，一下车便直奔城址所在的瓦碴梁。

顺着赵局长手指的方向，果然远远地就看见了古城断断续续突出于地表的残墙。走近了端详，发现墙土也呈苍白色而略深，与统万城几乎没有太大差别，可见用掺有生石灰的三合土夯筑，乃是当地古老的传统技术，并非始于大夏。夯层的致密坚牢，同样可用铁石喻之。由于墙体宽厚，不少地方被农民掏空，用作羊圈、猪舍。更令人惊叹的是，城址规模宏大，除西部已被水库淹没外，东西长仍有 4 千米，南北宽约 2 千米。跨越南墙，走在瓦碴梁上，脚下陶片密布，经粗略检视，即知有残破的水器和饮食器，更多的则是毁弃的筒瓦、板瓦、瓦当和铺地砖，纹饰可见绳纹、布纹、篮纹、麻点纹和回纹等，时代当属战国、秦、汉。在路旁种满玉米的田间，望见了一些边界整齐的高地，偶尔还有柱础散落其上，应是当年的建筑台基。这些台基和大量的残砖断瓦都足以让人联想到原先宫室屋宇的巍峨和城中人物的阜盛。

正边走边看，当地的文物保护员递上一个小件铜器让我辨认，虽然锈蚀严重，仍能看出大约属于镶在马具上的铜泡钉。这个质朴的中年汉子笑着对众人说："咳！像这样的小东西过去很容易捡到，还有矛头、箭头、钱币、铜镜等，瓦碴梁村的家家户户，谁家没有？1982年水沟冲出大量铜钱，一些人一捞就是好几斤，单文物部门从村民手中回收的就有两万多枚。另外，还出过不少钱模子。"他的话让我不由得怦然心动，这座城不仅很大，而且能够铸钱，难道不正是战国、秦、汉期间的一个区域性政治经济中心吗？

这么重要的城池，在文献记载中有没有，如果有，它又该叫什么呢？谈及历史定位，赵局长就有点兴奋，他激动地说："我早认为是阳周故城，作家张泊也这么看，但历史地理学界不赞成，所以没有宣传出去。直到在此地发现了'阳周侯印'和刻在陶罐上的'阳周塞司马'陶文，反对的声音才小了。最近省考古研究院已派专家前来调查，对我们的意见十分支持。"同行的李甫运教授是著名的书法家，当即仔细观察了印文和陶文的拓片，确定其为隶书的早期书体，进一步为判断城址的时代提供了佐证。

为了更好地体会阳周故城的形胜，赵局长带我们迤逦东去，驱车上行。居高远眺，只见白于山巍然矗立于南，无定河和芦河滔滔横流于北，又有两条溪流自深谷涌来，在阳桥畔之东合为一股，汇入芦河，再斜插向东北，加入无定河水的洪波里，很像是有力的膀臂从旁侧伸出，将故城揽入山的怀抱。

赵局长一边招呼我们在崖畔上站稳，一边指画着说："白于山上有秦昭王所筑的长城，眼前的两条河即奢延水和走马水。《水经·河水注》认为走马水'出长城北、阳周故城南桥山'，这句话可不简单。第一，表明走马水发源的白于山古名桥山；第二，表明走马水的源头已处于秦列城之外；第三，表明阳周城在桥山之北，距走马水不远，这与阳桥畔瓦碴梁古城址的位置完全相符。《水经注》另外一句话是'奢延水又东，走马水注之'。两水相交的地方不就在咱们的脚下嘛！这里曾被称为桥门，本义应为桥山上的长城门。"赵局长的现场讲解既直观又清晰，立刻使我们认识了阳桥畔故城在军事地理上的重要性。

如果故城确实是阳周，发生在这片土地上的故事可就多了。最重要的有秦太子扶苏与将军蒙恬驻军于此，又先后被逼自杀于此；汉武帝勒兵十余万北巡，"还祭黄帝冢桥山"；王莽于此治黄帝陵园，改阳周县为上陵畤；东汉段颎至走马水，出桥门，追击羌人于奢延泽；等等，上述都在史书中有明确记载。然而，据《汉书·地理志》，阳周仅是一个县，为什么会由太子守之，会让皇帝亲临呢？赵局长不假思索地回答道："因为这里是古上郡的治所呀！传统上都认为上郡郡治是在肤施县，其地约当今榆阳区鱼河镇，但那地方哪有这么大的城址呢？"赵局长的话发人深省，在紧张的回忆中，我猛然想到，《史记·蒙恬列传》说蒙恬"因地形""制险塞""暴师于外十余年，居上郡"，而胡亥派使者赐他死时，却跑到阳周找他，他不肯死，便就地"囚于阳周"，这不恰恰证明上郡就是阳周、阳周就是上郡吗？可见若只读书而不到实地考察，有些问题永远都会处于以讹传讹的迷误中。阳桥畔的故城紧倚白于山和秦长城，连接来自延、绥的秦直道，北有无定河和芦河作天然屏障，扼守着走马水出山处的桥门，才真正称得上是"因地形""制险塞"，舍此，恐怕没有一个地方可以与之相比。仔细品味，我不能不对赵局长的洞见深表叹服，事实上，应当把古阳周看作当时河套地区的第一战略要地。

看罢阳周故城，车子又进了白于山。在山内高家沟乡的阳畔和王坟湾村之间，散布着七座土丘，中间最大的一座，当地人一直称之为轩辕峁。赵局长说："这才是真正的黄帝陵。"我一直认为黄帝是传说人物，所有的陵、庙都是纪念性建筑或宗教活动场所，无所谓真和假，当今只能按约定俗成的办法选择一处作为中华民族的精神标志。但同时又觉得，即使只把汉武帝的祭陵处搞清楚，也有一定的历史意义。于是便仔细对夯层做了观察，对土台的占地范围做了步量，还拍了不少照片。直到天色晚了，才意犹未尽地离开。这时，山里已起了风，隐隐听得见松涛，像是谁在低吟送行的歌，路上见到几座水库，平静如镜的水面早被落霞染红，群鸟争着归林，突然却有一只苍鹰冲天而起，顺着山谷盘旋向远方。我一边倚着车窗凝视大自然的美景，一边想，若没有国强和赵局长的周到安排，我怎么也不会知道，陕北山间的景物竟也如此迷人。

在以后的几天里，我们又参观了靖边博物馆、靖边旧县城及白文焕旧居、惠中权纪念馆，等等，还访问了县收藏家协会，鉴赏了不少珍贵的私人藏品。离开时，旧友新知都来相送，收藏家协会的马秘书长赠送我一函他自己制作的陕北汉画像石摄影集。我感到，这次靖边访古真是收获颇丰，需要进一步好好学习和消化。

回西安后，我从《汉书》中查到，阳周侯名叫刘赐，是淮南王刘长的儿子，后被改封为庐江王。另有周阳侯赵兼，为淮南王舅父；周阳侯田胜，为汉景帝皇后王夫人的同母异父弟。不能排除史书在传抄中将"阳周"误倒为"周阳"的可能性，因为东汉人应劭注释《汉书》时，就出现过这种误倒。一个偶然的机会，我在学校图书馆见到一本叫作《秦帝国全天星台遗址及其源流考》的书，其中谈到，秦朝政府曾将当时可见、可名的全天星座、星官用夯筑或铲削成台的办法，在地上仿造，以便对应性地进行观星、祭星和占星活动，星台总数竟多达1424个，主要建于陕北和内蒙古鄂尔多斯地区。急忙查看该书所附分布图，发现其中有五座正在靖边高家沟一带。我们看到的轩辕峁及相邻的土冢，会不会就是秦人夯筑的星台呢？我期待能有机会再去靖边，以便与赵局长继续深入讨论。

2019 年 6 月 25 日

重游乾陵

孙女十二岁，下学期该上初中了，暑假回西安，提出要去看看乾陵，我欣然同意，并立即做出安排。道理很简单，这么大的孩子精力旺盛，跑得动；理解能力也提高了，看过的东西记得下，还可能会产生一些属于他们自己的新看法。

乾陵是唐高宗李治和皇后武则天的合葬墓，而武则天又改过国号，正式做过皇帝，这样一来，它就成了全国唯一的埋着两个皇帝的特殊皇陵，其知名度之高，完全可以想见。我过去多次陪客人前往参观，这一回真正算是重游，并且和家人在一起，心情十分轻松愉快。乾陵位于乾县北门外 6 千米的梁山上，以前走西兰公路，汽车起码要开两个多小时，现在有高速，才一个多小时，就远远望见了它的倩影。陵本身就是一座自成一体的石山，山顶三峰相峙，南边两峰略低，其上各建土阙，像是隆起的乳房，北峰则更高大，恰似披发仰卧的美女头部。这天正值雨后，天气晴和，黛色的美女峰被映衬在湛蓝的天幕上，既轮廓清晰，又秀逸缥缈，显得特别具有神韵。

下车进了阙门，就踏上了宽阔、笔直的司马道。自南而北，有华表、飞马、朱雀各一对，石马五对，石人十对，分列两旁，像是欢迎各地的客人。司马道是个漫上坡，越走越高，一直通向内垣的南门——朱雀门。门外两侧各立有一座大碑。左边的叫《述圣碑》，八千多字的碑文全是颂扬唐高宗的文治武功，碑高 6.3 米，可分七节，故俗称七节碑。右边的一座高大与左碑相仿，因初立时全碑并无一字，故俗称无字碑。但宋、金以后，已有人在上边留下题刻，无字碑上有了字，不再名副其实了。两通大碑之北是两群拱手侍立的石雕人像，个个身穿窄袖紧身衣，腰束宽带，足蹬皮靴，而且大多深目高鼻，据说刻的是参加高宗葬礼的少数民族首领和外国使臣，背后原有职衔和姓名，可惜历经风雨剥蚀，字迹已经磨灭不清。过了群雕，才是一对守门的特大号石狮，讲解员说："两个狮子，一个欢喜，一个发怒，表情迥异而生动。"但我们看了半天，却对谁喜谁怒各执一词。

跨进司马门，就该登山了。乾陵海拔 1049 米，虽不算高，却颇陡峭，又没有修筑台阶，老伴腿不好，就坐在下边休息，剩下我和孙女继续前行。起初路还较宽，渐渐变为小径，曲折处，需要手扒树干攀缘。将近山顶，更是一片怪石嶙峋，令人无法插足，我们只好弯着腰，摸着石头小心翼翼地往前挪，好不容易在顶部一块稍平的地方停下来，身上的衣服已被汗水湿透。幸而登顶的喜悦冲走了身体的疲累，极目四眺，顿觉心旷而神怡。乾陵的两侧各为一条深沟，沟对面则是高平的黄土原，玉米田、谷子地与葡萄园、苹果园错落分布，间或有青堂瓦舍的村居点缀其间，看得见农家的炊烟正袅袅升起，似乎是要去同天上的白云相会，清风扑面，随风又传来了一声声鸡鸣犬吠。我们为眼前的这一片祥和美景所陶醉，简直有点不愿意下山了。

　　吃着带来的饼和水果，取出水轻啜慢饮，爷孙俩竟在山上展开了对话，讨论的中心当然就是武则天。孙女问我：应该怎样看待这位女皇？我介绍了她改《氏族志》为《姓氏录》，彻底否定门阀旧制；扩大科举，重用寒门出身的杰出人才；"劝农桑、薄赋徭""省工费""息兵戈""广言路"等，许多方面的善政，并且说："从咱们刚参观过的两群石雕就可以看出，她当时拥有很多的支持者。在她统治的时期，社会经济发展较快，户口大量增加了。"见孙女有些似懂非懂，将信将疑，我又背诵了留在无字碑上的一首明朝无名诗人的题诗："乾陵松柏遭兵燹，满野牛羊青草齐。惟有乾人怀旧德，年年麦饭祀昭仪。"我告诉孙女，昭仪是武则天当皇后之前的封号，当地人称乾陵为"姑婆陵"，年年供奉麦饭，自发地用极朴素的形式祭祀武昭仪，证明老百姓没有忘记她的功德。孙女会背很多古诗，提起诗就来了兴致，立刻问："武则天会写诗吗？"害得我搜肠刮肚，勉强忆全了公认为武则天亲笔所作的两首。其一是《如意娘》："看朱成碧思纷纷，憔悴支离为忆君，不信比来长下泪，开箱验取石榴裙。"其二是《腊日宣诏幸上苑》："明朝游上苑，火速报春知。花须连夜发，莫待晓风吹。"前者写她在感业寺当尼姑时的苦闷和因思念李治而生发的情意缠绵和神魂颠倒；后者写她当上女皇之后的威严和要让自然听命于她的气概。我还忆及，据《全唐诗》所录，武则天有诗46首，加上由她作词的《武后享清庙乐章》10首，共为56首。孙女惊讶道："虽远不及李、杜，也算是一位大诗人了。"

　　因为害怕老伴等急，我们才恋恋不舍地下山，汇合后同去看乾陵的陪葬墓。这些墓共有十七座，分布在县城东北一带。经过发掘并建有陈列馆的有三座，分别是章怀太子墓、懿德太子墓和永泰公主墓。车子开过去才发现，因为道路正在翻修，章怀太子墓不开放，能够参观的只剩下两座。它们都用砖墙环绕，各自形成长方形的院落。院中遍植茂林修竹，间以浅池短沼，水面上或有芙蓉绽放笑颜，或有睡莲随风荡漾，要不是门外的石狮、道旁的石人和后部的青冢，你准以为这是两处文人雅士的宅第。与乾陵主墓的雄伟壮观相比，陪葬墓显得小巧而沉静。

　　沿着长长的墓道斜坡向下走，渐渐就到了墓底，这里益发清幽，让人感到阴冷，浓浓的湿气满室缭绕，使灯光变成一片昏黄。懿德墓和永泰墓都以出土壁画而著称于世，有名的阙楼图、仪仗出行图、内侍图、架鹞戏犬图、驯豹图、执扇公主图、天象图等，原本就装饰在墓道两侧及天井上，揭取送展后虽照原图补画，但因防潮等保护措施不力，已经有些剥落和漫漶不清。巨大的石棺孤零零地躺在墓的后室，墓主的尸骨早已腐朽，更无法一睹其风采和容颜，但两块墓志却分别记下了他们的生平和死因。懿德太子名李重润，为唐中宗李显长子，武则天之孙；永泰公主名李仙蕙，则是李显第七女，武则天之孙女。兄妹俩和李仙蕙的丈夫武延基一起议论武则天的宫廷丑闻，遭人告发后三人同时被"赐死"。永泰公主的《墓志铭》中有"珠胎毁月"等语，念到此处，讲解员特意强调说："过去有人据以判断李仙蕙死于难产，现在研究证明是不对的，应该是迫令自杀或杖杀。"听到杖杀二字，孙女不由得"啊"了一声，双手就紧紧地抱住了我的胳膊，又悄悄地问："是真的吗？"于是，我就想起了武则天掐死刚生下的女儿以嫁祸于王皇后，派丘神勣逼死章怀太子李贤，重用酷吏，滥用酷刑，大肆迫害李唐宗室和一切反对派等种种的恶行，为了夺取权力和巩固权力，她对人的生命的轻蔑，已达于极致，再杀三个人算什么呢？因此，我只能回答孙女说："恐怕是真的。"

出了墓道，坐在树下的石凳上休息，我告诉孙女："李重润、李仙蕙是公元701年在洛阳被害，到公元705年，武则天退位后才由唐中宗李显下令改葬乾陵。懿德太子、永泰公主的封号都是追谥的，算是给他们平反，恢复了名誉。"孙女对皇族内部骨肉相残的事实仍感到不解，我就给她背诵了一遍据传为章怀太子李贤所写的《黄台瓜辞》："种瓜黄台下，瓜熟子离离。一摘使瓜好，再摘令瓜稀，三摘犹自可，摘绝抱蔓归。"接着又解释说："专制体制像座金字塔，坐在塔尖上的人只能是一个，其他任何潜在的登顶者都可能成为被摘之瓜，哪里还管是不是骨肉呢！"孙女默不一语，仿佛陷入了沉思，我估计她正在心里重塑武则天，就一边拉她起身，一边劝道："高宗李治的碑上有八千多字，为武氏所立的碑上却不着一字，可见当时人已感到她太复杂，不好评价，我们何必为此伤脑筋呢！快告别乾陵，告别武则天，去吃乾州四宝吧！"

其实我还想对孙女说：自从阶级对立发生以来，往往是人恶劣的情欲、贪欲和权势欲，成了历史发展的杠杆，所以不能简单地以善恶判定功过，但同时又需明白，承认恶曾在历史进步中充当过不自觉的工具，又不等于可以放弃对恶性本质的揭露和批判，更不能颠倒黑白，混淆是非，将痈疽视为宝贝。可是转念又一想，说这些她能听得懂吗？所以，下午的归途中，便不再谈武则天，聊的都是些轻松的话题。

车子向南开，很快就看见了秦岭。夏日的黄昏光线仍很强，不仅能看清山的雄姿，还能分出层次。重峦叠嶂，自西徂东，成为南北的分水岭。在那大山的褶皱里不知隐藏着多少的秘密哟！历史如山，它也有许多不为人知的东西等待我们去探索。不知道孙女是否愿意像我一样，也选择学历史。

2019 年 8 月

眉 县 行

北宋仁宗年间的一天，有兄弟二人侍奉着母亲奔波在川陕古道上，父亲刚刚病殁于涪州任所，他们计划将灵枢护送回故乡开封。但走到眉县的横渠，却改变了主意，就地安葬了逝者，在此定居下来，将自己变成了横渠人。这兄弟两个就是张载和张戬。张载38岁中进士，三历外任，51岁辞官返里，主持横渠书院，创立关学学派，被称为横渠先生，从此他便和横渠融为一体，再也分不开了。然而，当年是什么原因促使他们下决心留在横渠，却始终是我心中的未解之谜。很想去实地考察，却一直不曾遇到机会。直到2019年4月，才实现了夙愿。

根据中组部的规划，北京大学选调毕业生支援陕西。师弟陈昌煦以优秀博士学位获得者的身份被任命为眉县副县长，履新两年，分管诸事已皆有端绪，乃于忙中抽暇，邀请北京大学西安校友会组团到眉县参观，我作为一名老年校友随行，得以躬逢其盛。承蒙杨彬校友派车来接，一大早就出发了。适值一场夜雨过后，蓝天、绿树、房舍、道路都被洗得干干净净，益发显得风和日丽。湿漉漉的空气带着丝丝甜意，沁人心脾，极目远眺，只见南山如黛，层峦叠嶂，云蒸霞蔚，真是美不胜收。一边观景一边走，丝毫不觉得累，转眼之间，眉县到了。

昌煦陪着县委武书记在路口迎候，考察路线预先已经商定，于是，也不休息，又上车出发，看猕猴桃产业园，登平阳阁，上太白山，去常兴，过槐芽，最后到横渠张载祠。眉县南北38千米，东西35千米，近似正方形，用一天的时间，基本跑遍全境。在领略了它的形胜之后，对张载当年为什么要卜居于此，我也有了自己的理解。

地理学界多数学者都主张黄土高原风成说。喜马拉雅山脉挡住了西南印度洋上的暖湿气流，不仅使中国中西部的气候变成了干旱半干旱气候，更使近地的季节风变得极为强劲，蒙新高原上能吹走的物质都被裹挟起来向东南吹送，最终使当地只剩下了吹不动的石头，被称为石漠或戈壁。在风力转运的过程中，颗粒和比重较大的部分较早落下，形成了沙漠，只有黄土继续飘移，直到遇见秦岭这座天然屏障，才飘不过去了。眉县地处秦岭北麓，它的土壤当然正是由吹得最远的黄土所构成。

吹得远的原因无非两个。一是细，所以我们通常总说关中黄土团粒结构细微，易于垦耕；二是轻，土里含有很多腐殖质成分，土壤本身具备自我加肥能力。如此优良的土质在农业社会里是十分难得的。而横渠还有另外一些条件值得称道。作为黄河最大支流的渭河滚滚东去，横贯眉县全境。北岸有马家、常兴，南岸有槐芽、横渠，再加上城关和齐镇，这些眉县的名镇实际上都处在渭河的河谷里，而更北边凸起的旱原却已属扶风了。近水的低地在典籍里被称作隰，不仅平坦、肥沃，而且耐旱，自古即为农人所喜耕，因而，《诗经》中便有"畇畇原隰，曾孙田之"之句。如果说关中盆地是陕西的"白菜心"，那么，地处渭河中段的眉县就是关中的"白菜心"。张载一眼就看中了"白菜心"里的横渠镇，不是没有道理的。

不过，让张载爱上横渠的，除了自然环境，应该还有社会环境。据司马迁《史记·货殖列传》记载，关中民"好稼穑，殖五谷，地重，重为邪"。意思是说，这里土层深厚，百姓皆勉力于农，绝不肯轻涉奸邪之事。横渠一带所流行的应该就是此种风尚。自唐末五代以来，社会剧烈动荡，政权随军事实力的消长而更迭，迫使赵宋王朝不得不改弦更张，确立偃武修文、"与士大夫共天下"的基本国策，从而促成了"庆历之际，学统四起"的新气象。有志于在由乱入治的潮流中以所学重塑民族精神的张载，决定在富裕、安定、淳朴的横渠定居，并把这里当作创立和传播关学的基地，可算是一个十分恰当的选择。

张载是在"访诸释老"以后，认定宗教不足以抚慰和修复饱受战乱之苦的心灵，才决定"求诸六经"的。故张载之学便"以《易》为宗，以《中庸》为体，以孔孟为法"。学《易》可以应时知变；学《中庸》能使言行合宜适度，防止肆无忌惮；而学孔孟之法，则能尊礼贵德，乐天知命。在儒家思想中，德的核心是仁，仁的要义是爱人，礼则为德的物化表现形式和处理人际关系的规范。所以，他著《西铭》时便提出，要"尊高年所以长其长，慈孤幼所以幼其幼"，对"疲癃残疾，惸独鳏寡"者，皆应"于时保之，子之翼也"。推而广之，张载更认为"民吾同胞，物吾与也"，即世人皆为我同胞，万物俱为我朋友，既然如此，人就应该既爱同类，也爱生活于其中的自然界。这种将爱人与爱物相统一的"民胞物与"思想，不仅蕴含着社会伦理，而且也蕴含着自然伦理。据我看，张载是想以大爱为出发点，树立新的道德观和世界观，以彻底涤除唐末五代所盛行的好勇斗狠。

张载学术的特征是"敦本善俗""学古力行"。简单说来，就是提倡孔孟之法，确立"道之以德，齐之以礼"的文治社会，避免再出现像唐末五代那样的"武化政治"；在推行的办法上，不单是用讲学和读经让弟子变化气质，学做圣人，更要通过实践使民众知礼成性，化礼成俗。他在做云岩令时，每月初，都要"具酒食，召乡人高年会县庭，亲为劝酬，使人知养老事长之义"，并趁机"问民疾苦"。由于孟子讲过"若民，则无恒产，因无恒心。苟无恒心，放辟邪侈，无不为已"的话，张载晚年辞官归里后就在家乡规划井田，区分宅里，制定婚丧嫁娶之制，兴办学校。他显然是要把横渠打造成一块让劳动者既有恒产又有恒心的活样板。可惜他只活到 57 岁就不幸去世了。他的学生吕大钧继承其遗志，在蓝田推行《吕氏乡约》，号召人们"德业相劝""过失相规""礼俗相交""患难相恤"，影响所及，曾使关中风气为之丕变。他所创立的关学也因崇尚力行、能见实效而被世人推重，后来发展成为濂、洛、关、闽理学四大流派之一。

斗转星移，自宋代到如今，时间过去了 1000 年，我们进入了 21 世纪。从参观中大家发现，眉县早已今非昔比。这里成立了眉县经济技术开发区和常兴纺织工业园，入驻的企业涉及砖瓦机械、建筑铝材、汽车零部件、纺织服装、钛合金制品、白酒果酒、食品饮料等多种，厂商来自不同国家和省区，而且生产的自动化、现代化程度都很高。在南部山区，以秦岭主峰和汤峪河为中心，打造出了 5A 级太白山国际旅游度假区，海内外游客常年川流不息。农作物生产则由种植小麦、玉米、水稻、棉花为主转向种植猕猴桃、葡萄、草莓和大樱桃，全县 35.4 万亩耕地中，果园面积已达 32 万亩。境内不仅"三季有花，四季有果"，而且建有国家级的大型猕猴桃批发市场。在齐峰果业的车间里，我亲眼看着从法国进口的生产线自动地对水果进行分拣、擦拭、包装，源源不断地从这里送往世界各地，内心不由得感慨万千。眉县人在迈向工业化和建设社会主义市场经济的过程中找到了新的拥有恒产的方式，这是北宋的张载无论如何也想象不到的。

据县领导介绍，工业、商业、旅游业的收入及猕猴桃这个"金蛋蛋"已使眉县人钱包鼓了起来，不仅居住和生活条件大为改观，而且汽车已经开进了千家万户。既已"富之"，如何"教之"，能否通过弘扬张载开创的关学来提升人们的精神境界，是眉县的同志希望同北大校友讨论的中心话题。在座谈会上，我直截了当地发言说："一定的道德都与一定的社会环境相适应。有什么样的历史环境，就有什么样的道德。因此，对在农业社会里产生的关学不能原封不动地照搬，但对它的合理内核和科学成分却应该抽象继承，推陈出新，古为今用。"作为不可照搬的显著事例，我举出了复井田、重宗法和在推行礼制中讲究尊卑贵贱等；至于应该弘扬的地方，我主要强调了张载"民胞物与"的大爱精神和以爱为基础建立文治社会的崇高理想。以我浅见，横渠四句中的"为天地立心"，就是要用爱心代替仇恨；"为生民立命"，就是要"富之""教之"，让百姓"有恒产""有恒心"；"为往圣继绝学"，就是要恢复被长期战乱打断的中华优秀文化传统；"为万世开太平"，就是要让人民永离相互残杀和权力斗争的苦海，过上和谐安定的生活。我曾暗想，如果没有以人类为同胞、以万物为朋友的深爱和一颗诚明之心，这四句话是绝对想不出来的。所以我要说，关学伟大，因为关学有爱；张载伟大，因为他把爱人类、爱自然视为最高的道德。习近平总书记多次表示："人民对美好生活的向往，就是我们的奋斗目标。"①可以认为，在让人民过上好日子这点上，张载与共产党的主张是相通的。

夕阳西下，满天的彩霞欢送我们归去。沿渭河滩修建的十里画廊上杨柳依依，蒹葭苍苍，两岸护坡的植被翠绿与鹅黄、淡紫相间，组成错落有致的图案，江心洲上有群鸟低翔，亭子角下有渔者垂钓，路过明镜般的平阳湖，可以望见泛舟人幸福的身影，听得到从平阳阁那边飘来的秦腔和丝竹之声，道路两边更是百花盛开，姹紫嫣红。我倚着车窗，一边体味着眉县的富足与安宁，一边默祝这里明天更美好。猛抬头，发现车子已驶回了西安地界。

眉县县委武书记毕业于陕西师范大学历史系，叶县长毕业于西北政法大学，他们既具现代意识，又高度重视传统文化，第二天，即根据我的建议，请陕西师范大学丁为祥教授为全县干部做了关于张载和关学的专题报告。昌煦学弟来电话称，听众十分踊跃，在全县引起了强烈反响。我相信，关学这门古老的学问不仅会焕发青春，而且必将在眉县新时期社会主义精神文明建设中发挥积极作用。

2020 年 6 月 18 日

---

① 《习近平在十八届中共中央政治局常委同中外记者见面时强调 人民对美好生活的向往 就是我们的奋斗目标》，《人民日报》2012 年 11 月 16 日，第 4 版。